제4판

Principles of International Trade

무역학개론

조영정

박영사

Principles of International Trade

4th Edition

by
Yungjung Joh

Parkyoung Publishing Company
Seoul, Korea

2019

제4판 머리말

몽테스키외는 그의 저서『법의 정신』에서 상업정신이 평화로 인도한다고 하였다. 임마뉴엘 칸트 또한『영구평화론』에서 영구적으로 평화로운 세계를 구축하는 데 무역의 역할을 빠뜨리지 않았다. 무역은 이렇게 개인과 국가는 말할 것도 없고 세계 평화에 있어서도 좋은 역할을 한다. 그런데 무역은 평화를 증진시키는 중요한 기능을 할 뿐만 아니라 이와 정반대로 국가간에 다투고 싸우는 데에도 중요한 수단이 된다.

지금 세계는 철학자들의 생각과 반대의 길로 가고 있다. 이러한 가운데 우리는 무역의 위력을 더 없이 크게 실감하고 있다. 북한의 핵과 미사일에 맞서 미국이 사용하고 있는 무기가 무역이다. 미국은 유엔을 통하여 북한의 무역을 봉쇄함으로써 핵무기를 가진 북한을 굴복시키려 하고 있다. 또 미국은 무역을 통하여 중국을 길들이고자 하며, 중국 또한 무역을 통하여 미국에 맞서고 있다. 일본은 수출제한의 완력을 동원하여 한국에 대하여 지난날 자신들이 행한 잘못과 도덕적인 약점을 덮으려 하고 있다.

국가들이 무역을 국제정치적 목적과 힘의 행사를 위한 목적으로 사용하는 시대로 들어선 것이다. 이러한 상황에서 국가 지도자들은 나라를 잘 이끌어 나가기 위해 더욱더 무역을 잘 알지 않으면 안 되게 되었다. 국가를 부국으로 만드는 수단으로서의 무역에 대한 것은 말할 것도 없고 이제는 국가 간 대결에서 이기기 위해서도 무역에서 충분한 지식을 갖추어야만 하는 시대가 된 것이다. 지금까지는 한국이 무역대국임에도 불구하고 무역에 대한 지식에서는 그리 넉넉한 편이 아니었다. 무역이 갖는 역할이나 그 중요성에 대하여 올바른 인식을 갖추지 못한 지도자나 정치인들이 적지 않았다. 오늘날의 사태에 있어서도 무역 관련 지식이 부족하여 국가적 차원에서의 상황 판단과 대처의 미숙함을 드러내고 있는 것은 안타까운 일이다. 이 기회에 무역에 대한 지식의 중요성을 깨닫고 이 분야의 지식이 확산 발전되기를 바라는 마음이다.

무역학개론 3판이 나온 이후 다시 시간이 흘렀으므로 그동안의 변화된 현실을 반영하기 위하여 4판을 내게 되었다. 무역학개론은 무역학의 근간이 되는 줄기에 해당되는 지식을 다루는 책이다. 그러다 보니 지엽적인 지식을 다루는 각론의 책에 비하여 바뀌는 부분이 많지 않다. 그래서 본 개정은 일부 내용을 제외하고 주로 통계수치 부분을 중심으로 이루어졌다.

4판이 나오도록 많은 교수님들께서 본서를 강의교재로 채택해 주셨다. 본서는 무역학에서 가장 유익하고 중요한 부분을 선별하고 쉽게 설명하려 노력하였지만, 다른 무역학개론 책에 비하여 넓은 범위를 포괄하고 있으며, 중요한 부분에서는 어려운 내용도 그냥 넘어가지 않고, 또 다른 책에서는 없는 내용도 포함하고 있다. 그래서 처음 출간할 때 본서를 교재로 하여 강의하실 분이 적으면 어떡하나 하는 염려도 있었지만, 전국의 많은 교수님들께서 본서를 채택해 주셨다. 이 책으로 강의하시는 교수님은 그만큼 실력과 사명감을 갖추신 분일 수밖에 없다. 이런 분들에게 강의교재를 제공하는 것이 저자로서는 더 없는 영광으로 생각한다.

끝으로 본서의 출간을 위하여 지원해주시고 애써주신 안상준 대표님, 전채린 과장님, 오치웅 대리님을 비롯한 박영사 여러분들께 감사드린다.

2019년 7월 25일
한강에서

조영정 씀

제3판 머리말

본서 저자의 임무는 독자들이 체계적이고 효율적으로 무역학 지식을 획득할 수 있도록 돕는 일이라고 생각한다. 다행히 초판과 제2판에서 많은 독자들이 호응해 주셨기에 이후 변화된 부분들을 반영하여 제3판을 출간하게 되었다. 이 책을 읽어 주신 많은 분들께 감사드리고, 그분들의 무역학에 대한 지식이 날로 성장하기를 기원해 마지않는다.

최근 들어 한국에 전문 연구서의 발간이 위축되고 있는 것은 참으로 안타까운 일이다. 인터넷으로 취득할 수 있는 지식과 정보가 많아지고, 외국원서를 많이 사용하는 데다, 표절과 불법복사와 같이 지적재산의 보호마저 되지 않아 일어나는 현상이다.

인터넷이 편리하여도 이것으로 공부를 하는 데에는 한계가 있다. 인터넷에는 옳은 지식과 틀린 지식이 함께 올려져 있으며, 중요한 지식과 의미없는 내용이 구분 없이 나와 있다. 인터넷은 이미 그 분야에 잘 아는 사람한테는 도움이 될 수 있지만, 잘 모르는 사람한테는 정제되지 않은 내용이어서 지식흡수의 효율적인 통로가 될 수 없다.

외국원서의 사용은 외국 언어의 공부 목적에는 도움이 될지 몰라도 전공지식의 습득에는 그만큼 비효율적일 수밖에 없다. 전공지식 그 자체도 이해하기 힘든데 친숙치 못한 외국어로 공부한다는 것은 당연히 지식전달에 정확성이 떨어지고 시간이 많이 소요될 수밖에 없는 것이다. 이렇게 분명하고 훌륭한 한글을 두고 불분명한 외국어로 지식전달을 한다는 것이 얼마나 어리석고 어이없는 일인가! 인터넷과 마찬가지로 외국원서로 공부하는 것도 그 분야에 지식을 가진 사람한테는 도움이 될 수 있지만 지식이 없는 사람한테는 결코 좋은 공부방법이 되지 못한다.

이러한 점을 감안하여 본서가 인터넷이나 외국원서가 할 수 없는 일을 잘 해내기를 기대하고, 한국에 전문 연구서가 활발하게 발간되는 시대가 하루빨리 오기를 기원한다. 본서를 통하여 이 땅에 많은 사람들이 탄탄한 전문지식의 소유자가 되고, 장차 우리 함께 지식강국의 국민이 되었으면 하는 바람 간절하다.

본서의 출간을 위하여 노고를 아끼지 않으신 안상준 상무님, 김선민 부장님, 전채린 대리님을 비롯한 박영사 여러분께 감사드린다.

2015년 6월 5일

조영정 씀

제2판 머리말

변화된 국제무역의 현실을 반영하기 위하여 개정판을 내게 되었다. 국제상거래에 적용되는 Incoterms가 2010년에 제8차 개정을 하면서 2011년 1월 1일부터 종래의 Incoterms 2000에서 Incoterms 2010으로 바뀌게 되었다. 이 하나의 국제상거래 규약 개정이 무역의 전 범위를 다루고 있는 본서로서는 큰 범위의 변화가 아니지만 작은 부분에서의 소홀함을 경계하는 마음에서 아예 개정판을 내기로 하였다. 개정판을 내면서 초판에서 나타났던 일부 불분명한 부분들을 보다 명확하게 하고, 오탈자도 바로잡았다.

초판이 나온 지 1년, 이 책이 나오자마자 많은 분들이 읽어주시고 성원해 주셨다. 이 자리를 빌려 이 책과 함께 한 모든 분들께 감사드린다.

저자의 부족한 능력으로 말미암아 아직도 미흡한 점이 많을 것으로 생각한다. 부족한 부분은 앞으로도 계속 수정 보완해 나갈 것을 약속드린다. 조언과 지도 그리고 질정을 기다리는 마음은 초판이나 지금이나 한결같다. 많은 석학 및 독자 제현의 기탄없는 질정을 기대한다.

본서를 위하여 노고를 아끼지 않으신 안상준 팀장님, 우석진 부장님, 전채린 씨를 비롯한 박영사의 출판담당자 여러분께 감사드린다.

2011년 7월 27일
북한산 기슭에서

조영정 씀

머리말

지식을 얻는 것이 즐거움이지만 지식의 난해함으로 인하여 겪는 괴로움까지 즐거움이 될 수는 없다. 이것은 무역학에서도 다르지 않을 것이다. 이러한 점을 생각하면서 무역학을 처음 접하는 분들에게 쉽게 공부할 수 있도록 하기 위해서 이 책을 쓰게 되었다.

어렵지 않고 심오하지 않은 학문이 어디 있으랴마는 무역학은 그 시작부터 어렵고 복잡하다. 이것은 무역학의 학문적 성격에서 연유한다. 무역학은 국제적인 경제활동을 대상으로 하는 가운데 그 영역에 경제학, 경영학, 법학, 그리고 기타의 여러 학문적인 요소를 포함하는 복합과학으로서의 성격을 갖고 있다. 그래서 무역학은 국제경제학 및 국제경영학 등이 근간을 이루게 되고, 지금까지 대부분의 무역학 개론서가 국제경제학 또는 국제경영학의 내용을 그대로 압축하여 담고 있었다. 그런데 국제경제학은 경제학에서 다른 경제학 일반을 배운 이후에야 공부할 수 있는 상급단계의 영역이기 때문에 경제학의 기본지식 없이 국제경제학의 이론을 전개해 나갈 수 없다. 이는 국제경영학의 경우도 마찬가지이다. 그래서 대학교 신입생이 읽게 되는 무역학개론서가 그 내용에 있어서는 경제학이나 경영학을 이수한 대학 고학년이나 이해할 수 있는 내용으로 되어 있어서 무역학을 소개하는 과목으로서의 무역학개론을 공부하기에 어려움이 적지 않았다.

이러한 상황에서 대학 무역학과 신입생에게 무역학을 처음 소개하는 무역학개론 수업에서 어떤 경우는 이것저것 다 건너뛰게 되어 중요한 내용을 다 생략하게 되고, 어떤 경우는 경제학과 경영학 기초를 배우다 한 학기 다 보내는 경우도 생기게 된다. 또 어떤 경우는 무역학과에 들어와서 바로 배워야 할 무역학개론 수업을 경제학원론, 미시경제, 경영학원론 등을 배운 이후인 1학년 2학기나 2학년에 가서 배우게 되는 아이러니를 겪게 된다.

이러한 문제에 대한 원인은 단순하다. 이제 막 무역학에 입문하는 사람들에게 필요한 무역학의 기본적인 지식을 어렵지 않게 설명할 수 있는 내용을 개발하지 못하고 기존의 국제경제학이나 국제경영학의 이론을 그대로 가져다 사용해 오고 있기 때문이다. 그렇다면 이에 대한 해결방법은 명확하다. 국제경제학이나 국제경영학의 깊은 이론체계는 경제학과 경영학을 배워가면서 나중에 습득하고 입문과정으로의 무역학개론에서는 이런 선행지식의 제약 없이 이해할 수 있는 개괄적인 설명을 담은 개론서가 필요한 것이다.

대부분의 무역학의 전공자가 이 점을 느끼듯이 이 문제는 저자가 무역학 전공자로서의 길을 처음 들어선 이래 해결하고 싶었던 하나의 숙제였다. 이 숙제를 하는 것이 이 책의 집필동기이다. 무역학에 입문하는 사람들에게 쉽게 그 내용을 설명하는 것, 이것이 많은 훌륭한 교수님들께서 이미 수많은 무역학개론서를 내셨음에도 불구하고 천학비재한 저자가 또 하나의 무역학개론을 내게 된 이유이다.

이러한 취지 속에서 이 책은 다음 세 가지 점을 염두에 두고 집필되었다.

첫째, 무역학의 내용을 쉽게 이해할 수 있도록 하였다. 경제학, 경영학이나 법학을 몰라도 기본적인 지식과 사고로서 무역학의 내용을 이해할 수 있도록 여러 방안을 모색하면서 그 내용을 서술하였다. 그래서 생산가능곡선, 무차별곡선, 계약곡선 등 고등학교과정에서 배우지 않은 분석도구는 일체 사용하지 않았다. 고등학교졸업의 지식수준에서 이해하고 추리할 수 있는 논리와 해석에 근거하여 설명하였다.

둘째, 중요한 내용은 빠짐없이 다루었다. 책을 쉽게 쓴다는 것이 결코 어려운 내용을 다루지 않는 것으로 되어서는 안 된다. 어려운 내용은 어떻게 하면 쉽게 설명할 수 있을까 하고 저자 나름대로 고심하여 쉬운 방법으로 설명하였으며, 무역학에서 반드시 알아야 하는 내용에 대해서는 어느 한 부분 소홀히 하지 않았고, 기초가 되는 중요한 내용에 대해서는 오히려 더 심도 있게 다루었다.

셋째, 새로운 내용을 담으려고 노력하였다. 무역학개론서는 많지만 그 내용에 있어서는 대부분 동일하다. 개론서들간에 차이가 있다면 어떤 개론서는 이것을 다루고 있는 반면 어떤 개론서는 저것을 다루고 있는 식으로 각 개론서들이 다루고 있는 범위에서 차이가 날 뿐이다. 본서는 기존내용의 답습으로부터 탈피하려 노력하였다.

이 책을 쓰는 데 꼬박 1년의 세월이 걸렸다. 부족한 능력으로 인하여 힘은 많이 들었다. 나름대로 애는 썼으나 의도한 만큼 결과를 보여줄 수 있을지에 대해서는 두려움이 앞선다. 돌아보니 저자가 의도했던 만큼 쉽게 쓰지 못하였고, 의도했던 만큼 내용을 충실하게 잘 담지 못하였고, 의도했던 만큼 새로운 내용을 많이 담지 못하였다. 우리의 삶이 그렇듯이 이 책도 진행형이라고 믿고 싶다. 시간과 함께 점점 더 나아질 수 있다는 희망으로 위안 삼으려 한다. 부족하고 미비한 점은 앞으로 착실히 수정보완해 나갈 것을 약속드리면서 독자 여러분의 기탄없는 질정을 바라마지 않는다.

끝으로 본서의 출간을 위하여 애써주신 박영사의 안상준 팀장님, 우석진 차장님을 비롯한 출판담당자 여러분께 깊은 감사를 드린다.

2010년 2월 19일
북한산 기슭에서

조영정 씀

본서의 구성

본서는 4부 15장으로 되어 있다.

무역학 개관, 국제경제, 국제경영, 무역관리 4개의 부로 되어 있고, 세부적으로 무역학 개관 1개장, 국제경제 5개장, 국제경영 4개장, 무역관리 5개장으로 되어 있다.

다른 장들은 분량이 비슷하지만 제1장, 제7장, 제8장, 제15장은 분량이 작다. 따라서 강의진도에서 이들 장은 1/2주의 분량으로 시간배정을 하면 전체 내용을 13주로 소화할 수 있을 것이다.

만약 두 학기에 걸쳐 강의하게 된다면 처음 학기에는 제1부와 제2부를 하고 다음 학기에는 제3부와 제4부를 하거나, 또 학기마다 어느 하나 혹은 두 개의 부를 중심으로 강의해도 되리라고 본다.

차 례

제1부 무역학 개관

제2부 국제경제

제3부 국제경영

제 1 부

INTRODUCTION

무역학 개관

제 1 장

무역학 개관

제 1 절 무역학의 기본개념

1. 무역학의 정의

무역학은 무역을 비롯한 국제경제활동전반에 대하여 연구하는 학문이다. 무역학은 무엇인가라고 했을 때 무역학은 무역에 대하여 연구하는 학문이라고 말한다면 완전한 답이 되지 못한다. 무역학은 무역에 대해서도 연구하지만 무역외에도 국제경영이나 국제금융 등 국제경제활동과 관련되는 다양한 분야를 연구하는 학문이다. 카페가 커피로부터 시작되었지만 오늘날의 카페에서 커피만 마시는 것이 아니듯이 무역학도 무역만을 연구하는 것이 아니라 무역을 비롯하여 무역과 관련되는 여러 국제적인 활동에 대하여 연구하는 것이다.

학문의 연구대상과 그 범주는 시대에 따라 달라진다. 과거에는 무역이 국제경제활동의 거의 전부였다. 그때에는 무역학의 연구대상은 무역이었다. 과거에는 무역이라고 하면 유체동산으로서 물품만을 무역의 대상으로 생각하였다. 그러나 지난 수십년간 교통 통신이 발달하고 국가장벽이 제거되는 가운데 국제화가 급속하게 진행되면서 국제경제활동이 크게 증가하고 그 모습도 변하게 되었다. 무역량도 늘었지만 국제서비스거래나, 국제투자, 국제경영활동 등이 새롭게 우리 경제활동의 한 부분이 된 것이다. 이에 따라 무역학도 국제경제활동에서 새로운 중요성을 갖게 된 이들 부분들을 흡수하면서 그 영역이 확대되었다. 특히 무역학에서 국제경영학을 그 영역속에 받아들인 것은 무역학의 큰 변화였다. 한국에 무역학이 생겼던 초기에는 국제경영분야를 포함하지 않았지만 세계적으로 국제경영활동이 많아짐에 따라 이를 포함하게 된 것이다.

국제경제활동의 전반을 연구대상으로 하지만 무역학이라고 하는 것은 이와 같이 무역학에서 이들 관련 분야를 자연스럽게 흡수할 수 있었던 데에 연유한다. 이것은 무역이 세계 국제경제활동의 절대적인 비중을 차지하고 있으며, 또한 무역은 다른 국제경제활동과 불가분의 관계에 있는 가장 기초적인 활동이기 때문이다. 예를 들어, 한국의 어느 자동차회사가 미국에 현지자회사를 운영한다고 했을 때, 그 자동차기업의 국제경영활동의 많은 부분이 무역과 연관된다. 부품 및 완제품의 국제이동, 국제자금결제, 국제금융서비스의 이용 등 이와 같은 국제경영의 주요업무는 모두 무역의 영역인 것이다. 만약 이러한 업무없이 현지국내의 경영관리만 하게 되는 경영이라면 미국내의 국내경영이 될 뿐 국제경영이 아닌 것이다. 이와 같이 무역은 국가간의 거래에 대한 것이고 국가간의 거래를 배제한 국제경영은 더 이상 국제경영이 될 수 없으므로 무역이 국제경영의 기초가 되는 것이다.

이와 같이 무역학은 무역 또는 국제경제활동을 하는 데 필요한 지식을 연구하게 되고, 이러한 지식으로서 국제경제에 대한 지식, 국제경영에 대한 지식, 무역업무에 대한 지식 등을 중심으로 연구하게 된다.

2. 무역학의 연구대상

2.1 무　역

1) 무역의 정의

무역이란 "국가간 재화의 거래"를 말한다. 이는 다음과 같은 의미를 담고 있다.

첫째, 국가간이란 국제(國際)이며 영어로는 inter와 nation, 즉 international이다. 국가간의 거래이므로 국가내에서 이루어지는 일반적인 거래와 다르다. 다른 점을 크게 두 가지를 들면, 하나는 현재의 사회는 국가를 중심으로 통치가 이루어지는데 무역은 이러한 국가의 통치영역을 넘는 활동이라는 점이며, 다른 하나는 정치, 경제, 문화, 사회 제반 측면에서 서로 다른 배경을 가진 당사자간에 거래가 이루어진다는 점이다.

둘째, 여기에서 재화란 물품(commodity)과 용역(service), 그리고 전자적 형태의 무체물을 의미한다.[1] 과거에는 주로 물품만을 무역의 대상으로

1) 재화를 분류하면 아래 그림과 같다. 여기서 물품은 유체동산(corporeal movables)을 의미하는데 서비스와 지적재산권과 같은 무체재(無體財)를 제외하고, 또 부동산을 제외한 유형의 동산중에서 증권, 화폐를 제외한 실질재를 말한다. 일반적으로 상품으로 불리지만, 상품이라고 하면 상업적인 거래의 물품의 뜻을 담고 있으므로 비상업적인 거래대상도 포함해야

생각하여 왔다. 그러나 국제경제활동이 발전함에 따라 그 범위가 확대되어, 국제 용역거래나 컴퓨터 소프트웨어와 같은 전자적 형태의 재화도 무역의 주요 대상으로 되었다.

셋째, 거래라 함은 매매, 교환, 증여, 임대차, 사용대차 등의 거래를 포함한 대부분의 일상적인 거래를 말한다.[2)]

2) 무역의 구분개념

무역과 관련하여 대외무역, 해외무역, 국제무역, 세계무역 등이 사용되고 있고, 또한 통상이라는 말도 있다.

첫째, 무역과 국제무역의 관계이다. 한글의 무역이나 영어에서의 Trade 모두 이 말속에는 국제거래뿐만 아니라 국내거래의 의미도 들어 있다. 그래서 일부러 국제무역 또는 International Trade라고도 하지만, 일반적으로 무역하면 국제무역을 의미하게 된다.

둘째, 대외무역(foreign trade, overseas trade)은 어느 한 나라의 입장을 기준으로 자국과 다른 국가들간의 무역을 의미한다. 해외무역(foreign trade, overseas trade)도 같은 의미이나 한국의 무역법규에서는 대외무역이라는 용어를 사용한다.

셋째, 국제무역(international trade)은 어느 한 국가에 소속되지 않은 객관적인 입장에서 개별국가간을 중심으로 국가와 국가간에 이루어지는 무역의 의미이다.

넷째, 세계무역(world trade)은 어느 한 국가의 입장이나 개별국가간의

하는 점에서 물품이라는 표현이 더 정확하며, 또한 물품이란 우리나라 무역관련 법률상의 용어이다. 또 재화라는 용어는 일반적으로 물품(goods)만의 의미로 사용하는 경우도 있고, 물품과 서비스를 포함하는 의미로도 사용되고 있다.

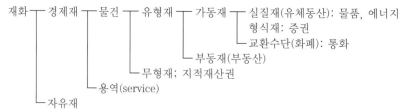

- 재화
  - 경제재
    - 물건
      - 유형재
        - 가동재
          - 실질재(유체동산): 물품, 에너지
          - 형식재: 증권
          - 교환수단(화폐): 통화
        - 부동재(부동산)
      - 무형재; 지적재산권
    - 용역(service)
  - 자유재

2) 여기서 매매란 금전을 사용하여 대가를 받고 물건을 사고 파는 것을 의미하며, 교환이란 금전의 개입없이 물건을 서로 바꾸는 것을 의미하며, 증여란 대가를 받지 않고 물건을 주고 받는 것, 임대차란 대가를 받고 물건을 빌리고 빌려주는 것, 사용대차란 무상으로 물건을 빌리고 빌려주는 것을 말한다.

관계를 벗어나서 세계 전체의 관점에서 무역을 지칭할 때의 의미이다.

다음으로 국제무역과 국제통상간의 관계이다.

국제통상이란 국가가 국경을 넘는 경제활동에 대한 장애요인을 제거함으로써 대외 경제활동이 원활하게 이루어지도록 하는 제반 활동 및 과정이라고 정의할 수 있다. 국제무역이 국가간에 이루어지는 상거래 자체를 의미한다면, 국제통상은 대외상거래를 가능하게 하는 행위를 의미한다. 원래 통상은 통(通)은 "뚫다" 또는 "통하게 하다", 상(商)은 "상거래" 또는 오늘날의 "경제활동"으로서 통상(通商)이란 "상거래관계를 연다" 또는 "상거래가 될 수 있도록 한다"는 뜻을 갖고 있다. 통은 무언가 차단하는 존재가 있고 이것을 통과하는 의미를 함축하고 있는데, 이는 국경을 넘는 상거래는 원래 금지됨을 내포하고 있는 것이다. 고대로부터 국가는 그 국경을 넘는 경제활동을 엄격히 통제해 왔기 때문이다. 그래서 "국제통상"이란 국경을 넘는 경제활동에서의 제약을 해제하여 경제활동을 할 수 있도록 한다는 의미를 갖고 있는 것이다.

이렇게 볼 때 엄격한 의미에서 "무역회사", "통상조약"과 같이 무역은 개인 및 기업의 행위로서의 상거래가 중심이 되고, 통상은 국가의 행위로서의 국가관계, 제도, 정책 등에 대한 활동이 중심이 되는 용어이지만, 최근에 와서 혼용되는 경우가 많다.[3)]

2.2 국제경영

1) 국제경영의 정의

국제경영이란 국경을 넘어 이루어지는 사업을 관리하고 운영하는 것을 말한다. 이러한 국경을 넘어 이루어지는 사업의 형태는 상품 및 서비스의 수출 및 수입, 국제라이센싱, 국제프랜차이징, 계약생산, 경영관리계약, 플랜트수출, 해외직접투자, 해외생산 및 판매, 전략적 제휴 등 작고 단순한 업무에서부터 거대하고 복잡한 사업에 이르기까지 매우 다양하다.

---

3) 이러한 용어의 사용에 있어서 학자에 따라서는 구분할 필요가 없다고 하기도 하고 구분에 관심을 두지 않기도 한다. 무역학이 실용학문이기 때문에 이러한 경향이 있는 것 같기도 하다. 그러나 이에 대한 논쟁으로 시간낭비를 할 필요는 없지만 용어들은 가급적 명확하게 구분하여 사용하려는 노력이 필요하다. 학문의 발전은 명확한 용어를 기반으로 하기 때문이다.

국제경영의 주체는 중소기업이나 대기업, 또는 개인기업이나 법인기업, 또는 사기업이나 공기업 등 기업의 성격에 관계없이 누구나 될 수 있다. 또 국제경영의 대상은 물품, 서비스, 자본, 노동, 기술 등을 포함하여 거래의 대상이 되는 모든 유형·무형의 재화가 된다.

2) 국제경영의 구분개념

무역에서와 마찬가지로 국제경영에서도 국제경영과 글로벌경영이 비슷한 개념으로 사용되고 있다.

국제경영이란 기업의 국제적인 경영활동을 말한다. 국제경영은 수출기업의 활동에서부터 초국적기업의 활동에 이르기까지 그 범위가 넓다. 이에 반해서 글로벌경영이라고 하면 세계 전범위를 경영활동 대상영역으로 삼아하는 경영이라고 할 수 있다. 즉 국제경영의 상위 단계에 해당한다. 그런데 일상적으로 혼용되는 경우가 많다. 특별히 글로벌로 구분할 요인이 없어서 국제경영의 표현으로 충분한데도 앞서가거나 변화의 빠름을 강조하기 위하여 글로벌이라는 용어를 쓰는 경우도 많다.

2.3 국제경제

1) 국제경제의 정의

국제경제란 국경을 넘어 이루어지는 국제간의 경제거래와 그 상호관계를 말한다. 국내경제와 구분하여 국제경제가 존재하는 이유는 각 국가가 독립된 경제단위로서 서로 분리되고 있기 때문이다. 오늘날 국제간에 발생하고 있는 경제거래는 재화와 서비스의 거래, 노동의 이동, 자본의 이동, 기술의 이동, 국제금융시장의 자금거래, 다국적기업의 활동 등과 같이 그 종류와 방법이 매우 다양하고 복잡하다. 또한 제도적 차원에서도 WTO, IMF, World Bank, 그리고 UNCTAD를 비롯한 UN산하의 여러 경제기구들 등 경제활동에 관한 수많은 국제경제기구들이 있다.

국제경제를 크게 두 부문으로 나누면 실물부문의 국제무역과 화폐부문의 국제금융으로 나누어진다. 무역은 국제경제의 절대적인 몫을 차지하고 있으며 국제금융도 무역의 기반위에서 이루어지기 때문에 무역과 국제경제는 밀접하게 연관되어 있다.

2) 국제경제의 구분개념

국제경영에서와 마찬가지로 국제경제와 세계경제가 비슷한 개념으로 사용되고 있다. 국제경제란 국경을 넘어 이루어지는 국가간의 경제관계와 그 상호작용의 총체를 말한다. 반면에 세계경제란 세계전체의 경제를 말한다. 국제경제가 한 나라의 경제와 다른 나라의 경제의 관계를 의미하는 데 반하여 세계경제는 세계적인 관점에서 단일의 대상으로서 세계전체의 경제를 보는 것이다.[4]

3. 무역학의 연구방법

무역학은 국가간에 이루어지는 국제경제활동전반에 대하여 연구하는 학문이다. 무역학은 실천적인 학문으로 고도로 정교한 이론과 실용적 전문지식들로 이루어져 있다. 또 무역학은 복합적인 학문으로서의 성격을 갖고 있어 다른 학문과의 학제적인 연구영역이 넓은 특성을 지니고 있다. 현재의 무역학은 크게 세 분야로 나누어지는데 국제경제, 국제경영, 그리고 무역관리이다.

첫째, 국제경제는 경제학에서도 연구대상으로서 중요한 분야이다. 따라서 연구영역을 경제학과 공유하며, 경제학에서와 동일한 연구방법을 사용하게 된다.

둘째, 국제경영은 경영학에서도 연구대상으로서 중요한 분야이다. 따라서 연구영역을 경영학과 공유하며, 경영학에서와 동일한 연구방법을 사용하게 된다.

셋째, 무역관리는 법적 제도적인 측면이 중심이 된다. 여기서는 국제상거래계약이나 국제상거래규칙 등의 법적인 측면이 주요 연구대상이 된다. 따라서, 연구영역을 법학과 공유하며 법학에서와 동일한 연구방법을 사용하게 된다.

따라서 무역학에서의 연구대상은 경제학, 경영학, 법학에서도 연구되지만, 이들 학문분야에서의 연구와 무역학에서의 연구가 다른 점은 이들 학문분야에서는 무역과 관련하여 각 해당 측면만을 연구의 대상으로 하지

---

4) 세계경제학자나 사회주의 경제학에서는 국제경제와 세계경제를 엄밀히 구분한다.

만, 무역학에서는 무역과 관련하여 연구될 수 있는 모든 측면을 종합적으로 연구한다는 점에서 다르다.

제 2 절 국제경제활동 현황

1. 세계의 현황

1.1 무 역

1) 세계 상품무역

세계의 무역은 장기적으로 계속 증가하는 추세를 보이고 있다. 그리고 지역별로 다른 경제발전 속도와 세계의 산업구조 변화를 반영하면서 지역별 비중과 상품의 구성에서도 서서히 변해가고 있다. 2017년 현재 세계의

그림 1-1 세계상품무역량

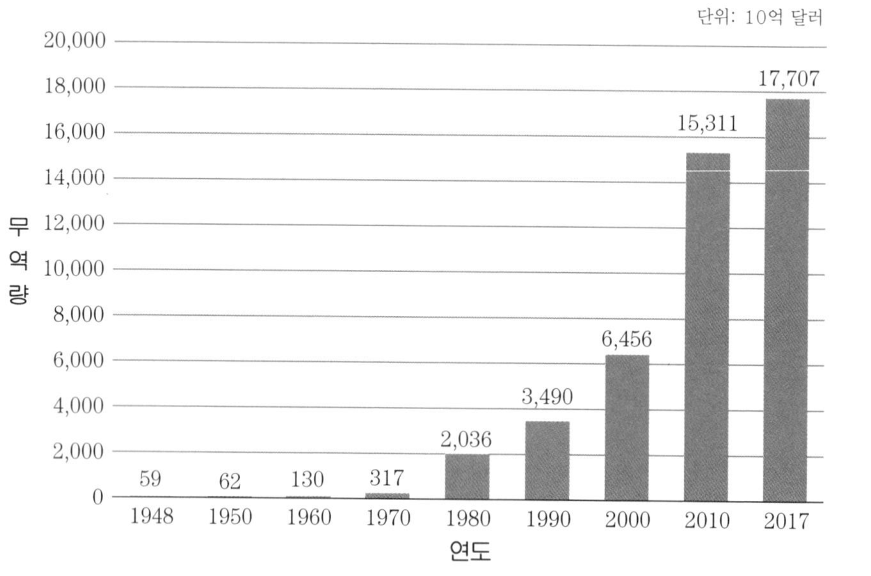

표 1-1 세계의 상품무역

(단위: 무역량은 10억 달러, 점유율은 %)

규모 \ 연도		1948	1950	1960	1970	1980	1990	2000	2010	2017
세계 상품무역량		58.5 (100)	62.0 (100)	130.5 (100)	316.9 (100)	2,036.1 (100)	3,489.7 (100)	6,456.2 (100)	15,311.1 (100)	17,706.7 (100)
지역별점유율	아시아	8.2 (14.0)	10.1 (16.3)	17.4 (13.4)	42.2 (13.3)	323.6 (15.9)	792.4 (22.7)	1,835.5 (28.4)	5,076.0 (33.2)	6,378.4 (36.0)
	유럽	20.5 (35.1)	23.4 (37.7)	60.2 (46.1)	158.4 (50.0)	897.2 (44.1)	1,684.9 (48.3)	2632.5 (40.8)	5,650.1 (36.9)	6,500.2 (36.7)
	북미	16.4 (28.1)	13.8 (22.3)	27.2 (20.9)	61.5 (19.4)	311.4 (15.3)	562.0 (16.1)	1,225.0 (19.0)	1,964.3 (12.8)	2,376.8 (13.4)
	중남미	6.6 (11.3)	6.7 (10.8)	9.0 (6.9)	16.0 (5.0)	93.7 (4.6)	105.4 (3.0)	201.6 (3.1)	593.3 (3.9)	586.0 (3.3)
	아프리카	4.3 (7.3)	4.4 (7.1)	7.2 (5.5)	16.1 (5.1)	121.4 (6.0)	105.1 (3.0)	148.5 (2.3)	531.4 (3.5)	413.8 (2.3)
	오세아니아	2.2 (3.7)	2.2 (3.5)	2.9 (2.2)	6.0 (1.9)	27.4 (1.3)	49.1 (1.4)	77.2 (1.2)	244.0 (1.6)	269.1 (1.5)
GATT/WTO 회원국 점유율		63.4						90.7	94.2	98.3

참고: 수출기준
자료: WTO, *Trade Statistics*, 2018.

무역량은 17조 7,067억 달러였다. 지역별로 보면 유럽지역이 36.7%, 아시아지역이 36.0%, 북미지역이 13.4%를 차지하여 이 세 개 주의 무역이 세계전체의 86.1%를 차지하여 세계무역의 대부분은 여기서 이루어지고 있다. 지난 70여 년 동안 무역량의 지역별 비중변화를 보면 아시아와 유럽지역은 그 비중이 증가한 반면 다른 모든 지역은 감소하였고, 특히 아시아지역의 증가추세가 두드러지게 나타나고 있다.

유럽은 많은 국가들이 인접해 있고 경제활동이 많은 국가들이기 때문에 [그림 1-2]에서 보듯이 유럽지역내의 무역이 외부 지역들과의 무역보다 월등히 많은 반면에 다른 지역들은 모두 지역내의 무역보다 외부 지역과의 무역이 많다. 지역간의 무역은 아시아와 북미간의 무역과 아시아와 유럽간의 무역이 큰 비중을 차지하고 있고 다음으로 유럽과 북미간의 무역이 큰 비중을 차지하고 있다. 또, 세계무역에서 WTO회원국들의 무역비중을 볼 때, GATT가 출범할 당시는 체약국에 의한 무역이 전체의 60% 정도 수준

그림 1-2 세계 상품무역 구조

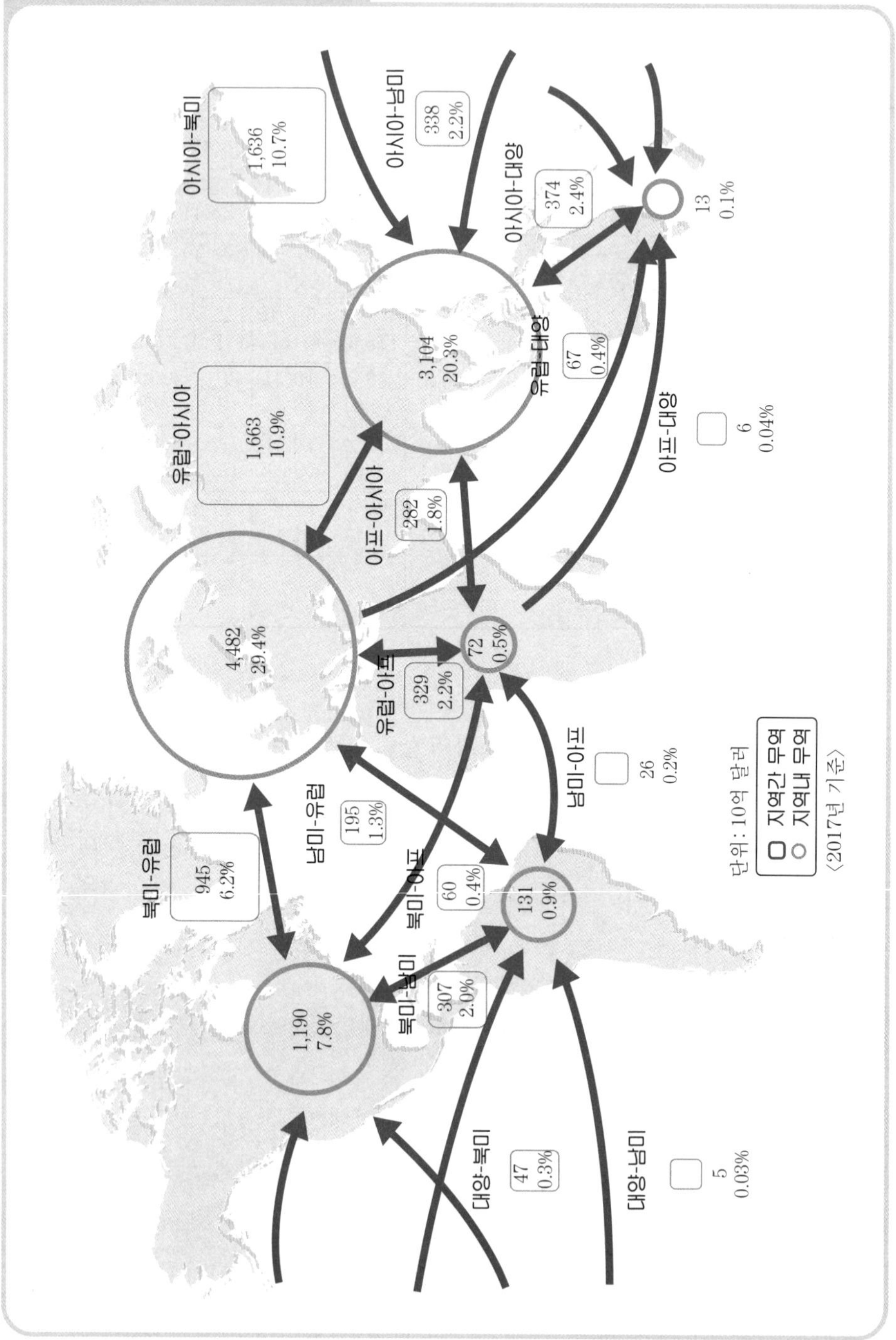

에 머물렀으나 2017년에는 98% 정도를 점하고 있다.

국가별로는 수출량에서는 중국이, 수입량에서는 미국이 가장 많으나 전체 무역량에서 중국의 무역규모가 세계에서 가장 크다. 그 뒤로 미국, 독일, 일본, 네덜란드, 프랑스, 한국, 영국 등이 주요 무역국가로 자리매김하고 있다.

다음으로 세계의 무역상품 구성을 보면 공산품이 전체의 69% 정도를 차지하고, 다음으로 석유를 중심으로 하는 연료 및 광물(14.9%)이 큰 비중을 차지하고 있으며, 농산품(9.8%)은 상대적으로 작은 비중을 차지하고 있다. 장기적인 추세를 보면 농산품과 연료 및 광물의 무역은 낮은 증가율을 보이는 반면에, 공산품의 무역은 증가율이 높아서 전체무역에서 공산품의 비중은 점점 더 커지고 있다. 공산품 중에서는 운송장비(12.2%), 화학제품(11.3%), 사무통신기기(10.5%), 자동차(8.3%), 철제품(2.3%), 섬유 및 의류(4.4%) 등이 큰 몫을 차지하고 있다.

표 1-2 세계 주요 무역국: 상품무역

2017년 기준 (단위: 10억 달러)

수출			순위	수입		
국가	금액	비중		국가	금액	비중
중국	2,263	12.8	1	미국	2,410	13.4
미국	1,547	8.7	2	중국	1,842	10.2
독일	1,448	8.2	3	독일	1,167	6.5
일본	698	3.9	4	일본	672	3.7
네덜란드	652	3.7	5	영국	644	3.6
한국	574	3.2	6	프랑스	625	3.5
홍콩	550	3.1	7	홍콩	590	3.3
프랑스	535	3.0	8	네덜란드	574	3.2
이탈리아	506	2.9	9	**한국**	478	2.7
영국	445	2.5	10	이탈리아	453	2.5
세계전체	17,730	100.0		세계전체	18,024	100

참고: 세계의 총수출량과 총수입량은 같아야 하지만 통계상의 오차가 발생함.
자료: WTO, *Trade Statistics*, 2018.

표 1-3 세계 상품무역의 품목구성

2017년 기준 (단위: 10억 달러)

상품구분	농산품	연료 및 광물	공산품								기타	총계
			철	화학제품	사무통신기기	운송장비	자동차	섬유 및 의류	기타	합계		
금액	1,736	2,634	414	1,993	1,866	2,163	1,470	772	3,483	12,161	1,201	17,707

참고: 수출기준.
자료: WTO, *Trade Statistics*, 2018.

그림 1-3 세계 상품무역의 품목구성비

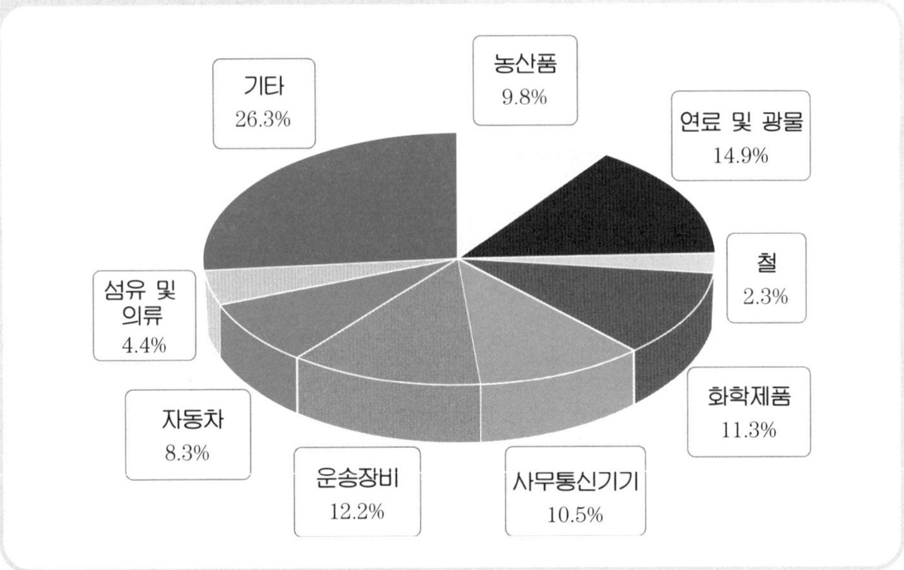

2) 세계 상업서비스 무역

세계 상업서비스 무역은 상품무역의 약 1/4 수준이다. 2017년 현재 세계 상업서비스 무역량은 5조 2,790억 달러로서, 세계 서비스 무역은 지난 30여 년 동안 평균 연 7~9%의 높은 성장률을 보이고 있다.

국가별로 보면 서비스 수출에서는 미국이 월등히 큰 비중을 점하고 있고, 영국, 독일, 프랑스 등 선진국들이 큰 비중을 차지하고 있다. 서비스 수입에서는 미국의 수입규모가 가장 크고 중국, 독일, 프랑스, 영국 등이

그림 1-4 세계의 상업서비스무역

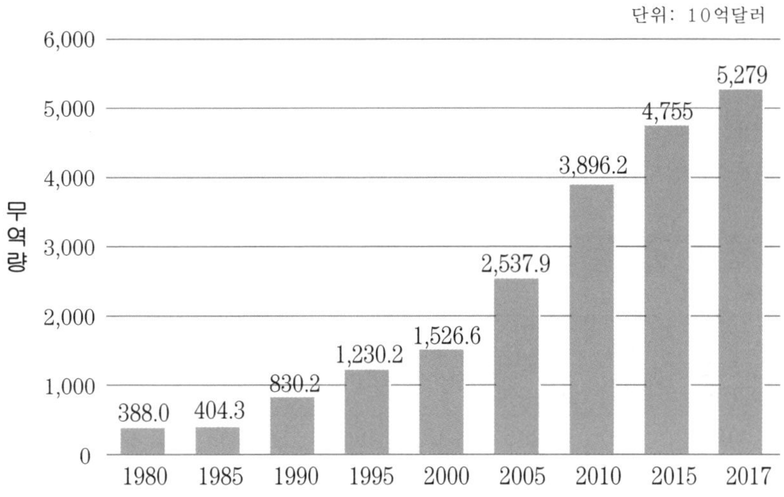

표 1-4 세계 주요 무역국: 상업서비스무역

2017년 기준 (단위: 10억 달러)

수출			순위	수입		
국가	금액	비중		국가	금액	비중
미국	762	14.4	1	미국	516	10.2
영국	347	6.6	2	중국	464	9.1
독일	300	5.7	3	독일	322	6.3
프랑스	248	4.7	4	프랑스	240	4.7
중국	226	4.3	5	네덜란드	211	4.2
네덜란드	216	4.1	6	영국	210	4.1
아일랜드	186	3.5	7	아일랜드	199	3.9
인디아	183	3.5	8	일본	189	3.7
일본	180	3.4	9	싱가포르	171	3.4
싱가포르	164	3.1	10	인디아	153	3.0
한국	86	1.6	11 / 17	**한국**	120	2.4
세계전체	5,279	100.0		세계전체	5,074	100.0

참고: 세계의 총수출량과 총수입량은 같아야 하지만 통계상의 오차가 발생함.

뒤를 잇고 있다.

세계 서비스 무역의 구성을 보면 여행서비스가 전체의 24.8%, 운송서비스가 17.6%, 통신정보서비스가 10%를 차지하여 이 세 가지 업종에서의 무역이 전체 서비스 무역의 절반을 차지하고 있다. 나머지는 금융서비스, 지식재산권 사용 수수료, 보험연금서비스, 상품관련서비스, 건설서비스 등이 차지하고 있다.

표 1-5 세계의 상업서비스 무역의 구성

2017년 기준 (단위: 10억 달러)

서비스 종류	상품 관련 서비스	여행 서비스	보험 연금 서비스	운송 서비스	금융 서비스	통신 정보 서비스	지식 재산권 사용	건설	기타	총계
금액	184	1,310	126	931	464	527	381	101	1,255	5,279

참고: 수출기준
자료: WTO, *Trade Statistics*, 2018.

그림 1-5 세계의 상업서비스무역 구성비

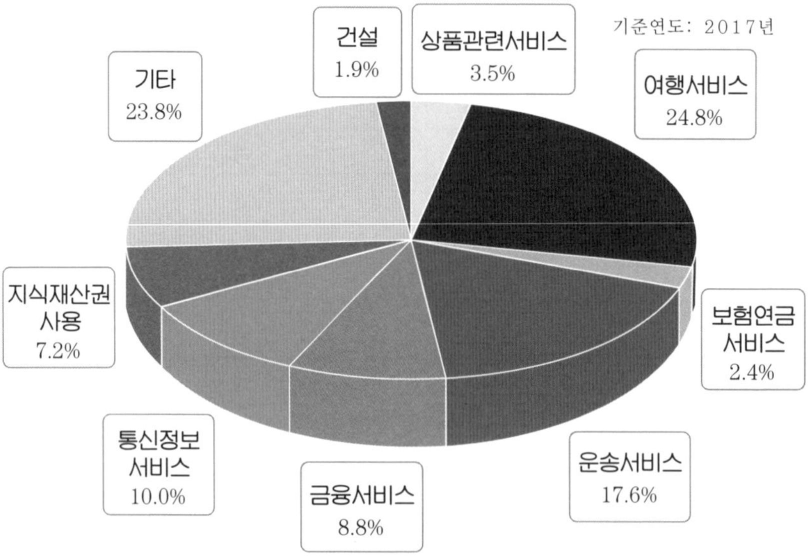

1.2 세계 해외직접투자

2017년 세계의 연간 해외직접투자 규모는 유입기준으로 1조 4,298억 달러로서 세계 상품무역량의 약 8%에 해당하는 수준이며, 세계 해외직접투자의 누적량은 유입기준으로 31조 5,244억 달러로서 세계 상품무역량의 약 1.8배이다. 지난 50여 년 동안 세계의 해외직접투자는 연평균 5% 내외의 높은 성장률을 보이면서 빠른 속도로 증가해 오고 있다.

2017년을 기준으로 볼 때 해외직접투자 유입의 경우는 선진국이 49.8% 점하고, 개발도상국이 46.9%, 체제전환국이 3.3%를 차지하고 있다. 반면에 유출의 경우는 선진국이 70.6%를 점하고, 개발도상국이 26.6%, 체제전환국이 2.8%를 차지하고 있다.

해외투자의 유출입이 상품무역과 다른 점은 해외투자의 경우는 각국 해외투자의 유출과 유입의 불균형이 심하다는 점이다. 즉, 세계의 자본이 선진국에 몰려 있기 때문에 선진국은 자본이 유출되는 반면에 개발도상국

표 1-6 세계의 해외직접투자 규모

(단위: 10억 달러)

유입						지역	유출					
1970	1980	1990	2000	2010	2017		1970	1980	1990	2000	2010	2017
	697.9	2,081.4	7,511.3	20,370.7	31,524.4	세계 누적투자		548.2	2,092.7	8,008.4	21,288.6	30,837.9
13.4 (100)	55.3 (100)	201.6 (100)	1,411.4 (100)	1,422.3 (100)	1,429.8 (100)	세계	14.2 (100)	53.9 (100)	229.6 (100)	1,239.2 (100)	1,467.6 (100)	1,430.0 (100)
9.6 (71.6)	47.6 (86.1)	165.6 (82.1)	1,148.3 (81.4)	703.4 (49.5)	712.4 (49.8)	선진국	14.1 (99.3)	50.7 (94.1)	217.7 (94.8)	1,102.7 (89.0)	988.8 (67.4)	1,009.2 (70.6)
3.9 (28.4)	7.7 (13.9)	35.9 (17.8)	256.1 (18.1)	648.2 (45.6)	670.7 (46.9)	개발 도상국	0.1 (0.7)	3.2 (5.9)	11.9 (5.2)	133.3 (10.8)	420.9 (28.7)	380.8 (26.6)
		0.1 (0)	6.9 (0.5)	70.6 (5.0)	46.8 (3.3)	체제 전환국			0 (0)	3.2 (0.3)	57.9 (3.9)	40.0 (2.8)

참고: 체제전환국은 동구 및 독립국가연합(CIS) 국가임.
( )은 점유비임.
자료: UNCTAD, *Handbook of Statistics*, 2014.
UNCTAD, *World Investment Report*, 2014.

은 유입되는 입장에 있다. 그래서 자본의 유입에 있어서보다 자본의 유출에 있어서 선진국과 개발도상국의 점유비의 차이가 많이 난다. 자본의 유입에 있어서는 선진국은 다른 선진국으로부터의 투자유입이 많고, 개발도상국은 선진국으로부터 투자유입이 되는 반면, 유출에 있어서는 선진국에서는 다른 선진국이나 개발도상국에 투자를 많이 하지만 개발도상국에서는 해외투자가 적기 때문이다. 이러한 현상은 1990년대 이전에는 매우 심했으나 개발도상국에서도 해외투자가 늘어남에 따라 점차 완화되어 가고 있다.

1.3 국제금융

국제금융이란 국경을 넘어 자금거래가 이루어지는 것을 말한다. 국제금융은 19세기에 영국을 중심으로 이루어지기 시작하였다. 그러나 현재와 같은 형태의 국제금융체제가 형성된 것은 1950년대 말 유럽에서 미국달러가 대규모로 거래되는 유로달러시장이 형성되고 미국은행들이 유럽으로 진출하면서부터이다. 과거에는 국제금융의 형태가 국제무역대금의 결제, 무역금융의 제공, 실물투자의 금융자원조달을 위한 예금과 대출 등이 큰 부분을 차지하였었다. 그래서 전통적으로 국제금융시장은 실물경제를 뒷받침하여 국가간의 무역거래를 지원하는 하나의 수단으로서 간주되어 왔다.

그러나 최근 금융시장이 세계화되면서 국제금융시장은 실물경제와 무관하게 금융자산의 운용으로 이익을 창출하기 위한 거래위주로 변하면서 국제금융시장은 거래가 급격하게 늘어나고, 그 모습도 크게 바뀌게 되었다.

[표 1-7]에서 보는 바와 같이 세계의 외환거래량은 급속하게 증가하고

표 1-7 세계 외환거래규모

(단위: 10억 달러)

연 도	1989	1992	1995	1998	2001	2004	2007	2010	2013	2016
일일 거래액	590	820	1,190	1,490	1,200	1,880	3,210	3,971	5,345	5,067
연간 거래액	147,500	205,000	297,500	372,500	300,000	470,000	802,500	992,750	1,336,250	1,266,750

참고: 일일외환거래량은 각 연도 4월 기준임.
연간외환거래량은 연간 영업일 250일로 하여 일일거래액에서 추정한 수치임.
자료: BIS, *Central Bank Survey of foreign Exchange and Derivatives Market Activity,* 2013.

있다. 그 규모가 대단히 커서 2016년을 기준으로 볼 때 하루에 약 5조 670억 달러에 이르고 있다. 한국의 2013년 국내총생산이 1조 4,112억 달러인 것을 감안하면 이는 하루의 외환거래량이 한국의 일년간 생산된 국내총생산의 약 4배에 이르는 규모이다. 또 세계 무역규모에 비교해 보면 2013년의 세계 외환거래량은 연간 약 1,267조 달러로 같은 연도의 세계 상품무역량 17.7조 달러의 약 72배에 달한다. 이것으로 국제금융의 대부분의 거래가 무역결제를 위해서 발생하는 것이 아니라 이익을 찾아 수시로 국제적으로 이동하는 대규모의 금융자산거래에 의한 것임을 알 수 있다.

2. 한국의 현황

2.1 한국의 무역규모

지난 반세기 동안 한국무역은 급속한 발전을 해왔다. 한국무역은 경제개발 초기인 1960년만 하더라도 수출이 3천 3백만 달러 정도에 불과하였으나, 1977년에는 100억 달러를 넘어서고, 1995년에는 1,000억 달러를 넘어서고, 2018년 현재 약 6,012억 달러에 이르고 있다. 이에 따라 세계무역에서 한국무역이 차지하는 비중도 1965년에는 0.18%에 불과하였으나 현재에는 2.93%에 이르게 된 것이다.

2.2 한국의 무역구조

1) 지역별 무역구조

한국의 무역은 중국, 미국, 일본과의 무역이 큰 비중을 차지하는 가운

표 1-8 한국의 무역규모

(단위: 백만 달러)

연도	1950	1955	1960	1965	1970	1975	1980	1985	1990	1995	2000	2005	2010	2018
수출	25.3	17.7	32.8	175.1	835	5,081	17,506	30,283	65,016	125,058	172,268	284,419	466,384	601,154
수입	79.9	327.6	343.5	463.4	1,984	7,274	22,292	31,136	69,844	135,119	160,481	261,238	425,212	543,186
무역수지	-54.6	-309.9	-310.7	-288.3	-1,149	-2,193	-4,786	-853	-4,828	-10,061	11,787	23,181	41,172	57,968
비중(%)				0.18	0.47	0.74	1.04	1.65	1.99	2.57	2.55	2.56	2.95	2.93

자료: 한국무역협회, 「무역통계」, 각 연도 및 한국은행, 「경제통계연보」, 각 연도.

표 1-9 한국의 지역별 무역현황

2018년 기준 (단위: 백만 달러, %)

구 분	수 출		수 입	
	금 액	비 중	금 액	비 중
아 시 아	381,296	63.0	247,583	46.3
유 럽	75,078	12.4	86,304	16.1
북 미	78,463	13.0	64,622	12.1
중 남 미	27,768	4.6	19,332	3.6
아프리카	6,383	1.1	6,135	1.1
대 양 주	14,202	2.3	22,960	4.3
기타지역	21,670	3.6	88,266	16.5
전 체	604,860	100	535,202	100

자료: 한국무역협회, 「무역통계」, 2018.

데 지역적으로 편중된 특성을 갖고 있다. 미국 및 일본에 대한 무역편중은 역사적, 정치적, 지리적인 원인과 함께, 일본으로부터 중간재를 수입하고 미국에 대하여 완제품을 수출하는 구조적인 요인에 원인이 있다. 그러나 최근에 들어서 중국의 경제개방에 따라 중국과의 무역이 급신장하면서 가장 큰 비중을 차지하게 되었다. 또한 동남아지역국가들의 경제발전에 따라 이들 국가와 무역이 증가하고 있을 뿐만 아니라, 한국의 대외무역이 세계 모든 지역에 확대됨에 따라 지역적 편중현상은 크게 완화되고 있다.

현재 중국, 미국, 일본, EU 그리고 ASEAN 국가 등이 한국의 주요 교역대상국이다. 이러한 가운데 대륙별로 보면 아시아 지역이 절대적인 몫을 차지하고 있으며, 유럽, 북미 지역과의 무역이 다음으로 많고, 경제활동이 적고 한국과 원거리에 있는 남미, 오세아니아, 아프리카 지역과의 무역은 매우 적다.

2) 품목별 무역구조

한국의 수출상품은 95% 이상이 공산품이며, 공산품중에서도 중화학공업제품의 비중이 월등히 높다. 1970년대 이전까지만 해도 경공업제품의 수출비중이 중공업제품의 비중보다 높았으나, 1980년대 이후 중공업제품의 비중이 더 커지게 된 이래 중공업제품의 비중은 점점 더 증가해 가고

표 1-10 한국의 10대 무역상대국

(단위: %)

수출				순위	수입			
1990		2018			1990		2018	
국가	비중	국가	비중		국가	비중	국가	비중
미 국	29.8	중 국	26.8	1	일 본	26.6	중 국	19.9
일 본	19.4	미 국	12.0	2	미 국	24.3	미 국	11.0
홍 콩	5.8	베트남	8.0	3	독 일	4.7	일 본	10.2
독 일	4.4	홍 콩	7.6	4	호 주	3.7	독 일	3.9
싱가폴	2.8	일 본	5.0	5	중 국	3.2	호 주	3.9
영 국	2.7	인디아	2.6	6	사우디	2.5	베트남	3.7
캐나다	2.7	대 만	3.4	7	인도네시아	2.3	러시아	3.3
대 만	1.9	싱가포르	1.9	8	말레이시아	2.3	대 만	3.1
프랑스	1.7	멕시코	1.9	9	캐나다	2.1	인도네시아	2.1
인도네시아	1.7	독 일	1.5	10	대 만	2.1	말레이시아	1.9
	72.9		70.9	계		73.8		62.9

참고: 사우디는 사우디아라비아, UAE는 아랍에미레이트임.
자료: 한국무역협회, 「무역통계」, 1990, 2018.

있다. 최근 한국의 주요 수출품은 반도체, 석유제품, 자동차, 선박, 무선통신기기, 디스플레이, 합성수지, 철강제품, 플라스틱제품 등으로 전자, 자동차, 조선, 중화학제품들이 주종을 이루고 있다.

한편 수입은, 용도별로는 수출용수입이 내수용과 거의 비슷할 정도로 상당한 비중을 차지하고 있다. 또 형태별로는 원자재수입이 가장 많고, 그 다음으로는 자본재수입이 많으며, 다음으로 소비재수입이 차지하고 있다. 주요 수입품으로는 원유, 반도체, 천연가스, 석유제품, 석탄, 철강제품, 컴퓨터, 무선통신기기, 화학원료, 자동차 등이 주종을 이루고 있다.

2.3 국제투자

한국의 국제투자는 최근에 급속하게 증가하고 있다. 1990년대 세계화

표 1-11 한국의 주요수출입 상품

2018년 기준 (단위: 백만 달러, %)

수출			순위	수입		
상 품	금액	비중		상 품	금액	비중
반도체	126,706	20.9	1	원유	80,393	15.0
석유제품	46,350	7.7	2	반도체	44,728	8.4
자동차	40,887	6.8	3	천연가스	23,189	4.3
평판디스플레이및센서	24,856	4.1	4	석유제품	21,443	4.0
자동차부품	23,119	3.8	5	반도체제조용장비	18,805	3.5
합성수지	22,960	3.8	6	석탄	16,703	3.1
선박해양구조물및부품	21,275	3.5	7	정밀화학원료	13,021	2.4
철강판	19,669	3.3	8	컴퓨터	12,708	2.4
무선통신기기	17,089	2.8	9	무선통신기기	12,429	2.3
플라스틱제품	9,851	1.6	10	자동차	12,099	2.3
총수출	601,154	100.0		총수입	543,186	100

자료: 한국무역협회, 「무역통계」, 2018.

추세와 함께 한국기업의 해외투자가 먼저 증가하는 경향을 보였고, IMF사태 이후에는 한국이 외국인 투자를 개방하고 외국자본의 유치에 적극 나섬으로써 외국인의 국내투자가 급속히 증가하였다.

한국의 해외직접투자는 1968년 한국남방개발(주)의 인도네시아 산림개발투자를 시작으로 그동안 개발도상국 중심으로 꾸준한 증가를 보여 왔다. 한국의 경제와 기업이 성장함에 따라 1980년대 후반 이후 해외투자가 급속하게 증가하여 왔다. 그러나 1997년 IMF사태 이후 한국기업의 구조조정으로 해외투자여력이 줄어들면서 해외직접투자는 일시적으로 감소세를 보이는 등 증가속도가 낮았으나 2000년대 들어오면서 크게 증가하여 2018년 현재 연간 해외직접투자는 약 498억 달러에 이르고 있다.

한편, 한국에 대한 외국인 투자는 1980년대 후반 이후 증가하기 시작하여 1990년대 후반 IMF체제를 거치면서 현저히 증가하여 2018년 현재 연간 외국인투자는 약 269억 달러에 이르고 있다. 인수합병(M&A)방식에 의한 국제투자가 크게 늘어나는 세계적인 추세속에 최근 한국에서도 구조조

그림 1-6 한국의 해외투자와 외국인투자 추이

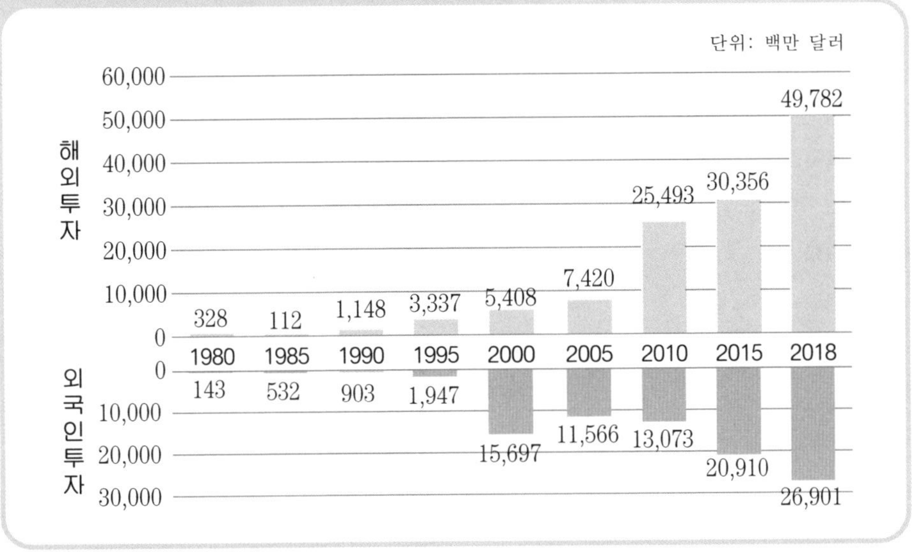

참고: 해외투자는 실행기준, 외국인투자는 신고기준.
자료: 수출입은행 통계, 산업통상자원부 통계.

정을 위한 기업 및 금융기관의 해외매각으로 인수합병방식에 의한 외국인 투자가 크게 증가하고 있다.

전체적으로 보면 그동안 한국의 국제투자규모는 외국에 비하여 상대적으로 작은 편이었다. 해외투자에서는 한국기업이 해외에 많은 투자를 할 수 있는 여건이 되지 못하였고, 외국인의 대한투자에 있어서는 한국이 경제개발과정에서 외국인직접투자보다는 차관을 중심으로 한 외자도입을 해오면서 한국의 투자환경이 경쟁국에 비하여 불리하였기 때문이다. 그런데 최근에는 해외투자에 있어서 한국기업의 역량이 커진데다가 중국의 개방, 보호무역주의 추세에 의한 현지투자 압력 등으로 인하여 해외투자가 크게 증가하고 있는 것이다. 이와 함께 정부에서는 해외투자관련제도를 정비하는 등 기업의 해외진출 지원을 위한 해외투자자유화 정책기조를 유지하고 있다. 또 외국인의 국내투자에 있어서도 IMF외환위기를 맞으면서 외국인의 투자를 적극 받아들일 수밖에 없었고, 이후 국내경제의 활성화를 위해서 투자환경을 개선하는 등 투자유치를 위하여 적극 노력하고 있다.

주요용어

- 무역학
- 무역
- 물품
- 용역
- 대외무역
- 국제무역
- 세계무역
- 통상
- 국제경영
- 글로벌경영
- 국제경제
- 세계경제
- 서비스무역
- 해외직접투자
- 국제금융
- 외국인투자

연습문제

1. 무역학의 연구대상에 대하여 설명하시오.
2. 무역을 정의하시오.
3. 무역학의 연구방법에 대하여 약술하시오
4. 세계상품무역의 지역적인 구성을 약술하시오.
5. 한국의 주요 수출입상품들을 열거하시오.
6. 한국의 국제투자에 대하여 설명하시오.

제 2 부

INTERNATIONAL ECONOMICS

국제경제

제 2 장

무역이론

| 제 1 절 | 고전적 무역이론

| 제 2 절 | 헥셔-오린이론

| 제 3 절 | 신무역이론

무역이론이란 무역현상에 대한 체계적인 설명이다. 국제무역은 왜 발생하는가? 이것은 먼 옛날부터 오늘날에 이르기까지 계속되어 오는 물음이다. 무역회사가 무역을 하는 것을 보면 이익이 있기 때문에 무역을 한다고 쉽게 생각할 수 있다. 그러나 무역에서 왜 이익이 발생하는가를 생각해 보면 여기에 대한 답은 그리 간단하지가 않다. 이러한 문제에 대하여 많은 학자들이 체계적으로 설명하려고 노력해 왔고, 이에 따라 고전적인 학설에서부터 현대적인 학설에 이르기까지 다양한 무역이론이 있다.

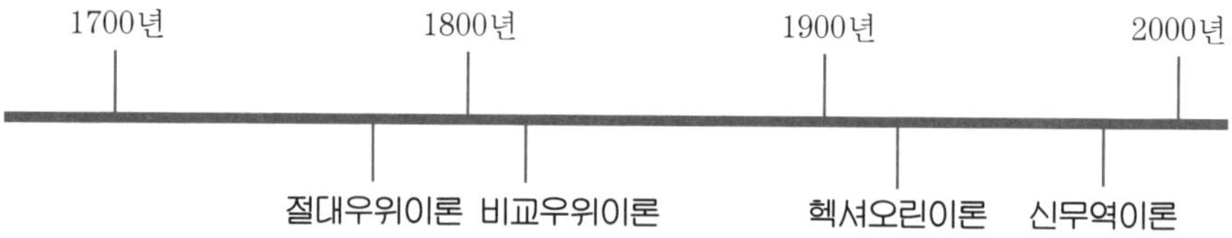

제 1 절 고전적 무역이론

1. 절대우위론

1.1 절대우위론의 개념

무역의 발생과 이익에 관하여 최초로 체계적인 설명을 제공한 사람은 아담 스미스(Adam Smith)이다. 1770년대 아담 스미스는 어떤 재화의 생산에 있어서 한 나라가 상대국보다 우위에 있을 때 그 재화를 더 많이 생산하여 상대국에도 수출하고, 반대로 열위에 있는 다른 재화는 상대국으로부터 수입해서 사용하면 양국 모두에 이익이 된다고 하였다.[1] 이것은 아담

1) Adam Smith, *An Inquiry into the Nature and Causes of the Wealth of Nations*(Oxford: Glasgow edition, 1776).

스미스의 분업론의 국제적 연장이라고 할 수 있다. 즉 각국은 생산에 있어서 자국이 우위를 갖는 재화에 특화하여 생산하여 교역하면 세계전체의 생산이 증대되고 이것이 각국에 배분됨으로써 이익이 발생한다는 것이다. 이것을 절대우위론(Absolute Advantage Theory) 또는 절대생산비설이라고 한다.

절대우위란 한 재화생산에 있어서 한 국가가 상대국에 비하여 우위에 있다는 것이다. 다시 말하면 한 재화에 있어서 한 국가가 상대국보다 낮은 생산비로 생산한다는 것이다. 상대국도 자국에 비하여 낮은 생산비로 생산하는 다른 재화가 있을 것이므로 각국이 낮은 비용으로 생산할 수 있는 재화에 생산을 특화하여 분업생산을 하고 서로 교환을 하게 되면 양국 모두 이익이 된다는 것이다.

1.2 절대우위론의 내용

아담 스미스는 노동가치설에 입각하여 노동만을 생산요소로 하여 각국의 생산비를 투입노동량을 기준으로 설명하였다.[2] 여기서는 절대우위의 개념을 보다 쉽게 설명하기 위하여 노동자 1인당 산출량을 중심으로 설명하기로 한다.[3] 절대우위론을 [표 2-1]과 같이 예를 들어 설명하기로 한다.

1) 기본가정

한국과 중국 두 나라가 있고, 시계와 모자 두 재화가 있다고 가정하자. 한국은 한 사람이 하루 동안 시계만 생산하면 4개를 생산할 수 있고, 모자만 생산하면 2개를 생산할 수 있다. 반면에, 중국은 한 사람이 하루

표 2-1 양국 노동자의 생산력 가정

일인당 일간생산량

국가 \ 상품	시 계	모 자
한 국	4	2
중 국	2	3

교환비 가정: 모자 1=시계 1

2) 당시에는 고전파경제학시대였고, 고전파경제학에서는 노동가치설을 기초로 하고 있었다.
3) 재화 한 단위 생산에 있어서 노동투입량과 노동자 한 명의 재화생산량은 역수의 관계에 있는데 노동투입량 대신에 재화생산량을 사용해도 논지의 손상없이 같은 결론이 도출된다.

동안 시계만 생산하면 2개를 생산할 수 있고, 모자만 생산하면 3개를 생산할 수 있다고 가정한다.

2) 무역의 발생과 무역의 이익

위와 같은 가정에서 시계에 있어서는 한국에 우위가 있고, 모자에 있어서는 중국에 우위가 있다. 이러한 상황에서 양국이 두 재화를 국내에서 모두 생산해서 사용하는 것보다, 시계는 한국에서, 모자는 중국에서 특화생산하여 자국이 특화생산한 상품을 수출하고 상대국이 특화생산한 상품을 수입해서 사용하는 것이 더 낫다.

이렇게 양국이 자국에 우위가 있는 재화를 특화생산하여 교환할 경우에 발생하는 이익을 [그림 2-1]을 통해서 볼 수 있다.

국제시장에서 시계 1개에 모자 1개가 교환된다고 가정하자. 먼저 한국을 보기로 한다. 무역을 하지 않고 국내에서 자급자족한다면 어떤 사람은 시계를 생산하고 또 어떤 사람은 모자를 생산할 것인데, 모자를 생산하고 있는 사람만을 생각하기로 한다. 한국에서 모자를 생산한다면 1인이 2개의 모자를 생산하여 소비할 수 있지만 그 사람이 모자 대신에 시계를 생산한

그림 2-1 절대우위 경우 무역의 이익

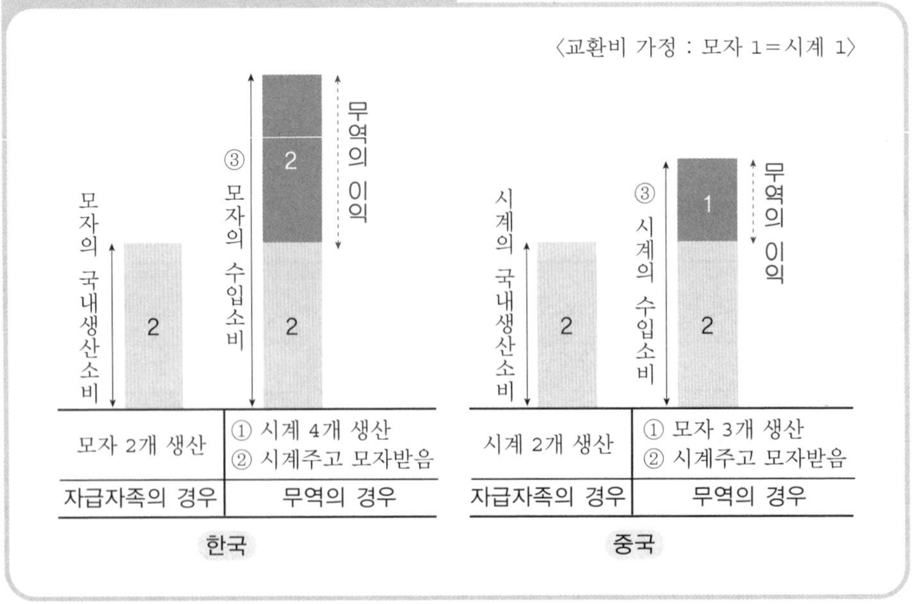

표 2-2 절대우위 경우 무역 이전과 이후

일인당 일간생산량

구분 / 국가	자급자족의 경우		무역의 경우			
	열위산업노동자의 생산량		열위산업노동자의 우위산업 전환생산		우위상품수출로 열위상품수입	
	시계	모자	시계	모자	시계	모자
한국		2	4			4
중국	2			3	3	

교환비 가정: 모자 1=시계 1

다면 4개를 생산할 수 있으므로, 시계를 생산하여 이 시계 4개를 모자 4개와 교환해서 사용하면 모자 2개를 더 소비할 수 있다. 즉, 모자 2개의 무역의 이익이 발생하는 것이다.

다음으로 중국을 보기로 한다. 무역을 하지 않고 국내에서 자급자족한다면 어떤 사람은 시계를 생산하고 또 어떤 사람은 모자를 생산할 것인데, 시계를 생산하는 사람만을 생각하기로 한다. 중국에서 시계를 생산한다면 1인이 2개의 시계를 생산할 수 있지만 그 사람이 시계 대신에 모자를 생산한다면 3개를 생산할 수 있으므로, 모자를 생산하여 이 모자 3개로 시계 3개와 교환해서 사용하면 시계 1개를 더 소비할 수 있는 것이다. 즉, 시계 1개의 무역의 이익이 발생하는 것이다.

1.3 절대우위론의 평가

이와 같이, 절대우위론에 따르면, 양국이 각자 생산에서 우위에 있는 재화가 있을 때 우위에 있는 재화에 특화생산하여 교환함으로써 무역이 발생하고 또 무역의 이익이 발생한다는 것이다.

그러나 절대우위론은 현실세계에서 일어나는 무역의 많은 경우를 설명하지 못한다는 한계가 있다. 절대우위론에 의하면 두 재화에서 양국이 각각 한 재화씩 우위를 나누어 갖고 있어야 무역이 발생하며, 한 나라가 상대국보다 두 재화 모두 우위를 갖는 경우에는 무역이 불가능하다. 예를 들어, 선진국은 후진국보다 모든 재화에 있어서 생산성이 높은 경우가 많은데, 후진국은 절대우위에 있는 재화가 거의 없으므로 선후진국간에는 무역이 이루어질 수가 없다. 그러나 실제는 이와 달리 선후진국간에도 무역이 많이 발생하고 있다. 이와 같이 절대우위론은 현실세계의 무역을 폭넓게 설명하는 데 한계를 갖고 있는 것이다.

2. 비교우위론

2.1 비교우위론의 개념

절대우위론은 상품생산에서의 우위가 양국에 각각 나누어진 경우에 무역이 발생하는 것으로 설명하고 있다. 그러나 앞에서 예로 든 선후진국간 무역에서와 같이 한 국가가 두 재화 모두에 우위를 갖는 경우에도 무역은 발생할 수 있다. 그렇다면 이에 대한 이유가 무엇인가? 이 물음에 대한 설명은 비교우위론에서 찾을 수 있다.

1810년대 리카도(David Ricardo)는 비교우위의 개념으로 무역의 발생을 설명하였는데, 이를 비교우위론(Comparative Advantage Theory) 또는 비교생산비설이라고 한다. 비교우위론은 노동가치설을 기반으로 재화의 생산에 투입되는 노동량의 국가간·재화간 비교를 통하여 무역발생 이유를 설명한다.[4] 비교우위론은 재화생산에서 양국간 우위비율이 재화마다 차이가 있으면 무역이 발생한다는 것이다. 따라서 두 재화 모두 한 국가에 우위가 있다고 하더라도 양 재화의 우위수준을 비교하여 차이가 있다면 무역이 발생하고 이에 따른 이익이 발생함을 의미한다.

2.2 비교우위론의 내용

데이비드 리카도도 아담 스미스와 마찬가지로 노동가치설에 입각하여 노동만을 생산요소로 하여 각국의 생산비를 투입노동량을 기준으로 설명하였다. 여기서도 비교우위의 개념을 보다 쉽게 설명하기 위하여 노동자 1인당 산출량을 중심으로 설명하기로 한다. 비교우위론을 [표 2-3]과 같이 예를 들어 설명하기로 한다.

---

4) David Ricardo, *Principles of Political Economy and Taxation*(London: J. Marry, 1817).

1) 기본가정

한국, 중국 두 나라가 있고 시계와 모자의 두 재화가 있다고 가정한다. 한국은 한 사람이 하루 동안 시계만 생산하면 3개를 생산할 수 있고, 모자만 생산하면 4개를 생산할 수 있다. 반면에, 중국은 한 사람이 하루 동안 시계만 생산하면 1개, 모자만 생산하면 3개를 생산할 수 있다고 하자.

2) 무역의 발생과 무역의 이익

위와 같은 가정에서 시계와 모자 모두 한국에 우위가 있다. 시계에서의 중국의 생산성은 한국의 33%, 모자에서의 중국의 생산성은 한국의 75%에 불과하기 때문이다. 절대우위론에 의하면 무역이 발생할 수 없다. 그러나 비교우위로 보면 이 경우에도 양국이 두 재화를 다 생산하는 것보다 한국은 시계만 생산하고 모자는 중국에서부터 수입하는 것이 낫기 때문에 무역이 발생하게 되는데, 그 이유는 다음과 같다.

[표 2-3]에서와 같이 한국이 중국에 대하여 양 재화 모두에 우위가 있지만 우위의 크기가 시계에서는 3배, 모자에서는 1.33배이므로 시계에 더 우위가 있다. 반대로 중국은 양 재화 모두에서 열위에 있지만 한국에 비하여 시계에서는 0.33배, 모자에서는 0.75배로 모자에서의 열위가 덜하다. 이때 한국은 두 재화간의 우위를 비교하여 우위가 더 큰 시계에 비교우위가 있게 되고, 중국은 열위가 덜한 모자에서 비교우위가 있는 것이다. 따라서 한국은 시계에 특화생산하여 수출하고, 중국은 모자에 특화생산하여 수출하게 된다.

이렇게 양국이 비교우위가 있는 재화에 특화하여 수출하게 될 때 발생

표 2-3 비교우위의 결정

일인당 일간생산량

국가 \ 상품	시 계	모 자
한 국	3	4
중 국	1	3
한국/중국	3	1.33
중국/한국	0.33	0.75

그림 2-2 비교우위 경우 무역의 이익

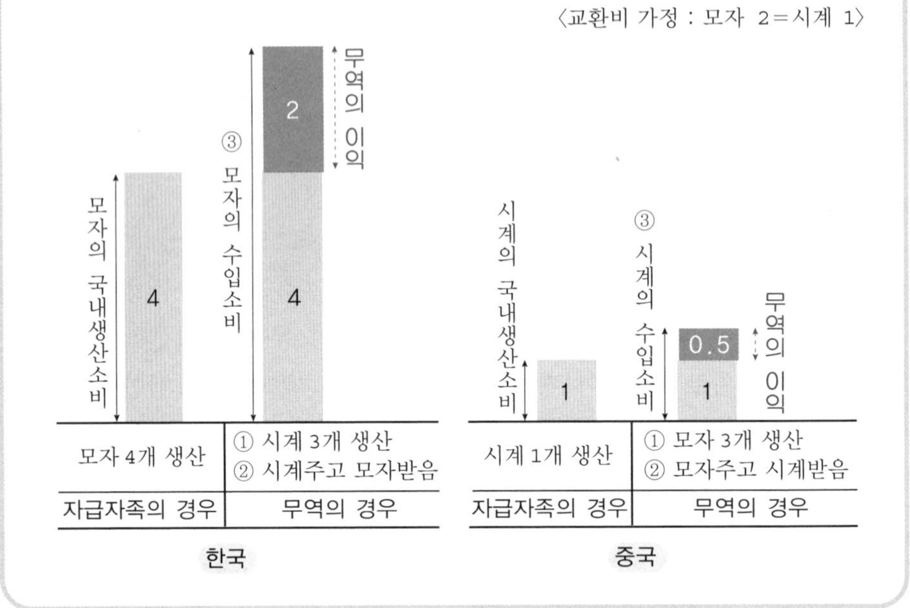

하는 이익을 [그림 2-2]와 [표 2-4]를 통해서 볼 수 있다.

국제시장에서 시계 1개에 모자 2개가 교환된다고 하자. 먼저 한국을 보기로 한다. 무역을 하지 않고 국내에서 자급자족한다면 어떤 사람은 시계를 생산하고 또 어떤 사람은 모자를 생산할 것인데, 모자를 생산하는 사람만을 생각하기로 한다. 한국에서 모자를 생산한다면 1인이 4개의 모자를

표 2-4 비교우위 경우 무역 이전과 이후

일인당 일간생산량

구분 / 국가	자급자족의 경우		무역의 경우			
	열위산업노동자의 생산량		열위산업노동자의 우위산업 전환생산		우위상품수출로 열위상품수입	
	시계	모자	시계	모자	시계	모자
한국		4	3			6
중국	1			3	1.5	

교환비 가정: 모자 2=시계 1

생산하여 소비할 수 있지만 그 사람이 모자 대신에 시계를 생산한다면 3개를 생산할 수 있으므로, 시계를 생산하여 이 시계 3개를 모자 6개와 교환해서 사용하면 모자 2개를 더 소비할 수 있다. 즉, 모자 2개의 무역의 이익이 발생하는 것이다.

다음으로 중국을 보기로 한다. 무역을 하지 않고 국내에서 자급자족한다면 어떤 사람은 시계를 생산하고 또 어떤 사람은 모자를 생산할 것인데, 시계를 생산하는 사람만을 생각하기로 한다. 중국에서 시계를 생산한다면 1인이 1개의 시계를 생산할 수 있지만 그 사람이 시계 대신에 모자를 생산한다면 3개를 생산할 수 있으므로, 이 모자 3개와 시계 1.5개를 교환해서 사용하면 시계 0.5개를 더 소비할 수 있는 것이다. 즉, 시계 0.5개의 무역의 이익이 발생하는 것이다.

이와 같이 비교우위론은 한 나라에서 양 재화의 우위수준 혹은 열위수준에 차이가 있는 한, 즉, 양 재화의 우위비율 혹은 열위비율이 똑같은 경우를 제외하고는 언제나 국가간에 분업하는 것이 이익이 되고, 이에 따라 항상 무역이 발생할 수 있음을 보여주는 것이다.

2.3 국제교역조건

무역에 있어서 재화의 교환비율은 국가간 무역이익의 배분의 문제와 직결된다. 교환비율이 자국에 유리하게 결정될수록 무역에 따른 이익은 더 커지는 것이다.

앞의 비교우위의 가정에서 한국에서는 노동자가 하루 동안 시계 3개를 생산할 수도 있고, 모자 4개를 생산할 수도 있으므로, 국내에서 시계 3개에 모자 4개가 교환될 것이고, 이에 따라 시계 1개의 값은 모자 1.33개가 될 것이다. 그래서 시계를 수출하는 한국의 입장에서는 시계 1개에 대해 적어도 모자 1.33개는 받아야 무역을 할 것이다. 왜냐하면 외국과의 무역에서 시계 1개에 모자 1.33개 이하라면 무역을 하지 않고 국내에서 모자 1.33개를 받을 것이기 때문이다. 그리고 한국의 입장에서 모자 1.33개 이상에서 더 많이 받으면 많이 받을수록 이익이 된다.

한편 중국에서는 노동자가 하루 동안 시계 1개를 생산할 수도 있고, 모자 3개를 생산할 수도 있으므로, 국내에서 시계 1개에 모자 3개가 교환

그림 2-3 교역조건의 결정

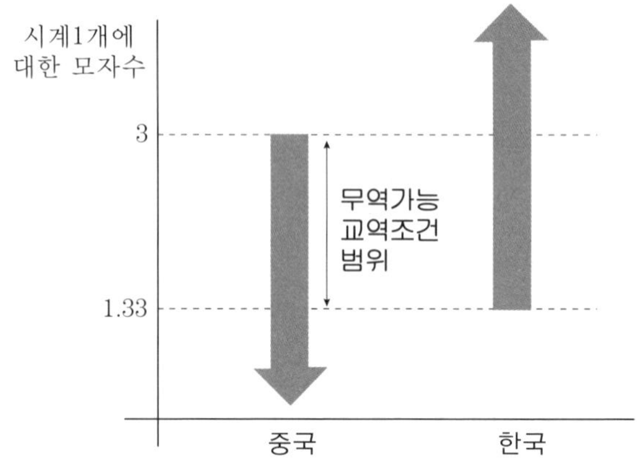

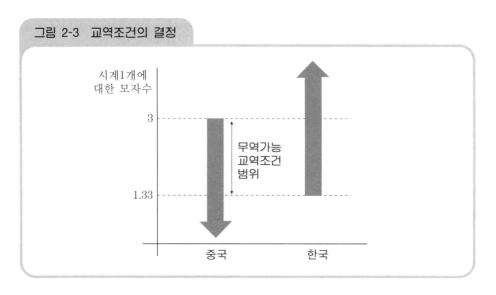

될 것이고, 이에 따라 시계 1개의 값은 모자 3개가 될 것이다. 그래서 모자를 수출하는 중국의 입장에서는 시계 1개를 받기 위해서 모자 3개보다 적게 주어야만 무역을 할 것이다. 왜냐하면 외국과의 무역에서 시계 1개를 받기 위해서 모자 3개 이상을 주어야 한다면 무역을 하지 않고 국내에서 모자 3개를 주고 시계 1개를 받을 것이기 때문이다. 그리고 중국의 입장에서 모자 3개 이하에서 더 적게 주면 적게 줄수록 이익이 된다.

양국의 경우를 보면 자국에서 거래되는 두 재화간의 국내교역비를 한계로 하여 국내교역비율과 멀어질수록 그 국가의 무역이익이 커지게 된다. 그런데 만약 국제교역비가 한국의 국내교역비에 근접한다면 중국은 무역의 이익이 많아 무역을 많이 하고자 하겠지만 한국의 경우에는 국내에서 거래하는 것과 별 차이가 없어 무역의 이익이 작으므로 무역을 많이 하려하지 않을 것이다. 그러면 중국의 모자는 수출공급이 많지만 한국의 시계는 수출공급이 적어 한국 시계의 중국 모자에 대한 상대가격은 올라가게 될 것이다. 이러한 가격변동에 비례하여 중국에서 수출하려는 모자의 양은 줄고 한국에서 수출하려는 시계의 양은 늘게 된다. 이와 같은 과정을 거쳐 양국이 교역하려는 양이 일치되는 점에서 중간의 어느 가격으로 교역조건의 균형이 성립하게 된다.[5)]

---

5) 참고로, 상품교역조건=(수출가격지수/수입가격지수)×100이다.

2.4 비교우위론의 평가

비교우위론은 무역현상을 폭넓게 설명하여 절대우위론의 한계를 극복함과 동시에 자유무역의 우월성을 입증하고 근대무역이론의 토대를 구축하였다. 그러나, 이 리카도가 제시한 비교우위론은 노동가치설에 기초하여 노동의 투입량만으로 설명하였는데, 생산에서 노동만이 유일한 요소가 아니며 또 모든 노동이 동질적인 것도 아니다. 생산에는 노동 이외에도 자본이나 자연자원 등 여러 요소가 있고, 투입되는 생산요소간의 결합비율도 상품에 따라 다르므로 재화의 생산비를 투입노동량에만 연관지어 설명할 수 없다. 이러한 점들에 있어서는 이후 비교우위이론이 여러 학자들에 의해서 보완 발전되는 과정에서 재화생산에서의 노동투입량을 각 재화생산에서의 기회비용으로 대체함으로써 이론적인 문제점이 해소되었다.

리카도 이론의 또 다른 문제점은 이 이론에서는 최초 비교우위가 발생하는 원인에 대해서는 설명을 하지 않는다는 점이다. 시계생산에서 왜 한국노동자는 중국노동자보다 많이 생산하게 되는지를 불문에 붙이고 시작하는 것이다. 이 부분에 대한 본격적인 설명은 리카도 이후 거의 한 세기가 지나고 헥셔-오린이론이 나오면서부터 시작되었다.

비교우위이론이 현실세계의 무역에 맞는지에 대하여 많은 실증적 분석이 있었는데, 그 중에서 맥두걸(D. Macdougall)의 연구가 유명하다. 1951년 맥두걸은 미국과 영국의 각 산업의 노동생산성과 수출량을 기초로 비교우위론을 검증한 결과 양국의 무역이 대체적으로 비교우위이론과 일치한다는 연구결과를 발표하였다.

제 2 절 헥셔-오린이론

비교우위론은 재화간 생산비의 상대비율이 국가간에 차이가 나기 때문에 비교우위가 생기고 이에 따라 무역이 발생한다고 하였다. 그러나 재화간 생산비의 상대비율이 국가간에 왜 차이가 발생하는지에 대해서는 설명을 하지 못하였다. 이에 대한 원인을 규명한 사람이 20세기 전반기 헥셔(E. F. Heckscher)와 오린(B. G. Ohlin)이다. 헥셔-오린은 재화간 생산비용의 상대비가 국가간에 차이가 나는 이유는 국가마다 보유하고 있는 생산요소의 부존도가 다르고, 재화마다 생산에 필요로 하는 요소의 비율이 다르기 때문이며, 그로 인하여 무역이 발생한다고 하였는데, 이를 헥셔-오린이론(Heckscher-Ohlin Theorem)이라 한다.

1. 요소부존이론

전자시계 공장을 하려면 밀짚모자 공장을 하는 것보다 상대적으로 사람은 적게 필요하지만 자본은 많아야 한다. 이같이 재화마다 그 재화생산에 많이 사용되는 생산요소가 다르다. 또 중국은 자본에 비해서 사람이 상대적으로 많고 스위스는 사람에 비해서 자본이 상대적으로 많다. 국가마다 보유하고 있는 생산요소의 양이 다른 것이다. 그래서 어떤 생산요소를 상대적으로 더 많이 보유하고 있는 국가는 그 생산요소를 더 많이 사용하는 재화의 생산에서 유리하게 된다. 이런 결과로 어떤 국가는 자국에 상대적으로 더 많은 생산요소를 상대적으로 더 많이 사용하는 재화를 수출하게 되고, 상대적으로 더 적게 사용하는 재화를 수입하게 된다는 것이다.[6)]

헥셔-오린이론의 기본구조		
두 생산요소	두 국가	두 재화
노동(L)	노동풍부국	노동집약재
자본(K)	자본풍부국	자본집약재

여기서 재화 생산에 필요한 생산요소는 구분하기에 따라 여러 가지가 있을 수 있으나, 헥셔-오린이론에서는 경제학에서 일반적으로 하는 방식대로 단순화시켜서 노동과 자본 두 가지로서 설명하고 있다. 즉, 노동과 자본

6) E. F. Heckscher, "The Effect of Foreign Trade on the Distribution of Income," *Ekonomisk Tidskrift,* Vol. 21 (1919), pp. 1–32.; B. G. Ohlin, *Interregional and International Trade* (Cambridge Mass: Harvard University Press, 1933).

의 2생산요소, 노동풍부국과 자본풍부국의 2국가, 노동집약재와 자본집약재의 2재화를 가정하여 이론을 전개하는 것이다.

노동과 자본의 두 가지 생산요소를 기준하여 볼 때, 철강, 기계, 항공기 등과 같이 생산에서 자본을 상대적으로 많이 필요로 하는 재화가 있는 반면, 의류, 피혁, 가구 등과 같이 노동을 상대적으로 많이 필요로 하는 재화도 있다. 또 국가 중에는 스위스, 미국, 영국과 같이 자본이 상대적으로 풍부한 국가가 있는 반면에 중국, 인도, 방글라데시와 같이 노동이 상대적으로 풍부한 국가가 있다. 그래서 재화와 국가의 이러한 특성에 따라서 재화생산에서의 우위가 결정되고 무역패턴이 결정되는 것이다.

상대적으로 노동력이 풍부한 국가는 상대적으로 노동을 더 많이 필요로 하는 노동집약재 생산에서 우위를 갖고, 상대적으로 자본이 풍부한 국가는 상대적으로 자본을 더 많이 필요로 하는 자본집약재 생산에서 우위를 갖게 된다. 이 결과로 노동풍부국은 노동집약재를 수출하고 자본풍부국은 자본집약재를 수출하게 되는 것이다.

헥셔-오린이론의 무역패턴	
노동풍부국	노동가격 낮음-노동집약재생산에 우위-노동집약재 수출
자본풍부국	자본가격 낮음-자본집약재생산에 우위-자본집약재 수출

여기서 국가의 요소부존도와 재화의 요소집약도는 상대적인 개념이다. 예를 들어 미국은 한국에 비해 노동과 자본 모두 절대적으로 많다. 그러나 미국은 한국에 비해 노동보다 자본에서 그 풍부한 정도가 더하고, 한국은 자본보다 노동에서 그 빈약한 정도가 덜하다. 그래서 상대적 개념으로 보면 미국은 자본풍부국이고 한국은 노동풍부국이 되는 것이다. 또한 한국이 미국과의 관계에서는 노동풍부국이지만, 중국과의 관계에서는 자본풍부국으로 되는 것이다.

이러한 무역의 발생과 방향 결정에 대한 이론을 요소부존이론이라고 하는데,[7] 요소부존이론이란 어떤 나라가 어떤 요소를 더 많이 보유하고 있

7) 이를 헥셔-오린이론의 제1명제라고도 한다.

느냐에 따라 수출하게 되는 상품과 수입하게 되는 상품이 정해지게 된다는 것이다.

2. 무역에 의한 요소가격의 균등화

국가마다 상대적으로 자본이 풍부한 국가가 있고 상대적으로 노동이 풍부한 국가가 있다. 자본이 풍부한 국가는 자본가격이 싼 반면 자본이 빈약한 국가는 비싸고, 또 노동이 풍부한 국가는 노동가격이 싼 반면 노동이 빈약한 국가는 비싸므로 국가간에 요소가격이 차이가 난다. 그런데 무역이 발생하게 되면 요소가격의 국가간의 차이가 줄어들어 결국 나중에는 해당 요소가격이 국가간에 동일하게 된다는 것이다.

그 이유는 무역이 발생하게 되면 노동가격이 싼 노동풍부국은 노동집약재를 수출하게 되고, 이에 따라 노동의 수요가 증대되어 노동가격이 상승한다. 반면에 노동가격이 비싼 노동희소국에서는 노동집약재를 수입하게 되고, 이에 따라 노동의 수요가 감소하여 노동가격이 하락하게 된다. 이러한 결과로 양국간에 노동가격이 같아지는 방향으로 움직이게 된다. 마찬가지로, 자본의 경우도 동일한 원리에 의해 양국간의 자본가격이 같아지는 방향으로 움직이게 된다.

이를 달리 표현하면 다음과 같다. 무역이 발생하게 되면 각 국가는 자국에 상대적으로 풍부한 생산요소를 많이 사용하는 재화를 수출하게 되므로 이로 인한 국내생산 증가로 그 생산요소의 수요가 증가하여 가격이 상승한다. 반면에 자국에 희소한 생산요소는 그 생산요소를 많이 사용하는

요소가격균등화 정리		
〈노동〉		
노동풍부국	노동가격 낮음	: 노동집약재 수출→노동수요↑→노동가격↑
노동희소국	노동가격 높음	: 노동집약재 수입→노동수요↓→노동가격↓
〈자본〉		
자본희소국	자본가격 높음	: 자본집약재 수입→자본수요↓→자본가격↓
자본풍부국	자본가격 낮음	: 자본집약재 수출→자본수요↑→자본가격↑

재화를 수입하게 되므로 이로 인한 국내생산 감소로 수요가 감소되어 가격이 하락하게 된다. 이런 결과로 국가간에 요소가격이 같아지는 방향으로 변동하게 되며 결국에는 국가간에 요소가격이 같아지게 된다. 물론 운송비나 무역에 대한 장애가 전혀 없다는 가정하에서이다.

재화가 교역되면 국제적으로 재화의 가격이 같아진다. 일반적으로 국가간에 재화는 교역이 되지만 생산요소는 교역이 되지 않는다. 그렇지만 무역으로 앞에서와 같이 국가간에 요소가격이 동일해지게 되어 재화에 대한 무역이 생산요소에 대한 무역을 하는 것과 같은 결과를 가져다주는 것이다. 이것을 요소가격균등화정리라고 한다.[8)]

요소가격의 균등화는 국가의 풍부한 생산요소의 소득은 상승하는 반면 희소한 생산요소의 소득은 하락하게 되어, 무역으로 인하여 소득의 재분배가 발생하게 됨을 보여주는 것이다.

3. 레온티에프역설

헥셔-오린이론이 발표된 이래 그 이론의 타당성은 자명한 것으로 받아들여졌었다. 그러나 1953년 레온티에프(W. Leontief)가 미국의 산업연관표와 무역통계를 이용하여 실증적으로 검증한 결과 실제의 무역은 이론과 반대라는 사실을 발견하여 당시 학계에 큰 충격을 주었는데, 이를 레온티에프의 역설이라고 한다.[9)] 헥셔-오린정리에 따라 무역이 일어난다면 자본의 양이 상대적으로 풍부하다고 할 수 있는 미국은 수출상품이 수입상품에 비해서 더 자본집약적이어야 한다. 그러나 측정 결과 수입상품이 수출상품보다 더 자본집약적인 것으로 나타난 것이다.

이러한 결과를 해명하기 위하여 많은 학자들이 다양한 이유를 제시하였고 지금도 논의되고 있는데, 그 주요 내용은 다음과 같다.

첫째, 노동의 이질성에 근거한 인적 자본(human capital)에 의한 설명이다. 미국의 노동자는 개인 능력을 위한 투자가 많이 이루어져 외국의 노

---

8) 이를 헥셔-오린이론의 제2명제라고도 한다.

9) W. Leontief, "Domestic Production and Foreign Trade: The American Capital Position Reexamined, *Proceedings of the American Philosophical Society*(September 1953), pp. 332-493.

동자에 비하여 생산성이 높기 때문에 그것을 노동량으로 환산하면 오히려 노동풍부국이 된다는 것이다.

둘째, 수요의 국가간의 차이에 근거한 수요의 반전에 의한 설명이다. 공급면만 보면 헥셔-오린이론이 맞지만, 미국의 수요가 워낙 자본집약재에 편중되어 있기 때문에 자본집약재의 국내가격이 외국보다 비싸게 되어 외국에서 수입하게 된다는 것이다.

셋째, 천연자원의 수입이 많은 미국의 수입구조 때문이라는 설명으로, 미국은 천연자원의 수입이 많은데 이들 천연자원이 대부분 자본집약적인 상품이면서 금액이 크기 때문에 수입통계에서 자본집약적인 상품이 많이 수입되는 것으로 나타나게 된다는 것이다.

제 3 절 신무역이론

레온티에프역설 이후 기존의 이론이 현실과 괴리되어 있다는 것을 인식하게 되어 현실을 보다 잘 설명할 수 있는 이론을 찾으려는 움직임이 일기 시작하였다. 그리하여 1960년대 이후 여러 새로운 무역이론들이 등장하게 되었다.

일차상품무역은 헥셔-오린이론이 잘 설명하고 있지만 공산품은 그렇지 못하다. 20세기 전반만 하더라도 일차상품의 무역비중이 컸었지만 공업화가 진전되면서 공산품무역이 대종을 이루게 되었고 시간이 갈수록 헥셔-오린이론의 설명력이 떨어지게 된 것이다. 공산품은 노동과 자본의 생산요소 외에 기술, 규모의 경제, 제품의 차별화 등 여러 요인들이 무역의 패턴을 좌우하게 된다.

신 이론들은 이러한 다양한 요인을 중심으로 무역현상을 설명하려고 하고 있다. 이러한 이론들은 대부분 부분적인 설득력을 가지고 있으나 아직까지 무역패턴을 포괄적으로 설명할 수 있는 일반적인 이론은 없는 상태이며, 앞으로도 새로운 이론이 계속 등장할 것으로 보인다.

1. 대표수요이론

대표수요이론(Representative Demand Theory)은 1961년 린더(S. B. Linder)에 의하여 제시된 이론으로 수요의 유사성을 중심으로 무역을 설명하고 있기 때문에 수요유사성이론(preference similarity theory)이라고도 한다.[10] 대표수요란 그 나라에서 가장 많이 수요되는 대표적인 수요를 의미하며, 한 나라의 무역패턴은 그 나라의 국내수요구조, 즉 대표수요에 의하여 결정된다는 것이다. 구체적으로 한 나라에서 어떤 제품이 생산되기 위해서는 먼저 그 나라에 국내수요가 있어야 하며, 국내수요속에서 제품이 발전하면 국제경쟁력을 갖게 되고 이에 따라 수출하게 된다는 것이다. 국내수요가 커서 그 국가의 대표수요로 되는 제품은 자국내에서의 공급과정에서 규모의 경제 효과나 기술습득 효과속에서 제품의 경쟁력이 향상되어 국제시장에서 우위를 갖게 된다.

한편 한 나라의 수요구조를 결정하는 중요한 요인은 그 국가의 국민소득수준이다. 국민소득수준이 높은 국가는 고품질, 고가의 상품을 수요하는 반면, 국민소득수준이 낮은 국가는 저품질, 저가의 상품이 대표수요로 된다. 수입되는 상품도 이러한 국내수요에 의하여 결정된다. 따라서 각국의 수출상품과 수입상품은 그 국가의 국민소득수준에 의하여 영향을 받게 되어 국가간의 소득수준이 유사할수록 상대국과 수출할 상품도 많고 수입할 상품도 많아서 교역의 발생 가능성이 커지게 되는 것이다. 따라서 고소득국은 다른 고소득국가와 교역이 많으며 저소득국은 다른 저소득국가와 교역이 많게 된다. 물론 모든 국가에는 고소득층과 저소득층이 있어서 가난한 나라의 고소득층은 부자나라의 상품을 수입 사용하고, 부자나라의 저소득층은 가난한 나라의 상품을 수입 사용하는 가운데 국가간에 소득수준의 차이가 있다고 하더라도 무역은 발생한다. 그러나 이 경우 무역량이 많을 수는 없는 것이다.

이 대표수요설은 품질수준의 차별화가 큰 공산품을 중심으로 설명한 것으로서 현실의 무역형태를 상당부분 설명하고 있다. 즉 현실에서 왜 세계의 무역 중 선진국간의 무역이 절대적인 비중을 차지하는가를 설명해 준

10) S. B. Linder, *An Essay on Trade and Transformation*(New York: Wiley, 1961).

다. 선진국간에는 소득수준과 수요구조가 비슷하여 다른 선진국에서 만든 상품에 대한 수요가 많기 때문에 상호간에 수출하고 수입하게 되는 것이다.

2. 기술격차이론

기술격차이론(Technology Gap Theory)은 포스너(M. V. Posner)[11]와 허프바우어(G. C. Hufbauer)[12] 등에 의하여 주장된 것으로 국가간의 기술수준의 차이로 인하여 무역이 발생한다는 이론이다. 공산품의 무역에서는 기술이 중요한 역할을 하기 때문에 기술의 혁신과 모방의 과정에서 국가간의 비교우위가 변하게 되고 이에 따라 무역패턴이 변화하면서 무역이 발생하게 된다는 것이다.

먼저 어느 국가에서 기술혁신이 발생하였을 때 기술혁신국은 새로운

그림 2-4 기술격차에 의한 무역패턴

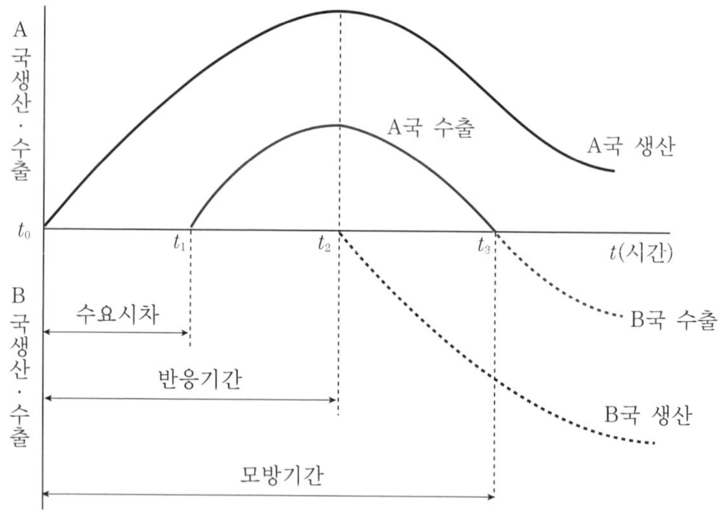

11) Michael Posner, "International Trade and Technological Change," *Oxford Economic Paper*, Vol. 13, No. 3(October 1961), pp. 323–341.

12) G. C. Hufbauer, *Synthetic Materials and the Theory of International Trades*(London: Gerald Duckworth, 1966).

기술로써 신제품을 생산하여 기술모방국에 수출한다. 그러면 기술모방국은 기술혁신국으로부터 당분간 신제품을 수입하지만 시간이 지나면 기술혁신국의 기술을 모방하여 제품을 생산하게 된다. 그런데 기술모방국은 저임금, 기술개량 등의 이점으로 인하여 곧 기술혁신국보다 생산에서 우위를 갖게 되고 이에 따라 기술혁신국에 오히려 수출하게 되면서 무역패턴이 반전된다.

이러한 과정을 그림으로 보면 [그림 2-4]와 같다. A국은 기술혁신국, B국은 기술모방국이라고 할 때, A국에서 t_0시점에 기술혁신이 발생하면 국내에 신제품의 생산이 증가하여 국내에서만 사용되다가 t_1시점이 되면 수출하기 시작한다. 시간이 지남에 따라 A국의 생산과 수출이 증가하다가 t_2 시점에서 B국이 모방생산을 시작함으로써 생산과 수출은 감소하기 시작한다. t_3시점이 되면 모방국의 저임금이나 후속모방자의 유리한 점으로 인하여 우위가 역전되어 B국이 오히려 A국으로 역수출하게 된다. 기술격차이론은 기술혁신의 발생과 모방을 통해 무역의 패턴이 변화하는 동태적인 과정을 설명하고 있다는 점에서 의의를 가지고 있다.

3. 제품수명주기이론

버논(R. Vernon)에 의하여 처음으로 제시된 제품수명주기이론(PLC이론: Product Life Cycle Theory)은 제품이 생성되어 소멸되기까지의 과정을 무역과 연계하여 무역의 발생을 설명하고 있다.[13] 제품의 생성 초기에는 제품이 개발된 선진국에서 수출하게 되고, 다음으로 다른 선진국에서도 수출하다가, 나중에는 개발도상국에서 수출하게 된다는 것이다. 제품의 수명을 신제품기, 성숙제품기, 표준화제품기의 3단계로 나누어 각 단계별 제품의 생산, 소비, 무역의 상황을 보다 구체적으로 보면 [그림 2-5]와 같다.

① **신제품기**(new product stage) 선진국에서 기술과 연구개발을 통하여 제품이 개발된다. 이때 생산은 소수의 기업에 의하여 기술노동력에 의존하고 생산공정은 불안정한 상태이다. 제품은 공급독점하에 고가로 판매되며 국내소비는 점차 증가하면서 다른 선진국에 대한 수출이 일어난다.

---

13) R. Vernon, "International Investment and International Trade in the product Cycle," *Quarterly Journal of Economics*(June 1966).

② **성숙제품기**(maturing product stage) 제품에 대한 수요가 늘어나면서 국내생산이 증가하고 대량생산체제로 되면서 가격경쟁이 시작된다. 제품개발선진국의 수출이 증가하고 다른 선진국에서도 생산을 시작하게 된다. 다른 선진국의 수입은 처음에는 증가하다가 국내생산의 증가로 점차 감소하게 된다. 시간이 감에 따라 개발도상국에서도 국내생산을 시작하게

그림 2-5 제품수명주기와 무역패턴

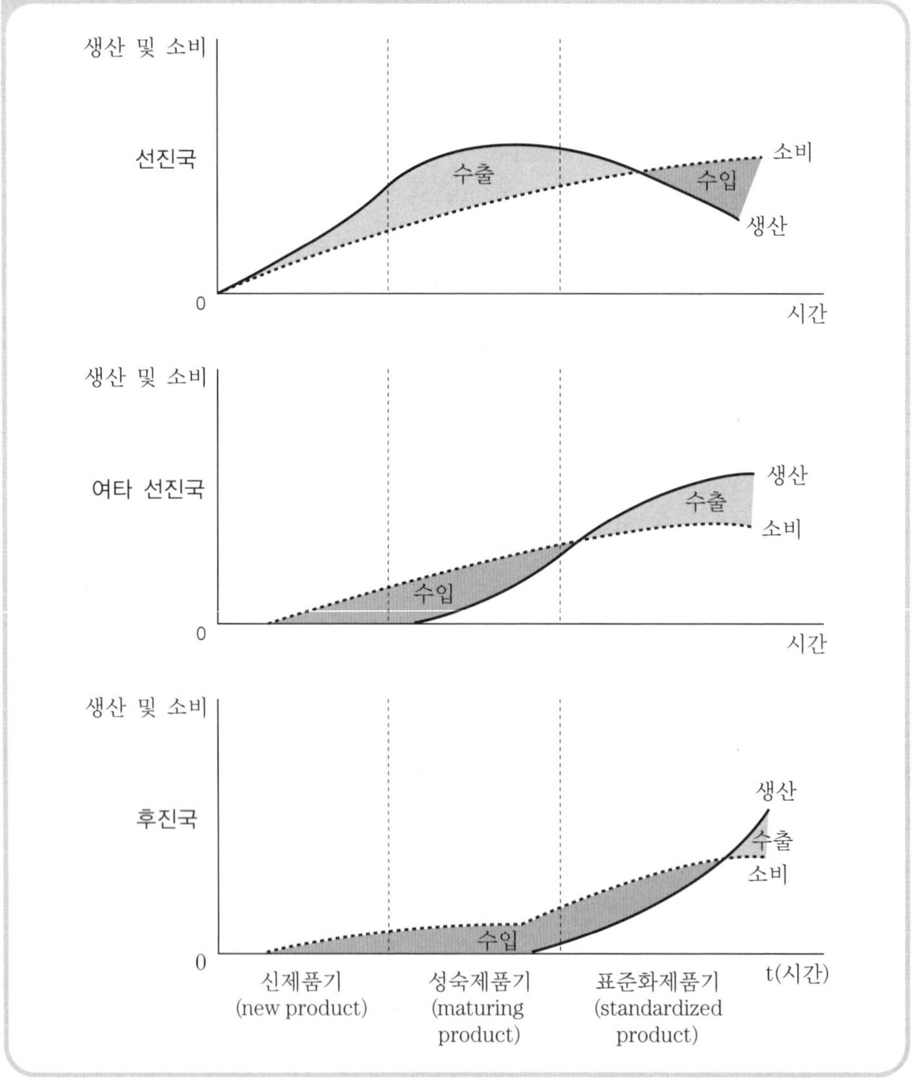

되고 제품개발 선진국의 생산과 수출이 감소하기 시작한다.

③ **표준화제품기**(standardized product stage) 제품생산이 완전히 표준화되어 가격과 제품차별화에 의한 경쟁이 치열하게 된다. 생산기술은 안정적이고 비숙련노동으로 자본집약적인 생산방법이 사용되기 때문에 임금이 싼 개발도상국이 생산에서 더 유리하게 된다. 이때 무역은 제품개발 선진국은 수입하게 되며 다른 선진국과 개발도상국은 수출하게 된다.

이 이론은 제품의 수명주기상의 단계에 따라 최적생산입지가 달라지게 되고, 이에 따라 무역의 방향이 달라지게 되는 것을 동태적으로 설명하고 있다. 예를 들어 라디오나 텔레비전의 경우, 처음에는 주요 수출국이 미국이었다가 다음으로 일본으로 넘어가게 되고 다시 중국에 넘어가게 된 과정을 보면 이 이론의 타당성을 쉽게 이해할 수 있다.

한편 이 이론은 레온티에프의 역설에서 왜 미국이 노동집약적인 제품을 수출하고 자본집약적인 제품을 수입하는가에 대해서도 설명력을 갖는다. 제품의 신생기에는 연구개발활동과 기술이 중요한 역할을 하기 때문에 숙련노동의 투입이 많아 노동집약도가 커지고, 표준화기에 들어와서는 단순노동 중심의 대량생산체제로 되어 자본집약도가 커지게 된다는 점이다. 그리고 제품의 수명단계마다 그 단계에서 필요한 생산요소가 상대적으로 풍부한 국가가 제품을 수출한다는 점에서도 헥셔-오린이론에서의 설명에 부합한다고 할 수 있다

4. 규모의 경제이론

규모의 경제(economies of scale)란 생산량을 증가시킬수록 단위당 생산비용이 감소하는 것을 말한다. 오늘날의 산업은 설비나 R&D 등에 있어서 막대한 초기투자를 필요로 하기 때문에 규모의 경제가 발생하는 경우가 매우 많다. 예를 들어 연구개발비로 1억원을 투입하여 1개 밖에 팔지 못했다면 단위당 연구개발비는 1억원이 되지만, 백만개 팔았다고 한다면 단위당 연구개발비는 백원으로 떨어지기 때문이다.

이러한 규모의 경제 발생의 경우에 왜 무역을 하게 되는지를 예를 들어 살펴보기로 하자. [표 2-5]는 시계산업에서 규모의 경제가 발생한다고

표 2-5 규모의 경제발생의 경우 가격

시계 또는 모자

총생산량	40만개	50만개	60만개	70만개	80만개	90만개	100만개
총생산비	220억원	250억원	280억원	310억원	340억원	370억원	400억원
단 가	5.5만원	5만원	4.67만원	4.43만원	4.25만원	4.11만원	4만원

했을 때 시계가격의 변화를 가정적으로 본 것이다. 어느 나라의 시계생산에서 연간 40만개를 생산한다면 총생산비가 220억원 들어 단가가 5.5만원이지만, 50만개를 생산한다면 총생산비가 250억원이 들게 되어 단가는 5만원이 되고, 100만개를 생산하면 총생산비가 400억원이 들어 단가는 4만원으로 된다.

이와 같이 규모의 경제가 발생하는 상황에서는 생산량을 증가시킬수록 단가는 점점 내려가기 때문에 생산규모가 클수록 경제성은 더 커진다. 이와 같이 규모의 경제가 발생하는 산업이 많다면 대단위생산의 유리성 때문에 국제무역이 발생할 수 있다.

위에서의 시계산업뿐만 아니라 모자산업에서도 규모의 경제가 발생하며 생산량에 따른 모자가격이 시계의 경우와 동일하다고 가정하자. 그리고 한국과 중국 두 나라가 있고 두 나라의 경제규모가 동일하고 두 나라의 시계와 모자의 생산에서의 생산비와 가격이 [표 2-5]와 동일하다고 가정한다. 그리고 한국과 중국 모두 시계와 모자에 대한 수요가 연간 50만개라고 가정한다.

만약 무역이 없다면 한국과 중국 모두 시계와 모자 두 가지 모두를 생산하여 소비하게 될 것이다. 이때 국내에서 소비가격은 시계와 모자 모두 5만원씩이 된다. 이제 만약 국제무역을 하게 되어 한국은 시계를 생산하여 중국에 수출하고, 중국은 모자를 생산하여 한국에 수출하게 되면, 한국은 시계를 내수용 50만개와 수출용 50만개를 합한 100만개 생산하게 되고, 중국은 모자를 내수용 50만개와 수출용 50만개를 합한 100만개 생산하게 된다. 이때 모자와 시계의 가격은 4만원이 된다. 즉 무역을 함으로써 시계와 모자 모두 단위당 1만원씩의 이익이 발생하게 되는데 이를 재화단위로 계산하면 시계와 모자 모두 0.2단위(1만원/5만원)씩 소비를 더할 수 있게 되는 것이다.

규모의 경제에 의한 무역의 설명은 어느 한 나라가 어떤 산업에서 다른 나라에 비하여 우위에 있기 때문에 무역이 발생하는 것이 아니다. 단지 양국이 생산분야를 서로 나누어 상대국 몫까지 함께 생산하여 서로 교환함으로써 이익이 발생되는 것이다. 그렇기 때문에 시계산업과 모자산업과 같이 서로 다른 산업일 필요가 없다. 같은 자동차산업내에서도, 대형 승용차는 미국에서 생산하고, 중소형 승용차는 한국에서 생산하는 것과 같이, 자국내에서 생산할 수 있는 전범위의 모델을 생산하는 것이 아니라, 자국뿐만 아니라 외국의 수요도 함께 고려하여 일부의 모델은 외국에 맡기고 일부의 모델은 자국에서 생산함으로 규모의 경제를 달성할 수 있는 것이다.

그래서 규모의 경제이론은 산업내무역의 발생을 설명하는 데에도 중요한 부분을 차지하고 있다.

5. 산업내무역이론

산업내무역이란 동일산업에 속하는 상품간의 수출과 수입으로 이루어지는 무역을 말한다.[14] 산업내무역이론(Intra-industry Trade Theory)은 1967년 로이드(P. J. Lloyd)가 산업내무역 수준을 측정하면서 처음 제기되었다.

전통적인 무역이론에서는 영국은 모직물을 수출하고 포르투갈은 포도주를 수출하는 것 같이 서로 다른 산업 상품간의 무역, 즉 산업간무역을 기초로 이론을 전개하고 있다. 그런데 현실의 무역에서는 한국이 미국에 자동차를 수출하고, 미국도 한국에 자동차를 수출하는 것 같이 동일산업의 상품이 수출되고 수입되는 산업내무역이 많이 발생하고 있는 것이다. 특히 선진국들의 경우는 산업간무역보다 산업내무역이 더 많다. 이러한 산업내무역 현상에 대한 원인을 규명하고자 하는 이론이 바로 산업내무역이론이다.

산업내무역의 발생원인은 1975년 그루벨(H. G. Grubel)과 로이드(P. J. Lloyds)에 의하여 처음으로 설명되었고,[15] 이후 크루그먼(P. Krugman), 랭

14) 이에 대해서 산업간무역이란 다른 산업에 속하는 상품간의 수출과 수입으로 이루어지는 무역을 말한다.

15) H. G. Grubel and P. J. Lloyds, *Intra-Industry Trade*(London: The Macmillan Press Ltd., 1975).

커스터(K. Lancaster) 등에 의하여 이론적으로 발전되었다. 산업내무역은 여러 가지의 원인들로 인하여 발생한다. 지금까지 연구된 산업내무역의 발생원인은 ① 동일산업내의 상품이라도 특화생산하여 교환함으로써 규모의 경제를 실현할 수 있는 경우가 많으며, ② 불완전경쟁시장구조하에서 기업이 상대국시장에 상호 침투하는 경우에 발생할 수 있고, ③ 기술격차와 제품수명주기에 따라 비교우위가 시간에 따라 변하는 과정에서 발생하며, ④ 다국적기업의 기업내무역에 따라 발생할 수 있으며, ⑤ 국경무역, 중계무역, 계절무역 등의 특수한 형태의 무역으로 인하여 발생하게 된다는 것 등의 복합적인 요인으로 설명되고 있다.[16]

16) 조영정, "산업내무역의 이론적 배경과 측정 방법에 관한 고찰,"「경영연구」제19권 제2호, 고려대학교 기업경영연구소, 1985, pp. 54-61.

주요용어

- 절대우위
- 노동가치설
- 비교우위
- 국제교역조건
- 생산요소
- 요소부존도
- 요소집약도
- 요소가격균등화
- 대표수요
- 기술갭
- 제품수명주기
- 성숙기
- 표준화기
- 규모의 경제
- 산업간무역
- 산업내무역

연습문제

1. 절대우위론의 내용과 그 한계를 논술하시오
2. 비교우위론의 내용을 설명하시오.
3. 헥셔-오린이론을 설명하시오.
4. 요소가격균등화정리를 설명하시오
5. 레온티에프역설을 설명하시오.
6. 기술격차이론을 설명하시오
7. 규모의 경제이론을 설명하시오
8. 산업내무역이론을 설명하시오.

제 3 장

무역정책

제 1 절 무역정책의 의의

무역정책이란 국가가 국민경제의 발전을 위하여 외국과의 무역거래를 대상으로 추구하려는 목표를 설정하고 그것의 달성을 위한 수단들을 실행하는 일련의 행위를 말한다. 어떤 국가이든 각 분야마다 추구하는 목표가 있으며 이를 달성하기 위하여 정책을 수행하게 된다. 그 중 대외무역과 관련된 목표를 달성하기 위한 정책이 무역정책이다.

무역정책은 수입의 제한이나 관세의 부과와 같이 무역에 대한 다양한 조치들로 이루어진다. 또한 무역정책은 관세와 같이 수출입에 직접적으로 영향을 주는 조치뿐만 아니라 농업보조금의 지급과 같이 무역에 간접적으로 영향을 미치는 조치들도 포함된다.

무역정책은 다른 경제정책과 밀접한 관련성을 갖고 있다. 재정정책은 수입수요에 영향을 주어 수입량을 변화시키고, 통화정책은 물가에 영향을 주어 수출과 수입을 변화시키게 된다. 또 각 산업의 산업정책도 이들 산업에서의 국제 경쟁력과 수급상황의 변동으로 수출과 수입을 변화시키게 된다. 반대로 무역정책의 결과는 단순한 수출입량의 변화로 끝나는 것이 아니라 물품의 수급, 물가, 고용, 통화량, 경제성장, 국제수지, 각 산업의 경쟁력 등 경제전반에 걸쳐서 영향을 미치게 된다.

그래서 무역정책은 국가의 여러 경제정책들 중의 한 부분으로서 다른 정책들과 조화를 이루면서 시행된다.

제 2 절 무역정책의 이념

무역에 대하여 국가가 어떠한 역할을 해야 하는 것인가에 대하여 상반되는 두 가지의 이념이 있다. 하나는 자유무역주의이고, 다른 하나는 보호무역주의이다. 자유무역주의와 보호무역주의는 오랜 옛날부터 오늘날에 이르기까지 국가의 무역에 대한 입장과 무역정책의 방향을 이끌어 온 이념적인 두 줄기이다.

자유무역주의는 국가의 간섭을 받지 않고 개개인이 자유롭게 무역을 행하는 것을 원칙으로 하는 이념이다. 반면에 보호무역주의는 국내산업보호 등을 목적으로 국가가 무역에 관여함으로써 개개인의 자유가 어느 정도 제한되는 가운데 무역을 행하는 것을 원칙으로 하는 이념이다.[1)]

무역의 문제에 대하여 국가가 완전히 관여하지 않는다는 것은 경제상으로는 국가가 존재하지 않는 것이나 마찬가지이다. 그런데 이것은 현실적으로 불가능하다. 국가는 경제주권을 가지고 있고, 무역은 국가의 경제적인 통제영역을 넘나드는 행위이기 때문이다. 반대로 보호무역을 한다고 해서 국가가 무역을 완전히 통제하거나 국가가 무역을 대신하게 되면 이는 이미 보호무역이 아니다. 이와 같이 아무리 자유무역을 한다고 하더라도 국가는 자국의 무역에 대하여 어느 정도는 관여할 수밖에 없고, 보호무역을 한다고 하더라도 국가가 무역에 대하여 전적으로 다 개입할 수는 없다. 이러한 점에서 보호무역과 자유무역은 어떤 절대적인 기준에 의하여 구분되어지는 것이 아니라 국가개입수준의 정도의 차이에 따라 상대적으로 구분되어지는 것이다.

1. 보호무역주의

1.1 보호무역주의의 발전

보호무역주의는 국가가 국내산업이나 국내관계당사자의 이해를 보호하기 위하여 국가가 무역에 적극 개입하는 정책이다. 국가가 존재하면서부터 무역에 대한 국가의 개입은 있어 왔으나 무역에 대한 하나의 이념으로서 경제사상으로 나타나기 시작한 것은 중상주의부터라고 할 수 있다. 그리고 오늘날처럼 자유무역이 행해지는 가운데에서도 신보호무역주의라는 새로운 형태의 보호무역주의적인 추세가 발생하는 것과 같이 시간의 흐름에 따라 보호무역주의적인 성향이 강해지기도 하고 약해지기도 한다.

1) 보호무역주의는 국제무역에서 자국의 입장에 선다는 점에서 경제적 민족주의, 국가주의, 중상주의 등과 맥을 같이 한다.

1) 중상주의

15세기 근대 절대주의국가의 성립기로부터 18세기 중반까지 유럽은 중상주의(mercantilism)하에 있었다. 따라서 19세기 이전의 국제무역의 지배적인 경향은 중상주의에 의하여 대표되는 보호무역주의였다고 할 수 있다. 국가와 시대에 따라 다소 차이가 있기는 하나 중상주의의 공통적인 특징은 국가개입에 의한 무역수지 흑자에 중점이 두어졌다는 점이다. 즉, 국가가 개입하여 국내산업을 장려하고 대외무역에 있어서는 수출증대와 수입억제를 통하여 금과 은을 축적하는 것이[2] 국부를 증가시키는 것으로 여겼다. 이때는 국가간의 상호 이익이나 이해의 조정이라는 협력의 개념은 희박하였으며, 한 국가의 이익은 다른 국가의 손해라는 인식하에 경쟁적이고 배타적인 입장이 강하였다. 오늘날 자국의 이익만을 중시하는 보호주의를 중상주의로 부르는 것도 여기서 유래하는 것이다.

2) 보호무역주의

18, 19세기 영국이 자유무역주의의 기조하에서 국제무역을 확대해 나가고 있을 때 이와 반대로 보호주의적인 정책을 시행하는 국가도 많았다. 이들 국가의 대부분은 경제적인 측면에서 영국에 비해서 상대적으로 후진국의 입장에 있던 국가들이었다. 이러한 보호무역주의적인 무역정책으로 경제발전을 이룩한 대표적인 국가는 미국과 독일이다. 당시 이들 국가에서 보호주의적인 정책의 필요성을 주창한 주요 인물로서 미국의 해밀턴과 독일의 리스트가 있었다. 이들의 주장을 통해서 당시의 보호주의사상을 살펴보면 다음과 같다.

(1) 해밀턴의 공업보호론

미국은 1776년 독립할 당시까지 본국인 영국의 통제하에 무역이 이루어졌고, 독립 이후에도 농업중심 국가로서 면화, 담배, 곡물 등을 수출하고, 공업제품은 영국을 비롯한 유럽국가들로부터의 수입에 의존하고 있었다. 이러한 가운데 공업을 육성하여 유럽으로부터 경제적인 의존에서 벗어나려는 요구가 강하게 작용하고 있었다.

이 같은 상황에서 1791년 해밀턴(Alexander Hamilton)은 「제조업 보고

2) 금과 은은 이때의 주요 화폐였다.

서」(Report on Manufactures)에서 당시 유럽에 비하여 뒤져 있는 제조업의 육성과 이를 위한 공산품 수입에 대한 보호무역의 필요성을 주장하였다.[3] 당시 농업국이었던 미국의 입장에서는 공업을 발전시켜야만 제조업과 농업에서의 산업분화를 통하여 자립경제를 달성할 수 있다는 것이었다. 그리고 안정적인 농업의 발전을 위해서도 비농업 소비자계층이 필요하고 이를 위해서는 제조업을 육성해야만 한다는 것이다. 미국의 제조업은 유럽에 비하여 낙후된 상태에 있어 현 상태로는 유럽의 수입상품에 밀려서 성장할 수 없기 때문에 국가의 보호조치로써 육성하지 않으면 안 되며, 이러한 보호수단으로서 보호관세의 부과, 보조금 및 장려금 지급, 수출입통제, 과세면제 등의 방안을 제시하였다. 이와 같은 조치로써 보호하게 되면 국내의 제조업은 외국상품과의 경쟁에서 벗어나 생산규모를 증가시킬 수 있고, 이렇게 됨으로써 산업이 성장하게 되고, 더 나아가 외국기업과 경쟁할 수 있는 수준으로 발전할 수 있게 된다는 것이다.

이러한 해밀턴의 주장에 대한 타당성은 현실적으로 입증되었다. 이후 나폴레옹전쟁으로 유럽으로부터 미국이 공산품 수입을 못하게 되자 국내생산의 증가와 함께 산업이 발전되는 계기를 맞게 되고, 전쟁 이후에 미국은 관세인상 등의 수입제한조치로 국내산업을 계속 보호함으로써 산업발전을 이룩할 수 있었다.

(2) 리스트의 유치산업보호론

19세기 유럽에는 국제교류가 활발해지면서 무역에서도 자유주의적인 성향이 강하게 일어났다. 이러한 가운데서도 상대적으로 경제발전이 늦은 국가들에서는 여전히 무역에 대한 규제와 통제가 존속되고 있었고, 또 이러한 보호주의적인 조치가 필요하다고 생각하고 있었다. 이 같은 보호무역주의 입장을 대변한 사람은 당시 영국과 프랑스에 비하여 후진국이었던 독일의 리스트이다.

독일의 리스트(Friedrich List)는 1841년 「정치경제의 국민적 체계」에서 유치산업보호론을 주장하였다.[4] 당시 독일은 영국에 비하여 산업이 낙후되어 있었는데, 이러한 상황에서 독일이 경제발전을 하기 위해서는 보호무

3) A. Hamilton, *Report on Manufactures*(Washington: US Congress, 1791).
4) F. List, *The national System of Political Economy*(1841).

역을 통하여 유치산업을 보호해야 한다는 것이었다.

자유무역론에 의하면 자유로운 무역속에서 한 국가에 가장 적합한 산업이 형성되고 발전된다고 하지만, 이것은 국가간 경제발전수준이 비슷한 경우에 가능하고, 차이가 있을 경우에는 현실적으로 그렇게 되기 어렵다는 것이다. 후진국은 자본이 부족하고 기술수준이 낮아 선진국의 상품유입으로 새로운 산업의 생성과 발전이 어렵기 때문에 외국상품의 수입을 억제하여 국내의 유치산업을 보호하여야 한다는 것이다. 리스트는 보호관세를 부과하게 되면 초기에는 공업제품의 가격이 등귀하게 되지만, 일정기간후 국내산업이 완전한 생산력을 발휘하는 경우에는 외국에서 수입하는 것보다 저렴하게 국내생산을 할 수 있기 때문에, 장래의 이익을 위하여 현재의 이익을 희생할 필요가 있다고 하였다.

리스트는 경제발전에 대한 국가의 역할을 중시하였다. 자유무역이 모든 경우에 타당한 것은 아니며 국가는 자국의 경제발전단계에 맞는 정책을 채택하여야 한다고 하면서 아담 스미스의 자유무역론을 비판하였다. 그래서 경제발전에는 단계가 있으며, 영국과 같이 높은 단계에 도달한 국가는 자유무역이 유리하지만 당시의 독일과 같이 낮은 단계에 있는 국가는 보호무역이 유리하다고 하였다.

1.2 신보호무역주의

1960년대부터 세계경제의 주도국인 미국이 국제수지 적자국으로 되었고, 1970년대에 들어오면서 석유파동과 세계경제의 구조변동으로 선진국들의 경기가 침체국면을 맞게 되었다. 이어 1980년대에 들어오면서 선진국 상호간에도 무역불균형이 심화되고, 신흥개발도상국들의 급부상으로 세계산업화지역의 구도가 변화하면서 기존의 산업화지역이던 서구 선진국들은 산업발전이 둔화되어 경기침체와 실업문제를 안게 되었다. 이러한 가운데 선진국대 선진국, 신흥개발도상국대 선진국간에 국제무역상의 긴장이 조성되었다. 세계는 새로운 보호무역주의가 대두하였고, 이때 대두된 보호주의는 과거의 보호주의와 다른 특징들을 갖고 있기 때문에 이를 신보호무역주의(new protectionism)라고 한다.

신보호무역주의는 다음과 같은 몇 가지 특징을 가지고 있다.

표 3-1 전통적 보호무역주의와 신보호무역주의의 특성 차이

구 분	전통적 보호무역주의	신보호무역주의
사 용 국	후진국	선진국
보호대상산업	유치산업	사양산업
수 단	관세, 비관세장벽	비관세장벽
상대국가	외국전체	선별적
기본원칙	무차별주의	상호주의

첫째, 선진국들을 중심으로 하여 대두되었다는 점이다. 전통적인 보호무역주의는 주로 후진국 입장에 있는 국가들에 의하여 취하여져 왔으나 신보호무역주의에서는 보호주의 조치를 취한 국가들이 주로 선진국들이었다.

둘째, 사양산업의 보호를 위한 수단으로 사용되었다는 점이다. 전통적인 보호무역주의는 후진국들이 주로 유치산업을 보호하기 위한 수단으로 사용되어 온 반면에, 신보호무역주의에서는 선진국들이 주로 사양산업을 보호하기 위한 수단으로 사용되었다. 선진국들에서 기존산업이 경쟁력을 상실하여 경기침체와 실업증가를 맞게 되자 무역장벽으로 이러한 산업의 사양화를 막으려고 하는 가운데 신보호무역주의의 경향이 발생하였던 것이다.

셋째, 보호의 수단으로서 비관세장벽을 많이 사용한다는 점이다. 전통적인 보호무역주의는 보호를 위한 수단으로서 관세장벽을 주로 사용해 온 반면, GATT가 출범한 20세기 중반 이후에는 GATT규율상 관세를 인상하기 어렵기 때문에 관세보다는 비관세장벽을 무역장벽수단으로 주로 사용하게 되었다.

넷째, 국가에 따라 선별적으로 무역제한조치를 취한다는 점이다. 전통적인 보호무역주의는 국가에 관계없이 대외수입 전체에 대하여 제한하는 것이 일반적이었지만, 신보호주의에서는 자국과 상대국과의 무역관계를 고려하여 상호주의속에서 국가에 따라 선별적, 차별적으로 제한조치를 취하는 경우가 많았다.

1.3 보호무역의 경제적 효과

1) 보호무역의 긍정적 효과

(1) 유치산업의 보호

유치산업(infant industry)이란 현재는 어린아이와 같이 미성숙하여 경쟁력이 약한 상태에 있지만 성숙하게 되면 강한 경쟁력을 가질 수 있는 산업을 말한다.

산업의 생산성은 시간에 따라 변하는 것이며, 이에 따라 국가간의 비교우위도 변한다. 어떤 산업이 현재 비교열위에 있다고 하더라도 일정기간 이후에는 강한 비교우위를 가질 수도 있다는 것이다. 또한 국가의 어떤 산업이 잠재적인 경쟁력을 갖고 있는데도 작은 부분의 장애요인에 의하여 그 산업의 경쟁력이 발휘되고 있지 못한 경우에 그 장애요인만 제거해 주면 큰 경쟁력을 발휘할 수도 있다. 그렇기 때문에 성장잠재력이 큰 산업에 대하여 국가가 그 산업이 성장할 때까지 외국산업과의 경쟁으로부터 보호해 주고 성장이 된 이후에 외국산업과 경쟁하게 함으로써 국내산업을 발전시킬 수 있는 것이다.

(2) 사양산업의 보호

자유로운 무역속에서는 국내산업과 외국산업이 경쟁하지 않으면 안 되고, 이러한 경쟁에서 뒤지는 국가의 산업은 사양화된다. 또 어떤 국가의 산업이 지금까지는 국제경쟁력을 가지고 있었다 하더라도 더 강한 경쟁력을 가진 국가가 출현하게 되면 그 국가의 산업은 경쟁력을 상실하고 사양화하게 된다. 산업이 사양화되면 생산량의 감축과 이에 따른 고용감소를 맞을 수밖에 없다. 이때 국가는 경쟁력 있는 외국상품의 국내유입을 제한하게 되면 자국산업의 급속한 사양화를 방지할 수 있게 된다. 사양산업의 보호문제는 기존 산업기반이 있는 국가의 경우이기 때문에 이 같은 문제가 대두되는 국가는 주로 선진국들이다.

(3) 국민소득 및 고용증대효과

외국상품에 대한 수입제한조치로 외국의 상품수입을 줄이게 되면 국내

상품의 생산과 소비가 증가하게 된다. 국내상품의 생산과 소비가 증대되면 국민소득과 고용이 증대하게 된다.

(4) 국제수지의 개선

국제무역에서 수출량과 수입량이 저절로 균형을 이루는 것은 아니다. 자유무역하에서 국제수지 적자가 계속적으로 누적된다면 국가경제가 심각한 어려움에 직면할 수 있다. 이러한 경우 보호주의적인 조치로 국가가 수출과 수입을 조정함으로써 국제수지를 개선할 수 있다. 특히 개발도상국의 경우에는 만성적인 국제수지 적자를 막기 위하여 수입규제와 수출촉진의 정책수단을 동원하는 것 외에는 다른 정책적인 여유가 없는 경우가 많다.

(5) 국내시장의 왜곡시정

시장이 완전경쟁적일 때 자유로운 무역은 자원을 가장 효율적으로 배분하며 최상의 경제적인 효과를 가져다준다. 그렇지만 현실에서는 많은 경우에 시장은 완전경쟁적이 아니고 부분적으로 왜곡되어 있는 경우가 많다.[5] 국제무역과 관련하여 이러한 시장왜곡이 있는 경우에는 이를 시정하기 위한 국가의 정책적인 개입이 필요하게 된다.

(6) 교역조건의 개선

보호주의적인 조치는 그 국가의 교역조건을 개선시킬 수 있다.[6] 상대국의 수출공급량은 변화가 없는 상태에서 자국의 보호주의적인 조치로 국내의 수입수요가 감소하게 되면 상품의 수입가격은 하락하게 될 것이다. 상대국의 대응조치가 없다면 자국의 수출가격이 변동하지 않으므로 수출가격은 불변인데 수입가격이 하락하게 되어 교역조건이 개선된다.

(7) 관세의 세입효과

국가의 대표적인 보호무역 정책수단이 관세이고, 관세수입은 정부재원의 주요한 원천 중의 하나이다. 고대로부터 국가는 재원을 확보하기 위한

---

5) 시장왜곡은 경제내에 외부경제나 외부불경제가 있을 때, 독점적인 요인이 있을 때, 정보가 불완전할 때, 제도적인 장애가 있을 때 등 여러 가지의 원인에 의하여 발생한다.

6) 교역조건은 그 나라의 수입상품에 대한 수출상품의 가격비를 말한다. 한 나라의 교역조건이 개선되었다 함은 자국의 수입상품 가격에 비하여 수출상품 가격이 상승하였음을 의미한다.

하나의 수단으로서 관세를 부과해 왔다. 현대에 들어오면서 이러한 목적의 중요성은 줄어들었지만, 국가의 조세수입원이 적은 개발도상국들에 있어서는 국가의 재원 마련에 관세가 아직도 중요한 부분을 차지하고 있다.

(8) 경제 외적인 이유에 의한 보호무역론

무역은 경제적 요인뿐만 아니라 여러 경제 외적인 요인들과도 관련되기 때문에 무역에서 경제 외적인 요인을 무시할 수 없다. 대표적으로 국방 및 안보, 보건 및 환경, 사회문화적 가치보전 등을 들 수 있다. 이러한 목적으로 국가는 무역에 일정한 제한을 가할 필요가 있는 것이다.

2) 보호무역의 부정적 효과

(1) 국내산업의 경쟁력의 약화

보호무역조치는 외국산업과의 자유경쟁을 억제함으로써 국내산업의 경쟁력 약화를 가져올 수 있다. 보호무역으로 국내산업이 외국산업과의 경쟁을 피할 수 있어서 일정한 시점까지는 산업이 육성될 수 있지만, 이러한 상황이 지속되면 자국산업이 비경쟁적 환경에 안주하게 됨으로써 기술개발이나 경영혁신을 등한시하는 가운데 산업은 비효율적으로 되고 경쟁력이 약화될 수 있다.

(2) 소비자후생의 감소

보호무역은 소비자의 외국상품에 대한 접근을 제한함으로써 소비자의 후생수준을 감소시키게 된다. 소비자는 상품에 대한 폭넓은 선택기회를 갖는 가운데 국내외의 어느 상품이든 싸고 품질 좋은 상품을 소비할 수 있을 때 효용수준이 향상된다. 보호주의적인 조치로 외국상품의 사용이 제한되면 상품의 가격은 상승하고 상품에 대한 선택의 기회가 줄게 되어 소비자의 후생수준이 감소하게 된다.

(3) 자원배분의 비효율성

보호무역은 자원의 효율적인 배분을 저해한다. 보호에 의하여 비효율적인 부문의 생산을 늘리고 효율적인 부문의 생산을 억제함으로써 전체산업의 생산효율이 감소하게 되고 이에 따라 국민총생산도 감소하게 된다.

(4) 타국의 보호적 대응조치

자국의 수입억제는 상대국의 수출을 감소시키므로 상대국의 국제수지나 국내경제에 나쁜 영향을 주게 된다. 이에 상대국도 자국경제를 위해서 보호주의적인 조치를 취할 가능성이 있고 이렇게 되면 결국 자국 수출도 줄게 된다. 또한 굳이 상대국이 보호주의 조치를 취하지 않는다고 하더라도 상대국의 수출감소로 인한 경기 침체는 수입수요를 감소시키고, 이는 다시 자국의 수출감소로 연결된다. 이러한 결과로 양국간 교역의 감소는 양국 모두에 경제적 손실을 발생시키게 된다.

(5) 국제적인 마찰과 갈등의 발생

보호주의는 자국의 경제적 이익을 위하여 다른 국가에 경제적인 손실을 주는 결과가 된다. 따라서 상대국도 자국의 이익을 위하여 보복적인 보호주의로 대응하게 되는 경우가 많다. 이러한 상황의 발전은 국가간의 호혜적인 선린관계를 손상시키고 경제적인 마찰과 갈등을 유발할 수 있으며 나아가 국제사회의 평화적인 관계발전을 저해할 수 있는 것이다.

2. 자유무역주의

2.1 자유무역주의의 발전

17-18세기에 들어오면서 근대 자유주의 사상의 발전과 함께 경제활동에 있어서도 자유주의적인 사조가 대두하게 되었다. 이러한 사조가 먼저 시작된 곳은 영국이다.

영국은 16세기 이래 강력한 해양국가로 부상하여 처음에는 중상주의 정책으로 국가경제의 발전을 추구하였다. 그러다가 산업혁명을 거치면서 공업생산에서 경쟁력이 앞선 영국의 입장으로서는 국내산업을 외국상품의 수입으로부터 보호해야 하는 부담이 없었고, 산업의 지속적인 발전을 위하여 해외시장이 필요하였다. 또한 공업화로 인하여 원료품 및 식료품을 손쉽고 저렴하게 공급할 필요가 있었다. 그래서 상공업자들을 중심으로 자유무역에 대한 요구가 강하게 대두되었는데, 이 시기의 경제사상을 대표하는 사람이 아담 스미스이다.

1776년 아담 스미스(Adam Smith)는 「국부론」(*An Inquiry into the Nature and Causes of the Wealth of Nations*)에서 중상주의적인 정책을 비판하고 국제분업의 이익을 기초로 자유무역의 우위성을 주장하였다. 아담 스미스는 자유주의 경제사상을 크게 발전시켰고 자유무역에 대한 기초를 확립하였다. 아담 스미스는 자유경쟁에 기초한 분업의 이익이 국가내에서 발생하는 것과 마찬가지로 국제간에도 발생한다고 생각하였다. 국제간에 자유로운 경쟁이 이루어지고 노동의 분화가 이루어지면 각국이 성장하는 산업에 자본과 노동을 집중시키고 다른 산업의 생산물은 외국으로부터 싼 가격으로 수입하게 되어 국가의 부는 증가하게 된다는 것이다. 그리고 무역은 자연적 현상이므로 외국과의 무역에 대한 국가의 제한이나 간섭을 폐지해야 한다고 주장하였다.[7)]

이후 고전파경제학의 여러 학자들은 아담 스미스의 사상을 계승하여 자유무역에 대한 타당성을 이론적으로 발전시켜 나가게 되었다. 리카도(D. Ricardo)는 아담 스미스의 자유무역 사상을 계승하여 비교우위론으로 무역이론을 정치화시켰으며,[8)] 이후 밀(J. S. Mill)을 비롯한 많은 경제학자들이 이론을 발전시키면서 주류 경제학 이론에서 자유무역주의의 이론적인 타당성을 뒷받침하게 되었다. 이러한 가운데 자유무역주의 사상은 자본주의의 발달과 함께 영국뿐만 아니라 전세계에 확산되어 세계의 무역발전에 큰 영향을 주게 되었다.

2.2 자유무역의 경제적 효과

1) 자유무역의 긍정적 효과

(1) 사회후생의 증대

무역을 하게 되면 후생증대의 효과가 발생하게 된다. 생산에서 자국에서 더 효율적으로 생산할 수 있는 재화를 많이 생산하여 국내에서보다 더 비싼 가격으로 수출하고, 소비에서 외국에서 더 효율적으로 생산할 수 있

7) A. Smith, *An Inquiry into the Nature and Causes of the Wealth of Nations*(Chicago: University of Chicago Press, 1977).

8) D. Ricardo, *Principles of Political Economy and Taxation*(London: J. Marry, 1817).

는 재화를 국내생산가격보다 싼 가격으로 수입하여 사용함으로써 후생이 증대하게 된다.

(2) 규모의 경제실현

자유무역이 이루어지면 생산자가 대상으로 하는 시장이 국내시장에 한정되지 않고 국제시장이 되기 때문에 생산의 규모를 확대할 수 있고 대량생산에 따른 규모의 경제효과를 가져올 수 있다.

(3) 경쟁의 강화

폐쇄경제하에서는 국내기업들간에만 경쟁하기 때문에 산업에 따라 독과점도 발생할 수 있고 기업이 경쟁에 대한 부담없이 안주할 수 있다. 그러나 자유무역이 되면 세계의 수많은 기업들과 경쟁하지 않으면 안 되기 때문에 기술혁신과 효율적인 경영에 전력을 다하는 가운데 경쟁력이 강화된다.

(4) 자원배분의 효율성

자유무역이 이루어지면 개별국가는 자국에 풍부한 자원을 더 많이 사용하고 자국에 희소한 자원을 더 적게 사용하게 되어 세계적인 차원에서 보다 효율적으로 자원을 사용하게 된다. 예를 들어, 노동이 풍부한 개발도상국은 노동이 많이 소요되는 재화생산을 많이 하고, 자본이 풍부한 선진국은 자본이 많이 소요되는 재화생산을 많이 하게 되면, 세계적인 차원에서 더 많은 재화를 생산할 수 있게 되는 것이다.

(5) 분업에 의한 이익

국내에 있어서와 마찬가지로 국가간에 있어서도 분업은 경제적인 이익을 가져다준다. 일찍이 아담 스미스는 교환은 인간의 본능적 욕구이며 분업은 이러한 교환을 가능하게 한다는 점에서 분업의 중요성을 강조하였다. 국가간에 있어서는 자연환경을 비롯한 생산여건의 차이가 많기 때문에 이러한 경제적 여건의 상이성을 기초로 하는 분업은 더 큰 경제적 이익을 발생시킬 수 있는 것이다.

(6) 무역을 통한 자본축적

자유무역은 자본의 축적을 용이하게 할 수 있다. 개발도상국들은 대개 노동이 풍부하므로 노동집약재에 특화생산하여 수출하거나 고유의 특산물을 수출함으로써 자본재의 수입이 가능하게 된다. 이것은 개발도상국의 경우 국내에서 자본재를 효율적으로 생산하기가 어렵기 때문에 직접 자본재를 생산하는 것보다 자본축적에 더 용이한 방법이 될 수 있고, 또 수출하는 가운데 산업발전과 자본축적이 가능하게 된다.

(7) 기술전파와 사회발전

자유무역은 상품에 대한 지식, 기술, 노하우(know-how), 그리고 경영방식 등을 국제적으로 이전시킬 뿐만 아니라 국가간에 자본의 이동을 촉진시킨다. 또한 국제적인 재화의 교류는 생활관습, 사고방식, 생산방식 등의 사회전반에 걸쳐 변화를 가져다주고 사회를 근대화시키는 역할을 한다.

2) 자유무역의 부정적 효과

(1) 국가간 분업의 어려움

자유무역을 통한 국가간의 분업이 모든 국가에 이익을 가져다준다고 할지라도 그 이익의 배분에 있어서는 균등하게 배분해 주지를 못한다. 산업에 따라서 부가가치가 큰 산업도 있고 작은 산업도 있으며, 국가경제에 중요성이 큰 산업도 있고 작은 산업도 있다. 어떤 나라가 어떤 산업에 특화하느냐가 중요하기 때문에 특화에 따른 국가간의 이해관계가 대립될 가능성이 있다.

(2) 국제수지의 불균형

국제수지 불균형의 발생은 자유무역의 지속을 어렵게 한다. 산업전반에서 경쟁력이 있는 국가는 국제수지흑자가 누적되는 반면, 경쟁력이 없는 국가는 적자의 누적현상이 일어나게 된다. 만성적인 무역불균형의 상태에서는 국가가 무역에 대한 개입을 할 수밖에 없게 되는 것이다.

(3) 무역에 따른 조정비용의 발생

자유무역을 하게 되면 국제경쟁력이 있는 산업은 더 많이 확장되고 경쟁력이 없는 산업은 축소되어야 한다. 그러면 축소되는 산업의 인력과 자원은 확대되는 산업으로 이동되어야 하는데 이에 대한 조정이 쉽지 않다.

예를 들어 농업에 경쟁력이 없다고 해서 평생을 논밭에서 살아온 농부가 전자산업에 투입될 수 없으며, 섬유산업에 경쟁력이 없다고 해서 섬유생산 설비를 자동차생산에 사용하기는 어려운 것이다.

(4) 개발도상국의 공업화 문제

세계에는 국가간에 경제발전수준의 차이가 매우 크다. 공산품생산에 있어서 선진국과 개발도상국간의 경쟁력 차이는 매우 크다. 자유무역에서는 선진국의 경쟁력에 밀려 개발도상국의 국내공업 발전이 어렵다. 개발도상국에서는 무역에 의한 이익보다는 공업화가 더 우선적인 과제이기 때문에 자유무역보다는 보호무역정책에 의한 공업육성이 더욱 중요하다.

(5) 해외의존에 대한 우려

독립성은 국가가 추구하는 중요 목표 중의 하나이다. 국가가 독립성을 갖기 위해서는 경제 측면에서도 기본적으로는 자립능력을 유지할 필요가 있다. 산업에 따라서 국가의 안전과 독립성의 확보를 위하여 필수적으로 국내에 있어야 산업이 있으므로 이러한 산업의 유지와 육성이 필요한 경우에는 자유무역만으로는 목적을 달성하기 어렵다.

제 3 절 무역정책수단

무역정책수단은 관세정책과 비관세정책으로 나누어진다. 여기서 비관세정책이란 관세 이외의 모든 무역정책수단을 말한다. 무역정책수단을 관세와 관세 이외의 모든 것으로 나누는 것은 무역정책에서 관세가 차지하는 비중이 그만큼 크다는 것을 의미한다. 관세에 큰 비중을 두는 이유는 관세는 오랜 역사속에서 시행되어온 제도이기 때문이고, 그래서 이에 대한 경제적인 연구 또한 많기 때문이다.

1. 관 세

1.1 관 세

관세(tariff)란 국가가 국경을 통과하는 물품에 대하여 부과하는 세금이다. 관세는 옛날 국가수입을 목적으로 하는 통행세에서 유래된 이래 오랜 역사를 갖고 있다. 오늘날에 관세는 무역정책의 대표적인 수단으로서 주로 수입시에 부과된다. 한편 상품의 수입시에 세금은 아니지만 통관과정에서 지불해야만 하는 통관료, 통관관련 수수료 등도 경제적으로 관세와 비슷한 역할을 하기 때문에 이들을 의사관세(para-tariffs)라고도 한다.

1.2 관세의 유형

관세는 부과하는 방법이나 목적 및 대상 등에 따라 다음 몇 가지 유형으로 구분할 수 있다.

첫째, 관세율의 결정방법에 따라 종가세와 종량세로 나눌 수 있다. 종가세(ad valorem duties)는 가격을 기준하여 관세가 부과되며, 종량세(specific duties)는 수량을 기준하여 관세를 부과하게 된다. 현재 한국의 경우, 대부분의 품목에서 종가세를 적용하지만 일부 종량세를 적용하는 품목도 있다. 한편, 가격과 수량을 함께 기준하여 관세를 정하기도 하는데, 이를 복합관세라고 한다. 또 종가세와 종량세 중 어느 한 가지를 선택하여 관세를 정하는 경우도 있는데, 이를 선택관세라 한다.

둘째, 관세부과의 목적에 따라 보호관세와 재정관세로 나눌 수 있다. 보호관세는 자국의 산업을 보호할 목적으로 부과하는 관세인 반면에, 재정관세는 재정수입을 목적으로 하는 관세이다. 대부분의 관세는 산업보호와 재정수입 두 가지 기능을 다 갖고 있지만 어느 쪽에 더 큰 역할을 하느냐에 따른 구분이다. 현대에는 대부분 국가에서 산업보호 기능이 더 중시되지만, 재정수입이 빈약한 개발도상국의 경우 재정수입 기능을 중시하는 경우도 많다.

셋째, 관세의 대상에 따라 수출세와 수입세로 나눌 수 있다. 수출세는 수출되는 상품에 부과되는 관세이고, 수입세는 수입되는 상품에 부과되는 관세이다. 수입관세가 일반적이지만 일부 국가에서는 자국 재화의 해외유출을 억제 또는 조절하기 위하여 수출세를 부과하는 경우도 있다.

1.3 관세의 경제적 효과

상품수입에 관세를 부과할 때 소비, 생산, 가격을 비롯한 여러 가지 측면에서 영향을 주게 된다. 이와 같은 관세의 경제적 효과를 [그림 3-1]을 통하여 살펴보기로 한다.

한 국가의 수입재 Y재의 수요곡선 D와 공급곡선 S라고 하면 무역이전의 국내균형가격은 P_0가 된다. 무역이 시작되고 국제가격이 P_1이라고 하면 국내소비량은 Q_4로 되는데, 이중 국내상품은 Q_1, 수입상품은 Q_1Q_4만큼 소비하게 된다. 즉 국내생산량은 Q_1이 되며 수입량은 Q_1Q_4가 되는 것이다. 이때 Y재 한 단위당 t의 관세율을 부과한다고 하면 Y재 가격은 관세만큼 상승하여 국내가격이 $P_2(=P_1(1+t))$로 되고 수입량은 Q_2Q_3로 감소하게 된다. 이에 따라 국가에 미치는 경제적 효과는 다음 여러 측면으로 나누어볼 수 있다.

① **가격효과**(price effect) Y재 한 단위당 t의 관세율을 부과한다고 하

그림 3-1 관세의 경제적 효과

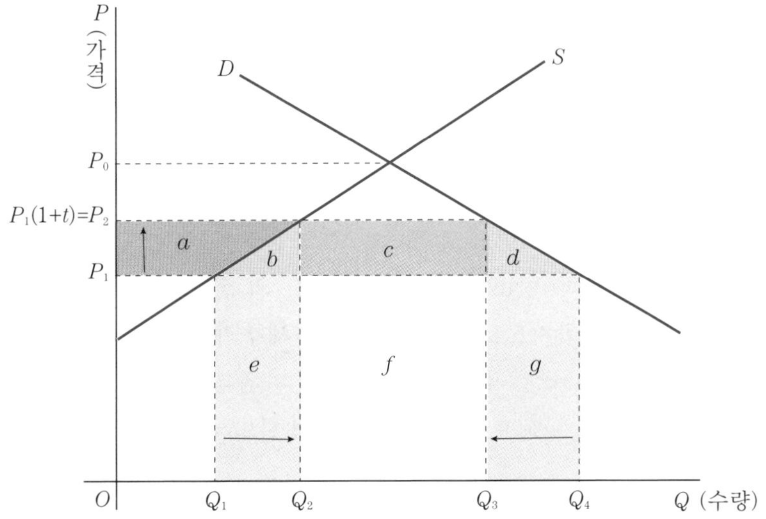

면 Y재 가격은 관세만큼 상승하여 국내가격이 $P_2(=P_1(1+t))$로 된다.

② **산업보호효과**(protection effect) 관세의 부과로 국내에서 가격이 상승함에 따라 국내기업의 생산이 증가하게 된다. 즉 국내의 Y재 가격이 P_1에서 P_2로 상승함에 따라 국내생산은 Q_1에서 Q_2로 증가한다. 생산량 증가분 Q_1Q_2가 국내산업보호효과이며 생산효과라고도 한다. 산업생산이 늘어나게 되면 고용도 늘게 되므로 고용증가효과 또한 발생하게 된다.

③ **소비효과**(consumption effect) 관세의 부과로 수입상품의 가격이 관세만큼 상승하게 됨에 따라 소비가 줄어들게 된다. Y재 가격상승에 따라 국내소비는 Q_4에서 Q_3로 감소하게 되는데 이 소비감소분 Q_3Q_4가 소비효과이다.

④ **재정수입효과**(revenue effect) 관세를 부과한 만큼 국가는 재정수입을 갖게 된다. 관세의 재정수입은 Y재 한 단위당 관세(P_1P_2)에 수입량을 곱한 것, 즉, c가 총재정수입이 된다.

⑤ **국제수지효과**(balance of payment effect) 관세의 부과로 국내생산은 증가하고 국내소비는 감소하게 되어 그만큼 해외로부터의 수입이 감소하게 된다. 관세부과 이전에 지출한 총수입액은 가격 P_1에 수입수량 Q_1Q_4를 곱한 $e+f+g$이었는데, 관세부과 이후의 총지출액은 가격 P_2에 수입수량 Q_2Q_3를 곱한 $c+f$이다. 그런데 c는 국가의 재정수입이 되었으므로 외국에 지불한 액수는 f이며, 따라서 $e+g$만큼의 국제수지 개선효과가 발생하게 된다.

⑥ **소득재분배효과**(income redistribution effect) 관세는 생산자와 소비자간의 소득을 재분배하는 효과를 가져온다. 관세가 부과되면 상품가격이 상승하여 생산자는 이윤증가로 소득이 증대하는 반면 소비자는 가격상승으로 실질소득이 감소하게 된다.

⑦ **교역조건효과**(terms of trade effect) 외국상품은 국내 상품보다 관세만큼 그 가격이 높아지므로 외국기업이 관세부과국에서 가격경쟁력을 만회하기 위하여 가격을 낮추어 수출하게 되면 관세부과국은 그만큼 더 싸게 상품을 수입하는 결과가 되므로 교역조건이 개선되는 효과가 발생할 수 있다.

1.4 실효보호관세

재화의 생산은 원료, 중간재, 최종완성재 등의 단계를 거치게 된다. 그런데 원료나 중간재 수입에 높은 관세를 부과하고 최종재 수입에 낮은 관세를 부과하게 되면 원료나 중간재는 비싸지고 최종재는 상대적으로 덜 비싸져서, 원료나 중간재를 수입하여 국내생산을 하기보다는 최종재를 수입하는 경우가 많아지게 된다. 반대로 원료나 중간재에 낮은 관세를 부과하고 최종재에 높은 관세를 부과하게 되면, 최종재를 수입하기보다는 원료나 중간재를 수입하여 국내에서 생산을 하는 경우가 많아지게 된다. 여기서 앞의 경우는 국내산업 보호효과가 작게 되고, 뒤의 경우는 보호효과가 크게 된다.

이를 [표 3-2]에서 보기로 한다. 어떤 국가의 관세구조가 A구조와 같다고 할 때 원료인 면화는 관세가 높아 국내가격이 비싸지고, 완제품인 면의류는 관세가 낮아 국내가격이 싸진다. 이 경우 면화를 수입해 와서 국내에서 생산하기보다는 완제품인 면의류를 수입하여 소비하는 경우가 많아질 것이다. 반대로, 관세구조가 B구조와 같다고 할 때 원료인 면화는 관세가 낮아 국내가격이 싸지고, 완제품인 면의류는 관세가 높아 국내가격이 비싸진다. 이 경우 완제품인 면의류를 수입하기보다는 면화를 수입해 와서 국내에서 생산하여 소비하는 경우가 많아질 것이다. 그래서 A, B 두 경우 면섬유산업의 평균관세율은 10%로 동일하지만 B가 A보다 국내산업에 대한 보호효과가 크게 됨을 알 수 있다.

이와 같이 국내산업의 보호는 산업전체의 평균관세율뿐만 아니라 재화의 성격에 따라 재화들 상호간에 관세율의 높낮이가 어떻게 되느냐에 따라

표 3-2 관세구조와 실효보호율의 예

제조단계 / 관세구조	관 세 율				
	면화	면사	면의류	평균관세율	실효보호율
A 구조	20	10	0	10	낮음
B 구조	0	10	20	10	높음

보호효과가 달라지게 되는 것이다. 여기서 관세에 의한 보호효과를 단순히 최종재의 관세율이나 산업의 평균관세율로 파악하지 않고 관세로 인하여 실제 그 산업에서의 생산이 얼마만큼 많이 촉진되도록 하느냐 정도, 즉 그 산업생산에 대한 보호의 정도를 측정하기 위한 개념이 실효보호관세율(effective tariff rate)이다.

생산에서 발생하는 부가가치가 커질수록 그 산업생산은 증대할 것이므로 실효보호율은 관세부과로 인하여 해당산업에서 생산물 단위당 발생하게 되는 부가가치의 증가율로 표시된다.

즉 해당산업에서의 실효보호율 E는

$$E = \frac{\text{관세부과후의 부가가치} - \text{자유무역하의 부가가치}}{\text{자유무역하의 부가가치}}$$

로 표시된다.

예를 들어 노트 한 권을 만드는 데에 종이 10장이 필요하다고 하자. 여기서는 단순화시켜 종이만 필요하다고 가정한다. 물론 종이 이외의 원료가 사용되어도 좀더 복잡할 뿐 도출되는 결과는 같다. 노트 한 권의 국제가격이 200원이고 종이 한 장의 국제가격이 10원이라면 자유무역하에서는 이 가격이 곧 국내가격이다. 따라서 노트생산에서의 부가가치 V는 $V = 200-(10\times10)=100$원이 된다.

그런데 만약 노트에 30%, 종이에 10%의 관세를 부과하게 된다면 노트의 국내가격은 260원($(1+0.3)\times200$)이 되고, 종이의 국내가격은 11원($(1+0.1)\times10$)이 된다. 이때 노트생산에서의 부가가치 V는 $V=260-(10\times11)=150$원이 된다.

노트생산에서의 부가가치가 100원에서 150원으로 증가하였으므로 국내에서의 노트생산은 증가하게 될 것이다. 이때 실효보호율은 $(150-100)/100$으로 50%가 된다. 여기서 완제품 노트의 명목관세율은 30%이지만 원료인 종이의 관세율 10%에 비하여 상대적으로 높기 때문에 노트산업의 실효보호율은 50%가 되는 것이다.

2. 비관세정책수단

2.1 비관세무역정책수단 의의

비관세무역정책수단이란 관세 이외의 모든 무역정책수단을 말한다. 자유로운 국제무역을 가로막는 장애요인이라는 의미에서 무역정책들을 무역장벽이라고도 하여, 관세를 관세장벽(tariff barrier: TB), 관세 이외의 제반 조치를 비관세장벽(non-tariff barriers: NTBs)이라 한다.

비관세무역장벽은 정부 또는 민간이 수입에 대하여 비용을 증가시키거나 제한함으로써 수입을 어렵게 하거나, 수출에 대하여 비용보조나 혜택을 줌으로써 수출을 쉽게 하는 관세 이외의 모든 무역상의 정책수단이나 관행이라고 할 수 있다. 비관세장벽은 그 형태나 성격이 매우 다양하여 이에 대한 정의조차 내리기가 쉽지 않다.

제2차 세계대전 이후 GATT의 반복적인 관세인하협상으로 관세율의 수준이 세계적으로 현격하게 낮아지게 되었다. 이에 따라 관세를 통한 무역정책의 수행이 어렵게 되자 각국은 관세 대신에 다른 무역제한수단들을 찾게 되면서 비관세장벽들이 범람하게 되었다. 비관세장벽들이 국제무역의 심각한 장애요인으로 대두되자 이들을 제거하기 위하여 우루과이라운드에서는 여러 개별협정으로 비관세장벽을 규제하고 이들의 사용에 대한 규칙을 설정하게 되었다. 이러한 결과로 비관세무역장벽의 수준은 크게 낮아지게 되었다.

2.2 비관세장벽의 특성

비관세장벽은 다음과 같은 특성을 갖고 있다.

첫째, 비관세장벽은 비정형적인 성격을 갖고 있다. 각국은 상황에 따라 비관세장벽을 고안하여 사용하기 때문에 국가마다 그 종류가 다양하고 복잡하며, 같은 제도라도 국가마다 다르게 운영되고 있어 그 형태가 정해져 있지 않다.

둘째, 비관세장벽은 재량적인 성격을 갖고 있다. 관세의 경우는 원칙적으로 입법사항으로서 법률로 정해지지만, 비관세장벽은 정부의 행정사항으로서 정부의 재량에 따라 가변적이고 탄력적으로 운영되는 것이 일반적이다.

셋째, 비관세장벽은 은닉적인 성격을 갖고 있다. 관세는 대외적으로 공표되어지는 데 반하여, 비관세장벽은 타국으로부터 비난이나 보복을 회피하기 위하여 드러나지 않는 무역제한수단으로 사용되어 겉으로는 의식할 수 없는 경우도 많다.

넷째, 비관세장벽은 차별적인 성격을 갖고 있다. 관세장벽은 기본적으로 모든 국가에 동일하게 적용되는 데 반하여, 비관세장벽은 대상국가나 대상상품에서 선별적으로 영향을 주는 경우가 많다.

다섯째, 비관세장벽은 무역상의 불확실성을 높인다. 비관세장벽은 가변적이고도 신축적으로 운영되기 때문에 조치의 설치와 폐지를 예측하기 어려워 무역업자가 확실성을 갖고 무역에 임할 수가 없게 된다.

여섯째, 비관세장벽은 비경제적인 요인이 많이 관련된다. 비관세장벽은 보건, 안전, 환경, 표준, 유통구조, 상관습 등과 같은 비경제적인 성격을 갖는 장벽이 많다.

일곱째, 비관세장벽은 이에 대한 국제협상이 어렵다. 비관세장벽의 존재여부나 무역제한효과가 명확하지 않기 때문에 이를 제거하기 위한 협상기준을 마련하기가 쉽지 않으며, 비경제적인 국내정책이나 제도까지 관련되므로 협상이 용이하지 않다.

2.3 비관세장벽의 종류

우루과이라운드 이전 한때 세계의 비관세장벽의 수는 수백 가지에 이르는 것으로 GATT에 의하여 보고되었으나, WTO 이후 비관세장벽이 크게 줄었다. 비관세장벽은 형태가 다양하고 복잡하기 때문에 유형화하기 어렵고 분류하기도 쉽지 않은데, 그 사용목적에 따라 [표 3-3]에서와 같이 수입제한적 비관세조치와 수출장려적 비관세조치로 나누고, 그리고 산업피해구제조치, 수출제한조치 등으로 구분할 수 있다. 주요 비관세장벽의 내용을 간략하게 살펴보면 다음과 같다.

표 3-3 비관세정책수단

규제형태	종 류
수입제한적 수단	① 수량할당제도 ② 수출자율규제와 시장질서협정 ③ 관세할당 ④ 수입금지제도 ⑤ 수입과징금제 ⑥ 수입예치금제도 ⑦ 관세평가제도 ⑧ 수입허가제도 ⑨ 통관 및 수입절차 ⑩ 외환관리 ⑪ 국산품사용제도 ⑫ 행정규제 ⑬ 기술규제 ⑭ 위생 및 검역제도 ⑮ 원산지규정 ⑯ 국영무역 ⑰ 정부조달 ⑱ 수입부과금 ⑲ 최저가격제 ⑳ 생산보조금
수출장려적 수단	① 수출보조금 ② 수출금융 ③ 수출보험 ④ 행정적 지원 ⑤ 기술 지원
산업피해구제수단	① 반덤핑 ② 상계관세 ③ 긴급수입제한
수출제한조치	① 안보목적 ② 정치목적 ③ 경제목적 ④ 환경보호목적

1) 수입제한적 비관세무역정책

(1) 수량할당제도

수량할당제도(quota)란 수입 및 수출상품의 수량을 일정한 양으로 제한하는 것을 말하는데 일반적으로 사용되는 것은 수입할당이다. 수입할당제도는 수입상품에 대하여 일정한 기간 동안 일정한 수량이나 금액의 범위 내에서만 수입을 허용하는 것이다.

수량할당은 해당물품의 가격을 상승시키고, 수입량을 줄이고, 국내생산을 늘이고, 국내소비를 줄이며, 국제수지를 개선하는 등 관세와 거의 동일한 경제적 효과를 갖는다. 관세와 다른 점은 관세보다 효과가 확실하고 가격메커니즘이 작용하지 않아서 경제적 부작용이 더 크다는 점이다. 즉 관세의 경우는 고율의 관세가 부과된다고 해도 비싼 값으로도 사고 싶으면 해당 상품을 살 수 있지만, 수량제한의 경우는 제한된 수량 이상에서는 사고 싶어도 살 수 없기 때문이다.

수입할당은 보호무역주의의 대표적인 무역제한수단이기 때문에 그 폐해를 각별히 의식하여 GATT에서는 수량할당제도를 원칙적으로 금지하였다. 그러나 예외적인 허용속에 실제로는 세계전역에서 수량할당이나 이와 유사한 형태가 광범위하게 사용되어 왔다. 그래서 WTO협정에서 수량제한조치 및 유사조치에 대한 규제가 더욱 강화되었다. 하지만 농산물의 경우나 국제수지방어의 목적 등과 같이 특별한 경우에는 예외적으로 허용되고 있다.

(2) 수출자율규제

수출자율규제(voluntary export restraints: VER)는 수입국의 요청에 따라 수출국이 자국상품의 수출량을 스스로 제한하는 조치이다. 수출자율규제는 형식상 수출국과 수입국간의 합의에 의하여 이루어지지만 실제로는 수입국의 요구에 의하여 이루어지는 경우가 많다. 비슷한 성격의 조치로서 시장질서유지협정(orderly marketing agreement: OMA)도 있는데 그 내용상 수출자율규제와 큰 차이가 없다.

어느 국가로부터의 수입이 과도하여 수입을 줄여야 할 필요가 있을 때, 수입제한이나 차별적인 관세는 원칙적으로 GATT에서 금지하고 있기 때문에 사용하기 어렵다. 이때 수출국과 협의하여 수출국에서 스스로 수출을 제한하도록 함으로써 국제무역규칙 위반을 피하면서 수입을 줄이는 목적을 달성할 수 있는 것이다. 이 수출자율규제는 선진국과 같이 국제적으로 협상력이 강한 국가가 개발도상국과 같이 협상력이 약한 국가로부터의 수입을 제한하는 데 많이 사용되어 왔다.

경제적 효과에 있어서 수입수량제한과 거의 동일하지만 수출자율규제가 수입수량제한보다 수입국의 손실이 더 크다는 점에서 다르다. 국내수요보다 작은 물량의 수입으로 생기는 높은 마진의 이익을 수입수량제한의 경우에는 쿼터를 배정받는 수입국의 수입업자가 갖게 되지만, 수출자율규제에서는 수출자가 갖게 되기 때문이다.

수출자율규제의 가장 대표적인 것으로서 1974년 섬유수출국들의 수출자율규제를 내용으로 하는 "다자간섬유협정"(Multi-Fiber Arrangement: MFA)이 있었다. WTO가 출범하면서 "WTO 섬유협정"에서 MFA는 철폐되었고, "긴급수입제한조치협정"에서 수출자율규제를 포함한 모든 회색지대 조치를 철폐하게 되었다.

(3) 관세할당

관세할당(tariff quota)제도는 해당물품에 대하여 정부가 정한 일정수량까지는 저율의 관세를 부과하고, 일정수량을 초과하여 수입할 때에는 고율의 관세를 부과하는 제도이다. 관세할당은 할당관세라고도 하며 관세와 쿼터가 혼합된 형태로서 일종의 이중관세율제도이다. 이 제도는 수입이 일정 수량은 필요하지만 과다수입에 대한 피해가 우려될 때 시행하기 적합한 제도이다. WTO에서는 수입수량할당은 원칙적으로 금지하고 있으나 할당관세제도는 인정하고 있다.

(4) 수입금지제도

수입금지제도는 특정상품에 대한 수입을 금지하는 극단적인 수입제재 조치이다. 수입금지조치는 관세나 수입할당과 같은 부분적인 수입억제가 아니라 전면적인 수입억제수단이다. 경제적인 이유보다는 국방, 치안, 보건 및 위생, 문화재, 미풍양속의 보호 등과 같은 비경제적인 이유로 특정 품목에 한해 실시되는 경우가 있다. 자유무역이 일반화된 오늘날에 있어서 수입금지는 드물며, 전시나 경제적인 비상사태 또는 국가간의 대립속에서 일시적으로 실시될 수 있다.

(5) 수입허가제도

수입허가제도(import licensing)는 국가가 무역을 관리하기 위한 제도이다. 여기서 허가란 허가, 승인, 면허 등 이와 유사한 절차 모두를 포괄하는 개념이다. 국가에 따라서는 상품을 제한없이 수출 또는 수입할 수 있는 자동승인품목과 별도의 절차에 따라 수출 또는 수입해야 하는 제한승인품목 또는 금지품목 등으로 나누어 지정하며, 무역을 하는 사람에 대해서도 일정한 요건이나 자격을 두어 수출입을 관리한다.

수입허가제도는 원래의 취지가 수입의 제한에 있지는 않지만 경우에 따라서는 수입허가의 과정에서 수입을 어렵게 하거나 사실상 저지함으로써 이 제도가 보호무역의 하나의 수단으로 사용될 수 있다. 수입허가신청서나 관련서류의 제출을 수반하는 행정절차가 까다롭고 번거롭거나 시간이 많이 소요되면 수입은 원활하게 이루어지기 어렵게 되는 것이다.

(6) 통관 및 수입절차

통관 및 수입절차는 수입과정상 반드시 거쳐야 할 절차로서 수입에 적지 않은 영향을 준다. 통관의 지연이나 복잡한 통관 및 수입 규칙, 과도한 수입관련 수수료 등은 무역의 장벽이 된다. 실제로 통관규정의 수시변경,

물품검사의 과다한 수수료 징수, 멀리 떨어진 세관에서 통관토록 하는 것 등 여러 가지의 행정적, 절차적 요인이 수입을 어렵게 하는 경우가 많다. 예로서 신선도가 중요한 식품이나 유통기간이 짧은 상품에 있어서는 통관일수는 수입을 가능하게 할 수도 있고 불가능하게도 할 수 있는 결정적인 역할을 한다.

(7) 외환관리

외환관리는 국가가 외환의 거래에 대하여 직접적으로 규제하거나 조정하는 것을 말한다. 외환의 통제는 강한 외환관리 방법 중의 하나로서 국가가 외환의 거래에 제한을 가하거나 외환시세를 통제하는 경우를 말한다. 외화의 조달이 어려운 개발도상국에서는 한정된 외환을 최대한 효율적으로 사용하기 위하여 국가가 개별물품의 수입에 대하여 외환을 배정하는 외화할당제도를 사용하기도 한다. 수입을 원한다고 해도 대금결제를 할 수 없으면 수입이 불가능하므로 이것은 무역통제의 강력한 수단이 된다.

(8) 국산품사용권장제도

국산품사용권장제도(local contents requirements)는 국산품을 우선적으로 사용하도록 함으로써 국내산업을 보호육성하고 외국으로부터의 수입을 억제하는 제도이다. 국산품사용권장제도는 국내산업의 기반을 조립가공의 단계에서 중간재생산단계로 확산시킬 목적으로 많이 사용된다. 그 형태로는 제품생산에 있어서 일정한 비율 이상 국산자재를 사용해야 하는 의무를 부과하는 국산자재사용규정, 입찰시 국내업자에 혜택부여, 원조자금의 원조국상품 구매의무부과 등이 있으며, 정부기관 및 공공기관의 구매에서 특히 많이 사용되고 있다. 이외에도 국산품 시설구입에 대한 저리자금지원, 수입상품소비자에 대한 세무조사강화, 외국상품 구매기업에 대한 행정적인 불이익제공, 외국산 상품사용에 대한 사회적인 비난의 유도 등 그 범위가 상당히 넓다.

(9) 행정규제

국가는 수많은 행정적인 규제를 두고 있는데 이러한 규제가 수입을 어렵게 하는 경우가 많이 있다. 예를 들어 전기설비, 가스설비, 자동차 등의 사용상의 안전에 관한 규정, 식품 및 의약품 등에서의 보건 및 위생에 관한 규정, 상표나 원산지의 표시규정 등 많은 규제가 있다. 이러한 행정규제는 각기 고유의 행정상의 목적에 따라 설정되어지는 것이다. 그런데 이러한 규제의 설정이 국내상품 중심으로 이루어지기 때문에 그 시행과정에서 수입상품이 국내상품에 비하여 불리하도록 되는 경우가 많이 발생한다.

(10) 기술규제

기술규제(technical regulations)는 국가의 표준이나 기술 등에 대한 행정적인 규정을 의미한다. 국가간에 표준이나 기술규격이 달라지게 되면 국적을 달리하는 상품간에 호환성이 줄게 되어 외국상품의 사용이 어려워지게 된다. 또 국가에 의한 표준이나 기술규정의 부과가 타국상품의 사용을 어렵게 하거나, 기술적 특성을 국내생산자에게 유리하게 설정함으로써, 수입을 억제하는 하나의 수단으로 사용될 수 있다. 실제 어떤 국가로부터의 수입이 많을 것으로 예상되는 경우 그 국가와 표준제도나 기술규정을 의도적으로 달리함으로써 수입제한의 효과를 누리는 경우도 많이 있다.

2) 수출장려적 비관세 무역정책

(1) 수출보조금

수출보조금(export subsidy)은 수출의 촉진을 위해서 산업이나 기업활동에 제공되는 각종 지원을 말한다. 보조금은 정부로부터 생산자나 소비자에 지불된다는 점에서 부(−)의 조세(negative tax)이다. 수출보조금에는 조세상의 감면조치, 직접적인 현금지급, 금융상의 지원, 수출신용보증제도 등 수출활동과 관련되는 여러 가지의 광범위한 지원이 있을 수 있다.

수출보조금은 수출상품의 가격을 인하시켜 국제경쟁력을 향상시키고 수출을 증대하게 하는 효과를 가져다준다. 그러나 다음과 같은 부정적인 효과를 감수하지 않으면 안 된다.

첫째, 수출보조금의 지급은 정부에 의한 지출이므로 이는 결국 국내조세부담의 증가를 가져온다.

둘째, 수출보조금의 지급은 수출가격을 낮출 가능성이 많은데, 이는 수출국의 교역조건을 악화시켜 수출국의 후생수준을 저하시키는 결과를 가져다준다.

셋째, 수출보조금의 지급은 생산과 소비의 왜곡을 가져와 국가전체의 후생수준을 낮춘다.

뿐만 아니라 어느 한 국가가 수출보조금을 지급하게 되면 다른 국가도 수출보조금을 지급하게 되고, 결국 모든 국가가 보조금을 지급하게 되면 보조금의 지급효과는 발생하지 않고 국제무역환경만 나빠지게 된다. 그래서 WTO에서는 수출보조금의 지급을 원칙적으로 금지하고 있다.

(2) 수출신용제도

수출신용제도(export credit system)는 수출을 지원하기 위하여 수출업자나 수출품생산업자에 대하여 금융지원을 하는 제도이다. 수출신용제도는 수출금융지원제도 또는 무역금융제도라고 불린다. 수출금융은 수출과 관련하여 소요되는 단기운전자금의 지원과, 플랜트 및 설비재 등에서의 연불수출 중장기 금융지원 등이 이에 해당된다. 대다수 국가에서는 정책적으로 수출을 위한 금융지원이나 수출용 원자재 수입과 같이 수출과 관련되는 활동에 대한 금융지원을 하게 된다. 수출업자나 수출물품생산업자에 대한 금융지원은 수출품의 생산비를 하락시켜 국제경쟁력을 제고시키고 수출을 증가시킨다. 수출신용제도는 다른 정책수단에 비하여 교역상대국의 반발없이 수출을 지원하는 장점이 있지만, 내수산업과 수출산업간에 자원배분이 왜곡되는 문제가 발생한다.

(3) 수출신용보험제도

수출신용보험제도(export credit insurance system)는 국가가 수출상의 위험을 담보함으로써 수출을 지원하는 제도이다. 수출에는 수입국의 전쟁, 내란, 파업, 수입금지조치, 외환통제조치 등으로 수출이나 대금회수가 불가능하게 되는 정치적 위험(political risk)과 수입업자의 파산, 계약불이행 등으로 수출이 불가능하게 되거나 대금회수가 불가능하게 되는 신용 위험(credit risk)이 따른다. 이러한 위험에 대해서는 상업적인 보험제도가 없기 때문에 국가가 정책적으로 보험을 운영하여 수출업자의 손실을 보상함으로써 수출에 따르는 위험을 해소해 주는 것이다.

(4) 행정적 · 기술적 지원

대부분의 국가는 자국의 수출을 증진시키기 위해서 다양한 형태의 행정적, 기술적인 지원을 하고 있다. 국가마다 국내수출단지 조성, 기술개발지원, 해외수출마케팅활동 지원, 해외전시회참가 지원, 수출상품 거래알선, 무역사절단 파견, 교역국의 제도 · 관행 및 무역장벽 보고서 발간, 수출포상, 국가원수를 비롯한 각료들의 해외세일즈 지원 활동, 재외공관과 정보기관 등 정부부서의 통상활동 지원, 수출물류인프라 확충 등 수출의 증대를 목적으로 하는 다양한 지원이 일반화되어 있다. 한국의 경우에는 대한무역투자진흥공사, 무역협회, 상공회의소 등 무역관련기관이 무역에 대한 간접적인 지원을 하고 있다.

3) 산업피해구제수단

(1) 반덤핑관세제도

반덤핑관세(anti-dumping duties)제도는 특정물품에 대한 수출자의 덤핑수출에 대하여 수입국에서 관세를 부과함으로써 덤핑의 효과가 발생하지 못하도록 하는 제도이다.

국제무역에서 덤핑(dumping)이란 수출국의 자국내에서 통상적으로 거래되는 정상가격보다 낮은 가격으로 수출하는 것을 의미한다. 해외로부터 덤핑상품이 수입되면 국내 정상가격의 상품은 판매가 줄게 되고 국내의 산업은 피해를 보게 되므로 수입국은 이를 규제할 필요가 있다. 이러한 규제방법으로 반덤핑관세를 사용하게 되는데, 덤핑마진에 해당하는 관세를 부과하게 되면 수입국내에서의 판매가격이 정상적인 가격으로 될 것이기 때문이다.

반덤핑관세를 부과하기 위해서는 첫째, 덤핑의 행위가 있어야 하고, 둘째, 이러한 덤핑행위로 인하여 수입국내 동종산업에 실질적인 피해가 발생하고 있거나 피해가 발생할 우려가 있어야 한다. 반덤핑제도는 일반 관세나 긴급수입제한조치에 비하여 다음과 같은 특성을 가지고 있다.

첫째, 반덤핑관세는 차별적으로 관세를 적용하는 무역정책수단이다. 일반 관세는 수출국, 수출자에 관계없이 부과하게 되지만 반덤핑관세는 특정국, 특정인에 대하여 선택적으로 부과하게 된다.

둘째, 반덤핑관세의 부담은 수출국으로 전가된다. 반덤핑관세만큼 수출국에서 수입국으로 이익이 이전되는 결과로 된다. 그래도 발생원인이 수출국에 있으므로 수출국에서 항의나 비난을 하기 어렵다.

셋째, 반덤핑관세는 큰 수입제한효과를 가진다. 반덤핑관세는 사전에 알고 대처하기가 쉽지 않아 나중에 예기치 못한 타격을 받을 수 있어서 무역에 따른 위험과 불확실성이 커지기 때문이다.

한편, 덤핑방지제도는 수입국에서 규제를 과도하게 사용한다면 오히려 수입을 제한하고 자유로운 무역의 흐름을 막는 보호무역주의의 한 수단으로 악용될 수도 있다. 그래서 반덤핑조치의 남용이 발생하지 않도록 WTO에서는 이에 대한 시행규정을 두고 있고, 대부분의 국가에서는 공정성을 위하여 준사법기관에 해당하는 별도의 조직을 두고 반덤핑제도를 운영하고 있다.

⑵ 상계관세제도

상계관세(countervailing duties)는 수출국에 의하여 상품의 생산 또는 수출에 직접·간접으로 제공된 보조금으로 인하여 수입국이 피해를 입을 때 이를 상쇄할 목적으로 부과되는 특별관세이다. 수입국의 입장에서는 보조금의 지급으로 경쟁력이 강화된 상품의 유입으로 인하여 국내산업에 피해가 발생할 수 있다. 따라서 수입국은 이같은 피해를 막기 위하여 보조금 지급상품에는 보조금의 지급분만큼 상계관세를 부과하여 보조금 지급효과가 상쇄되도록 하는 것이다.

수출상품에 대한 보조금지급은 자유로운 무역을 가로막고 무역을 왜곡시키는 불공정한 행위이기 때문에 이에 대한 상계조치는 국제적으로 인정되는 제도이다. 그런데 보조금의 지원여부와 그 규모를 정확하게 판단하기는 매우 어렵다. 이러한 가운데 상계관세제도도 보호무역주의 수단으로 남용될 수 있으며 이에 따른 국가간에 분쟁이 발생할 소지가 많다. 그래서 각국은 반덤핑제도와 마찬가지로 상계관세제도를 공정하게 운영하기 위하여 이를 담당하는 별도의 조직을 두고 있다.

⑶ 긴급수입제한제도

긴급수입제한조치(safeguards)는 국가가 국내산업의 피해를 막기 위하여 일시적으로 수입을 제한하는 조치이다. 구체적으로, 특정물품의 수입량이 국내생산에 비해 절대적으로나 상대적으로 증가함으로써 동종 혹은 직접적인 경쟁관계에 있는 물품을 생산하는 국내산업에 심각한 피해를 야기하거나 야기할 우려가 있을 때에 당해물품에 대하여 수입을 제한하는 수입국의 조치이다.

긴급수입제한조치를 발동하기 위해서는 첫째, 수입의 증가가 있어야 하고, 둘째, 이러한 수입의 증가가 예측하지 못한 사태의 발전과 GATT 의무의 효과로서 발생하여야 하고,[9] 셋째, 수입으로 인하여 국내의 동종산업 또는 직접적인 경쟁산업에 심각한 피해나 피해위협을 주어야 한다.

긴급수입제한조치는 수입을 일시적으로 제한하여 피해를 입은 국내 경쟁산업에 적절한 조정기회를 부여함으로써 당해산업의 경쟁력을 향상시키고자 하는 것이다. 따라서 긴급수입제한을 위한 조치는 제한된 기간 동안 한시적으로만 사용할 수 있고, 반복하여 사용하는 데도 제한이 따른다.

4) 수출제한조치

수출제한조치는 수출국이 경제적 · 정치적 목적을 포함한 여러 이유로 일방적으로 수출을 제한하는 것을 말한다. 대부분의 국가에서 수출을 장려하기 때문에 수출제한조치는 다소 생소하게 들리지만 그렇게 드문 것만은 아니다. 이러한 수출제한조치가 취해지는 이유는 다음과 같다.

첫째, 안보상의 이유이다. 예를 들면 1974년에 설립된 핵물질공급그룹(Nuclear Suppliers Group: NSG)은 한국을 비롯한 세계 주요 국가들을 회원국으로 두고 있는데 핵물질의 수출을 통제하고 있다.

둘째, 정치적인 이유이다. 정치적으로 문제가 있거나 정치적인 대립관계에 있는 국가에 경제적인 곤란을 주기 위한 경제제재조치의 일환으로서 수출의 통제는 자주 사용되고 있다. 1967년 UN 결의에 의한 로디지아(Rhodesia)에 대한 금수조치, 2006년 10월 UN 결의에 의한 북한에 대한 무기류와 사치품의 수출금지 조치 등을 들 수 있다.

셋째, 국내필수물자의 확보이다. 식료품과 같은 국내필수물자의 국내소비물량을 확보하고 가격을 안정시키기 위해서 수출통제를 하게 된다.

---

9) 여기서 GATT의무라는 것은 수입개방양허에서의 의무를 말한다.

넷째, 이윤의 확보이다. 자국의 상품이 세계시장에서 독과점적인 위치에 있을 때 가격상승을 유도하기 위해서 수출물량을 줄이기도 한다. 석유수출국기구(OPEC)의 석유수출통제를 예로 들 수 있다.

다섯째, 국내산업의 발전을 위한 목적이다. 원자재 상태의 수출을 제한하고 이 원자재로 가공한 상품을 수출하도록 함으로써 국내산업을 발전시킬 수 있다. 예로서 브라질의 신발산업육성을 위한 가죽수출제한, 산유국의 국내 정유산업육성을 위한 원유수출제한 등이 이에 해당한다.

여섯째, 환경보존을 비롯한 기타의 목적이다. 멸종위기동식물에 대한 수출제한 등이 이에 해당한다.

제 4 절 무역과 경제발전전략

1. 수출주도개발전략과 수입대체개발전략

1.1 수출주도개발전략

수출주도개발전략은 수출산업을 전략적으로 집중 육성함으로써 경제발전을 이루려는 전략이다. 이 전략에서의 목표는 수출증대를 통한 생산과 고용의 증가뿐만 아니라, 수출을 통하여 외화를 획득하고 이 외화를 활용하여 국내 소비재화를 획득하고 산업설비에 투자하여 산업발전을 이룩하는데 있다. 이 전략에서는 외국시장을 이용해야 하고, 외국시장을 이용하기 위해서는 자국시장도 개방하여야 하므로 자연히 경제는 개방체제로 되고 대외의존적으로 된다.

1) 수출주도개발전략의 장점

① 수출산업은 넓은 세계시장을 대상으로 생산하므로 규모의 경제 효과를 가져올 수 있다.

② 세계시장에서 경쟁력을 갖기 위한 노력속에서 산업의 효율성이 높아진다.

③ 경제발전을 위해서는 자본재의 수입이 필요하고, 이를 위해서는 외환이 필요한데, 수출로서 외환을 마련할 수 있다.

④ 수출이 계속될수록 기술축적, 전문화, 규모의 경제 등의 효과로 경쟁력을 계속 증가시킬 수 있다.

2) 수출주도개발전략의 단점

① 개발도상국 기업이 세계시장에서 선진국의 기업과 경쟁하여 우위영역을 확보해야 하기 때문에 수출산업 정착이 쉽지 않다.

② 개발도상국이 우위를 갖는 노동집약적인 상품에 대한 선진국의 무역장벽이 높기 때문에 수출이 쉽지 않다.

③ 해외시장에 의존하므로 대외적인 영향을 많이 받고 이에 대한 대응이 어렵다.

④ 잠재적으로 비교우위가 있는 산업을 수출주력산업으로 육성해야 하는데 이를 미리 알고 선택하기가 어렵다.

1.2 수입대체개발전략

수입대체개발전략은 수입산업을 국내에서 육성하여 수입대체함으로써 경제를 발전시키려는 전략이다. 이 전략은 산업이 국내시장을 바탕으로 육성 발전되어야 하므로 외국상품으로부터 국내시장을 보호하기 위하여 보호무역주의적 정책을 취하게 된다.

1) 수입대체개발전략의 장점

① 국내수요가 수입으로 이미 확인되므로 수입대체산업의 육성에 불확실성과 위험이 작다.

② 외국시장에 비하여 통제와 관리가 용이한 자국시장에 기반을 두는 것이 정책적으로 산업을 육성하기가 쉽다.

③ 수입장벽강화는 교역조건을 개선하고 외국기업의 국내투자를 증가시킬 수 있다.

④ 해외경제가 불안정한 경우 수출주도개발정책을 취할 때보다 경제가 안정적이다.

2) 수입대체개발전략의 단점

① 개발도상국은 대부분 국내시장이 작기 때문에 규모의 경제를 실현하기 어렵다.

② 국내기업이 보호조치속에 안주하기 쉽고, 이로 인해 기술혁신이나 효율성 향상을 기대하기 어렵다.

③ 국내상품만 사용해야 하므로 소비자의 후생수준이 저하된다.

④ 수입대체생산을 위한 설비를 도입하기 위해서 외환이 필요한데 이를 마련하기가 어렵다.

⑤ 국내시장보호와 산업육성을 위한 정부의 정책적인 개입과정에서 부정부패가 발생할 수 있다.

2. 개발전략의 경험

제2차 세계대전 이후 개발도상국 중 수입대체개발전략을 취한 국가가 대부분이었다. 특히 인디아, 파키스탄, 아르헨티나, 브라질 등과 같이 국내시장이 잠재적으로 큰 국가들에 있어서 수입대체전략은 매우 타당성 있는 방안으로 보였다. 그러나 결과는 대부분의 국가에 있어서 실패로 돌아갔다. 국내산업을 보호하기 위한 높은 수입장벽속에 제품생산이 매우 비효율적이어서 소비자는 매우 높은 가격을 지불했지만 품질이나 생산성은 향상되지 않았다. 수입대체산업육성을 위한 기계류와 원자재의 수입으로 외화소비는 많은 반면, 수입대체부문에의 자원집중으로 전통적인 수출산업은 쇠퇴하여 만성적인 국제수지 적자를 겪게 되었다. 이러한 가운데 고실업과 저성장에서 벗어나지 못하였다.

이에 반하여 1950-60년대부터 수출주도개발전략을 채택한 한국, 대만, 싱가포르, 홍콩 등은 높은 경제성장을 이루게 되었다. 한국은 한편으로는 보호주의적인 조치로 국내시장을 보호하면서, 다른 한편으로는 성장가능성이 큰 산업을 수출주도산업으로 집중 육성함으로써 선진국의 대열에 진입할 수 있었다.

이러한 경험들을 바탕으로 1970년대 이후 무역의 중요성에 대해 관심을 갖게 되면서 많은 개발도상국들이 수출주도개발전략을 택하게 되었다.

브라질, 아르헨티나, 멕시코, 필리핀, 인디아, 파키스탄, 터키와 같은 국가들이 수출주도개발전략으로 전환하였고, 지금은 대부분의 개발도상국들이 국제무역에 적극 참가하는 가운데 경제개발을 추구하는 방향으로 나아가고 있다.

주요용어

- 무역정책
- 중상주의
- 보호무역주의
- 자유무역주의
- 유치산업
- 신보호무역주의
- 사양산업
- 관세
- 실효보호관세
- 관세장벽
- 비관세장벽
- 수량할당
- 수출자율규제
- 관세할당
- 기술규제
- 국산품사용권장제도
- 수출신용제도
- 수출보조금
- 반덤핑관세
- 상계관세
- 긴급수입제한제도
- 수출주도개발전략
- 수입대체개발전략

연습문제

1. 중상주의에 대하여 약술하시오.
2. 신보호무역주의에 대하여 설명하시오
3. 보호무역의 긍정적 효과와 부정적 효과에 대하여 논술하시오.
4. 자유무역의 긍정적 효과와 부정적 효과에 대하여 논술하시오.
5. 관세의 경제적 효과를 논술하시오.
6. 실효보호관세에 대하여 논술하시오.
7. 국산품사용권장제도에 대하여 약술하시오.
8. 반덤핑관세제도에 대하여 논술하시오.
9. 수출제한조치에 대하여 설명하시오.
10. 수출주도개발전략과 수입대체개발전략을 비교하여 논술하시오.

제 4 장

국제통상환경

|제 1 절| 세계무역기구

|제 2 절| 지역경제통합

제 1 절 세계무역기구

1. 세계무역기구의 변천

세계무역기구는 세계의 무역질서 형성과 안정적인 무역체제를 구축하기 위하여 설립된 국제경제기구이다. 세계의 무역기구는 1947년 관세와 무역에 관한 일반협정(General Agreement on Tariffs and Trade: GATT)의 출범으로부터 시작되었다. 이 GATT는 1995년 세계무역기구(World Trade Organization: WTO)로 확대 개편되어 오늘에 이르고 있다.

1.1 GATT 체제

1) GATT의 설립

제1차 세계대전 이후 불안정한 국제관계속에서 경제적인 측면에서도 안정적인 국제경제체제를 갖지 못하였다. 특히 1930년대 세계경제공황을 맞아 각국은 자국의 경제적 이해만을 우선하여 경쟁적으로 보호주의적인 무역정책을 채택하게 되었다. 각국의 경쟁적인 고율의 관세부과, 수량규제의 도입, 빈번한 평가절하를 비롯한 여러 무역규제속에 세계교역량은 크게 줄어들고 세계경제회복은 더욱 어렵게 되었다. 이와 같은 보호주의의 만연은 경제적 민족주의를 자극함으로써 결국 제2차 세계대전 발발의 경제적 동기를 제공하게 되었다.

보호무역주의와 불안정한 국제경제체제가 초래하는 이 같은 부정적인 효과는 제2차 세계대전중 각국에 인식되어 대전 종전을 앞두고 연합국 44개국 대표들이 미국의 뉴햄프셔(New Hampshire)주 브레튼우즈(Bretton Woods)에 모여 전후 세계경제질서를 구축하게 되었는데, 이것이 브레튼우즈 체제(Bretton Woods System)이다. GATT는 이 브레튼우즈 체제의 일환으로 국제금융 및 통화질서회복을 위한 IMF, 전후경제복구를 위한 IBRD와 함께 국제무역의 질서구축과 안정적인 발전을 위하여 설립된 것이다.

관세와 무역에 관한 일반협정(General Agreement on Tariffs and Trade:

GATT)은 1947년 국제무역에 관한 전문기구로서 설립되었다. 당초 국제무역을 담당할 기구로 국제무역기구(International Trade Organization: ITO)를 설립키로 되어 있었고, 이에 대한 하바나헌장(Havana Charter)이 채택되었으나, 미국이 비준하지 않음으로써 설립이 무산되었다. 이에 따라 그동안 진행되어 온 관세와 무역에 관한 국제협정인 GATT를 근간으로 하여 국제무역체제가 설립되었고, 원래 국가간 통상규범인 GATT가 ITO를 대신하여 국제무역기구로서의 역할도 맡게 된 것이다. GATT는 설립 당시에 가맹국이 23개국이었으나 후에 많은 국가들이 가입함으로써 무역에 관한 최초의 세계적 기구가 되었다.

2) GATT의 기본원칙

GATT는 무역자유화를 목표로 하여 이를 실현하기 위한 두 가지 큰 원칙으로서 무차별원칙과 무역장벽완화를 두고 있다. 무차별원칙의 내용에는 최혜국대우원칙과 내국민대우원칙이 있고, 또 무역장벽을 완화하기 위한 구체적인 방안으로서 관세인하와 수량제한금지를 기본원칙으로 삼고 있다.

(1) 무차별원칙

① **최혜국대우원칙** GATT의 체약국은 체약국간에 차별적인 대우를 하지 못하도록 되어 있다. GATT는 최혜국대우에 대한 체약국들의 의무를 제1조 1항에서 명시함과 동시에 다른 여러 개별조항에서도 이에 대한 의무를 명시하고 있다.

② **내국민대우원칙** GATT에서는 제3조에서 내국민대우를 두어 각 체약국이 국내 조세나 규제 등에 있어서 수입상품을 국내물품과 동등하게 대우하는 것을 원칙으로 하고 있다.

(2) 무역장벽의 완화

① **관세인하** 관세는 자유로운 무역을 제한하는 가장 기본적인 무역장벽이므로 관세를 점진적으로 인하함으로써 자유무역의 폭을 보다 확대코자 하고 있다. GATT에서는 제2조의 관세양허(tariff concessions) 규정에서 양허협상으로 설정된 양허세율보다 관세율을 더 낮추어 시행할 수 있지만 더 높여서 시행할 수는 없도록 하고 있다.

② **수량제한의 금지** 수량제한조치는 시장경제의 기본인 가격기능을

정지시킬 뿐만 아니라, 무역제한 수단으로 쉽게 사용될 수 있고, 관세보다 훨씬 강력하고 직접적인 무역규제수단으로서의 성격을 갖고 있기 때문에 이에 의한 폐해는 매우 크다. 따라서 특별한 예외의 경우를 제외하고는 이를 사용하지 않는 것을 원칙으로 삼고 있다.

3) GATT의 성과

GATT는 전후 세계경제의 안정과 발전을 주도하고 국제무역질서를 확립함으로써 세계경제발전에 크게 이바지하였다. GATT 설립 이후 1990년까지 세계의 무역량은 연평균 8.2%의 높은 성장을 기록하였다. 전전의 국제무역이 각종 수입규제의 남발과 차별적인 무역속에서 보호주의적인 색채가 만연된 가운데 극도로 위축되었던 것과 비교해 볼 때, GATT에 의하여 주도된 전후의 자유무역의 확산과 무역성장은 괄목할 만한 것이었다. 또한 GATT는 전세계를 대상으로 하는 최초의 다자간무역기구로서 세계 공통의 무역질서를 위한 장을 마련하였다는 점에서, 그리고 국제적인 협조를 기초로 하여 국제무역의 원칙과 기본질서를 확립하였다는 점에서 큰 의미를 갖는다. 또한 수량제한조치에 의한 무역제한을 대폭 제거하였으며, 반복적으로 시행된 일반관세인하협정으로 관세장벽의 완화에 많은 성과를 거두었다.

4) GATT의 한계

GATT는 국제무역의 발전에 많은 역할을 하였지만 다음과 같은 한계를 갖고 있었다.

첫째, GATT는 수량제한의 금지와 관세장벽의 완화에 중점을 두고 있었기 때문에 비관세장벽의 완화에는 충분한 역할을 할 수 없었다.

둘째, 상품만을 대상으로 하였기 때문에 서비스와 같은 상품 이외의 무역은 규율범위 밖에 있었고, 상품중에서도 농산품, 섬유 등의 분야는 제외되어 범위가 제한적이었다.

셋째, 국가들의 다양한 의견이 반영되다 보니 규정에 통일성이 없었고, 예외조치와 비현실적인 조항이 많아 규범효력이 약하였으며, 구체적이지 못한 규정이 많아 자의적인 해석으로 국가간에 마찰의 소지가 많았다.

넷째, 국제기구로서의 구속력이 약한 한계를 갖고 있었다. GATT는 법적 구속력이 약했고, 사법권의 부재로 분쟁해결능력이 약해 국제기구로서

▶ GATT/WTO 건물

의 역할을 하기에 미흡한 점이 있었다.[1)]

1.2 WTO 체제

20세기 후반에 들어오면서 여러 측면에서 GATT의 한계가 노정되었다. 그동안 GATT는 그 규범과 활동내용을 조정하며 국제경제상황의 발전에 맞추어 적응해 왔지만 1940년대에 설립된 국제무역체제로서 반세기가 지난 이후의 복잡하게 발전한 국제무역상황을 관리해 나가기에는 역부족이었다. 특히 서비스나 지적재산에 대한 국제거래가 증가하게 됨에 따라 이 분야의 무역에 대한 규범이 필요하게 되었지만, 관세와 물품 무역을 대상으로 하고 있는 GATT가 이 분야를 담당하기에는 적절하지 않은 면이 있었다.

그래서 1986년 시작된 제8차 다자간교섭인 우루과이라운드협상에서 새로운 무역기구 설립을 논의하게 되었고, 우루과이라운드가 타결됨에 따라, 1995년 1월 1일 세계무역기구(World Trade Organization)가 정식으로 출범하게 되었다. 이로써 1948년 1월 1일 공식 발효하여 47년간 국제무역질서를 이끌어 온 GATT체제는 종식되고 WTO체제가 새로이 들어서게 되었다.

---

1) GATT는 무역규칙에 대한 협정으로부터 시작되어 법적 구속력이 약했다. 이사회와 사무국이 있었지만 본래의 규정에 의한 것이 아니라 체약국의 공동행동에 입각하여 설치된 것으로 결정력이 약했고 결정사항에 대해서도 단지 권고를 하는 형식을 취하고 있었다.

WTO체제는 국제무역질서의 관리에 있어서 GATT체제보다 많은 진전이 있었다. GATT에 비하여 그 포괄하는 범위가 확대되었고, GATT의 미비점을 보완하여 더 체계적이고 강력하게 국가간의 무역관계를 관리할 수 있게 되었다. 20세기와 21세기의 세기 전환기에 밀어닥친 자유주의적인 경제추세와 함께 강력한 국제무역관리기구의 등장은 새로운 세계변화의 상징으로서 반세계화주의자들의 우려와 비난의 대상이 되어 이들로부터 거센 반발을 사기도 하였다.

세계무역기구 출범이후 세계무역량은 증가하였고 무역을 둘러싼 국가간의 분쟁은 크게 줄어들게 되었다. 2002년에는 국제무역기구 출범이후 첫 다자간무역협상으로서 도하개발어젠다가 시작되어 진행중에 있다.

2. 세계무역기구

2.1 WTO의 목적과 기능

WTO의 설립목적은 ① 국가간 교역증대와 경제협력을 통한 국가경제발전 ② 지속가능한 발전속에서의 세계자원의 최적이용 ③ 각국의 경제발전단계에 상응하는 환경보존과 보존수단의 탐색 등을 들 수 있다.

이와 같은 목적을 달성하기 위하여 WTO가 수행하는 기능은 ① WTO의 제반협정을 관리하고 그 이행을 감독하며, ② 다자간 무역협상을 위한 토론과 협상의 장을 마련하는 것 등이다.

2.2 WTO의 조직구성

세계무역기구의 조직은 각료회의, 일반이사회, 분야별위원회, 특별위원회, 무역정책검토기구, 분쟁해결기구, 사무국 등으로 구성된다. 각 개별기관의 조직과 기능을 나누어 보면 다음과 같다.

① **각료회의**(Ministerial Conference) 세계무역기구의 기능수행에 필요한 모든 문제에 대한 의결권을 갖는 최고 의사결정기구이다. 각료회의는 모든 회원국의 대표들로 구성되며 2년에 1번 이상 개최된다.

② **일반이사회**(General Council) 모든 회원국의 대표들로 구성되며, 각료회의 비회기기간중에 각료회의의 기능을 수행하고, 본협정에 의하여

부여받은 기능을 수행하게 된다.

③ **분과이사회**(Council) 일반이사회 산하에 분야별로 상품무역이사회, 서비스무역이사회, 무역관련지적재산권이사회가 설치되어 있다. 이들 각 이사회는 해당분야에 관련된 협정의 운영을 감독한다.

④ **위원회**(Committee) 일반이사회 산하에 무역환경위원회, 무역개발위원회, 국제수지위원회, 예산행정위원회가 있는데, 해당 각 분야별로 WTO 제반협정들에 의하여 부여된 기능과 일반이사회가 부여하는 임무를 수행하게 된다. 또, 무역분야별 이사회 산하에도 세부 분야별로 위원회나 기구가 설치되어 WTO 각 협정을 운영하고 관리·감독하게 된다. 모든 회원국들은 이들 위원회의 회원국이 될 수 있다.

⑤ **무역정책검토기구**(Trade Policy Review Body: TPRB) 회원국의 무역정책에 대해 검토하고 국제무역환경의 진전에 대한 검토를 하는 기능을

그림 4-1 WTO 조직도

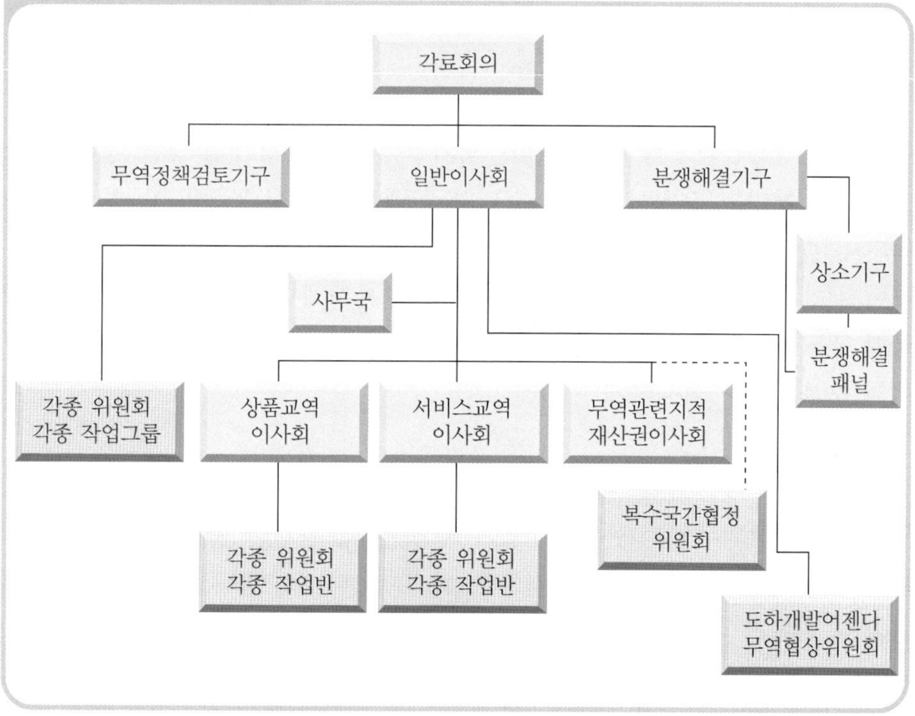

자료: WTO, Understanding the *WTO*(2015).

수행한다.

⑥ **분쟁해결기구**(Dispute Settlement Body: DSB) 회원국간의 분쟁을 해결하는 기능을 수행한다.

⑦ **사무국**(Secretariat) 세계무역기구의 업무수행을 지원하는 행정관리기구이며, 사무국의 최고책임자로서 사무총장이 각료회의에서 임명된다.

2.3 의사결정

회원국은 각료회의와 일반이사회에서 한 표의 의결권을 갖는다. 이에 따라 EU는 개별국가 수에 의한 의결권을 보유하게 된다. 의사결정은 총의(consensus)에 의한 결정을 기본으로 하는데,[2] 공식적으로 반대를 제기하는 국가가 없는 경우 총의로 채택된 것으로 간주하는 것이다. 사안의 종류에 따라 별도의 의사결정 방법을 정하고 이에 따르게 되는데, 총의, 회원국 3/4 이상, 회원국 2/3 이상, 투표국 과반수 이상 찬성 등의 방식에 의하여 결정된다.

2.4 분쟁해결제도

국가간 통상분쟁의 해결을 위해 분쟁해결절차에 관한 규범과 이를 전담하는 분쟁해결기구를 두고 있다. 국가간에 무역분쟁이 발생한 경우 관계 당사국은 협의를 요청하고, 이 협의가 실패하거나 상대국이 이 협의에 응하지 않을 경우, 협의요청국의 요구에 따라 패널이 설치되며 이 패널을 통하여 분쟁을 해결하게 된다. 패널보고서를 분쟁해결기구가 채택하여 당사국에 권고나 결정을 하게 된다. 권고나 결정을 이행하지 않을 경우 상대국가의 보복조치를 허용하게 된다.

2.5 회 원 국

국가와 대외무역관계나 협정을 수행하는 데 완전한 자치권을 보유하는 독자적 관세영역은 WTO의 회원국이 될 수 있다. 회원의 요건이 자치권을 가지는 독자적 관세영역이기 때문에 국가만 회원이 되는 것은 아니고 홍콩, EU 등과 같은 비국가단위도 회원이 된다. 그리고 회원국은 원하면 언

2) 총의란 만장일치를 말한다.

제든지 WTO를 탈퇴할 수 있다.

각 회원국은 자국의 법률, 규정, 행정절차를 WTO협정의 의무에 일치시켜야 한다. WTO의 각 협정별 위원회는 회원국의 관계법령을 검토하여 일치여부를 점검하게 된다.

3. 세계무역기구 무역협정

3.1 WTO 무역협정의 구성

세계무역기구는 국제무역이 잘 이루어지게 하기 위한 기구이므로 세계무역기구협정에는 국제무역기구조직에 관한 협정, 분쟁해결에 관한 협정, 무역규칙에 관한 협정 등 많은 협정들로 구성되지만, 세계무역기구협정의 실질적인 부분은 무역규칙에 대한 협정이다. 무역의 대상이 물품, 서비스, 지적재산 등이므로 국제무역규칙도 이같이 나누어진다. 따라서 세계무역기구의 무역협정은 상품무역협정, 서비스무역일반협정, 그리고 무역관련지적재산권협정 세 가지다.

1) 상품무역협정

WTO 상품무역협정은 국제 상품무역에 있어서 각국이 지켜야 할 준칙을 내용으로 한다. 상품무역은 무역의 기본이 되는 형태이고 오랜 역사를 갖고 있다. 원래 GATT는 상품만을 대상으로 하였기 때문에 GATT협정은 상품무역에 대한 협정이다. 따라서 WTO 상품무역협정의 주된 내용은 이 GATT 협정이다. 상품무역협정은 GATT 협정과 우루과이라운드에서 제정된 12개의 상품무역관련 협정으로 구성된다. GATT 협정은 1947년 제정된 이래 시간의 흐름에 따른 무역변화를 수용하여 필요할 때마다 추가적인 협정들로 협정을 수정 보완하여 발전시켜 왔는데 우루과이라운드에서 제정된 상품관련무역협정들은 원래 GATT 협정을 보완하는 협정들이다.

2) 서비스무역일반협정

서비스무역일반협정(General Agreement on Trade in Services: GATS)은 서비스 무역에 있어서 각국이 지켜야 할 준칙을 내용으로 한다. 우루과이라운드를 통하여 제정되어 WTO의 출범과 함께 시행되었다.

3) 무역관련지적재산권협정

무역관련지적재산권협정(Trade-Related Aspects of Intellectual Property Rights: TRIPS)은 지적재산권의 국제적인 거래와 관련하여 각국이 지켜야 할 준칙으로서 무역과 관련된 지적재산권의 국제적인 보호를 위한 협정이다. 우루과이라운드에서 제정되어 WTO의 출범과 함께 시행되었다.

3.2 WTO 무역협정의 기본원칙

WTO의 각 협정과 각료선언, 결정, 양해 등에 걸쳐서 일관되게 나타나는 기본원칙은 다음과 같다.

① **최혜국대우의 원칙** 회원국은 한 국가에 부여한 대우보다 불리하지 않은 대우를 다른 회원국에게도 무조건적으로 즉시 부여해야 한다.

② **내국민대우의 원칙** 회원국은 내국인에게 부여한 대우와 동일한 대우를 회원국국민에게도 부여해야 한다.

③ **시장접근의 원칙** 수입상품에 불리한 제반 장벽을 제거하여 외국상품이 국내상품과 동일한 조건으로 시장접근을 할 수 있어야 한다는 것이다.

④ **투명성의 원칙** 무역에 관하여 시행되는 국가의 무역관련제도는 투명하고 공개적이어야 한다는 것이다.

⑤ **공정한 경쟁의 보장** 한 국가내에 국내외의 경제주체들이 공정하고 자유롭게 경쟁할 수 있도록 하여야 한다는 것이다.[3)]

⑥ **경제개발의 촉진** 개발도상국의 이해를 최대한 고려하여 개발도상국에 대한 양허는 상호주의를 따르지 않게 하고, 무역이 개발도상국의 발전에 도움이 되도록 협력한다.

4. 다자간 무역협상

4.1 다자간 무역협상

무역자유화는 단번에 달성되는 것이 아니라 반복적인 무역협상속에서

3) WTO체제에서는 공정경쟁을 보장하기 위한 많은 규정을 두어 GATT체제에 비하여 공정성을 훨씬 더 강조하고 있다.

점진적으로 진척되어 가는 하나의 과정이라고 할 수 있다. WTO는 주기적으로 무역자유화를 위한 다자간 무역협상을 하게 되는데, 일정한 협상기간을 정하여 전체 체약국들이 함께 협상을 하게 된다.

다자간 협상은 GATT의 시작 때부터 계속되어온 것으로서 이를 통하여 관세를 인하하고 보호무역주의의 대두를 억제하여 자유무역을 확대시킬 수 있었다. GATT는 관세를 중심으로 하고 있고 또 중요 목표가 관세의 인하이므로, GATT 설립 이후 다자간 협상들은 주로 관세인하를 위한 교섭이었다. 이러한 과정에서 관세수준은 점진적으로 인하되어 왔으며 세계의 관세장벽은 크게 낮아지게 되었다. 특히 1947년의 제1차 일반관세인하교섭과 제6차 이후, 1964년의 케네디라운드, 1973년의 동경라운드, 1986년의 우루과이라운드에서 관세인하의 규모가 컸다.[4)]

한편 반복된 일반관세인하협상으로 관세의 수준이 상당히 감축되어 비관세장벽의 제거에 대한 중요성이 커지자 비관세장벽도 협의의제로 채택되기에 이르렀다. 비관세장벽에 대한 논의는 케네디라운드에서부터 있었으나 큰 진전을 보지 못하다가 제7차 동경라운드에서 정식 의제로 채택되지는

표 4-1 GATT/WTO의 다자간 무역협상

회	명 칭	기 간	협상장소	참가국	양허품목수	평균인하율
1	일반관세교섭	47.4-47.10	Geneva	23	약 45,000품목	불명
2	일반관세교섭	47.8-49.10	Annecy	32	약 5,000품목	불명
3	일반관세교섭	50.9-51.4	Torquay	34	약 8,000품목	불명
4	일반관세교섭	56.1-56.5	Geneva	22	약 3,000품목	불명
5	Dillon Round	61.5-62.7	Geneva	23	약 4,400품목	7%
6	Kennedy Round	64.5-67.6	Geneva	45	약 30,000품목	35%
7	Tokyo Round	73.9-79.4	Geneva	99	약 27,000품목	33%
8	Uruguay Round	86.9-94.4	Geneva	117	약 27,000품목	33%
9	Doha Development Agenda	02.1-	Geneva			

4) 라운드란 다자간협상을 말한다.

않았으나 일부 회원국가만이 참여하는 복수간협정의 체결을 보았다.[5)]

제8차 우루과이라운드에서는 지금까지의 관세중심의 다자간 무역협상과 달리, GATT의 규범과 무역제도, 그리고 상품무역을 중심으로 한 GATT로서는 그 범위 밖에 있던 서비스교역이나 지적재산권의 영역까지도 포함하는 광범위한 협상이 이루어지게 되었고, 이 협상의 결과로 1995년 보다 강력한 무역기구로서의 WTO가 출범하게 되었다.

WTO 출범 이후에도 2002년 새로운 라운드로서 도하개발어젠다가 시작되어 지금도 협상이 진행되고 있다.

4.2 우루과이라운드

1) 우루과이라운드의 배경

GATT 설립 이후 40여 년의 시간이 흐르면서 세계경제는 많은 구조적인 변화를 맞게 되었다. 1970년대 이후 선진국에서는 저성장이 계속되어 자국 산업보호와 실업문제 해소를 위하여 보호주의적 조치를 강화하게 되었고, 이에 따라 세계무역이 위축되고 보호주의적인 성향이 대두되었다. 이러한 추세는 1980년대를 거치면서 더욱 강화되었고 자유무역기조가 크게 후퇴하게 되었다.

또 국제화가 진행되면서 세계무역의 구조와 환경이 크게 변하게 되었다. 서비스무역의 증가, 무역관련 지적재산권문제, 새로운 형태의 비관세장벽 등 무역에서의 새로운 문제들이 대두되었다. 또한 국가간의 관계에서도 세계경제에서 미국의 상대적인 지위약화, EU의 경제통합, 일본 및 신흥개발도상국의 경제력 증가, 개발도상국의 무역참여 증가 등 많은 구조적인 변화가 있었기 때문에 이를 수용하는 새로운 국제무역질서를 정립할 필요가 있었다.

2) 협상의 진행

1986년 우루과이의 푼타 델 에스테(Punta del Este)에서 신라운드 개최를 위한 각료선언으로 시작된 우루과이라운드협상은 1986년 9월에 시작되어 1994년 4월에 끝나게 되었다.

5) 다자간협정은 모든 체약국이 체결하는 협정인 반면, 복수국간협정은 참가를 원하는 국가만 체결하는 협정이다.

GATT 출범 이후 최대 다자간 무역협상으로 세계 117개국이 참여하여, 무역기구설립, 관세인하, 상품무역규범, 서비스무역규범, 무역관련지적재산권규범, 제도관련규범 등 전례없이 광범위한 의제를 두고 대규모의 협상이 진행되었다. 이 협상의 결과로 1995년 1월 1일 WTO체제가 출범하게 되었다.

3) 협상의 성과

우루과이라운드협상의 타결로 이전의 GATT체제에서 한 단계 더 발전된 보다 강력하고 포괄적인 WTO 국제무역체제가 출범하게 되었다. 협상의 주요 성과를 보면 다음과 같다.

첫째, 서비스무역, 무역관련 지적재산권 분야에 국제규범을 설정하였다.

둘째, 상품무역에서 지금까지 GATT 규범 밖에 있던 농산품무역, 섬유무역을 규범안으로 포함시켰다.

셋째, 비관세장벽들이 철폐되거나 감축되고 GATT 규범을 보다 명확하게 하였다.

넷째, 협정을 이행할 세계무역기구의 창설과 함께 분쟁해결 및 무역정책상의 협조를 위한 제도적인 장치가 보완되었다.

4.3 도하개발어젠다

1) 도하개발어젠다의 출범

2001년 11월 카타르의 도하에서 열린 WTO 제4차 각료회의에서 2002년 1월부터 새로운 다자간 통상협상을 개최하기로 합의하였다. 도하개발어젠다(Doha Development Agenda)로 명명된 이 다자협상은 WTO 출범 이후 첫 번째이며, GATT부터로 본다면 아홉 번째에 해당하는 다자간 통상협상이다.

지금까지 통상적으로 사용되던 "라운드" 대신 "개발의제"라고 명명한데서도 나타나고 있듯이 이번 협상에서는 개발의 문제에 큰 비중을 두고 있다. 이는 WTO에 개발도상국의 참여가 증가하면서 그 영향력이 증대하고 있음을 반영하는 것이라고 할 수 있다. 또한 서구 선진국과 입장이 다른 강대국으로서의 중국이 협상에 참가하게 되는 것도 이전과 다르다고 할 수 있다.

2) 협상의 진행

(1) 협상의 주요 의제

바로 작업에 들어가는 협상의제는 ① 농산품, 서비스, 비농산물(공산품,임수산물)교역에서의 무역장벽 인하를 위한 시장접근 분야 ② 반덤핑, 보조금, 지역협정, 분쟁해결절차 등에 대한 규범설정을 위한 규범개선분야 ③ 무역관련 환경문제에 대한 신통상의제로, 크게 3부문으로 나눌 수 있다.

이 중 농산품과 서비스는 기설정의제(BIA)로서 2000년부터 시작된 협상을 포함하게 되며, 환경은 처음으로 다루게 되는 신통상의제이다. 그리고 지금까지 다루지 않았던 투자, 경쟁정책, 정부조달투명성, 무역원활화, 전자상거래, 무역부채금융, 기술이전 등의 문제도 다루게 된다.

표 4-2 협상의 주요 의제와 일정

시 기	의 제	내 용
2002.1 개시	농 업	• 2003년 3월까지 관세, 보조금 감축의 세부원칙설정 • 5차 각료회의까지 양허안 제출
	서 비 스	• 2002년 6월 1차 개방요구서 교환 • 2003년 3월까지 양허안 제출
	비농산물	• 2003년 5월까지 관세, 비관세 감축의 세부원칙설정 • 관세, 비관세 완화, 개도국의 이익고려
	분쟁해결양해	• 분쟁해결절차의 명료화 및 개선
	규 범	• 반덤핑, 보조금(수산보조금 포함), 지역협정 등에 대한 규범의 명료화 및 개선
	지적재산권	• 지적재산권과 공중보건에 관한 선언문채택 • 포도주, 주정의 지리적 표시 보호체제 수립
	환 경	• 환경관련 무역규범의 설정
제5차 각료회의(2003.9)후 개시	투자, 경쟁정책, 정부조달투명성, 무역원활화	• 제1차 각료회의 때 결정되었기 때문에 싱가포르의제라고 함
제5차 각료회의에서 보고	전자상거래, 무역부채금융, 소규모경제, 기술이전	• 검토작업후 제5차 각료회의에서 보고토록 함

(2) 협상일정

협상은 원래 2002년 1월부터 2005년 1월 1일까지 3년간으로 계획되었다. 이 사이에 2003년 9월 멕시코 칸쿤의 제5차 각료회의에서 중간평가를 하여 협상의 방향을 더 구체적으로 결정하기로 되어 있었으나 여기서 국가간의 의견차이로 합의도출에 실패하였다. 이전의 다자간 협상이 그러했듯이 이 도하어젠다도 일정내에 협상이 타결되지 못하고 협상이 지연되고 있다.

3) 협상의 효과

도하어젠다는 WTO 출범후에 갖는 첫 다자간 협정이며 21세기의 새로운 무역환경에서 맞게 되는 다자간 통상협상이라는 점에서 의의가 크다. 이 협상은 광범위한 의제를 두고 장기간에 걸쳐 진행되는 대규모 협상이다. 따라서 협상이 타결되면 국제통상환경에 작지 않은 변화를 불러올 수 있을 것으로 예상하고 있다. 협상의 결과에 따라 부분적으로는 국가와 산업별로 이익과 손실이 발생하게 되겠지만, 전체적으로 볼 때 무역장벽이 낮아지게 되면 무역의 증가로 인하여 세계경제의 성장과 발전에 긍정적인 영향을 가져다 줄 것이다. 한 연구는 무역장벽이 1/3 감축된다고 가정했을 때 세계경제에 6,100억 달러의 추가성장효과를 예측하였다.

제 2 절 지역경제통합

1. 지역경제통합의 의의

1.1 지역경제통합 추세

지역경제통합이란 일정지역의 국가들간에 경제적 장벽을 제거하여 경제활동영역을 통합하는 것 또는 그 조직체를 말한다.

지금 세계에는 많은 지역경제통합체가 있다. GATT 설립 이후 2018년말 현재까지 GATT/WTO에 상품무역과 서비스무역을 나누어서 통보된 지

그림 4-2 지역경제협정 추세

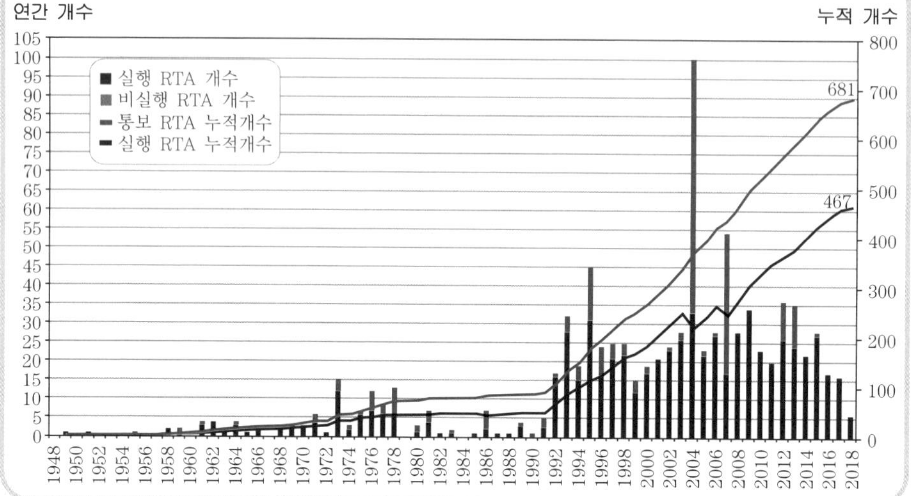

자료: WTO, Annual Report, 2014.

역무역협정(regional trade agreement: RTA)의 수는 681개로, 이 중 현재 효력을 유지하고 있는 협정만도 467개에 이른다. 세계의 주요 무역국가중 지역협정에 하나 이상 가입하고 있지 않은 나라는 거의 없을 정도로 세계에는 많은 지역협정이 형성되어 있고, 또 계속 증가하는 추세에 있다. 이러한 사정으로 현재 세계무역의 절반 이상이 지역협정내의 무역이며, 세계무역의 60% 이상은 지역협정의 영향을 받고 있다.

2. 지역경제통합의 유형

경제통합은 국가간의 경제적 장벽의 제거수준과 내부결속도의 크기에 따라 몇 가지의 형태로 구분할 수 있다. 발랏사(Balassa)는 경제통합을 다음과 같이 다섯 단계로 구분하고 점점 결속력이 강한 형태로 진행해 나아가는 하나의 과정으로 보았다.[6]

1) 자유무역지역

자유무역지역(free trade area)이란 경제통합 회원국 상호간에 상품이동

6) B. Balassa, *The Theory of Economic Integration*(Homewood: Richard D. Irwin, 1961), pp. 1–3.

그림 4-3 주요 지역경제통합기구 분포도

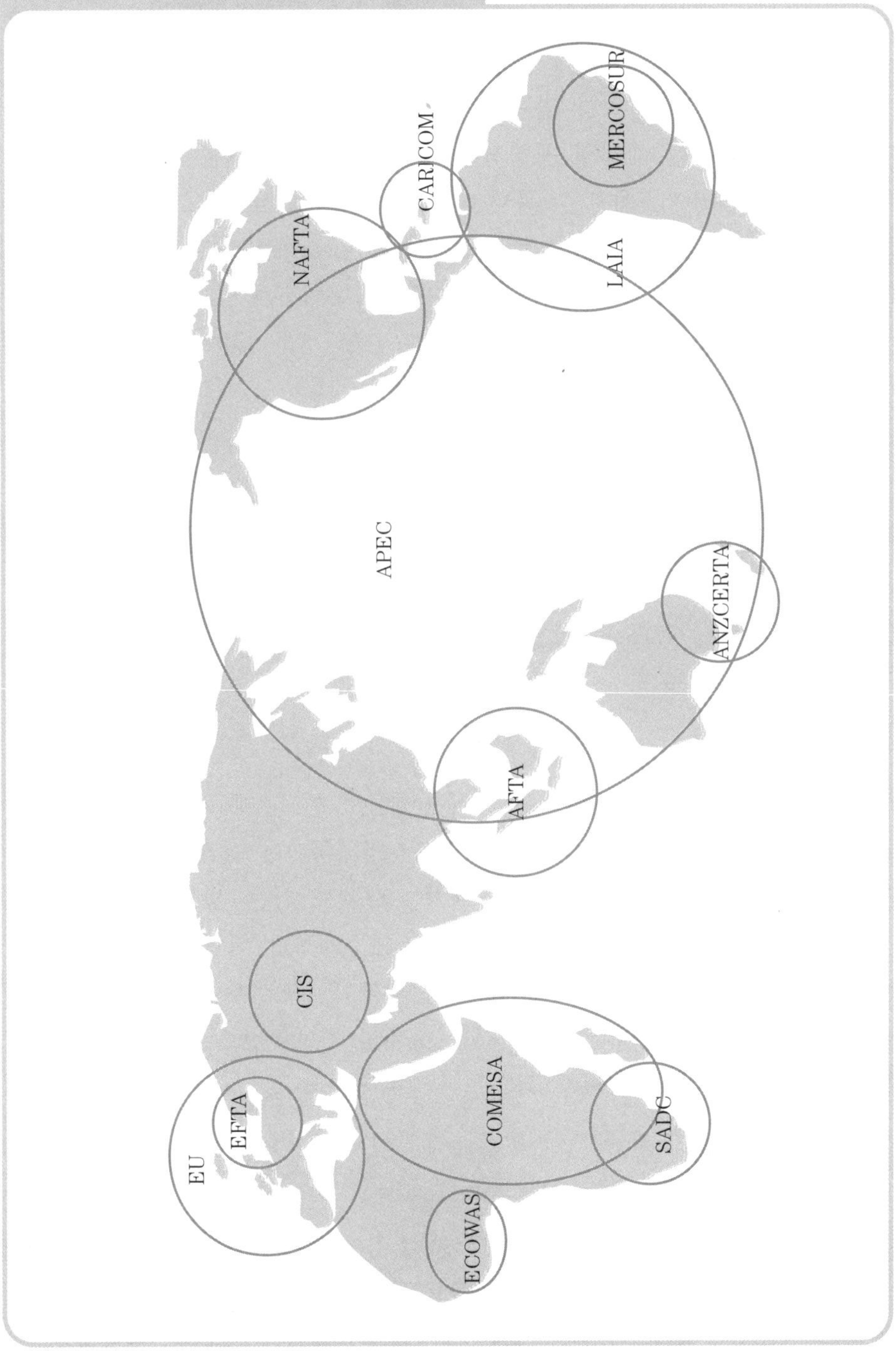

에 대한 무역제한조치를 철폐하여 자유무역을 시행하는 형태의 경제통합을 말한다. 그러나 역외의 비회원국가에 대해서는 각국이 독자적으로 관세를 부과하고 무역정책을 취하게 된다. 따라서 회원국간에 공동정책수행이나 협조를 위한 기구를 설치할 필요가 없고 경제주권의 제약이 없는 결속도가 약한 경제통합이다. 세계의 지역경제통합들중에 약 70%는 자유무역지역이다. 자유무역지역의 예로는 북미자유무역협정(North America Free Trade Agreement: NAFTA), 유럽자유무역연합(European Free Trade Association: EFTA), 한-미자유무역협정, 한-중자유무역협정 등이 있다.

2) 관세동맹

관세동맹(customs union)은 자유무역지역보다 좀더 강화된 경제결속의 형태로 가맹국 상호간에 상품의 자유이동이 보장될 뿐만 아니라, 역외국가로부터의 수입에 대해서 공통의 수입관세를 부과하는 형태이다. 따라서 개별국가는 경제주권을 완전히 포기하지는 않지만 관세에 있어서는 독자적인 의사결정을 하지 못하게 된다. 관세동맹은 그 역사가 오래되어 경제통합의 전형으로 인식되고 있다. 과거의 베네룩스관세동맹(Benelux Customs Union)이 그 예이다.

3) 공동시장

공동시장(common market)은 관세동맹에서 한 단계 더 나아간 형태이다. 역내에 상품의 자유이동이 보장되고, 역외국가에 대해서는 공통의 관세를 부과할 뿐만 아니라, 역내에 노동, 자본과 같은 생산요소의 이동이 자유롭게 보장된다. 따라서 개별국가는 관세동맹보다 더 많은 영역에서 공동의사결정을 하여야 하기 때문에 경제협력에 있어서 개별국가의 독자적인 결정권이 크게 줄어들게 된다. 이러한 형태의 경제통합으로는 과거 유럽공동시장(European Community: EC)을 들 수 있다.

4) 경제동맹

경제동맹(economic union)은 공동시장에서 한 단계 더 나아간 매우 강한 결속형태의 경제통합이다. 회원국 상호간에 상품과 자본 및 노동의 생산요소의 이동을 자유롭게 하며, 비회원국가에 대해서는 공동의 무역정책을 취할 뿐만 아니라, 회원국 상호간에 경제정책을 조정하여 수행하고 주

그림 4-4 경제통합의 유형

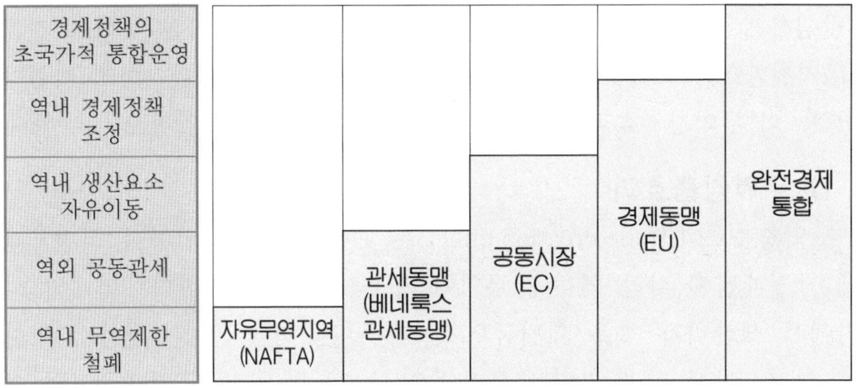

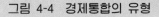

요 경제부문에서는 통합하여 운영하는 형태이다. 유럽연합(EU)이 이에 근접한 형태이다.

5) 완전경제통합

완전경제통합(complete economic integration)은 회원국이 독립된 경제정책을 포기하고 단일 경제체제하에 모든 경제정책을 통합하여 운영하는 형태이다. 회원국간에 초국가적인 기구를 통하여 통화, 금융, 재정, 사회정책 등을 통합적으로 운영하여 경제면에서뿐만 아니라 정치·사회적 통합까지 이르게 되어 단일 국가를 형성하는 것과 같게 된다.

3. 지역경제통합의 경제적 효과

경제통합의 경제적인 효과는 국가와 산업에 따라 다양하게 나타나고, 부정적인 효과와 긍정적인 효과가 동시에 발생하기 때문에 결과를 정확하게 분석하고 판단하기가 매우 어렵다. 경제통합의 결과로 발생하는 이러한 효과는 다음과 같이 나누어 살펴볼 수 있다.

3.1 무역창출효과와 무역전환효과

지역경제통합의 경제적 효과에 관한 분석을 최초로 시도한 학자는 바이너(Jacob Viner)였다. 바이너는 관세동맹의 후생효과를 무역창출효과와 무역전환효과로서 설명하였다.[7] 그는 경제통합을 하게 되면 새롭게 무역이 발생하게 되는 무역창출효과와 함께 기존의 무역이 다른 국가로 전환되는 무역전환효과가 발생하기 때문에 그 경제적인 효과를 판단하기 어렵다고 하였다. 이 무역창출효과와 무역전환효과를 좀더 자세히 알아보기로 한다.

1) 무역창출효과

무역창출효과(trade creation effect)는 관세동맹으로 인하여 회원국간에 관세가 철폐됨에 따라 역내에 무역이 창출되는 것을 말한다. 역내의 상품생산에서 생산비가 높은 회원국으로부터 낮은 회원국으로 생산지 이동이 있게 되고, 이에 따라 자원을 효율적으로 배분하게 되어 역내국가의 후생을 증대시키는 결과가 된다.

무역창출효과를 구체적인 예로서 [그림 4-5]를 통해서 살펴보기로 한

그림 4-5 무역창출의 경우

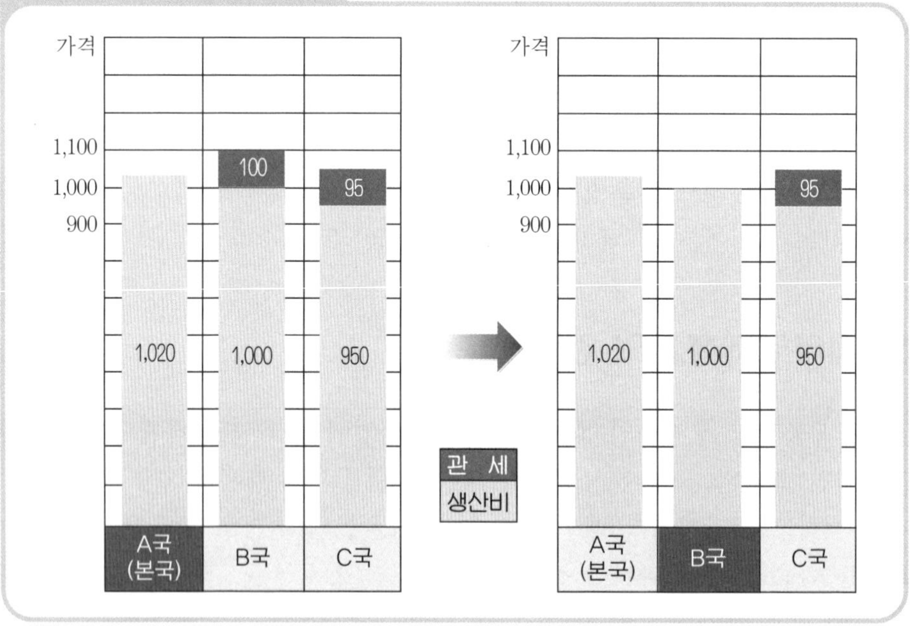

7) J. Viner, *The Custom Union Issue*(New York: Carnegie Endowment for International Peace, 1950), Ch. 4.

다. A, B, C 세 국가가 있고, 어느 상품 X의 생산가격이 A, B, C국에서 각각 1,020, 1,000, 950원이라고 하고, A국의 X에 대한 관세율이 10%라 가정한다. 이때 A국(본국) 상품이 외국의 상품보다 생산가격이 비싸지만, 외국상품은 관세를 부담해야 하므로 관세부담 이후의 B국 상품가격은 1,100원, C국 상품가격은 1,045원이 되어, 이들 상품보다 국내상품이 싸다. 따라서 A국 국내에서 A국 상품이 사용되고 무역은 없다.

그런데 만약 A국과 B국이 관세동맹을 맺게 된다면 A국에서 B국 상품을 관세없이 1,000원에 살 수 있게 되어, A국은 자국의 상품보다 더 값싼 B국 상품을 수입 사용하게 됨으로써 무역이 발생하게 되고 이것이 무역창출이다. 이때 X재의 생산은 A국보다 더 효율적으로 생산되는 B국으로 이동됨으로써 이 무역창출의 효과는 자원의 효율적인 배분을 가져오고 후생을 증가시키게 되는 것이다.

2) 무역전환효과

반면에 무역전환효과(trade diversion effect)는 관세동맹으로 역내국에 대해서는 관세가 없고 역외국에 대해서는 관세를 부과하게 됨으로써 관세동맹 결성전에는 역외국으로부터 하던 상품수입이 역내국으로부터의 수입으로 바뀌게 됨으로써 발생하는 효과를 말한다. 이때 상품생산에서 생산비가 낮은 역외국으로부터 생산비가 높은 역내국으로 생산지 이동이 있게 되고, 이에 따라 자원배분이 왜곡되고 회원국의 후생이 감소되는 결과로 된다.

무역전환효과의 구체적인 예는 [그림 4-6]에서 살펴볼 수 있다. A, B, C 세 국가가 있고, 어느 상품 X의 생산가격이 A, B, C국에서 각각 1,070, 1,000, 950원이라고 하고, A국의 X에 대한 관세율이 10%라 가정한다. A국 상품가격만 다르게 가정하였을 뿐 나머지 가정은 모두 앞의 무역창출효과에서와 동일하다. 이때 A국(본국)에서는 C국 상품의 관세 부담 이후의 가격이 1,045원으로, A국 상품가격 1,070원보다 더 싸기 때문에 C국 상품이 수입 사용되고 있다.

그런데 만약 A국과 B국이 관세동맹을 맺게 된다면 A국에서 B국 상품을 관세없이 1,000원에 살 수 있게 되어, 이젠 A국은 여전히 관세를 부담하여 1,045원인 C국 상품보다 더 값싼 B국 상품을 수입 사용하게 됨으로

그림 4-6 무역전환의 경우

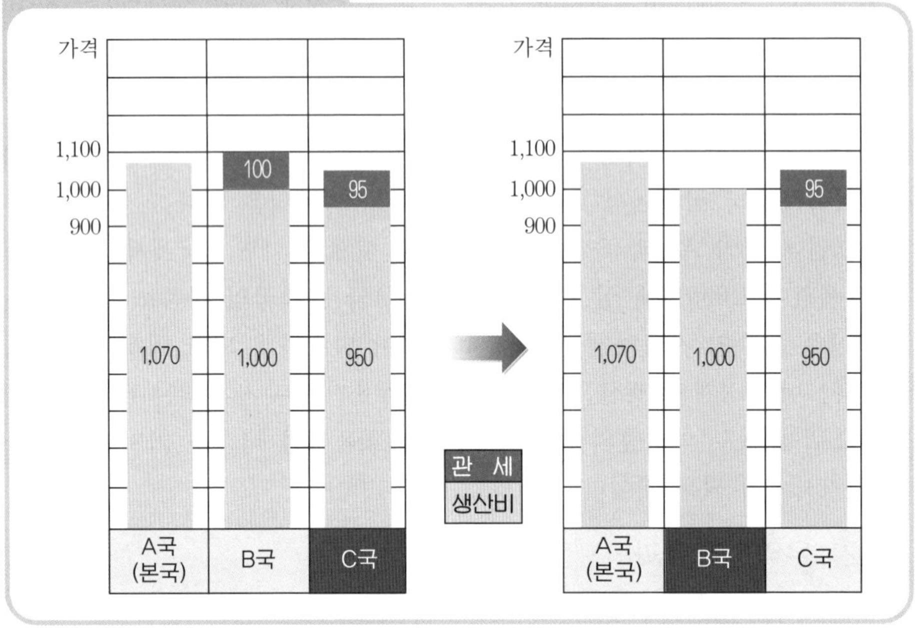

써 C국에서 B국으로 수입선 전환이 발생하게 되는데, 이것이 무역전환이다. 이때 C국이 B국보다 X재를 더 싸게 생산할 수 있지만 국가간에 차별적인 관세 적용으로 생산은 C국보다 더 비효율적으로 생산되는 B국으로 이동하게 된다. 이와 같이 무역전환효과는 자원의 비효율적인 배분을 가져오고 후생을 감소시키게 되는 것이다.

따라서 관세동맹이 어떤 후생효과를 가져올지는 앞의 무역창출효과와 무역전환효과가 어떻게 나타나느냐에 따라 달라지고, 이는 각국의 상품가격과 관세율구조에 따라 달라지게 되는 것이다.

3.2 동태적 효과

지역경제통합은 자원의 재배분을 통하여 얻는 정태적 효과 이외에도 동태적인 효과가 발생하게 된다. 경제통합의 동태적인 효과는 회원국의 경제구조의 장기적인 변화를 통하여 발생하게 된다. 일반적으로 경제통합에는 동태적 효과가 정태적 효과보다 더 크다고 할 수 있는데, 이러한 동태적 효과는 다음 몇 가지 측면에서 살펴볼 수 있다.

첫째, 역내의 경쟁심화를 통한 기업과 산업의 발전이다. 경제통합 이전에 국내기업간에만 경쟁할 때에는 독과점이나 약한 경쟁환경에서 안주하던 기업도 경제통합이 되면 통합지역내의 모든 기업들과 치열하게 경쟁하지 않으면 안 된다. 이에 따라 기업들은 경쟁에 이기기 위하여 기술혁신, 원가절감, 효율적인 경영으로 생산성의 향상에 노력하게 되고 이러한 과정에서 산업발전과 경제성장이 촉진될 수 있다.

둘째, 확대된 시장속에 대량생산으로 규모의 경제효과를 얻을 수 있다. 경제통합은 외국시장에 대한 불확실성을 제거하고 기업의 활동영역이 국내시장에서 역내시장으로 확대되어, 이전에는 효율적으로 조업하지 못하던 기업들도 규모의 경제를 달성하기 쉽게 되고, 이에 따라 생산비용의 절감과 자원배분의 효율성을 높이게 된다.

셋째, 지역내 투자의 증대와 촉진이다. 시장확대에 따른 수요의 증대와 경쟁의 심화는 지역내의 투자를 촉진하게 되는데, 특히 역외국가 기업들은 역내국가 기업들보다 불리하지 않도록 생산기지를 역내에 설립하는 경우가 많게 된다. 실례로, EEC가 설립되었을 때 미국을 비롯한 역외지역의 많은 기업들이 EEC 역내에 투자를 했었다.

넷째, 경제통합은 지역내 생산요소의 자유로운 이동으로 생산성을 증대시키고 국가간에 생산기술을 확산시킴으로써 기술발전과 경제성장을 촉진시키게 된다.

3.3 경제통합의 대외적 효과

경제통합지역의 국가는 큰 시장규모와 확대된 경제력을 배경으로 국제무대에서 지위를 향상시킬 수 있고 통상관계에서도 협상력이 커지게 되어 역내국가들의 공동이익을 증대시킬 수 있다.

반면에 역외국가들의 입장에서는 일반적으로 불리한 입장에 서게 된다. 첫째, 무역전환효과로 인한 통합지역에 대한 수출의 감소이다. 역외지역의 기업들은 관세나 무역장벽이 있으므로 역내지역의 기업들에 비해서 역내시장에서 불리하게 된다. 게다가 지역경제통합이 결성될 때 역내기업들에게 통합된 시장을 선점할 수 있는 기회를 주기 위하여 역내시장에 대한 시장보호조치를 강화하는 경향도 있다. 둘째, 역내국간의 교역증가로 역외국가로부터 수입이 감소하는 경우에는 교역조건이 악화된다. 셋째, 역외국은 역내국에 대하여 협상력의 약화를 가져오게 된다. 넷째, 시장확대 등 역내국의 투자여건이 좋아짐에 따라 역외국에 될 수 있었던 투자가 역내국으로 전환되는 효과가 발생할 수 있다.

그러나 한편으로는 경제통합으로 역내지역에 경제성장이 촉진되면 수입수요가 증가하게 되어 역외국가도 수출 및 투자의 기회가 증가하게 된다. 또한 역내의 기술 및 규격 등이 표준화되면 수출비용이 감소되어 역내지역과의 교역이 촉진될 수도 있다.

4. 주요 지역경제통합기구

표 4-3 주요 지역경제통합기구

지역	지역경제통합명	결성연도	성격	회원국
유럽	EU(European Union)	1993	경제동맹	독일, 프랑스, 이탈리아, 네덜란드, 벨기에, 룩셈부르크, 영국, 아일랜드, 덴마크, 그리스, 스페인, 포르투갈, 오스트리아, 스웨덴, 핀란드, 키프로스, 체코, 에스토니아, 헝가리, 라트비아, 리투아니아, 몰타, 폴란드, 슬로바키아, 슬로베니아, 불가리아, 루마니아, 크로아티아
	EFTA(European Free Trade Association)	1960	자유무역지역	노르웨이, 아이슬란드, 스위스, 리히텐슈타인
	CIS(Commonwealth of Independent States)	2012	자유무역지역	아르메니아, 벨라루스, 카자흐스탄, 키르기츠, 몰도바, 러시아, 타지키스탄, 우크라이나
아시아	AFTA(ASEAN Free Trade Area)	1967	자유무역지역	태국, 인도네시아, 말레이시아, 필리핀, 싱가포르, 브루나이, 베트남, 미얀마, 라오스, 캄보디아
	GCC(Gulf Cooperation Council)	1981	특혜무역지역	사우디아라비아, 아랍토후국연합, 쿠웨이트, 카타르, 바레인, 오만
북미	NAFTA(North America Free Trade Agreement)	1992	자유무역지역	미국, 캐나다, 멕시코

중남미	LAIA(Latin American Integration Association)	1980	특혜무역지역	아르헨티나, 볼리비아, 브라질, 칠레, 콜롬비아, 멕시코, 에콰도르, 파라과이, 페루, 우루과이, 베네수엘라
	CARICOM(Caribbean Community)	1973	관세동맹	안티구아 바부다, 바하마, 벨리즈, 아이티, 수리남, 트리니다드 토바고, 바베이도스, 기이아나, 자메이카, 그레나다, 도미니카, 세인트 루시아, 세인트 빈센트, 세인트 키트 네비스, 몽서레트
	MERCOSUR(Mercado Comun del Sur: 남미공동시장)	1991	관세동맹	아르헨티나, 브라질, 파라과이, 우루과이
아프리카	ECOWAS(Economic Community of West African States)	1975	공동시장	베닌,버키나파소, 카보베르데, 코트디브와르, 감비아, 가나, 기니아, 기니아비소, 리베리아, 말리, 니제르, 나이제리아, 세네갈, 시에라리온, 토고
	COMESA(Common Market for Eastern and Southern Africa)	1982	공동시장	앙골라, 부룬디, 코모로스, 콩고, 드지부티, 이집트, 에리트리아, 에디오피아, 케냐, 마다가스카르, 말라위, 모리티우스, 나미비아, 르완다, 세이첼레스, 수단, 스와질랜드, 우간다, 잠비아, 짐바브웨
	SADC(Southern African Development Community)	2000	자유무역지역	앙골라, 보츠와나, 에스와티니, 레소토, 말라위, 모잠비크, 남미비아, 남아프리카, 탄자니아, 잠비아, 짐바브웨
대양주	ANZCERTA(Australia-New Zealand Closer Economic Relations Trade Agreement)	1983	자유무역지역	오스트레일리아, 뉴질랜드

4.1 유럽연합

유럽연합(European Union: EU)은 유럽지역을 정치 경제적으로 하나로 통합하기 위한 기구이다.

유럽연합의 역사는 1950년 프랑스 외상 Schuman의 제안에 따라, 1951년 서독, 프랑스, 이탈리아, 네덜란드, 벨기에, 룩셈부르크의 6개국이 유럽석탄 · 철강공동체(European Coal and Steel Community: ECSC)를 결성하면서 시작되었다. 그 후 1957년 로마협약에 의하여 유럽경제공동체

(European Economic Community: EEC)가 출범되었고 이와 함께 유럽원자력공동체(European Atomic Energy Community: EURATOM)가 설립되었다.

1967년 EEC는 유럽원자력공동체 및 유럽석탄공동체와 통합하여 유럽공동체(European Community: EC)로 되었다. EC는 1986년에 유럽단일법을 제정하여 이를 근거로 상품, 자본, 용역의 자유로운 이동을 위한 세부적인 조치를 추진하여 1993년 1월 1일 공동시장을 완성하였다. 그리고, 1993년 11월 1일 마스트리히트(Maastricht) 조약에 의해 유럽연합(European Union: EU)을 발족시켜 단일시장에서 더 나아가 보다 강화된 경제통합기구로 되었다. 2002년 1월에는 EU의 단일통화로서 유로를 사용하는 통화제도가 시행되었는데 영국을 비롯한 일부국가는 여기에 참여하지 않았고, 지금 북유럽과 동유럽 일부 국가를 제외하고 대다수 국가가 참여하고 있다.

이러한 유럽연합의 발전과정과 함께 이에 참가하는 국가들이 늘어남으로써 그 지역적인 범위가 계속 확대되어 왔다. 1973년 영국, 아일랜드, 덴

표 4-4 EU 약사

연 도	내 용
1950. 5	로베르 슈망의 유럽내 석탄철강공동시장설립에 대한 "슈망선언"
1951. 4	유럽석탄철강공동체(ECSC)조약 체결
1957. 3	로마조약 체결
1958. 1	유럽경제공동체(EEC)와 유럽원자력공동체(Euratom) 출범
1967. 7	유럽공동체(EC) 조약체결(통합조약)
1973. 1	영국, 아일랜드, 덴마크 가입(회원국 9개국)
1979. 3	유럽통화제도(EMS)출범
1981. 1	그리스 가입(회원국 10개국)
1986. 1	스페인, 포르투갈 가입(회원국 12개국)
1987. 7	단일유럽법(Single European Act) 발효
1992. 2	유럽연합조약(Maastricht조약) 체결
1993. 1	유럽단일시장 출범
1993. 11	EU조약의 발효에 따른 EU출범
1995. 1	오스트리아, 스웨덴, 핀란드 가입(회원국 15개국)
1999. 1	단일통화 유로(ECU) 출범
2002. 1	유로(ECU) 공식통용
2004. 5	키프로스, 체코, 에스토니아, 헝가리, 라트비아, 리투아니아, 몰타, 폴란드, 슬로바키아, 슬로베니아 가입
2007. 1	불가리아, 루마니아 가입
2013. 7	크로아티아 가입(회원국 28개국)
2016. 6	영국 국민투표 탈퇴 가결

그림 4-7 EU의 발전과정

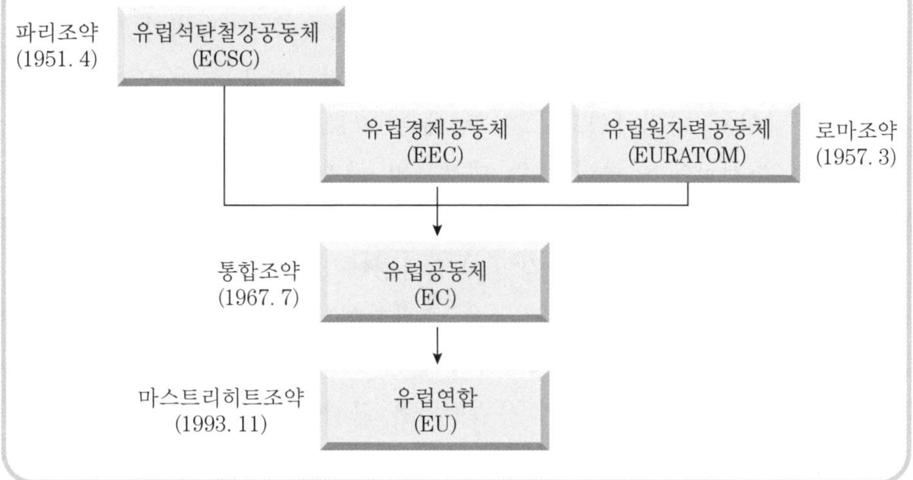

그림 4-8 EU국가와 EFTA국가

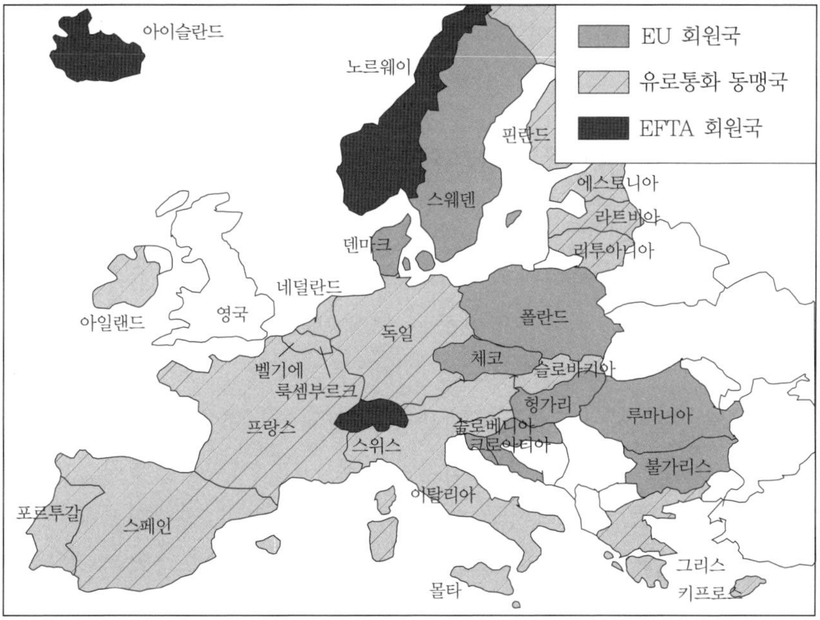

마크가 가입하였고, 이후 1981년 그리스, 1986년 스페인, 포르투갈, 1996년 오스트리아, 스웨덴, 핀란드가 가입함으로써 회원국이 15개국으로 되었다. 2004년에는 키프로스, 체코, 에스토니아, 헝가리, 라트비아, 몰타, 폴란드, 슬로바키아, 슬로베니아 등 10개국이 가입하였고, 2007년에는 불가리아, 루마니아가 가입하였고, 2013년에는 크로아티아가 가입하여, 2015년 현재 총 28개국에 이르러 유럽 대부분의 국가를 포괄하는 거대한 단일경제권을 형성하게 되었다.

EU는 질적 · 양적으로 계속적인 발전과정에 있다. 1951년 이후 계속적으로 통합의 정도를 높이고 회원국을 추가하여 오늘에 이르게 되었으며, 앞으로 더 통합수준을 높여 단일국가와 같은 조직으로 나아감과 동시에 유럽 전지역의 국가들을 편입시켜 유럽전역을 포괄하는 기구로 발전하는 것을 목표로 하고 있다.

하지만 2010년 이후 그리스, 포르투갈, 스페인, 아일랜드, 키프로스를 비롯한 유로통화 국가의 재정위기, 유럽남부 및 동부지역으로부터의 이주민 증가, 우크라이나를 둘러싼 러시아와의 갈등 등과 같은 문제들에 직면하게 되었고, 2016년에는 영국이 국민투표로 탈퇴를 결정함으로써 EU 발전과정에 새로운 도전을 맞고 있다.

4.2 북미자유무역협정(NAFTA)

북미자유무역협정(North America Free Trade Agreement: NAFTA)은 미국, 캐나다, 멕시코의 북미지역국가를 회원국으로 하는 자유무역지역협정이다. 북미지역에서의 자유무역협정은 1989년에 미국과 캐나다간에 먼저 체결되었는데, 1992년에는 멕시코도 이에 동참하여 미국, 캐나다, 멕시코 3국을 회원국으로 하는 자유무역협정이 체결되어 1994년 1월 1일에 발효되었다. 북미자유무역협정은 시장접근, 무역규칙, 서비스, 투자, 지적재산권, 분쟁해결절차 등에서 회원국 상호간에 자유무역과 정책협조를 위한 규범을 마련하고 이를 바탕으로 지역내 자유무역을 추진해 나가는 것을 주요 내용으로 하고 있다.

4.3 아세안자유무역지대(AFTA)

AFTA(ASEAN Free Trade Area)는 동남아국가연합의 자유무역지역이다. 동남아국가연합(Association of Southeast Asian Nations: ASEAN)은 1967년 8월 인도네시아, 말레이시아, 싱가포르, 필리핀, 태국의 5개국에 의하여 처음 결성되었다. 그 후 1984년 브루나이, 1995년 베트남, 1997년 미얀마, 라오스, 1999년 캄보디아가 회원국으로 가입함으로써 인구 5억을 넘는 거대한 지역기구로 변모하게 되었다. 원래 ASEAN은 역내국가간의 정치, 경제, 문화, 교육, 행정 등 전 부문에 걸친 협력관계의 구축을 목적으로 결성되었다.

2003년 1월 인도네시아, 말레이시아, 필리핀, 싱가포르, 태국, 브루나이 등 아세안 6개국을 초기 회원국으로 하여 자유무역지역인 AFTA가 공식 출범하게 되었다. AFTA는 순차적으로 역내에 관세를 철폐하고 자본 및 서비스 교역을 자유화하여 장차 아세안경제공동체(AEC)로 발전해 갈 것을 계획하고 있다.

한국과의 경제관계에 있어서는 이 지역이 미국, 일본, 중국, EU와 함께 한국의 5대 주요 교역지역으로 부상하고 있으며, 건설 및 제조업을 중심으로 상당수의 한국기업이 진출해 있다. 1997년부터 한·중·일+ASEAN 연례정상회의를 갖고 있으며, EU와도 ASEM(Asia-Europe Meeting)을 통하여을 통하여 협력관계를 유지해 나가고 있다.[8)] 또, 2002년 중국-ASEAN 자유무역협정이 체결되고, 2006년 한국-ASEAN 자유무역협정이 체결되었다.

5. 한국의 지역경제통합기구

5.1 한국과 지역경제통합

지리적으로 한국은 주변에 인접한 국가들이 많지 않은데다 일본과는 역사적으로, 중국·러시아와는 정치적으로 경제통합을 하기 어려운 상황에 있기 때문에 지역경제통합협정의 체결에 불리한 여건을 갖고 있었다. 그럼에도 불구하고 경제활동의 많은 부분을 무역에 의존하고 있는 한국이 세계

8) 또, ASEAN 10개국과 역외대화상대국 10개국(한, 미, 일, 중, 러, 캐나다, 호주, 뉴질랜드, 인도, EU)의 확대외무장관회의(Post Ministerial Conference: PMC)가 있으며, 아·태지역 국가(21개국) 및 EU 의장국 외무장관으로 구성되는 아세안안보포럼(ASEAN Regional Forum: ARF)도 개최된다.

의 대다수 국가들은 자유무역지역 결성으로 무역장벽을 낮춘 상태에서 한국만 자유무역지역에 소속되지 않음으로 인해 높은 무역장벽을 유지하게 되는 것은 바람직하지 않기 때문에 이를 타개할 필요가 있었다.

그래서 2000년 이후 한국은 자유무역협정(Free Trade Agreement: FTA)의 체결에 적극 나서게 되었으며, 2003년 한-칠레 자유무역협정을 시초로, 2005년 한-싱가포르 자유무역협정, 2005년 한-EFTA 자유무역협정, 2006년 한-ASEAN 상품자유무역협정, 2007년 한-미 자유무역협정 등이 체결되어, 2015년 5월 현재 발효중인 지역무역협정은 11개에 이르고 있고, 한-중 자유무역협정이 2015년 2월 타결되었으며, 한-일 자유무역협정과 한-중-일 자유무역협정은 협상중에 있다. 한편 한국은 국제경제협력체로서의 APEC에도 창설회원국으로서 적극 참여하고 있다.

5.2 한국의 자유무역협정

1) 한-칠레 자유무역협정

한-칠레 자유무역협정은 한국 최초의 지역경제통합협정으로서 2003년 2월에 서명되고, 국내 비준절차를 거쳐 2004년 4월에 발효되었다.

한국이 칠레와 협정을 맺게 된 것은 다음의 이유에서다.

첫째, 한국-칠레의 교역은 한국의 공산품과 칠레의 원자재로 상호보완적인 구조를 갖고 있다.

둘째, 칠레는 중남미지역에 거점국가로 활용할 수 있다. 칠레는 중남미 지역에서 가장 선진화된 경제구조를 갖고 있고, MERCOSUR, 볼리비아, 멕시코, 베네수엘라, 캐나다, 콜롬비아, 에콰도르, 페루 등 많은 지역과 경제통합협정을 맺고 있기 때문이다.

셋째, 한국과 칠레는 농산품의 생산시기가 계절적으로 반대여서 한국에 경쟁력이 약한 농업에서 피해를 최소화 할 수 있다.

넷째, 한국과 칠레는 거리가 멀어 공산품에 비하여 농산품의 유입이 상대적으로 어렵다.

한국과 칠레의 자유무역협정은 공산품에 경쟁력을 갖고 있는 한국과 농수산품에 경쟁력을 갖고 있는 칠레간에 상호 시장을 개방하는 성격이 강하다. 따라서 한국은 이 협정으로 자동차, 전자 및 전기제품 등 공산품에

표 4-5 한국의 자유무역협정 체결현황

(2019.6. 현재)

상대국	협상개시	서명	발효일
칠레	1999년 12월	2003년 2월	2004.4.1
싱가포르	2004년 1월	2005년 8월	2006.3.2
EFTA(4개국)	2005년 1월	2005년 12월	2006.9.1
아세안(10개국)	2005년 2월	2006년 8월(상품협정)	2007.6.1 (국가별 상이)
인도	2006년 3월	2009년 8월	2010.1.1
EU(28개국)	2007년 5월	2010년 10월	2011.7.1
페루	2009년 3월	2011년 3월	2011.8.1
미국	2006년 6월	2007년 6월	2012.3.15
터키	2010년 4월	2012년 8월	2013.5.1
호주	2009년 5월	2014년 4월	2014.12.12
캐나다	2005년 7월	2014년 9월	2015.1.1
중국	2012년 5월	2015년 6월	2015.12.20
뉴질랜드	2009년 6월	2015년 3월	2015.12.20
베트남	2012년 9월	2015년 5월	2015.12.20
콜롬비아	2009년 12월	2013년 2월	2016.7.15

서 큰 혜택을 보고, 칠레는 농수산품에서 큰 혜택을 보게 된다. 반면에 한국은 농업의 위축과 피해발생이 가장 우려되는 점이었고, 그래서 농민들의 반대가 작지 않았다.

2) 한-싱가포르 자유무역협정

한-싱가포르 자유무역협정은 2005년 8월에 체결되고, 국내비준절차를 거쳐 2006년 3월에 발효되었다.

한국이 싱가포르와 협정을 맺게 된 주요 이유는 다음과 같다.

첫째, 국제 경제활동의 중심지에의 연계거점 확보이다. 싱가포르는 세계적인 무역, 물류, 금융, 비즈니스 중심지이기 때문에 FTA를 통해 연계를 강화함으로써 한국 대외경제활동을 늘리고 경쟁력을 향상시킬 수 있다.

둘째, 한국기업의 동남아 진출의 기반강화이다. 동남아지역이 거대 경제권으로 부상하고 있고, 싱가포르는 이 지역에서 경제허브의 역할을 하고 있기 때문이다.

셋째, 양국간에 다양한 영역에서의 협력강화이다. 한국과 싱가포르는 공동 관심영역이 넓어 무역, 투자, 서비스, 정부조달, 지적재산권, 전자상거래, 기술표준 등 여러 분야에서 협력체제를 구축할 수 있기 때문이다.

3) 한-EFTA 자유무역협정

한-EFTA 자유무역협정은 2005년 12월에 체결되고, 2006년 9월에 발효되었다.

EFTA는 스위스, 노르웨이, 아이슬란드, 리히텐슈타인의 4개국으로 구성된 유럽의 자유무역지역으로, 관세동맹을 지향하는 유럽경제공동체(EEC)에 반대하는 영국, 덴마크, 노르웨이, 스웨덴, 스위스, 오스트리아 및 포르투갈의 유럽 7개국의 주도로 1960년에 결성되었으나, 이후 영국, 덴마크, 스웨덴, 오스트리아, 포르투갈이 EU에 가입하면서 탈퇴하고, 현재와 같은 회원국으로 구성되어 있다.

한국이 EFTA와 협정을 맺게 된 주요 이유는 다음과 같다.

첫째, 한국상품의 유럽시장 진출확대이다. 현재 그 잠재력에 비해 교역량이 적은 수준에 머물러 있는 이 지역에 무역장벽을 제거함으로써 무역을 증대시킬 수 있다는 점이다.

둘째, 유럽에서의 한국상품 인지도 증대이다. 한-EFTA 협정으로 상품교역과 교류를 증대시킴으로써 유럽에서의 한국과 한국상품에 대한 편견과 무지를 불식시키는 계기가 될 수 있다.

셋째, 선진 경제권과의 자유무역지역 형성으로 한국경제의 선진화를 도모할 수 있다.

넷째, 한국과 EFTA는 무역에서 보완적인 성격이 강하기 때문에 협정 이후의 구조조정문제가 비교적 작다.

4) 한-ASEAN 자유무역협정

한-ASEAN 상품자유무역협정은 2006년 8월에 체결되고, 2007년 6월에 발효되었으며, 한-ASEAN 서비스자유무역협정은 2007년 11월에 체결되고, 2009년 5월에 발효되었는데 발효시점이 늦어진 국가도 있었다.

한국이 ASEAN과 자유무역협정을 맺게 된 큰 이유는 다음 두 가지를 들 수 있다.

첫째, 거대시장의 확보이다. ASEAN은 5억의 인구를 지닌 큰 시장으로 한국에게는 미국, 중국, 일본, EU와 더불어 5대 교역시장 중 하나다.

둘째, 2005년에 중국-ASEAN간의 상품부문 자유무역협정이 발효되었기 때문에 이 시장에서 한국상품이 중국상품에 비하여 불리하지 않도록 협정을 체결할 필요가 있었다.

5) 한-인도 포괄적 동반자 협정

한-인도 포괄적 동반자 협정은 2009년 8월에 체결되고, 2010년 1월에 발효되었다. 포괄적 경제동반자 협정(Comprehensive Economic Partnership Agreement: CEPA)이란 상품 및 서비스의 교역, 투자, 경제협력 등 경제관계 전반을 포괄하는 넓은 범위의 협정이지만 실질적으로는 자유무역협정(FTA)과 큰 차이가 없다. 한국이 인도와 협정을 체결하게 된 주요 이유는 다음과 같다.

첫째, 거대시장의 확보이다. 인도는 발효시점인 2010년 기준 인구 약 11억명에다 인구 증가율도 높아 조만간 세계에서 인구가 가장 많은 나라로 될 전망이다.

둘째, 인도의 비교적 높은 수준의 수입장벽을 제거할 수 있기 때문이다.

셋째, 인도는 경제개발 초기단계이고 성장잠재력이 크기 때문에 무역증가와 함께 다양한 투자기회도 기대할 수 있다.

6) 한-EU 자유무역협정

한-EU 자유무역협정은 2010년 10월 체결되고, 2011년 7월에 발효되었다. 한국이 EU와 자유무역협정을 체결하게 된 주요 이유는 다음과 같다.

첫째, 거대시장의 확보이다. 세계 최대 단일경제권인 EU와 자유무역협정을 맺음으로써 거대시장을 이용할 수 있다는 점이다.

둘째, 산업의 고도화와 경쟁력 향상이다. 선진국들인 EU와 시장을 공유함으로써 상품이 질적으로 향상되고, 강화된 경쟁속에서 기업의 효율성이 제고되는 가운데 산업의 고도화와 경쟁력 향상을 기대할 수 있다.

셋째, 경제성장과 고용증가에 대한 기대이다. 한국은 대EU무역에서

흑자를 시현하고 있기 때문에 무역장벽이 낮아지면 국제수지, 국내고용, 경제성장 등에 긍정적인 영향이 클 것으로 예상되기 때문이다.

넷째, 경쟁국가에 대한 우위확보이다. 유럽시장에서 경쟁관계에 있는 일본, 중국 등 다른 아시아국들보다 먼저 자유무역관계에 들어감으로써 선제적 효과를 누릴 수 있다는 점이다.

다섯째, 경제 및 사회의 선진화이다. EU와의 긴밀한 경제관계 형성으로 경제의 투명성이 증가되고, 제도 및 관행이 개선되어 한국 경제 및 사회의 선진화를 앞당길 수 있다는 점이다.

여섯째, 한-미 자유무역지역과 함께 한-EU 자유무역지역을 형성함으로써 국제경제관계의 지역적인 균형과 견제를 이룰 수 있다.

7) 한-페루 자유무역협정

한-페루 자유무역협정은 2011년 3월에 체결되고, 2011년 8월에 발효되었다. 한국이 페루와 자유무역협정을 체결하게 된 주요 이유는 다음과 같다.

첫째, 천연자원의 안정적인 확보이다. 페루는 은, 아연, 주석, 금, 동 등 지하광물자원 매장량이 세계 최고수준이다.

둘째, 시장의 확보이다. 페루는 2011년 기준 인구 약 3,000만명에 면적 약 129만 km^2로 대한민국의 약 13배에 해당하는 넓은 국토를 갖고 있으나, 자동차, 전자제품 등에 높은 관세를 유지하고 있어 그간 시장 진출에 어려움이 있었다.

셋째, 남미시장 진출의 교두보로서의 역할을 할 수 있다. 칠레에 이어서 페루와의 자유무역협정은 다른 남미국가 또는 남미의 큰 자유무역블록인 MERCOSUR와의 자유무역협정 체결에도 도움이 될 수 있다.

넷째, 경쟁국가에 대한 우위확보이다. 한국과 경쟁관계에 있는 일본, 중국보다 먼저 자유무역지역을 형성함으로써 시장 선점의 효과를 누릴 수 있다.

8) 한-미 자유무역협정

한-미 자유무역협정은 2007년 6월에 체결되고, 2012년 3월에 발효되었다. 한국이 미국과 자유무역협정을 체결하게 된 주요 이유는 다음과 같다.

첫째, 거대시장의 확보이다. 미국은 세계 최대의 시장으로 자유무역협정으로 이 시장을 안정적으로 확보하게 된다면 한국의 수출과 경제발전에 큰 긍정적인 효과를 가져 올 수 있기 때문이다.

둘째, 미국시장에서 경쟁국가에 대한 우위확보이다. 경쟁력에서 일본을 따라잡지 못하고, 중국 및 다른 개도국으로부터 추월당할 수도 있는 상황에 놓여 있는 한국으로서 미국에서 유리한 입지를 확보하는 것이 중요하기 때문이다.

셋째, 경제와 산업의 경쟁력 향상이다. 미국과 자유무역협정을 맺게 되면 큰 시장의 강화된 경쟁속에서 기업과 산업은 효율성이 높아지고 경쟁력이 향상될 수 있기 때문이다.

넷째, 경제 및 사회의 선진화이다. 선진국인 미국과의 공조와 협력속에서 낙후된 한국의 경제 및 사회 전반의 제도와 환경을 개선하고 발전시킬 수 있다는 점이다.

다섯째, 큰 시장의 영역에 들어감으로써 안정된 물자공급속에 물가수준을 낮추고 선택의 폭을 확대함으로써 소비자 후생수준을 높일 수 있기 때문이다.

여섯째, 미국과의 경제적인 유대강화는 정치, 외교, 군사적 유대강화로 이어져 국가의 안보를 강화시킬 수 있다.

일곱째, 세계의 변화에 유리하게 대처할 수 있다. 미국은 지식과 정보에 앞서 있고 세계의 표준을 선도하기 때문에 미국과의 경제적 유대강화는 한국기업의 국제경제활동에 장기적으로 유리한 측면이 많기 때문이다.

9) 한-터키 자유무역협정

한-터키 자유무역협정은 2012년 8월에 체결되고, 2013년 5월에 발효되었다. 한국이 터키와 자유무역협정을 체결하게 된 주요 이유는 다음과 같다.

첫째, 시장의 확보이다. 터키는 협정발효 시점인 2013년 기준 인구 약 7,500만명의 큰 내수시장을 갖고 있다.

둘째, 터키는 지정학적으로 유럽과 아시아를 잇는 위치에 있고, 중앙아시와 아프리카로 진출하는 데 교두보역할을 할 수 있으며, 이슬람문화권에 진출하는 데도 활용될 수 있다.

셋째, 터키는 EU와 관세동맹국이어서 EU시장 진출에도 도움이 될 수 있다.

10) 한-호주 자유무역협정

한-호주 자유무역협정은 2014년 4월에 체결되고, 2014년 12월에 발효되었다. 한국이 호주와 자유무역협정을 체결하게 된 주요 이유는 다음과 같다.

첫째, 시장의 확보이다. 호주는 높은 소득수준에 안정된 소비시장을 갖고 있고, 한국과 보완적인 산업구조를 갖고 있어 한국 공산품의 수출증대를 기대할 수 있다.

둘째, 호주는 넓은 국토에 한국이 주로 수입에 의존하는 철광, 석탄, 원유와 같은 천연자원이 풍부하기 때문에 한국의 천연자원 확보와 개발투자에 기여할 수 있다.

11) 한-캐나다 자유무역협정

한-캐나다 자유무역협정은 2014년 9월에 체결되고, 2015년 1월에 발효되었다. 한국이 캐나다와 자유무역협정을 체결하게 된 주요 이유는 다음과 같다.

첫째, 시장의 확보이다. 캐나다는 경제규모가 크며 안정된 소비시장을 갖고 있고, 한국과 보완적인 산업구조를 갖고 있어 한국 공산품의 수출증대를 기대할 수 있다.

둘째, 캐나다는 석유, 천연가스, 우라늄 등 천연 에너지자원이 풍부하여 한국의 에너지자원 확보와 개발투자에 도움이 될 수 있다.

12) 기타 자유무역협정

이상의 자유무역협정외에 최근에 한-중국 자유무역협정, 한-뉴질랜드 자유무역협정, 한-베트남 자유무역협정, 한-콜롬비아 자유무역협정이 체결되었다. 이들 자유무역협정 상대국들의 특징을 보면, 중국은 한국 제1의 무역 상대국이며, 베트남은 한국 제4위의 투자 대상국인데다 한국과 교류가 많은 국가라는 점에서 의의가 있다. 그리고 뉴질랜드는 호주와 함께 대양주의 선진국이고, 콜롬비아는 자원이 풍부한 중남미 국가여서 한국 무역의 지역적인 다변화에 도움이 될 것으로 기대하고 있다.

5.3 APEC

아시아 · 태평양 경제협력체(Asia Pacific Economic Cooperation: APEC)는 태평양 연안국가로 이루어진 경제협력체이다. 1989년 11월 한국, 미국, 캐나다, 일본, 오스트레일리아, 뉴질랜드, 아세안 6개국(태국, 말레이시아, 인도네시아, 싱가포르, 필리핀, 브루나이) 등 12개국에 의하여 결성되었고, 그 후 중국, 홍콩, 대만, 멕시코, 파푸아 뉴기니아, 칠레, 러시아, 베트남, 페루 등이 가입하여, 2019년 현재 21개 회원국으로 구성되어 있다.

APEC의 목표는, 첫째, 지역내 무역 및 투자의 자유화, 둘째, 지역내 통신, 교통, 인력 등 특정분야에서 협력과 기술이전, 셋째, 지역내 공동경제정책의 수립과 협력, 넷째, 무역 및 투자의 사업기회에 대한 정보교환과 데이터시스템의 구축 등을 들 수 있다.

APEC의 특성은, 첫째, 현재로는 경제통합기구가 아니며 결속력이 강한 협력체도 아니지만 장기적으로는 이와 같은 기구로 발전할 가능성이 있다는 점, 둘째, 역외국에 대해서도 함께 자유화를 추진하는 개방적 지역주의를 표방하며, 셋째, 중장기의 자유화계획하에 점진적인 발전을 목표로 한다는 점 등이다.

APEC의 규모는 대단히 크다. 세계경제에서 APEC지역의 비중은 2017년 기준으로 GDP에서는 59%, 교역량에서는 47%, 그리고 인구에서는 38%를 차지하고 있다. 게다가 높은 성장세를 보이고 있는 지역이어서 많은 잠재력을 보유하고 있다. 그러나 경제통합에서 중요한 요소인 국가간의 동질성에 있어서 경제, 사회, 문화적인 차이가 심하고 지리적으로도 서로 먼 거리에 있어 결속력 있는 경제통합체로 발전하는 데 전망이 밝은 것만은 아니다.

주요용어

- GATT
- 무차별원칙
- 최혜국대우원칙
- 내국민대우원칙
- 분쟁해결기구
- 총의
- 상품무역협정
- 서비스무역일반협정
- 투명성
- 일반관세인하협상
- 우루과이라운드
- 도하개발어젠다
- 지역경제통합
- 자유무역지역
- 관세동맹
- 공동시장
- 경제동맹
- 완전경제통합
- 무역창출
- 무역전환
- EU
- NAFTA
- AFTA
- APEC

연습문제

1. GATT 체제에 대하여 논술하시오.
2. WTO 무역협정의 기본원칙에 대하여 설명하시오.
3. 도하개발어젠다에 대하여 약술하시오.
4. 지역경제통합의 유형에 대하여 설명하시오.
5. 경제통합의 무역창출효과와 무역전환효과에 대하여 논술하시오.
6. EU의 발전과정에 대하여 약술하시오.
7. 한-미자유무역협정에 대하여 논술하시오.
8. APEC에 대하여 설명하시오.

제 5 장

국제통화제도와 국제수지

제 1 절 국제통화제도

1. 국제통화제도의 변천

1.1 금본위제도

국제 금본위제도(international gold standard system)는 금이 국제통화로서 기능하는 고정환율제도로서 19세기 후반에서 20세기 초에 시행되었다. 금본위제도(gold standard system)란 금을 중심으로 운영되는 통화제도이다. 국가는 통화단위를 금의 일정 중량으로 정하며, 금화를 자유롭게 주조할 수 있으며, 또 화폐는 언제든지 금과 교환할 수 있다. 국제 금본위제도는 국내통화제도로서 이러한 금본위제도를 시행하는 국가들간에 형성된 국제통화제도이다. 19세기 각국이 금본위제도를 시행하면서 무역에서도 금을 사용하여 무역결제를 함으로써 국제 금본위제도가 정착하게 되었다. 금본위제도하에서의 환율과 국제수지의 결정체제는 다음과 같았다.

1) 환 율

금본위제도하에서는 환율이 각국통화의 금평가를 기준으로 결정되었다. 만약 금평가가 영국은 금 1온스당 1파운드이고, 미국은 금 1온스당 2달러이며, 독일은 금 1온스당 4마르크라고 가정하면, 환율은 각 통화의 금에 대한 가치를 중심으로 그대로 정해지게 되는 것이다.

즉,

1파운드 = 2달러 = 4마르크

로 되어, 1파운드는 2달러, 1파운드는 4마르크, 1달러는 2마르크 등으로 되는 것이다.

2) 국제수지

금본위제도에서는 국제수지가 자연적으로 균형을 유지하는 힘이 작동

하는 체제였는데 이를 가격정화흐름장치(price-specie-flow mechanism)라고 한다.[1]

어느 나라가 국제수지 흑자를 시현하게 되면 무역결제로 외국으로부터 금이 유입된다. 금이 유입되면 금이 곧 통화이므로 국내 통화량이 증가하게 된다. 통화량이 증가하게 되면 국내물가가 상승하게 되고 국내물가가 상승하면 수출은 감소하고 수입은 증가하여 국제수지 흑자는 줄어들게 되면서 스스로 균형을 회복하게 된다.

반대로 어느 나라가 국제수지 적자를 시현하게 되면 무역결제로 외국으로 금이 유출된다. 금이 유출되면 국내 통화량이 감소하게 된다. 통화량이 감소하게 되면 국내물가가 하락하게 되고 국내물가가 하락하면 수출은 증가하고 수입은 감소하여 국제수지 적자는 줄어들게 되면서 균형을 찾게 된다.

BOP+ ⇨ G inflow ⇨ M↑ ⇨ P↑ ⇨ EX↓ IM↑ ⇨ BOP↓

BOP− ⇨ G outflow ⇨ M↓ ⇨ P↓ ⇨ EX↑ IM↓ ⇨ BOP↑

〈BOP: 국제수지 G:금 M:통화량 P:물가수준 EX:수출 IM:수입〉

이와 같이 국제 금본위제도에서는 각국의 환율이나 국제수지가 안정된 가운데 매우 안정된 통화체제로서 기능하였다. 이와 같은 안정된 국제통화제도는 19세기 후반 20세기 초반의 국제경제발전에 크게 기여한 것으로 평가되고 있다.

1.2 브레튼우즈체제

1944년 제2차 세계대전 종전을 앞두고 연합국대표 44개국이 미국 뉴헴프셔(New Hampshire)주의 브레튼우즈(Bretton Woods)에 모여 국제경제체제를 만들게 되었는데, 이를 브레튼우즈체제(Bretton Woods System)라고 한다. 브레튼우즈체제에서는 국제통화기금(IMF)이 창설되어 이 국제통화기금을 중심으로 국제통화 및 국제금융체제를 구축하였다.

브레튼우즈체제는 달러화를 기축통화로 하는 금환본위제도(gold-

---

1) 가격정화흐름장치는 일찍이 흄(David Hume)에 의하여 설명되었다.

exchange standard system)이다. 이 체제는 금에 미국 달러화를 연계하여 일정 교환비율을 유지하고, 각국의 통화는 기축통화인 달러화에 대하여 기준환율을 설정함으로써 환율을 정하는 고정환율제도이다. 미국 달러화는 금태환통화이고, 다른 국가의 통화는 금불환통화이다. 즉 미국 달러화는 통화발행시 그만큼 중앙은행에 금을 비축하여 언제든지 금과 교환이 보장되지만, 다른 국가의 통화는 금과 교환되지 않는다.

브레튼우즈체제에서는 국제수지의 일시적인 불균형이 발생하는 경우에 국제통화기금에서 자금을 공여하여 불균형을 해소하였고, 구조적인 불균형의 경우에는 제한된 범위에서 환율의 변동이 허용되었다.[2] 1969년부터 국제유동성을 늘리기 위하여 국제통화기금(IMF)에서 특별인출권(Special Drawing Rights: SDR)을 발행하여 금과 달러를 보조하는 국제결제수단으로서 사용하기 시작하였다.

브레튼우즈체제는 두 가지의 문제가 있었다. 하나는 고정환율제도가 갖는 문제였다. 국가마다 경제성장률이 다르고 인플레이션율이 달라 환율변동의 압력이 발생할 수밖에 없었지만 고정환율제도로 환율변동이 어려웠다. 이 같은 상황에서 환율이 국가간의 물가수준과 괴리되어 국제수지불균형이 구조적으로 지속될 수밖에 없었다.

다른 하나는 국제유동성과 달러화의 신인도 문제였다. 국제유동성이란 국제거래에 사용되는 지불수단을 말하는데 브레튼우즈체제에서는 금이나 달러였다. 이 유동성은 국제거래의 결제에 필요한 만큼 적정하게 공급되어야 한다. 세계 금의 양은 거의 정해져 있기 때문에 미국의 달러가 유동성으로 주요한 역할을 하게 되었다. 미국이 흑자를 시현한다면 해외의 달러가 미국국내에 유입되고, 적자를 시현한다면 해외로 달러가 유출되므로, 국제시장에서 달러가 공급되기 위해서는 미국이 적자를 시현하여야 한다. 그런데 달러화가 너무 적게 해외로 유출되면 국제유동성이 부족하여 국제금융에 자금경색이 발생하고, 달러화가 너무 많이 해외로 유출되면 이는 미국의 과도한 국제수지 적자를 의미하므로 달러화 가치와 달러화의 금태환에 대한 의심이 생기면서 달러화에 대한 신뢰가 떨어지게 된다. 이와 같이 브레튼우즈체제는 국제유동성의 증대와 달러화 신인도확보의 두 가지

2) 조정가능 고정환율제도(adjustable pegged exchange rate system)라고 한다.

목표가 서로 상충될 수밖에 없었는데 이를 유동성딜레마(liquidity dilemma)라고 한다.

브레튼우즈체제 초기에는 미국이 작은 규모의 국제수지 적자를 보이면서 세계유동성이 공급되고 통화체제에 큰 어려움이 발생하지 않았다. 그러나 1958년 이후 미국의 국제수지 적자폭이 커지고, 1960년대 베트남전쟁전비지출과 미국기업의 해외직접투자 증대로 미국의 국제수지 적자가 급격하게 늘어나면서 달러화의 신인도가 하락하게 되었고, 이후 계속적으로 누적되는 국제수지 적자로 인해서 달러화가치를 계속 유지할 수가 없었다.

그래서 1971년 8월 닉슨조치로 달러화의 금태환을 공식적으로 정지하고 달러화를 평가절하하게 되었는데, 이로서 브레튼우즈체제는 와해되었다.

1.3 현행 국제통화제도

닉슨조치 이후 국제통화체제의 혼란기를 거쳐 1976년 1월 자메이카 킹스턴 IMF총회에서 새로운 국제통화체제를 마련하게 되었는데 이를 킹스턴체제(Kingston System)라고 한다.

킹스턴체제는 회원국의 환율변동과 독자적인 환율제도의 시행을 인정하여 이전의 고정환율제도에서 변동환율제도로 전환하였다. 또한 브레튼우즈체제의 금 · 달러본위가 SDR 본위로 바뀌게 되었다. 금의 공정가치를 폐지하고 SDR의 지위를 강화하기 위하여 SDR의 사용범위를 크게 확대하였다. 그리고 국제수지불균형문제에 효과적으로 대처하기 위하여 IMF 신용을 크게 확대하고 이용조건을 완화하였다.

변동환율제도로 전환하면서 급격한 환율변동에 따른 국제금융과 통화체제의 불안에 대한 염려가 없지 않았으나, 1980년대, 90년대 초반까지 국제금융시장과 통화체제는 안정적이었다. 그러나 1990년대 후반이후 멕시코, 한국, 동남아시아 각국, 러시아, 터키, 브라질, 아르헨티나 등의 여러 국가가 외환위기를 맞으면서 국제금융시장이 불안정한 모습을 보이기 시작하였고,[3] 2008년에는 미국의 서브프라임모기지(sub-prime mortgage) 부실금융으로 시작된 국내금융위기가 전세계의 금융위기로 확산되면서 국제통

3) 1994년 멕시코, 1997년 태국, 한국, 말레이시아, 인도네시아, 필리핀, 1998년 러시아, 1999년 브라질, 2001년 터키, 아르헨티나 등이 외환위기를 맞아 IMF 금융지원을 받았다.

화체제는 불안정한 모습을 보이고 있다.

2. 환율제도

환율제도는 크게 환율의 변동여부에 따라 고정환율제도와 변동환율제도로 나뉜다. 고정환율제도와 변동환율제도를 더 세분화하면 여러 다양한 형태의 변형된 환율제도들이 있지만 여기서는 두 환율제도의 내용을 개략적으로 알아보기로 한다.

2.1 고정환율제도

고정환율제도는 정부가 환율을 일정하게 정하고 환율을 수정해야 할 특별한 사정이 있는 경우를 제외하고는 변동되지 않는 제도이다. 물론 고정환율제도에서도 기준환율에서 일정한 좁은 범위내에서는 변동을 인정하는 경우가 많다. 고정환율제도하에서는 환율이 변동되지 않으므로 환위험이 없어서 국제무역이나 국제투자가 촉진되는 장점이 있다. 반면에 국제수지가 불균형이어도 환율이 변동할 수 없으므로 국제수지조정이 필요한 경우 무역정책이나 대내적 금융 및 재정정책을 통하여 국제수지균형을 달성해야 하는 어려움이 따른다.

2.2 변동환율제도

변동환율제도는 외환시장의 수요 공급에 따라 환율이 변동되는 제도이다. 변동환율제도는 일반적인 경우에 환율의 변동에 의하여 국제수지가 자동으로 조절되는 장점이 있다. 국제수지가 적자이면 외환이 수요에 비해 공급이 적어 환율이 올라가게 되고, 그러면 수출은 증가하고 수입은 감소하면서 국제수지 적자가 줄어들기 때문이다. 반면에 변동환율제도하에서는 환율변동위험으로 인하여 국제무역과 국제투자를 위축시킬 수 있는 단점이 있다.

3. 한국의 환율제도

3.1 현행 환율제도

현재 시행되고 있는 한국의 환율제도는 자유변동환율제도이다. 환율은 시장에서 거래되는 가격에 의하여 결정되며 외환의 수요 공급에 따라 자유롭게 변동된다. 매일 오전 9시에 당일의 거래시작 환율이 되는 매매기준환율이 공표되는데, 이 매매기준환율은 i) 원화와 달러화간의 환율은 전일 은행간에 거래된 환율을 가중평균하여 산출되고, ii) 원화와 기타 통화간의 환율은 전일 가중평균하여 산출된 원화와 달러화간 환율과 국제시장에서 형성된 달러화와 기타 통화간의 환율로서 계산하여 산출된다. 이때 달러화와 기타 통화간의 환율을 크로스 환율이라고 하고, 원화와 기타 통화간의 환율을 재정환율이라고 한다.[4)]

3.2 한국 환율제도의 변천

해방이후 한국의 환율제도는 여러 형태로 변모하면서 발전하여 왔는데 그 변천과정을 간단히 살펴보면 다음과 같다.

① **고정환율제도**(1945.10-1964.5) 이 시기에는 달러에 대하여 원화를 고정시킨 고정환율제도가 시행되었다.[5)]

② **단일변동환율제도**(1964.5-1980.2) 미국 달러화를 기준으로 원화를 변동시키는 변동환율제도였다. 변동환율제도이지만 한국은행이 외환시장에 개입하여 사실상 미국 달러화에 고정되어 있었다.

③ **복수통화바스켓제도**(1980.2-1990.2) 원화를 여러 통화가치의 변동에 연계하여 환율이 변동될 수 있도록 IMF의 SDR과 한국에 있어서 중요한 몇몇 통화들로 구성된 통화군의 환율을 가중평균하여 원화환율을 정하는 방식으로 하였다.

④ **시장평균환율제도**(1990.3-1997.12) 시장에서 거래되는 가격을 기

---

4) 크로스환율과 재정환율의 산출방법에 대해서는 제6장 제1절 그림 6-4 참조.

5) 해방이후 미 군정하에서 달러당 15원으로 환율이 시행되었고, 1948년 2월 달러당 850원의 환율을 시행하다가, 1948년 10월 달러당 450원으로 변경되었고, 이후에도 경제상황에 따라 환율의 조정이 여러 차례 이루어졌다.

준으로 결정되는 환율이다. 전일 은행간에 거래된 환율을 가중평균하여 다음날의 기준환율로 한다. 이 제도는 환율의 급격한 변동을 막기 위하여 일정범위내의 변동제한폭을 두었고 정부의 외환시장개입을 허용하고 있었다.

⑤ **자유변동환율제도**(1997.12-현재) 시장에서 거래되는 가격을 기준으로 결정되는 환율이다. 전일 은행간에 거래된 환율을 가중평균하여 다음날의 기준환율로 한다. 이전의 시장평균환율제도와 거의 같지만 변동제한폭이 폐지되고, 당국의 정책개입면에서 이전보다 훨씬 더 시장기능에 의존하는 환율제도이다.

제 2 절 국제수지

1. 국제수지의 의의

국제수지(balance of payments)란 일정한 기간 동안에 한 국가의 거주자와 외국의 거주자들 사이에 발생한 경제거래의 수입과 지출을 말한다. 국제수지는 한 나라의 대외경제활동과 대외거래관계의 상황을 나타내기 때문에 국가경제에서 매우 중요한 한 부분이다.

국제수지는 국제수지표를 통하여 파악된다. 국제수지표(balance of payments table)란 “일정한 기간 동안에 한 국가의 거주자와 외국의 거주자들 사이에 발생한 경제거래의 수입과 지출을 체계적으로 기록한 표”이다. 국제수지표의 개념을 그 정의 내용을 통하여 다음과 같이 보다 구체적으로 살펴볼 수 있다.

첫째, “일정한 기간 동안에”라는 말은 어느 한 시점의 상태를 나타내는 것이 아니라 일정기간 동안에 들어오고 나간 양을 측정하는 것이다. 그래서 국제수지는 스톡(stock)개념이 아니라 플로우(flow)개념이라는 것을 의미한다.[6] 이때 기간은 월별, 분기별, 반기별로도 작성되지만 1년 기준의 통계가 가장 많이 사용된다.

6) 국제수지, 국민소득 등은 플로우개념이고, 외화보유고, 통화량 등은 스톡개념이 된다.

둘째, "일국의 거주자와 외국의 거주자간"에서 국제수지에서 행위주체의 기준은 거주자이다. 거주자란 경제활동의 본거지를 어디에 두고 있느냐를 기준으로 하는 경제적인 구분이며, 국적과 같은 정치적인 구분이 아니다. 예를 들어 한국에서 일정기간 이상 거주한 미국인은 한국의 경제주체로 되고, 미국에서 일정기간 이상 살고 있는 한국인은 미국의 경제주체로 되는 것이다.[7] 또 여기서 경제활동이 중심이기 때문에 거주자에는 자연인뿐만 아니라 법인도 포함된다.

셋째, "경제적 거래"라 함은 재화거래, 용역거래, 이전거래, 자본거래, 금융거래 등 모든 형태의 거래가 다 포함된다.

넷째, "체계적으로 기록"함이란 각 항목을 체계적으로 분류하여 복식부기의 원리에 따라 체계적으로 기록하는 것을 의미한다.

2. 국제수지표의 구성

국제수지는 경상수지와 자본수지, 금융계정, 오차 및 누락으로 구성되는데, 실제 경제활동의 결과는 경상수지에 나타나게 된다. 국제수지는 복식부기의 원리에 따라 차변에는 실물자산의 수입(export), 대외자산의 증가, 대외부채의 감소를 기록하고, 대변에는 실물자산의 수출(import), 대외자산의 감소, 대외부채의 증가를 기록한다. 그래서 국제수지표 대변과 차변의 합계는 항상 일치하게 되고, 경상수지, 자본수지, 금융계정을 합한 수지는 항상 0이 된다.[8]

2.1 경상수지

경상수지는 상품수지, 서비스수지, 본원소득수지, 이전소득수지로 구성된다. 경상수지는 거주자의 경제활동을 전반을 나타내기 때문에 상품수지와 함께 경제상황을 나타내는 지표로서 가장 많이 사용된다.

---

7) 여기서 일정기간은 국가의 법마다 다를 수 있으나 보통 6개월인 경우가 많다. 그러나 외교관이나 장기 유학생 등은 기간에 관계없이 본국의 거주자로 된다.

8) 금융계정의 증가는 차변에, 감소는 대변에 기입된다. 따라서 수출을 하게 되면 수출금액이 경상수지 +로 기록되는 동시에 같은 금액이 금융계정에 −로 기록된다.

1) 상품수지

일반상품, 중계무역 순수출, 비화폐용금 등에 대한 거래로 구성된다. 상품 수출입은 본선인도(FOB)조건으로 계상한다.

2) 서비스수지

운수, 여행, 건설, 통신, 보험, 지적재산권사용료, 사업서비스, 정부서비스 등 서비스 전반의 대외거래를 계상한다.

3) 본원소득수지

본원소득수지는 i) 근로자의 급료나 임금의 국내유입과 국외유출 ii) 배당 및 이자와 같은 투자소득의 국내유입과 국외유출을 계상한다.

표 5-1 한국의 국제수지표

(단위: 백만 달러)

항목	1980	1990	2000	2010	2018
Ⅰ. 경상수지	−6,845.0	−2,403.6	10,444.3	28,850.4	76,408.5
1) 상품수지	−6,563.4	−3,280.3	15,630.9	47,915.4	111,866.6
2) 서비스수지	1,286.3	471.1	−972.7	−14,238.4	−29,737.1
3) 본원소득수지	−1,987.4	−526.7	−3,999.6	489.9	2,777.7
4) 이전소득수지	419.5	932.3	−214.3	−5,316.5	−8,498.7
Ⅱ. 자본수지	0.0	0.0	38.4	−63.2	188.9
1) 자본이전	0.0	0.0	49.8	10.8	−16.2
2) 비생산 비금융자산	0.0	0.0	−11.4	−74.0	205.1
Ⅲ. 금융계정	6,277.5	3,529.2	−9,619.7	−23,190.0	70,489.3
1) 직접투자	4.2	−87.6	6,667.3	−18,782.5	24,437.9
2) 증권투자	133.5	161.8	12,176.7	42,364.7	43,884.0
3) 파생금융상품	-	−78.2	−179.2	828.9	−1,311.1
4) 기타투자	7,003.1	2,347.5	−4,513.3	−20,630.5	−14,013.4
5) 준비자산	−863.3	1,185.7	−23,771.2	−26,970.6	17,491.9
Ⅳ. 오차 및 누락	567.5	−1,125.6	-863.0	−5,597.2	−6,108.1

자료: 통계청, 「국제수지통계」, 2019.

4) 이전소득수지

대가없이 일방적으로 지급되는 증여성 송금, 무상원조, 국제이전, 출연금 등이 계상된다.

2.2 자본수지

자산 소유권의 무상이전, 채권자에 의한 채무면제, 상표권, 영업권 등의 거래가 기록된다.

1) 자본이전

정부에 납부하는 상속세 및 증여세, 민간의 상속 및 유증 등에 의한 자금의 국내유입과 국외지급이 계상된다.

2) 비생산 비금융자산

상표권, 영업권, 판매권 등의 국제거래에 의한 자금의 국내유입과 국외지급이 계상된다.

2.3 금융계정

금융계정은 직접투자, 증권투자, 파생금융상품, 기타투자, 준비자산으로 구성되며, 거주자의 입장에서 자산 또는 부채 여부를 판단하여 계상한다.

1) 직접투자

경영권의 취득을 수반하는 투자를 말한다. 경영취득을 위해서는 일정비율이상의 주식지분을 취득해야 하고, 투자자와 기업간에 장기적인 관계가 형성된다.

2) 증권투자

경영권과는 상관없이 투자수익을 목적으로 하는 주식 및 채권에 대한 투자를 말한다. 이를 포트폴리오투자 또는 간접투자라고도 한다.

3) 파생금융상품

파생금융상품 거래로 실현된 손익 및 옵션 프리미엄의 지급 및 수취를 계상한다.

4) 기타투자

직접투자, 증권투자, 파생금융상품, 준비자산에 포함되지 않는 모든 금융거래를 계상하는 항목으로 무역신용, 대출과 차입, 현금 및 예금, 기타 지분, 특별인출권 등으로 구성된다.

5) 준비자산

준비자산은 외화보유고라고도 하며, 통화당국이 보유하고 있는 외화표시 대외자산으로 유가증권, 외화예치금, 금, SDR, IMF포지션 등으로 구성된다.

2.4 오차 및 누락

국제수지는 수많은 거래의 집계로 이루어지므로 보고의 오류나 누락이 발생할 수 있다. 이를 오차 및 누락 항목으로 조정해 주게 되고 이로서 국제수지표의 대변의 합과 차변의 합은 완전히 일치하게 된다.

3. 국민소득과 국제수지

국민소득에서 국내총생산(GDP)이란 어느 나라에서 일정기간 동안에 생산한 최종생산물의 시장가치이다. 국내총생산은 국내에서 지출되거나 해외로 지출되는데 해외로 지출되는 부분이 국제수지이다. 국민소득계정을 단순화하여 정부부분을 제외하고 보면 다음과 같은 항등식이 된다.[9)]

$$Y=C+I+X-M$$
$$Y-(C+I)=(X-M)$$
$$(X-M)=Y-(C+I)$$

Y: 국내총생산 X: 수출
C: 소비 M: 수입
I : 투자

9) 정부의 재정 수입(T)과 지출(G)을 고려한다면 이 부분을 포함하여 함께 보기만 하면 되고 결과는 동일하다.

여기서 $(C+I)$는 국내총지출을 나타내고 $(X-M)$는 국제수지를 나타내게 되므로 국제수지는 국내총생산에서 국내총지출간의 차이가 됨을 알 수 있다. 즉 국내지출이 국내생산 이상으로 이루어지면 국제수지는 적자가 되고, 국내지출이 국내생산 이하로 이루어지면 흑자가 발생하게 되는 것이다.

또, 개인의 입장에서 개인가처분 국민소득은 소비(C)와 저축(S)으로 구성되므로, 이를 위의 지출국민소득에 대입하면 다음과 같은 결과가 성립함을 알 수 있다.

$$Y=C+S$$
$$Y=C+I+X-M$$
$$C+I+X-M=C+S$$
$$X-M=S-I$$

위의 결과는 다음 사실을 보여주고 있다. 국제수지는 국내저축과 국내투자의 차이가 되는 것이다. 즉 국내에서 형성되는 저축 이상으로 국내에 투자하게 될 때 국제수지에 적자가 발생하게 되고, 투자가 저축보다 작을 때 국제수지에 흑자가 발생하게 됨을 알 수 있다. 국제수지 흑자는 곧 해외저축에 해당되는 것이다.

이와 같이 국제수지는 그 원리에서 가계수지와 동일하다. 가계수지가 수입과 지출의 차이에 의하여 적자와 흑자가 발생하듯이, 국제수지도 국내 저축과 국내 투자지출의 차이에 의하여 적자와 흑자가 발생하게 되는 것이다.

4. 국제수지와 통화량

국제수지의 변화는 국내통화량에 직접적인 영향을 주게 된다. 기업이 수출하고 외화를 받게 되면 은행을 통하여 외화대신 국내통화를 받게 된다. 외화는 중앙은행의 외화자산으로 되고, 중앙은행의 내국통화가 시중에 유입됨으로써 통화량이 증가하게 된다. 반대로 국내기업이 외국으로부터 수입을 할 때 수입대금을 국내은행에서 국내통화로 결제하게 되면 결제은행은 이에 해당되는 외화를 외국에 지급하게 된다. 이로써 중앙은행의 외화자산이 감소하고 시중에 통화량이 감소하게 된다.

그래서 국제수지 흑자가 되면 국내통화량은 증가하고, 국제수지 적자가 되면 국내통화량은 감소하게 된다. 그렇기 때문에 통화당국이 통화량의 변동을 막을 필요가 있을 경우, 이러한 국제수지 불균형에 의한 통화량의 변동요인을 감안하여 통화량을 다른 정책수단을 통하여 유출 또는 흡수함으로써 통화량을 일정하게 유지하게 되는데, 이를 불태화정책(sterilization policy)이라고 한다.

5. 국제수지의 결정요인

국제수지에 영향을 미치는 요인은 매우 다양하며, 이러한 다양한 요인들이 복합적으로 작용하여 국제수지가 결정된다. 여기서는 여러 다양한 요인중 몇 가지 주요 요인들을 중심으로 그 관계를 간략하게 살펴보기로 한다.

1) 환 율

환율이 올라가면 외국통화로 평가된 국내상품의 가격이 싸지고, 국내통화로 평가된 외국상품의 가격이 비싸지기 때문에, 수출은 증가하고 수입은 감소하게 된다. 이러한 결과로 상품 및 서비스 수지가 좋아져서 국제수지는 개선된다. 반대로, 환율이 내려가면 상품 및 서비스 수지가 나빠져서 국제수지는 악화된다.

역으로, 국제수지가 흑자이면 국내에 외환유입이 많아져서 환율은 하락하고, 국제수지가 적자이면 해외에 외환유출이 많아져서 환율은 상승하게 된다.

환율↑ ⇨ 수출↑, 수입↓ ⇨ 국제수지↑
환율↓ ⇨ 수출↓, 수입↑ ⇨ 국제수지↓

2) 물 가

국내물가가 오르면 외국상품보다 국내상품의 가격이 상대적으로 비싸지게 되므로 수출은 감소하고 수입은 증가하게 된다. 이러한 결과로 상품 및 서비스 수지가 나빠져서 국제수지는 악화된다. 반대로, 국내물가가 내리면 상품 및 서비스 수지가 좋아져서 국제수지는 개선된다.

물가↑ ⇨ 수출↓, 수입↑ ⇨ 국제수지↓
물가↓ ⇨ 수출↑, 수입↓ ⇨ 국제수지↑

3) 국민소득

수출입과 국민소득의 관계에서 수출은 국민소득의 영향을 받지 않지만 수입은 국민소득이 증가할수록 증가한다. 따라서 국민소득이 증가할수록 국제수지는 악화된다.

국민소득↑ ⇨ 수입↑ ⇨ 국제수지↓
국민소득↓ ⇨ 수입↓ ⇨ 국제수지↑

4) 통 화 량

먼저 경상수지 측면에서, 통화량이 증가하면 물가가 오르고, 물가가 오르면 외국상품보다 국내상품의 가격이 상대적으로 비싸지게 되므로, 수출은 감소하고 수입은 증가하게 된다. 이러한 결과로 상품 및 서비스수지가 나빠져서 국제수지는 악화된다. 반대로, 통화량이 감소하면 상품 및 서비스 수지가 좋아져서 국제수지는 개선된다.

다음으로 자본수지 측면에서, 통화량이 증가하면 이자율이 하락하고 이자율이 하락하면 자본이 해외로 유출되어 금융계정수지가 나빠져서 국제수지는 악화된다. 반대로, 통화량이 감소하면 금융계정수지가 좋아져서 국제수지는 개선된다.

경상수지

통화량↑ ⇨ 물가↑ ⇨ 수출↓, 수입↑ ⇨ 국제수지↓
통화량↓ ⇨ 물가↓ ⇨ 수출↑, 수입↓ ⇨ 국제수지↑

금융계정수지

통화량↑ ⇨ 이자율↓ ⇨ 자금유출↑ ⇨ 국제수지↓
통화량↓ ⇨ 이자율↑ ⇨ 자금유입↑ ⇨ 국제수지↑

5) 이 자 율

이자율이 오르면 금융계정수지 측면에서 해외의 자금이 국내로 유입되어 금융계정수지가 좋아져서 국제수지는 개선되고, 반대로, 이자율이 내리면 금융계정수지가 나빠져서 국제수지는 악화된다.

그런데 실물 측면에서 보면 한 나라가 다른 나라보다 이자율이 높으면 산업생산에서 그만큼 자본비용이 높게 되므로 상품의 국제경쟁력이 저하되고, 이에 따라 수출은 감소하고 수입은 증가하여 경상수지가 나빠져서 국제수지가 악화될 수 있다.

금융계정수지 측면

이자율↑ ⇨ 자금유입↑ ⇨ 국제수지↑
이자율↓ ⇨ 자금유출↑ ⇨ 국제수지↓

실물생산 측면

이자율↑⇨ 생산비↑⇨ 경쟁력↓⇨ 수출↓, 수입↑⇨ 국제수지↓
이자율↓⇨ 생산비↓⇨ 경쟁력↑⇨ 수출↑, 수입↓⇨ 국제수지↑

6) 재정지출

국가의 재정지출증가는 국내 총수요와 국민소득을 증가시켜 수입이 증가하게 된다. 이러한 결과로 상품 및 서비스 수지가 나빠져서 국제수지는 악화된다. 반대로, 재정지출이 감소하면 상품 및 서비스 수지가 좋아져서 국제수지는 개선된다.

재정지출↑ ⇨ 국민소득↑ ⇨ 수입↑ ⇨ 국제수지↓
재정지출↓ ⇨ 국민소득↓ ⇨ 수입↓ ⇨ 국제수지↑

6. 국제수지의 조정

국제수지는 어느 정도 자동적으로 균형을 유지하려는 힘이 작용한다.

먼저 경상수지 측면에서 보면 다음과 같다. 국제수지가 적자이면 환율이 올라가게 되고, 환율이 올라가면 수출은 증가하고 수입은 감소하면서, 국제수지는 적자가 줄면서 균형을 회복하게 된다. 반대로, 국제수지가 흑자이면 환율이 내려가고, 환율이 내려가면 수출은 감소하고 수입은 증가하면서, 국제수지는 흑자가 줄면서 균형을 회복하게 된다.

다른 한편으로는, 국제수지가 적자이면 통화량이 감소하고, 통화량이 감소하면 물가가 내려가고, 물가가 내려가면 수출은 증가하고 수입은 감소하면서, 국제수지는 적자가 줄면서 균형을 회복하게 된다. 반대로, 국제수지가 흑자이면 통화량이 증가하고, 통화량이 증가하면 물가가 올라가고, 물가가 올라가면 수출은 감소하고 수입은 증가하면서, 국제수지는 흑자가 줄면서 균형을 회복하게 된다.

다음으로 금융계정수지 측면에서 보면 다음과 같다. 국제수지가 적자이면 환율이 올라가고, 환율이 올라가면 외화로 평가된 국내자산가치가 내려가기 때문에 싼 값으로 국내자산을 매수하려는 해외자금이 유입되면서, 자금유입으로 금융계정수지가 좋아져 국제수지가 개선될 수 있다. 그렇지만 이 경우, 환율이 계속적으로 오를 것으로 예상되면 모두 외화자산을 보유하려고 하기 때문에 자금이 해외로 유출하게 되어, 외환의 공급감소와 수요증대로 환율은 더욱 상승하고 국제수지는 더욱 악화될 수도 있다.

경상수지 측면

국제수지적자 ⇨ 환율↑ ⇨ 수출↑, 수입↓ ⇨ 국제수지↑
국제수지흑자 ⇨ 환율↓ ⇨ 수출↓, 수입↑ ⇨ 국제수지↓

국제수지적자 ⇨ 통화량↓ ⇨ 물가↓ ⇨ 수출↑, 수입↓ ⇨ 국제수지↑
국제수지흑자 ⇨ 통화량↑ ⇨ 물가↑ ⇨ 수출↓, 수입↑ ⇨ 국제수지↓

금융계정수지 측면

국제수지적자 ⇨ 환율↑ ⇨ 국내자산가치↓ ⇨ 자금유입↑ ⇨ 국제수지↑

국제수지흑자 ⇨ 환율↓ ⇨ 국내자산가치↑ ⇨ 자금유출↑ ⇨ 국제수지↓

혹은

국제수지적자	⇨	환율상승 기대	⇨	외국통화 자산선호	⇨	자금유출↑	⇨	국제수지↓
국제수지흑자	⇨	환율하락 기대	⇨	국내통화 자산선호	⇨	자금유입↑	⇨	국제수지↑

주요용어

- 금본위제도
- 고정환율제도
- 변동환율제도
- 가격정화흐름장치
- 브레튼우즈체제
- SDR
- 킹스턴체제
- 시장평균환율제도
- 기준환율
- 국제수지
- 거주자
- 경상수지
- 금융계정
- 준비자산
- 불태화정책

연습문제

1. 국제금본위통화제도에서의 환율과 국제수지에 대하여 논술하시오.
2. 브레튼우즈체제의 유동성딜레마에 대하여 설명하시오.
3. 한국의 현행 환율제도에 대하여 설명하시오.
4. 국제수지표를 정의하시오.
5. 국제수지표는 어떻게 구성되는지 설명하시오.
6. 국제수지와 국민소득의 관계를 설명하시오.
7. 국제수지와 통화량의 관계를 설명하시오.

제 6 장

국제금융

제 1 절 외환시장

1. 외환의 개념

외환(foreign exchange)이란 대외지급수단과 외화증권 및 외화채권을 말한다.[1] 여기서 대외지급수단은 외국통화, 외국통화로 표시된 지급수단, 또는 외국에서 사용할 수 있는 지급수단을 말한다.

외환은 외국환이라고도 하는데 가장 대표적이고 일상적인 의미로 외국돈이라고 할 수 있다. 우리가 외환이라고 할 때 이러한 대상물로서의 의미외에 행위로서의 의미를 갖기도 하는데 대상물로서의 외환을 교환하는 행위를 외환이라고도 한다.

2. 외환시장

2.1 외환시장의 개념

외환시장은 외환을 거래하는 시장이다. 외환시장은 통화가 교환되는 시장, 달리 말하면 통화의 매매거래가 이루어지는 시장이다.

외환시장은 특정의 구체적인 장소를 의미하기 보다는 외환거래가 이루지는 추상적인 거래 메커니즘을 말한다. 외환의 거래는 금융기관이나 거래소 등의 특정장소에서만 이루어지는 것이 아니라 전화나 인터넷을 통하여 어디에서든 거래할 수 있는 가운데 장외거래가 큰 비중을 차지하고 있다.

국제무역이나 국제투자의 경우에 통화의 교환이 필요하므로 외환시장을 거치게 된다. 외환시장은 광의의 국제금융시장의 일부이지만, 금융시장은 자금을 빌리고 빌려주는 시장인 반면, 외환시장은 통화가 교환되는 시장이라는 면에서 구분된다. 국제금융시장에서 자금을 차입하게 되면 통화의 교환 또한 발생하므로 외환시장과 금융시장은 서로 뗄 수 없는 관계에

1) 외화증권이란 외국통화로 표시된 증권 또는 외국에서 지급을 받을 수 있는 증권을 말하고, 외화채권이란 외국통화로 표시된 채권 또는 외국에서 지급을 받을 수 있는 채권을 말한다.

있다.

2.2 외환시장의 특성

(1) 범세계적인 하나의 시장

외환시장은 전세계가 하나의 시장이다. 세계 각국이 자본이동과 외환거래에 대한 규제를 없애면서 세계 대부분의 국가에서 국가간 장벽없이 외환거래를 할 수 있게 되었다. 외환거래가 전자통신망으로 세계 지역간에 자유롭게 거래가 이루어짐으로써 외환의 시세는 전세계에 걸쳐 거의 하나로 이루어지고 있다.[2)]

(2) 24시간 열리는 시장

지구가 자전함에 따라 시간대를 달리하는 세계의 주요 금융시장들이 시차를 두고 영업을 하게 됨으로써 지구의 주요 금융시장은 24시간 열려있게 된다. 즉, 런던시장에서 문을 닫기 전에 뉴욕시장이 열리고 뉴욕시장이 닫기 전에 샌프란시스코시장이 열리며 샌프란시스코시장이 닫기 전에 동경시장이 열리며 이어서 계속 홍콩과 싱가포르, 바레인, 프랑크푸르트, 런던으로 계속 이어가게 된다. 그래서 외환시장은 언제 어디에서든 원하는 거래를 할 수 있는 글로벌시장이다.

(3) 장외거래시장

외환거래는 거래소를 중심으로 거래가 되는 것이 아니라 거래자들끼리 은행을 딜러로 하여 전화나 인터넷을 통하여 거래하는 장외거래(over-the counter transaction: OTC transaction)가 중심이 되는 시장이다. 은행의 각 점포들은 통신망에 의하여 세계 은행들간에 연결되어 하나의 시장으로 통합되어 있다.

(4) 도매거래 위주의 시장

외환시장에 이루어지는 외환거래는 은행과 일반고객과의 사이에 소매로 이루어지는 대고객거래보다는 은행과 은행간에 대단위로 이루어지는 은행간거래가 월등히 큰 비중을 차지하고 있다.

---

2) 한 시장의 범위는 일물일가의 법칙이 성립하는 영역이다.

그림 6-1 시간대별 국제금융시장

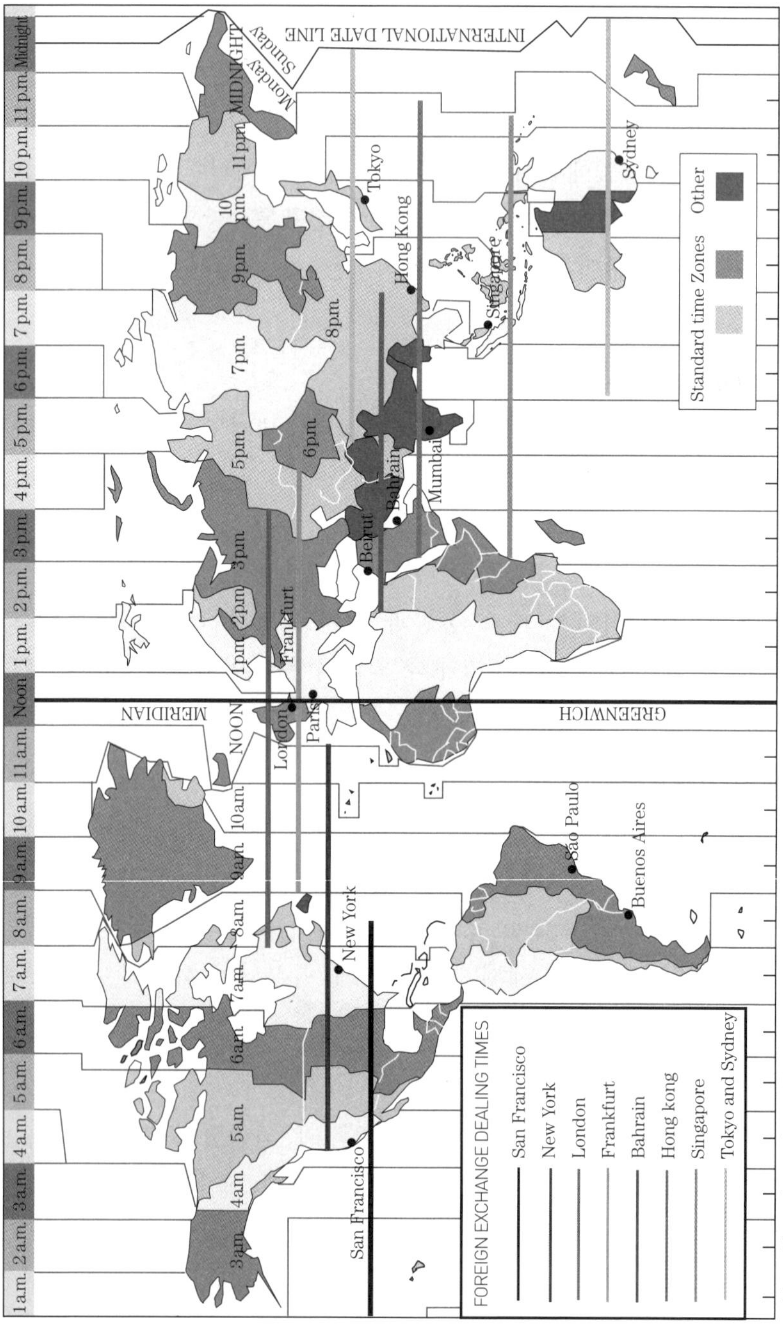

2.3 세계 외환시장 현황

하루에 거래되는 외환거래량은 [표 6-1]에서 보는 바와 같이, 2016년 현재 약 5조 670억 달러에 이른다. 2016년 연간 세계외환거량은 1,266조 7,500억 달러로 같은 해 세계상품무역량이 15조 9,550억 달러인 것을 감안하면 외환거래규모가 얼마나 큰가를 짐작할 수 있다. 또 변동추이를 보면 외환거래량은 무역량에 비해서 성장률이 매우 높음을 알 수 있는데, 과거에는 외환거래가 무역대금의 결제와 같은 실물거래를 뒷받침하는 거래위주였으나 세계 금융시장이 발전하면서 금융거래에 의한 외환거래가 급속하게 증가하고 있기 때문이다.

외환거래종류별로 보면 2013년의 경우 현물환거래가 32.6%, 선물환거래가 13.8%, 스왑거래가 46.9%를 차지하고 있다. 그리고 각 통화의 거래 비중을 볼 때 미달러화의 비중이 절대적으로 큰 몫을 차지하고 있고, 다음으로 유로화, 일본엔화, 영국파운드화 순으로 큰 비중을 차지하고 있다.

표 6-1 세계 외환거래량과 상품무역량

연 도	일일 평균외환거래량	연간 세계외환거래량	연간 세계상품무역량
1977	18.3	4,575	1,310
1983	119	29,750	1,660
1989	590	147,500	2,910
1995	1,190	297,500	4,800
2001	1,200	300,000	6,160
2007	3,210	802,500	13,619
2013	5,345	1,336,250	18,301
2016	5,067	1,266,750	15,955

참고: 단위 10억 달러 / 무역량은 수출량기준임.
연간 세계외환거래량은 연간 영업일 250일로 하여 일일거래량에서 추정한 수치임.
자료: BIS, *Central Bank Survey of Foreign Exchange and Derivatives Market Activity*, 각 연도.
WTO, *International Trade Statistics*, 각 연도.

표 6-2 거래유형별 외환거래규모

거래종류 \ 연도	2001		2004		2007		2010		2013		2016	
	거래량	비중	거래량	비중	거래량	비중	거래량	비중	거래량	비중	거래량	비중
합계	1,239	100	1,934	100	3,324	100	3,973	100	5,357	100	5,067	100
현물환거래	386	31.16	631	32.62	1,005	30.23	1,489	37.48	2,047	38.21	1,652	32.61
선물환거래	130	10.52	209	10.80	362	10.88	475	11.95	679	12.68	700	13.81
스왑거래	656	52.92	954	49.33	1,714	51.57	1,759	44.28	2,240	41.82	2,378	46.94
통화스왑	7	0.58	21	1.09	31	0.95	43	1.08	54	1.01	82	1.62
옵션 및 기타	60	4.82	119	6.16	212	6.37	207	5.21	337	6.29	254	5.02

참고: 단위 10억 달러
자료: BIS, *Central Bank Survey of Foreign Exchange and Derivatives Market Activity*, 각 연도.

표 6-3 각 통화의 외환거래점유비율

통화 \ 연도	2001	2004	2007	2010	2013	2016
미국달러	89.9	88.0	85.6	84.9	87.0	87.6
유로	37.9	37.4	37.0	39.0	33.4	31.4
일본엔	23.5	20.8	17.2	19.0	23.0	21.6
영국파운드	13.0	16.5	14.9	12.9	11.8	12.8
호주달러	4.3	6.0	6.6	7.6	8.6	6.9
캐나다달러	4.5	4.2	4.3	5.3	4.6	5.1
스위스프랑	6.0	6.0	6.8	6.3	5.2	4.8
중국위안	0.0	0.1	0.5	0.9	2.2	4.0
스웨덴크로나	2.5	2.2	2.7	2.2	1.8	2.2
뉴질랜드달러	0.6	1.1	1.9	1.6	2.0	2.1
멕시코페소	0.8	1.1	1.3	1.3	2.5	1.9
싱가포르달러	1.1	0.9	1.2	1.4	1.4	1.8
홍콩달러	2.2	1.8	2.7	2.4	1.4	1.7
노르웨이크로네	1.5	1.4	2.1	1.3	1.4	1.7
한국원	0.8	1.1	1.2	1.5	1.2	1.7
터키리라	0.0	0.1	0.2	0.7	1.3	1.4
러시아루블	0.3	0.6	0.7	0.9	1.6	1.1

인디아루피	0.2	0.3	0.7	0.9	1.0	1.1
브라질레알	0.5	0.3	0.4	0.7	1.1	1.0
남아프리카랜드	0.9	0.7	0.9	0.7	1.1	1.0

참고: 200% 기준에서 점유비. 항상 두 통화가 거래되므로 합계는 200%로 계산됨.
자료: BIS, *Central Bank Survey of Foreign Exchange and Derivatives Market Activity*, 각 연도.

3. 환 율

3.1 환율의 정의

환율은 두 통화간의 교환비율이다. 달리 말하면 한 통화 단위로 표시된 다른 통화의 가치이다. 한 나라의 입장에서 외국통화는 재화와 마찬가지로 가격을 갖게 되고, 그 가격이 환율이며, 그래서 외국통화에 대한 수요와 공급의 변화에 따라 환율도 변하게 되는 것이다.

3.2 환율의 표시방법

(1) 직접표시법

직접표시법(direct quotation)은 자국통화 가격으로 표시한 외국통화 1단위의 가치이다. 즉, 한국에서 미국 1달러당 한국원화 1,200원과 같이 계산하는 것이다. 직접표시법은 자국화표시법이라고도 하며, 세계 대부분의 국가에서 자국화표시법을 사용한다. 환율을 표시하는 방법은 다음과 같다.

₩1,200/$
$1 = ₩1,200

(2) 간접표시법

간접표시법(indirect quotation)은 외국통화 가격으로 표시한 자국통화 1단위의 가치이다. 즉, 한국에서 한국원화 1원은 미국 0.00083달러와 같이 계산하는 것이다. 간접표시법은 외국화표시법이라고도 하며, 영국파운드화의 경우는 이 방법으로 표시한다.[3] 환율을 표시하는 방법은 다음과 같다.

3) 영국이 외화표시법으로 사용하는 이유는 19세기 이래로 영국이 세계 금융중심국가였으므

$0.00083/₩

₩1 = $0.00083

3.3 통화가치와 환율의 변화

통화가치가 올라갈 때 평가절상이라고 하고 내려갈 때 평가절하라고 한다. 통화가치가 계속 올라가고 있는 통화를 강세통화(strong currency)라고 하고, 통화가치가 계속 내려가고 있는 통화를 약세통화(weak currency)라고 한다. 일반적으로 널리 사용되는 자국통화표시법을 사용하게 될 때, 그 숫자는 외국통화의 가치이다. 따라서 환율이 오르게 되면 외국통화의 가치가 상승하는 것을 의미하며, 이는 바로 자국통화가치가 하락함을 의미하고 자국통화가 평가절하된 것이다. 반대로 환율이 내리게 되면 외국통화의 가치가 하락하는 것을 의미하며, 이는 바로 자국통화가치가 상승함을 의미하고 자국통화가 평가절상된 것이다.

예를 들어 환율이 ₩1,000/$에서 ₩1,100/$으로 되면 원화의 가치는 10% 평가절하된 것이고, ₩1,000/$에서 ₩900/$으로 되면 10% 평가절상된 것이다.

3.4 환율 체계

1) 기준환율

금융결제원은 전날 은행간에 거래된 거래환율을 가중평균하여 매일 아침 원/달러 기준환율과 다른 통화의 재정환율을 고시하는데, 이것이 그날의 기준환율이 된다.

2) 매입률과 매도율

금융기관이 외환을 거래할 때 외환도 하나의 상품과 마찬가지로 낮은 가격에 사서 높은 가격에 팔게 된다.

그래서 외환은 금융기관의 입장에서 사는 가격인 매입률(bid rate)과 파는 가격인 매도율(offer rate)이 있다. 이 매입률과 매도율의 차이를 스프

로 영국 돈이 세계의 기준통화라는 의식속에서 영국 1파운드를 기준으로 다른 국가의 통화를 표시하는 전통 때문이다.

그림 6-2 매입률과 매도율

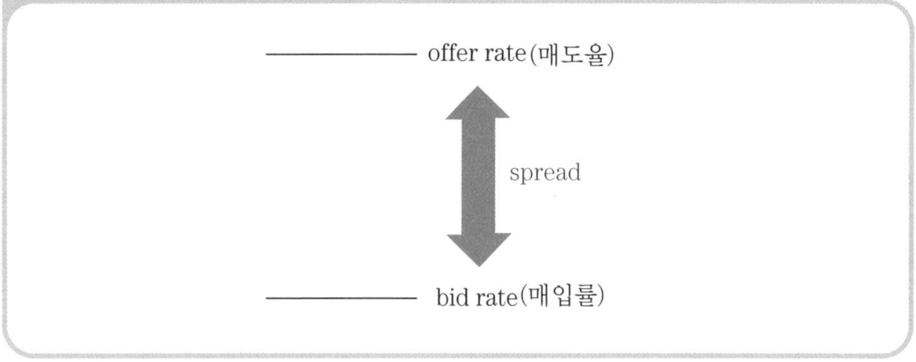

그림 6-3 환율 구조

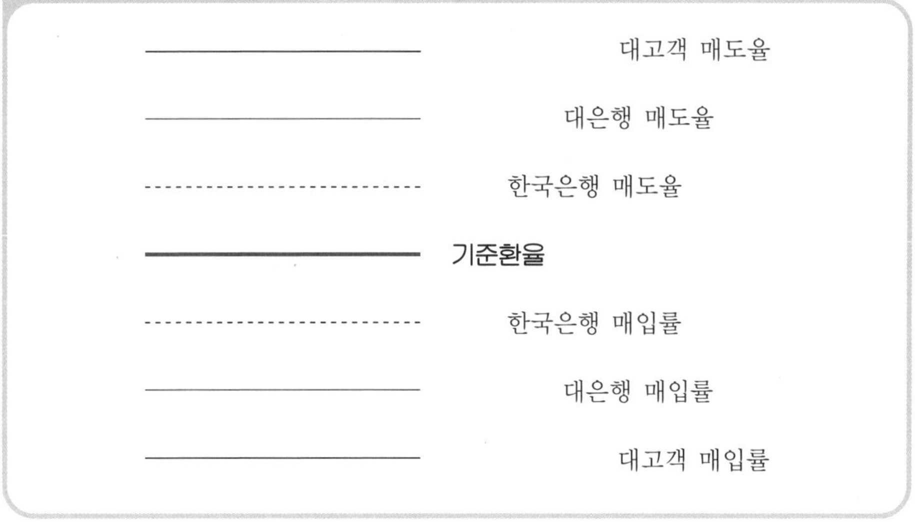

레드(spread)라고 하며 은행의 외환거래 마진이 되는 것이다. 이 스프레드는 거래의 상대나 거래형태에 따라 달라지게 된다. 예를 들면 한국은행이 시중은행 외환을 사고 팔 때, 시중은행간에 사고 팔 때, 시중은행이 일반 고객에게 사고 팔 때, 각각 매입률과 매도률이 달라지게 된다. 그리고 전신환, 현찰, 여행자수표, 환어음 등 거래유형에 따라서도 매입률과 매도율이 달라지게 된다.

그림 6-4 기준환율, 크로스환율, 재정환율

재정환율의 예

만약 원화(KRW)/달러화(USD) 환율과 달러화(USD)/위안화(CNY) 환율이 다음과 같다고 가정하자.

KRW 1,200/USD

CNY 6/USD

그러면 원화/위안화 환율은 다음과 같이 된다.

KRW 1,200/USD ÷ CNY6/USD = KRW 200/CNY

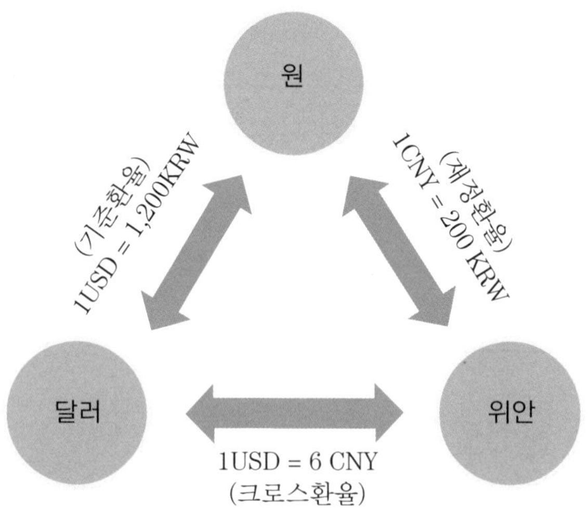

3) 재정환율

재정환율(arbitrage rate)은 한 나라의 통화와 기준이 되는 어느 외국통화(예: 미국달러)간의 환율을 기준환율로 정하고, 이 기준이 되는 외국통화와 다른 외국통화간의 환율과 기준환율로서 계산하여 산출되는 환율이다. 이때 기준이 되는 통화와 기타통화간의 환율을 크로스환율(cross rate) 또는 교차환율이라고 한다.

세계에는 수많은 국가의 통화가 있는데, 재정환율을 통하여 거래가 많지 않은 통화간에도 환율이 정해질 수 있는 것이다. 예를 들면 한국원화와 중국위안화는 달러와 원화간의 환율과 달러와 위안화간의 환율로서 원화와 위안화간의 환율을 정하게 되는 것이다. 실제 달러화 이외의 모든 통화는 달러와의 환율을 기준으로 재정하여 산출되는 재정환율이다.

3.5 환율의 결정

1) 외환의 수요 공급과 균형환율 결정

환율은 다른 일반 상품과 마찬가지로 수요와 공급에 의하여 결정된다. 그런데 외환의 수요와 공급은 국제거래의 결과로서 발생한다. 외국에 물품 및 서비스를 수출하거나, 해외발생소득의 국내송금, 해외에서 국내로 무상증여, 해외로부터의 자금유입 등이 있게 되면 외화가 공급되고, 반면에 외국으로부터 물품 및 서비스를 수입하거나, 국내발생소득의 해외송금, 해외로의 무상증여, 해외로의 자금유출 등이 있게 되면 외화가 수요된다.

환율의 변화에 따른 수요 및 공급 양의 변화는 국제거래를 거쳐서 나타난다는 점에서 일반 상품에서의 수요 공급과 다른 면이 있다. 즉 먼저 수요측면부터 보면 환율이 오르면 해외물가가 국내물가에 비하여 상대적으로 비싸지므로 수입이 감소하게 되고, 수입이 감소하면 외환수요가 줄어들게 된다. 또 반대로, 환율이 내리면 해외물가가 국내물가에 비하여 상대적으로 싸지므로 수입이 증가하게 되고, 수입이 증가하면 외환수요가 늘어나게 된다. 따라서 외환가격과 외환수요는 음(−)의 상관관계이므로 [그림 6-5]에서와 같이 수요곡선(D)은 우하향하게 된다.

다음으로 공급측면에서 보면 환율이 오르면 해외물가가 상대적으로 비싸지므로 수출이 증가하게 되고, 수출이 증가하면 외환공급이 늘어나게 된다. 또 반대로, 환율이 내리면 해외물가가 상대적으로 싸지므로 수출이 감소하게 되고, 수출이 감소하면 외환공급이 줄어들게 된다. 따라서 외환가격과 외환공급은 양(+)의 상관관계이므로 [그림 6-5]에서와 같이 공급곡선(S)은 우상향하게 된다.

이상에서 볼 때 일반적인 상황에서의 외환의 수요공급곡선은 일반 상품에서의 수요공급곡선과 같은 형태이다. 이러한 외환의 수요와 공급에 의해서 환율은 [그림 6-5]에서 보는 바와 같이 외환의 수요곡선(D)과 공급곡선(S)이 만나는 점(E_0)에서 외환의 수요량과 공급량이 같게 되고, 여기서

그림 6-5 환율의 결정

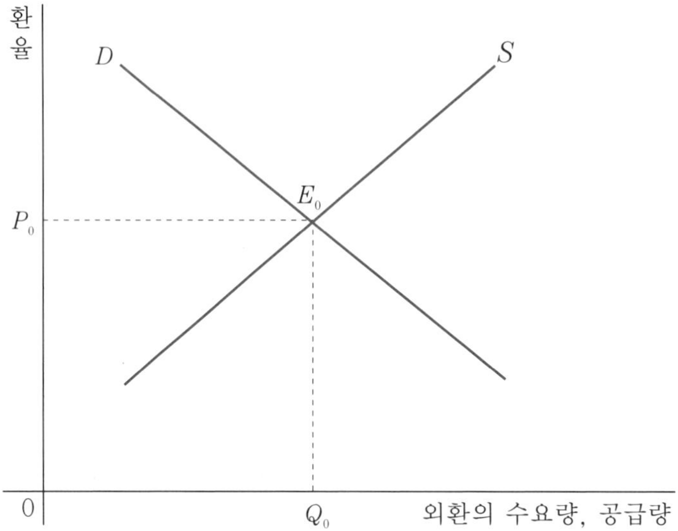

균형환율(P_0)이 결정된다.

2) 환율결정에 대한 기본이론

(1) 구매력평가설

구매력평가설(purchasing power parity: PPP)은 각국 화폐가 갖는 구매력의 비율에 의하여 환율이 정해진다는 이론이다. 구매력평가설은 일물일가의 법칙(law of one price)에 기초한 것이다. 일물일가의 법칙이란 같은 시장에서 같은 물품은 가격이 같게 된다는 법칙이다.

동일한 물품은 한국에서나 미국에서나 가격이 같은데 화폐단위가 다르기 때문에 다른 값으로 표시될 뿐이고, 다른 값으로 표시되는 화폐값간의 비율이 환율인 것이다. 구매력평가설에는 절대적 구매력평가설과 상대적 구매력평가설이 있다.

① 절대적 구매력평가설

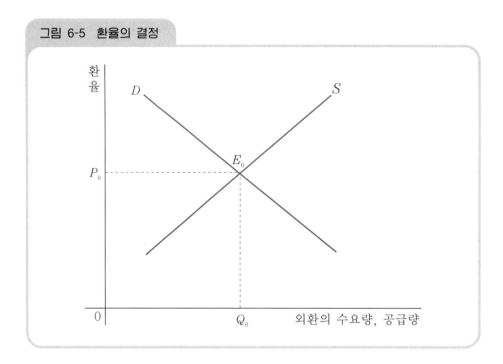

절대적 구매력평가설은 양국에서 동일상품이 동일한 가격이 되도록 환율이 정해진다는 것이다. 예를 들면 미국에서 볼펜이 1달러이고, 한국에

서 1,200원이면, 환율은 ₩1,200/$로 된다는 것이다.

이를 식으로 표시하면 다음과 같다.

$$P = e\ P^*$$

$$e = P/P^*$$

e : 환율
P : 국내물가수준
P^*: 외국물가수준

환율이 ₩1,200/$로 될 수밖에 없는 이유는 다음과 같다.

먼저, 인터넷주문과 무료배송으로 운송비가 없다고 가정하자. 만약 환율이 ₩1,100/$이라면 한국에서 볼펜을 사지 않고 1,100원으로 1달러로 바꾸어 미국에서 사게 되면 한국에서 1,200원 주고 사는 것보다 100원의 이익을 보게 된다. 다른 상품도 볼펜과 마찬가지의 상황이라면 많은 사람들이 미국에서 물건을 사려고 할 것이다. 미국에서 물건을 사기 위해서 많은 사람들이 원화를 달러화로 바꾸게 되면 달러화는 수요가 많아지고 원화는 공급이 많아지게 될 것이다. 그러면 달러화가격은 오르고 원화가격은 내리면서 환율이 상승하게 되고, 이 상승은 달러당 1,200원이 될 때까지 계속될 것이다.

반대로, 만약 환율이 ₩1,300/$이라면 미국사람들은 미국에서 볼펜을 사지 않고 1달러로 1,300원으로 바꾸어 이 중 1,200원으로 한국에서 사게 되면 미국에서 1달러 주고 사는 것보다 100원의 이익을 보게 된다. 다른 상품도 볼펜과 마찬가지의 상황이라면 많은 미국사람들이 한국에서 물건을 사려고 할 것이다. 한국에서 물건을 사기 위해서 달러화를 원화로 바꾸는 사람이 많다면 원화는 수요가 많아지고 달러화는 공급이 많아지게 될 것이다. 그러면 원화가격은 오르고 달러화가격은 내리면서 환율이 하락하게 되고, 이 하락은 달러당 1,200원이 될 때까지 계속될 것이다.

그런데 절대적 구매력평가에 의한 균형환율로 양국간에 상품가격이 완전히 동일해지기는 현실적으로 어렵다. 현실에는 국가간에 무역장벽이 존재하고, 국제무역에는 운송비를 비롯한 비용이 많이 들기 때문이다. 따라서 어차피 절대적 구매력평가가 성립하기는 어렵기 때문에 절대적 구매력평가에 의한 양국간 상품가격이 일치하는 환율보다는 양국의 물가변동과 환율변동의 관계에 더 유용한 의미를 찾을 수 있는데, 이를 상대적 구매력평가설이라고 한다.

② 상대적 구매력평가설

상대적 구매력평가설은 양국의 물가변동과 환율변동의 관계에 대한 것이다. 즉 환율의 변동률은 양국의 물가변동률의 차이와 같다는 것이다.

위의 절대적 구매력평가설

$$e = P \ / \ P^*$$

에서 상대적 구매력평가설을 도출할 수 있는데

$$\frac{\Delta e}{e} = \frac{\Delta P}{P} - \frac{\Delta P^*}{P^*}$$

와 같이 된다. 즉,

환율의 변동률 = 자국물가의 변동률 − 외국물가의 변동률

이다.

이것은 자국의 물가상승률이 외국의 물가상승률보다 높을 경우에는 환율이 그만큼 상승하고, 자국의 물가상승률이 외국이 물가상승률보다 낮을 경우에는 환율은 그만큼 하락하게 됨을 말하는 것이다.

예를 들면 현재 한국원화와 미국달러간의 환율이 1,000/$인데, 연간 물가상승률이 한국은 5%이고 미국은 4%라면, 1년후 환율은 현재보다 1% 상승한 1,010원이 될 것임을 알 수 있다.

(2) 국제피셔효과

국제피셔효과(International Fisher Effect)는 환율의 예상변화율은 양국간 명목이자율의 차이와 같다는 것이다. 즉 구매력평가설이 실물거래에서의 균형환율을 나타내고 있다면 국제피셔효과는 국제금융거래에서의 균형환율을 나타내는데, 구매력평가설과 국제피셔효과는 서로 연관되어 있다.

피셔(Irving Fisher)는 명목이자율은 실질이자율에 예상된 물가변동률을 합한 것이라고 하였고, 이를 피셔효과(Fisher Effect)라고 한다. 그런데 국가간에 자본이동이 자유롭다면 국가간에 실질이자율이 같게 된다. 이렇게 국가간에 실질이자율이 같다면 국가간의 물가상승률의 차이는 국가간 명목이자율의 차이와 같으므로 환율의 예상변화율은 자국의 명목이자율과 외국의 명목이자율의 차이와 같게 되는 것이다.

즉 피셔효과에서 물가변동률은 명목이자율에서 실질이자율을 뺀 것이므로 이를 구매력평가설에 대입하면 아래와 같이 국제피셔효과가 성립함을 알 수 있다.

피셔효과는 다음과 같다.

물가의 예상변동률 = 명목이자율 − 실질이자율

그런데 상대적 구매력평가설에서

환율의 예상변동률=자국물가의 예상변동률 − 외국물가의 예상변동률

여기에 피셔효과를 대입하면

$$\begin{matrix}\text{환율의}\\\text{예상변동률}\end{matrix} = \left\{\begin{matrix}\text{자국의}\\\text{명목이자율}\end{matrix} - \begin{matrix}\text{자국의}\\\text{실질이자율}\end{matrix}\right\} - \left\{\begin{matrix}\text{외국의}\\\text{명목이자율}\end{matrix} - \begin{matrix}\text{외국의}\\\text{실질이자율}\end{matrix}\right\}$$

로 된다.

여기서, 자국의 실질이자율 = 외국의 실질이자율이므로,

국제피셔효과는 다음과 같이 된다.

환율의 예상변동률 = 자국의 명목이자율 − 외국의 명목이자율

3) 환율결정이론

환율이 어떻게 변동하고 결정되는가에 대한 이론은 매우 다양하고 복잡하다. 환율결정이론들을 크게 분류하면 거시적 접근법과 미시적 접근법이 있다. 거시적 접근법은 국제수지 및 자산시장 등에 대한 개방거시경제

이론을 중심으로 환율의 결정과정을 설명하려 한다. 이에 반해서 미시적 접근법은 외환시장의 구조, 외환참가자의 행태 등에 초점을 두고 환율의 결정과정을 설명하려 한다. 각 접근법내에 세부적으로 들어가면 어느 측면을 중심으로 보느냐에 따라 수없이 많은 이론들이 있는데, 그 내용은 국제금융이론에서 공부하게 된다.

4. 외환거래

4.1 현물환거래와 선물환거래

외환거래는 크게 현물환과 선물환이 있다. 현물환은 현재의 시점에서 외환과 대금을 교환하는 일반적인 거래이다.[4] 반면에 선물환은 계약은 현재에 하지만 외환의 인도와 대금 교환, 즉 거래의 이행은 미래의 시점에 하는 거래를 말한다. 대다수 일반 상품 거래에도 선물거래가 있는데 선물환은 외국통화를 대상으로 하는 선물거래의 일종이다.

현재시점의 환율이 미래시점의 환율과 다를 수밖에 없으므로 현물환

그림 6-6 프리미엄과 디스카운트

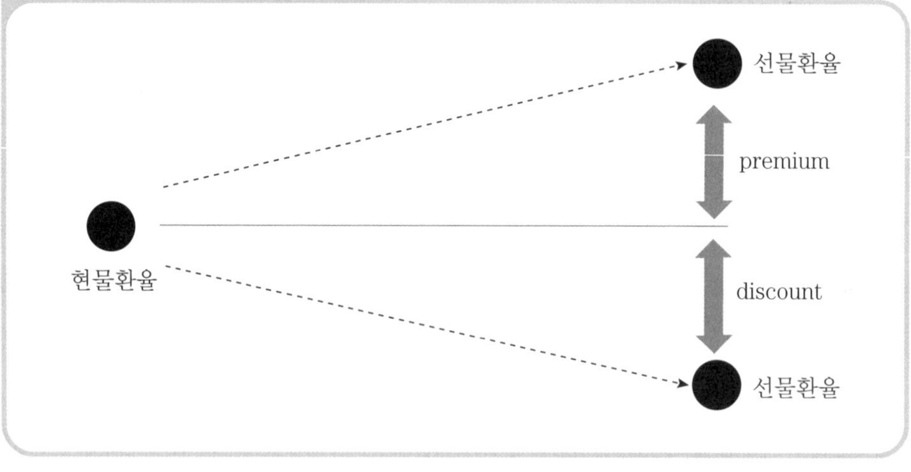

4) 현물환은 엄격하게 말하면 2영업일이내에 외환과 대금지급이 이루어진다. 현재 거래한다고 하더라도 즉석에서 외환인도와 대금지급이 이루어지기도 어렵고 또 그렇게 해야 할 이유도 없으므로 현물환은 2영업일이내에 이행하기만 하면 되는 것이다.

(spot exchange)은 현물환율(spot exchange rate)에 따라 거래되고, 선물환(forward exchange)은 선물환율(forward exchange rate)에 따라 거래가 이루어진다. 여기서 어떤 통화의 선물환율이 현물환율보다 높을 때 할증(premium)으로 거래된다고 하고, 현물환율보다 낮을 때 할인(discount)되어 거래된다고 한다.

4.2 외환거래의 동기

외환의 거래동기는 크게 무역거래대금결제(trade payment), 외환위험회피(hedging), 외환투기(speculation)의 세 가지로 분류할 수 있다. 따라서 외환시장의 참가자도 무역거래자(trader), 위험회피자(hedger), 투기자(speculator)로 나눌 수 있다.

(1) 무역거래 결제

외국통화는 자국통화로 바꾸어야만 국내에서 사용할 수 있으므로 외화로 결제된 모든 국제거래는 외환시장에서 국내통화와 외화를 교환하는 과정을 거치게 된다. 따라서 이 동기에 의한 거래가 외환시장에서 가장 기본적이고도 큰 몫을 차지한다.

(2) 위험회피(hedging)

외환과 관련되는 거래에는 환율의 변동으로 인한 손실의 위험이 따른다. 예를 들어 상품을 1억 달러에 수출하고 대금은 2개월후에 받는다면 2개월후에 원화로 받게 되는 수출대금은 환율의 변동에 따라 달라지게 된다. 만약 2개월 사이에 환율이 오르게 된다면 환차익의 이익이 발생하지만, 환율이 내린다면 환차손의 손실을 보게 된다. 이 같은 위험을 싫어하는 무역업자는 안정된 거래를 하기 위해서 미래시점에 들어오는 원화기준의 수입이 확정적이기를 원하게 된다. 이때 무역업자는 미리 외환을 사둔다든지, 선물환시장에서 미리 외환을 매입해둠으로써 환율변동에 따른 위험으로부터 벗어날 수가 있는 것이다.

헷징의 예

만약 어느 수출자가 상품을 1억달러에 수출하고 대금은 2개월후에 받는다면, 2개월후에 원화로 받게 되는 대금은 환율이 어떻게 변하느냐에 따라 다음과 같이 달라진다.

수출대금: 1억달러
거래형태: 2개월후 대금수취의 외상거래
현물환율: ₩1,200/$

현재 환율을 기준으로 생각하면 수출자는 1,200억원(1억×1,200)을 받을 수 있을 것이다.
그런데 2개월후의 현물환율이
만약, 1) ₩1,300/$ 일 경우 수출자는 1,300억원 수취
2) ₩1,100/$ 일 경우 수출자는 1,100억원 수취
하게 된다.

수출자가 위험을 싫어한다면 지금 선물환시장에서 2개월 후에 받게 될 1억달러를 미리 선물환가격으로 팔아 미래에 수취하게 될 원화대금을 확정시킬 수 있다.
즉 현재시점에 2개월 선물환율이
만약, ₩1,220/$일 경우

현재: 이 가격으로 선물계약체결
2개월후: 1억달러 인도하고, 1,220억원 수취

이와 같이 이 선물계약을 하게 되면 미래시점에 현물환율이 어떻게 변동되는가와 상관없이 2개월이후에 수출자는 1,220억원을 받을 수 있는 것이다.
따라서 수출자는 외상으로 수출하게 되는 경우 선물환율을 미리 확인하고 수출가격을 정할 수 있는 것이다.

(3) 환투기(speculation)

투기자는 미래에 대한 자신의 예측을 바탕으로 이익을 갖기 위한 거래를 하게 된다. 외환시장의 투기자는 미래시점의 환율을 예측하여 특정통화를 미리 사둔다. 또, 외환시장에서의 선물환율이 자신의 예측하는 환율과 다를 때 외화선물거래를 하게 된다. 미래시점이 도래하여 투기자의 예측이 맞으면 이러한 외환거래를 통하여 이익을 실현하게 되고 예측과 반대로 되면 손해를 보게 된다. 외환시장에서의 투기거래를 예를 통해서 보기로 한다.

투기의 예

만약 6월 1일 현재 외환시장에서 3개월후 선물환율이 ₩1,200/$인데 어느 투기자는 3개월 후의 환율이 ₩1,300/$ 정도 될 것이라고 예측한다고 가정하자.

투기자는 선물시장에서 1,200억원을 주고 1억달러를 매입하는 선물환계약을 할 수 있다. 물론 선물계약이기 때문에 원화 지급과 달러화 인수는 3개월후인 9월 1일에 하면 된다.

투기자의 예측대로 9월 1일의 현물환율이 ₩1,300/$이 되었다고 하자. 그러면 투기자는 당일, 선물계약대로 1,200원을 주고 1억달러를 인수하여 바로 현물시장에서 1,300억원에 매도하면 100억원의 이익을 보게 된다.

그런데 여기서 선물계약에서 1억달러를 인수받기 위하여 1,200억원을 반드시 지급해야 하는 것은 아니다. 선물거래와 현물거래를 같은 금융기관에서 하게 되면, 1,200억원을 주고 1,300억원을 다시 받는 것이 아니라 바로 차액만 정산하면 되기 때문에 그냥 100억원만 받으면 되는 것이다.

4.3 재정거래

재정거래(arbitrage transaction)는 각 시장간에 환율의 차이가 있을 때 차익을 목적으로 발생하는 거래이다. 만약에 뉴욕금융시장에서 파운드화(￡)가 1.70$/￡이고 동경금융시장에서 1.75$/￡라면, 뉴욕시장에서 파운화를 사서 동경시장에서 팔게 되면 파운드당 0.05달러의 이익을 보게 된다. 이런 상황이 발생하게 되면 외환거래자들이 바로 재정거래를 하게 되고,

이 재정거래의 결과로 뉴욕시장과 동경시장의 가격 차이는 순간적으로 사라지고 두 시장의 가격은 같게 된다. 왜냐하면 재정거래로 뉴욕시장에서는 파운드의 매입증가로 파운드 가격이 상승하고, 동경에서는 파운드 매도증가로 파운드 가격이 하락하기 때문이다. 그리고 가격의 차이가 있는 한 재정거래가 발생하기 때문에 세계 주요 금융시장의 환율은 항상 동일하게 되는 것이다.

제 2 절 국제금융시장

1. 국제금융시장의 의의

1.1 국제금융시장의 개념

국제금융시장은 국경을 넘어 자금을 빌리고 빌려주는 거래가 발생하는 곳이다. 먼저 국내금융과 국제금융을 구분할 필요가 있다. 국내금융은 한 국가내의 거주자간에 그 국가의 통화로 이루어지는 거래이다. 이에 비해서 국제금융은 한 국가내에서 i) 외국통화로 거래하거나 ii) 거래당사자중 적어도 한 당사자는 외국거주자인 거래를 말한다. 여기서 i)의 경우를 유로시장(Euro-market)이라고 하고, ii)의 경우를 역내 외국시장(foreign market)이라고 한다.

전통적으로 국제금융시장은 국내거주자간에 거래가 이루어지는 국내금융시장에 대칭되는 개념으로 사용되어 왔다. 그런데 지난 수년간 국제화와 국제자본거래의 자유화로 국제자본이동에 제약이 없어지면서 대부분의 국가에서 외국의 투자자나 자금조달자에게 국내금융시장 참여를 허용함으로써 국내금융시장과 국제금융시장을 구분하기가 어렵게 되어가고 있다. 그래서 오늘날에는 국제금융시장이 외환시장, 유로시장 그리고 각국의 금융시장을 포괄하는 총체적인 메커니즘으로 이해되고 있다.[5)]

---

5) 김인준, 이영섭, 「국제금융론」, 율곡출판사, 2008, p. 90.

1.2 국제금융시장의 역할

오래전에는 국제금융의 주요 역할이 국제무역대금의 결제, 무역금융의 제공, 국제은행을 통한 국제실물투자재원조달 등이었다. 그런데 세계화가 진행되면서 자본과 금융의 국제화로 실물경제와는 무관하게 금융자체를 위한 거래가 절대적인 비중을 차지하게 되었으며, 은행을 통한 간접금융보다는 증권중심의 직접금융이 늘어나고 있다. 이러한 가운데 국제금융은 세계적인 차원에서의 금융자산의 효율적인 운용과 자원의 최적배분에 더 큰 역할을 갖게 되었다.

국제금융을 이용하게 되는 것은 국내금융에서보다 자금조달자는 더 낮은 비용으로 자금을 조달할 수 있고, 자금투자자는 더 높은 수익을 얻을 수 있기 때문이다. 이렇게 국제금융시장이 국내시장에 비하여 자금조달비용과 자금투자수익사이의 마진이 작은 것은 국제금융시장은 정부규제가 없고, 시장이 크고, 경쟁적이어서 더 효율적이기 때문이다.

1.3 국제금융시장의 구분

국제금융시장은 다음 몇 가지 형태로 구분된다.

첫째, 국제통화시장과 국제자본시장으로 나누어진다.

원래 금융시장은 간접금융시장과 직접금융시장으로 나누어진다. 간접금융시장은 은행이 예금을 받아 대부를 하는 것과 같이 자금 공급자와 수요자를 매개하는 금융중개기관을 통하여 이루어지는 시장인 반면, 직접금융시장은 기업이 주식이나 채권을 발행하여 투자자로부터 직접 자금을 조달하는 것과 같이 자금의 공급자와 수요자간에 직접적으로 거래가 이루지는 시장을 말한다. 국제금융시장도 마찬가지이다. 간접금융시장으로서 국제은행들이 중심이 되는 국제통화시장(international currency market)과 직접금융시장으로서 국제자본시장(international capital market)으로 나누어지는 것이다. 그리고 국제자본시장은 다시 채권이 거래되는 국제채권시장(international bond market), 주식이 거래되는 국제주식시장(international equity market)으로 나누어진다.

둘째, 유로시장과 역내 외국시장으로 나누어진다.

그림 6-7 국제금융시장

어느 국가에서 그 국가통화외의 다른 나라 통화로 거래할 때 유로시장(Euro-market)이라고 한다. 국가의 통화에 대한 규제와 정책적 관리는 자국통화에 대한 것이므로 유로시장은 국가의 통제와 규제를 받지 않는다. 유로시장은 영국 런던을 비롯한 유럽지역에서 미국의 달러가 거래된 것에서 비롯되며, 이러한 미국달러를 유로달러라고 하였다. 이후 유럽뿐만 아니라 아시아지역이나 세계 어느 지역이건 미국바깥에서 거래될 때 유로시장이라고 하고 유로달러라고 하게 되었다. 또 미국달러뿐만 아니라 영국바깥에서 거래되는 파운드나 일본바깥에서 거래되는 엔과 같이 어느 나라 통화이든지 그 나라 바깥에서 거래되는 통화를 총체적으로 말하여 유로머니(Euromony) 또는 유로커런시(Eurocurrency)라고 부르고, 개별통화를 말할 때는 유로달러, 유로파운드, 유로엔과 같이 부르게 되었으며, 이러한 거래가 이루어지는 곳을 유로시장이라고 부르게 되었다. 예를 들어 홍콩에서 미국달러를 차입하게 될 때 유로시장이고, 유로달러가 되는 것이다.

역내 외국시장(foreign market)은 어느 국가에서 내국인과 외국인 또는 외국인 상호간에 그 국가의 통화로 거래가 이루어지는 것을 말한다. 예를 들면 한국기업이 동경에서 엔화자금을 차입하게 될 때 이에 해당된다.

셋째, 국제금융시장은 거래상품의 기간을 중심으로 1년을 기준으로, 주로 1년 미만의 국제단기금융시장인 국제통화시장(international money market)과 1년 이상의 국제자본시장(international capital market)으로 나누어진다. 국제금융시장을 이상과 같은 구분에 따라 더 자세히 보기로 한다.

1.4 세계금융시장 현황

IMF 보고서에 의하면 2013년 세계의 주식, 채권, 은행자산 등을 합한 자금규모는 약 287조 달러에 이르고 있다. 이는 같은 연도 세계 국내총생산(GDP) 약 75조 달러의 약 3.8배에 달하는 규모이다.

[표 6-4]는 세계금융시장의 규모를 보여주고 있다. 물론 여기서의 금융자산은 국제간에 거래되는 자산이 아니고 각국의 금융시장을 합한 세계 전체의 금융시장규모를 나타내는 것이다. 시장종류별로 보면 은행자산이 가장 크며, 다음으로 채권시장, 주식시장 순이다.

금융자산은 대부분 선진국들에 집중되어 미국, EU, 일본의 세 지역에서 세계전체의 67.1%를 점하고 있다. 그 중 EU가 세계전체의 31.9%를 차지하고 있으며, 미국은 25.4%, 일본은 9.9%를 차지하고 있다. EU의 경우에는 은행자산이 많은 반면 미국은 은행자산보다 채권과 주식의 비중이 더

표 6-4 세계금융시장 규모

2013년 (단위: 10억 달러)

지역 \ 구분	주식	채권	은행자산	합계	GDP	합계/GDP
세계전체	62,552	97,289	126,744	286,585 (100)	75,471	3.8
미국	22,281	34,494	15,921	72,696 (25.4)	16,768	4.3
EU	12,646	29,964	48,716	91,326 (31.9)	16,705	5.5
일본	4,599	12,261	11,500	28,360 (9.9)	4,920	5.8

자료 : IMF, *Global Financial Stability Report* 2014.

큰 것을 알 수 있다.

2. 개별 국제금융시장

2.1 국제통화시장

국제통화시장(international currency market)은 유로통화시장(eurocurrency market)과 주요국의 국제금융시장으로 이루어진다.

유로통화시장(eurocurrency market)은 달러, 유러, 파운드, 엔 등 각국 통화의 예금과 대출 시장이다. 무역, 외환, 금융 등 각종 거래의 결제는 유로통화시장을 통하여 이루어지기 때문에 유로통화시장은 국제금융의 각 시장을 연결하는 역할을 한다. 특히 외환거래는 기본적으로 해당통화의 예금거래로 되기 때문에 외환시장과 유로통화시장은 떼려야 뗄 수 없는 관계이다.

유로시장은 국내시장에 비하여 예금과 대출간 마진이 작게 형성되는데, 이것은 크게 다음의 이유 때문이다. 첫째, 정부의 규제를 받지 않기 때문이다. 국내금융의 경우는 예금자보호를 위한 보험에 들어야 하는 등 정부규제를 준수하기 위하여 여러 가지 비용이 발생하지만 유로시장은 이러한 비용이 발생하지 않기 때문이다. 둘째, 유로시장은 거래되는 자금의 규모가 큰 도매시장이기 때문이다. 셋째, 유로시장의 차입자는 대부분 각국 정부, 중앙은행, 국제금융기관, 다국적기업 등으로서 차입자의 신용위험이 낮기 때문이다.

유로통화의 대출은 하나의 대출에 여러 국제은행이 참여하는 협조금융 방식으로 이루어진다. 대출의 금리는 주로 런던은행간대출금리(London Inter-Bank Offered Rate: LIBOR)[6]가 기준금리로 하는 경우가 많다. 따라서 일반 대출의 경우 이 LIBOR금리에다 시장상황이나 차입자의 신용에 따라 일정수준의 가산금리를 더하여 금리를 정하게 된다.

---

6) 런던금융시장에서 우량은행끼리 단기자금을 거래할 때 적용하는 금리로서 국제금융시장의 기준금리로 사용된다.

2.2 국제자본시장

1) 국제채권시장

국제채권시장(international bond market)은 기업이나 정부기관 등이 해외에서 채권을 발행하여 자금을 조달하거나 발행된 국제채권이 유통되는 시장이다. 국제채권시장은 앞에서 본 유로시장과 외국시장과 같이 유로채시장(euro-bond market)과 외국채시장(foreign bond market)으로 나누어진다.

유로채(eurobond)란 채권의 표시통화국외의 지역에서 발행하는 채권을 말한다. 예를 들면 런던에서 발행된 미달러화표시 채권이나 뉴욕에서 발행된 일본엔화표시 채권을 유로채라고 하고, 구체적으로 유로달러채, 유로엔채라고 한다.

반면에 외국채(foreign bond)란 외국의 차입자에 의하여 채권의 표시통화국에서 발행된 채권이다. 예를 들면 한국기업이 뉴욕에서 미달러화표시 채권을 발행할 때 외국채라고 한다. 외국채는 미국에서 발행될 때 양키본드(Yankee bond), 영국에서 발행될 때 불독본드(Bulldog bond), 일본에서 발행될 때 사무라이본드(Samurai bond)라고 부른다.

1980년대 이후 세계금융의 증권화 추세로 국제금융시장에서 은행을 통한 간접금융의 비중은 줄어들고 국제채권시장의 규모가 크게 증가하였다. 유형별로는 유로채가 외국채에 비하여 절대적으로 큰 비중을 차지하고 있다. 이용 국가에 있어서는, 국제시장에서 채권을 발행하기 위해서는 일정한 조건을 갖추어야 하므로 국제채권발행에 의한 자금차입은 선진국위주로 이루어지고 있으나 개발도상국의 차입도 점점 늘어가고 있다.

2) 국제주식시장

국제주식시장(international equity market)은 주식발행자의 국가외에서 주식이 거래되는 시장을 말한다. 오늘날 뉴욕, 런던, 프랑크푸르트, 동경 등 주요 국제금융시장의 증권거래소에는 많은 외국기업들이 상장하고 있다. 세계적인 대기업들은 본국외에도 해외시장에서 주식을 발행하여 자본을 조달하며, 두 개 이상의 국제금융시장에서 동시에 주식을 상장하는 경우도 많다.

해외시장에서 주식을 발행하는 방법에는 두 가지가 있다. 하나는 국내에서 주식을 발행하는 방법과 동일하게 외국에서 발행하는 것이고, 다른 하나는 외국에서는 주식을 대신하는 주식예탁증서(depository receipt: DR)를 발행하는 것이다. 기업이 해외에서 주식을 발행하는 데에는 국내시장과 외국시장간의 제도적인 차이, 주식의 운반문제, 언어문제 등의 복잡하고 불편한 문제들이 따르게 되므로, 이러한 문제를 피하기 위한 하나의 수단이 주식예탁증서이다.

주식예탁증서란 본국에 예치된 주식을 대신하여 외국에서 주식대신에 거래되는 유가증권이다. 주식발행기업의 주식을 발행회사 국가 소재의 은행 등에 보관해 두고, 해당주식이 판매되는 국가에 소재하는 은행 또는 신탁회사가 주권(equity)을 대표하는 주식예탁증서를 발행하여 이를 주식대신 유통 거래하게 되는 것이다. 주식예탁증서는 거래되는 국가에 따라 미국의 주식예탁증서는 ADR(American Depositary Receipt), 유럽의 주식예탁증서는 EDR(European Depositary Receipt) 등으로 불린다.

주요용어

- 외환
- 환율
- 직접표시법
- 간접표시법
- 기준환율
- 매입률
- 매도율
- spread
- 재정환율
- 크로스환율
- 구매력평가
- 피셔효과
- 국제피셔효과
- 현물환
- 선물환
- premium
- discount
- hedging
- 환투기
- 재정거래
- 유로시장
- 외국시장
- 간접금융시장
- 직접금융시장
- LIBOR
- 유로채
- 외국채
- 주식예탁증서

연습문제

1. 외환이 무엇인지 약술하시오.
2. 외환시장의 특성을 설명하시오.
3. 구매력평가설에 대하여 논하시오.
4. 외환시장에서 투기거래를 예를 들어 설명하시오.
5. 유로시장을 설명하시오.
6. 유로시장을 이용하게 되는 이유를 설명하시오.
7. 국제채권시장을 설명하시오.

제 3 부

INTERNATIONAL BUSINESS

국제경영

제 7 장

국제경영 기초

제 1 절 국제경영의 기본개념

1. 국제경영의 정의

국제경영이란 국경을 넘어 이루어지는 사업을 관리하고 운영하는 것을 말한다. 이러한 국경을 넘어 이루어지는 사업의 형태는 원자재의 해외구매나 간접수출과 같이 단순하고 작은 업무에서부터 세계각지에 수많은 자회사를 두고 다국적기업을 경영하는 것과 같이 복잡하고 거대한 사업에 이르기까지 매우 다양하다.

국제경영의 주체는 개인기업이나 법인기업, 중소기업이나 대기업, 또는 사기업이나 공기업 등 기업의 성격에 관계없이 누구나 될 수 있다. 또 국제경영의 대상은 물품, 서비스, 자본, 노동, 기술 등을 포함하여 경제적 거래의 대상이 되는 유형 무형의 모든 재화이다.

2. 국제경영의 특성

국제경영이 국내경영과 다른 점은 다음과 같다.

첫째, 국제경영은 법과 제도적 환경에서 국내경영과 다르다. 이것은 두 가지 의미를 갖는데 하나는 외국에서는 외국의 법과 제도를 따라야 한다는 의미이고, 다른 하나는 어느 한 국가의 법이 상대국에서는 적용되지 않으므로 법에 의한 보호가 약해진다는 것을 의미한다.[1)]

둘째, 국제경영에서는 국가마다 상이한 정치, 경제, 문화, 사회 등의 제반환경요인을 고려하여야 한다.

셋째, 국제경영에서는 해당국의 통화와 환율의 문제를 고려하여야 한다.

넷째. 국제경영에서는 국가마다 다른 경영자원을 고려하여야 한다.

---

1) 국내거래는 법과 제도의 사회적 토대위에서 거래되는 것에 비하여 외국인인 상대방이나 외국에서의 거래를 자국의 법으로 구속할 수 없기 때문에 국제거래는 이러한 토대가 없는 상태에서 이루어지게 되어 한편으로는 더 자유롭지만 한편으로는 더 많은 불확실성과 위험을 갖게 된다.

제 2 절 기업의 국제화

기업의 국제화란 기업활동이 국경을 넘어 외국으로 뻗어 나가는 것을 말한다. 처음부터 바로 전세계를 대상으로 또는 외국을 대상으로 국제적인 활동을 하는 기업은 많지 않고, 어느 한 국가에서 경영을 하는 기업이 그 역량을 축적하여 그 활동범위를 외국에까지 넓혀나가게 됨으로써 국제화를 해나가는 것이 대부분이다. 그래서 국제화는 일반적으로 기업이 성장해 가면서 그 국제화수준도 점차 높여 가는 점진적인 진행과정을 밟게 된다.

1. 기업의 국제화 과정

기업의 국제화 과정은 여러 가지 형태로 구분할 수 있으나 가장 일반적인 한 형태로서 국내지향기업, 해외지향기업, 현지지향기업, 세계지향기업의 단계로 나누어 볼 수 있다.[2)]

1) 국내지향기업

대부분의 기업은 국내시장을 대상으로 영업을 시작하게 된다. 처음부터 세계시장을 대상으로 영업을 하기에는 경영자원에서 한계가 있고 위험이 클 뿐만 아니라 여러 가지 측면에서 국내시장이 해외시장보다 접근하기 유리하기 때문이다. 그래서 지금까지는 국내시장에서 경험이나 경영자원을 축적한 다음에 해외로 진출하는 경우가 일반적이었다. 그러나 앞으로 국제화가 더 진전된다면 처음부터 해외시장을 목표로 하거나 세계시장을 동시에 목표하여 사업을 시작하는 기업도 많아지게 될 것을 예상할 수 있다.

2) 해외지향기업

기업이 국내영업과정에서 어느 정도 경영자원을 축적하고 상품이 국제경쟁력을 확보하게 되면 활동의 범위를 해외까지 확대해 나가게 된다. 이

2) 조동성, 「국제경영학」 제2판(경문사, 1991), pp. 20-30.

러한 활동의 가장 기본적인 형태는 수출과 수입이다. 초기의 수출과 수입은 국내영업에 부가적으로 자사에서 생산된 상품의 수출과 자사 상품생산을 위한 원자재 수입 혹은 국내사업관련 상품의 수입판매 등의 형태로 이루어진다.

수출의 경우, 초기에는 다른 기업을 통하여 이루어지는 간접수출의 방식을 취하다가 스스로 수출할 수 있는 역량을 갖게 되면 직접수출로 나아가는 경우가 많다. 기업이 보유하고 있는 자원의 성격에 따라 수출입이외에도 국제라이센스나, 국제프랜차이징, 국제하청, 국제관리계약, 턴키계약 등 그 사업의 유형은 다양하다.

3) 현지지향기업

현지지향기업의 단계는 기업이 외국의 현지에서 직접 생산하여 판매하는 자회사를 설립하여 운영하는 단계이다. 이 단계에서는 기업이 해외직접투자로서 자본과 경영자원의 일부를 타국에 두게 되는 것으로 이전단계보다 훨씬 더 국제적 차원에서 경영활동을 하게 된다. 또 기업이 본국이외의 다른 국가에서 국적의 자회사를 갖게 됨으로써 다국적기업이 된다. 현지의

그림 7-1 기업의 국제화과정

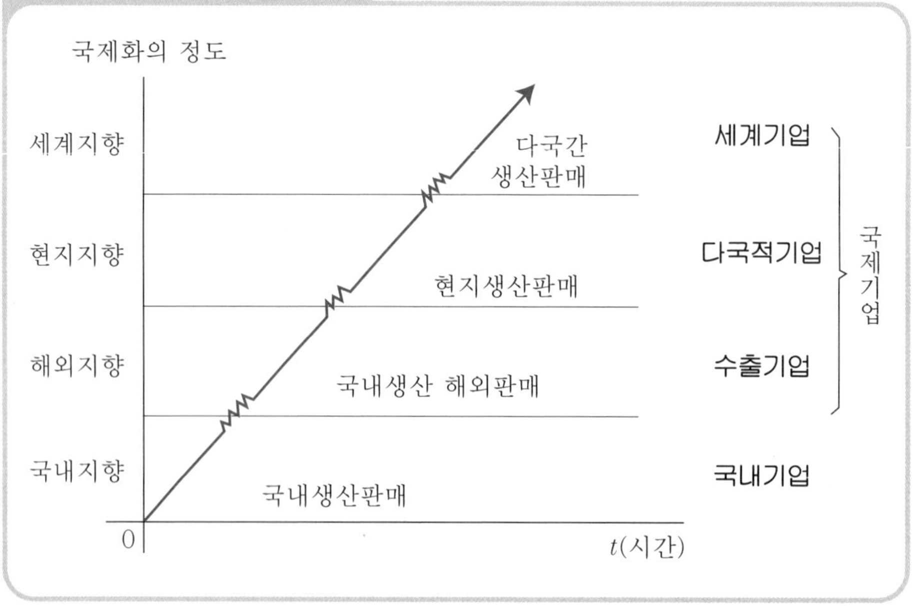

자회사는 현지국의 특성과 요구에 맞게 사업목표를 추구해야 하므로 부분적으로 독립성을 갖고 본사와 자회사간에 의사결정권한과 업무를 분담하게 된다.

4) 세계지향기업

세계지향기업은 국적의 개념을 초월하여 본국의 의미가 없어지고 전세계를 하나의 사업활동지역으로 삼아 경영하게 된다. 세계각지에 분산배치된 다수의 자회사와 본사가 유기적으로 결합하여 세계적인 관점에서 사업활동을 수행하게 된다. 세계지향기업은 생산, 판매, 금융, 원료조달 등의 제반 활동을 전세계에서 가장 유리한 지역에 배치함으로써 최상의 효율성을 추구하게 되며, 경우에 따라서는 본사도 그 역할을 수행하기 좋은 지역에 두게 된다.

2. 기업 국제화의 동기

1) 판매 증대

국내시장에서의 매출에 더하여 해외시장에서 매출을 추가하게 되면 더 많은 이윤을 확보할 수 있다. 세계화로 국가간의 상품이동의 장벽이 낮아지고 전세계 소비자들의 기호가 동질화되어 감에 따라 상품의 해외시장 출시가 점점 쉬워지고 있다. 국내의 시장에 비해 해외의 시장은 훨씬 더 크기 때문에 대량으로 판매할 수 있는 기회와 이로 인한 규모의 경제를 가져올 수 있다. 또, 자국에 비교우위가 있는 상품의 경우에는 국내시장에서보다 해외시장에서 더 높은 가격을 받을 수 있어 해외시장에서 더 큰 이익을 누릴 수도 있다.

2) 자원의 획득

국내보다 해외에서 더 유리하게 경영자원을 획득할 수 있는 경우가 많다. 국가마다 경제환경이 다르므로 세계에는 자국에 비하여 노동력이 풍부한 국가도 있고, 자금이 풍부한 국가도 있으며, 기술수준이 높은 국가도 있고, 기타 다양한 자원마다 우위에 있는 국가가 있다. 기업이 필요로 하는 자원에서 최적의 국가에 진출함으로써 자원을 유리하게 확보할 수 있는 것이다.

기업이 일반적으로 외국에 진출함으로써 확보하고자 하는 자원은 ① 값싸고 질 좋은 노동력, ② 낮은 비용의 자금, ③ 첨단 기술, ④ 유리한 생산 및 물류입지 등이다.

3) 위험의 분산

여러 국가에서 사업을 하게 되면 한 국가에서 사업을 하는 것보다 더 안정적으로 사업활동을 할 수 있다. 한 나라에서만 사업을 하는 기업의 경우는 국내 경제상황이나 경기의 변동에 따라 매출이나 이익에서 큰 기복을 갖게 되지만, 여러 국가에서 사업을 하는 기업은 국가나 지역마다 경제상황이나 경기가 다르게 변동하기 때문에 이러한 기복을 줄일 수 있다. 여러 국가에 걸쳐 사업을 하는 기업은 이렇게 국가마다 다르게 변동하는 경제상황을 활용하여 경기활황지역은 영업활동을 늘리고 경기침체지역은 영업활동을 줄임으로써 이익은 늘리고 손실은 줄일 수 있다.

제 3 절 국제사업유형

기업의 해외시장 진입방법은 ① 수출 및 수입, ② 국제라이센싱, ③ 국제프랜차이징, ④ 계약생산, ⑤ 경영관리계약, ⑥ 턴키계약, ⑦ 해외직접투자, ⑧ 전략적 제휴 등이다. 여기서 ② 국제라이센싱, ③ 국제프랜차이징, ④ 계약생산, ⑤ 경영관리계약, ⑥ 턴키계약 등은 계약방식이라고 한다.

1. 수 출

1) 간접수출

간접수출(indirect export)이란 다른 기업을 통하여 수출하는 것을 말한다. 종합무역상사나 수출대행업자와 같이 다른 기업의 상품을 수출하는 기

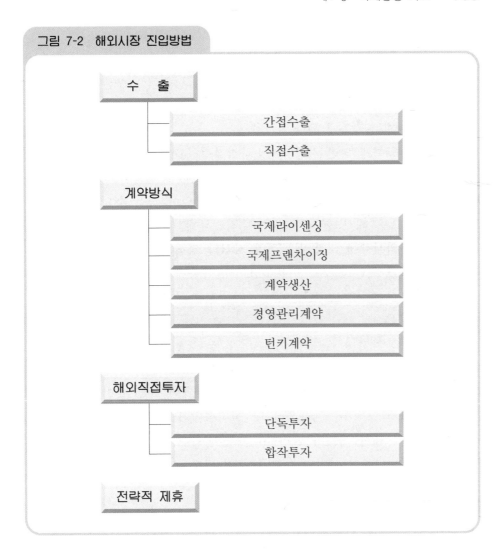

그림 7-2 해외시장 진입방법

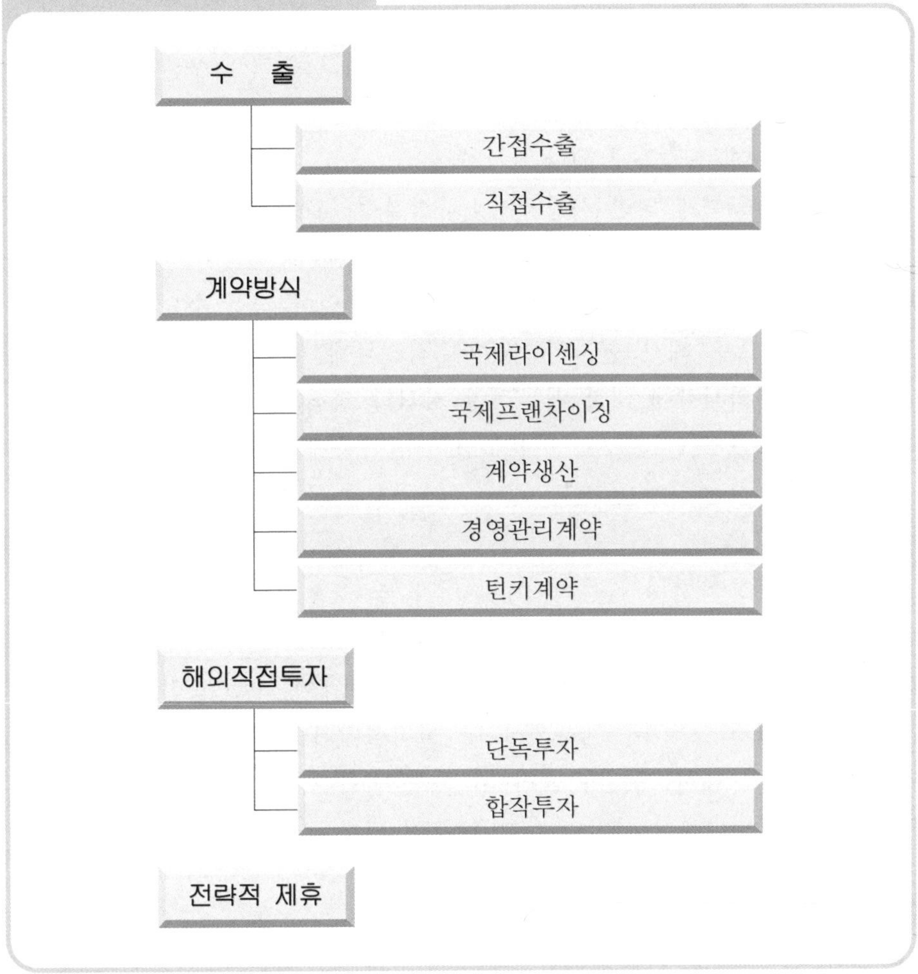

업들이 있는데 이들 기업을 통하여 수출하는 것이다. 간접수출을 하게 되면 그 업무에 있어서 사실상 국내업자에게 판매하는 것과 다름없다. 간접수출은 수출업무를 직접하지 않으므로 간편하고 수출과 관련 전담부서를 둘 필요도 없어 부담이 적다. 그러나 그만큼 이윤이 적고, 또 해외수요자와 직접 접할 수 없어서 해외시장에서의 반응에 적절하게 부응할 수 없으며, 해외시장에 대한 지식과 경험을 축적하기 어렵다는 단점이 있다.

2) 직접수출

직접수출(direct export)은 기업이 자신의 상품을 직접 수출하는 방법이다. 수출에는 전문적이고 복잡한 업무를 수반하므로 대개 수출담당자나 전담부서를 두고 해외수입자에게 직접 수출하거나 또는 해외 대리점이나 위탁업자를 통하여 수출하게 된다.

직접수출을 하게 되면 시장조사, 가격결정, 유통채널설정 등의 수출마케팅활동을 직접하게 된다. 따라서 더 높은 이윤마진을 가질 수 있고, 유통경로에 대한 통제를 강화할 수 있으며, 또 기업이 직접 수요자와 시장을 접할 수 있음으로 해서 현지의 반응에 적절하게 대응할 수 있다. 반면에 수출업무와 해외시장에 대한 전문적인 지식과 경험 없이는 어려우며, 수출마케팅과 관리를 위한 업무와 비용부담이 발생하게 된다.

2. 계약 방식

계약진출방식은 지적재산을 주요 거래대상으로 한다. 여기에는 특허권, 실용신안권, 상표권, 저작권, 컴퓨터소프트웨어, 반도체집적회로설계, 그리고 경영관리 노하우, 제품생산 및 설비설치기술 등이 포함된다. 따라서 일반 재화에 대한 거래와 달리 지적재산권의 사용에 대한 계약을 중심으로 이에 대한 이행이 사업의 주요 내용이 된다.

1) 국제라이센싱

국제라이센싱(international licensing)은 지적재산을 가진 기업(licensor)이 자신의 지적재산을 사용하기를 원하는 해외기업(licensee)에게 지적재산 사용을 허가하는 계약이다. 여기서 계약조건에 따라 기술사용기업은 일정기간 지적재산을 사용할 수 있게 되고, 기술제공기업은 일정한 로열티(royalty)나 수수료(fee)를 받게 된다. 주요 거래대상 지적재산은 특허권(patent), 실용신안권(utility model), 의장권(industrial design), 상표(trademark), 공정기술(processing technology) 등이다.

국제라이센싱이 갖는 장점은 다음과 같다.

첫째, 비용부담이나 위험부담 없이 국내에서 이미 사용하는 기술을 해외에 이전하여 추가적인 이윤을 확보할 수 있다.

둘째, 무역장벽 등의 장애요인이 적어, 수출 및 직접투자에 제한이 있는 경우, 정치적 위험이 있는 경우, 운송비가 큰 경우 등에 좋은 방법이 된다.

셋째, 사용기업의 사용중에 얻게 된 기술진보를 활용하여 자사의 기술 수준을 더 높일 수 있다.

넷째, 해외시장에서 기술도용을 막을 수 있다.

그러나 다음과 같은 단점이 있다.

첫째, 현지에 상품을 직접 수출하거나 직접 생산하는 경우보다 수입이 적다.

둘째, 기술에 대한 유출과 통제권상실의 위험이 있다.

셋째, 기술사용기업이 장기적으로는 경쟁자가 될 수 있다.

2) 국제프랜차이징

국제프랜차이징(international franchising)은 해외기업으로부터 일정한 수수료를 받고 기술이나 상표의 사용권을 허가해 주고 사업의 원료 또는 경영시스템까지 지원해주는 방식이다. 기술제공기업과 기술사용기업, 양자가 재화 및 서비스의 일부를 나누어 생산하면서 직접·간접으로 경영에 함께 참가하게 된다. 국제프랜차이징은 제품의 성격상 완제품으로 수출되기 어렵고 운영시스템을 이전하기 쉬운 산업에서 유리한데, 식품, 음료, 자동차임대, 건설, 숙박업, 주유소 등의 산업에서 많다. 이러한 사업의 기업으로 맥도날드(McDonald's), 피지헛(Pizza Hut), 코카콜라(Coca Cola), 펩시콜라(Pepsi Cola) 등이 잘 알려져 있다.

국제프랜차이징은 국제라이센싱과 비슷한 장단점을 갖고 있는데, 먼저 장점은 다음과 같다.

첫째, 적은 비용과 낮은 위험으로 해외사업진출을 할 수 있다.

둘째, 표준화된 마케팅이 가능하다.

셋째, 라이센싱에서보다 더 큰 통제력을 행사할 수 있다.

그러나 다음과 같은 단점을 갖고 있다.

첫째, 현지에서 상품을 직접 수출하거나 직접 생산하는 경우보다 수입이 적다.

둘째, 품질 및 기술에 대한 통제가 쉽지 않다.

셋째, 기술사용기업이 장기적으로 경쟁자가 될 수 있다.

3) 계약생산

계약생산(contract manufacturing)은 해외에 생산능력을 가진 현지기업으로 하여금 제품을 생산토록 하고 자신은 세계시장에 판매하는 방식이다. 주문자상표부착생산(Original Equipment Manufacturing: OEM)도 계약생산의 일종이다. 나이키(Nike)나 카시오(Casio) 등 선진국의 많은 유명브랜드기업은 OEM으로 개발도상국 제조업체가 생산한 제품에 자신의 상표를 부착하여 세계시장에 판매한다.

계약생산은 기업의 경쟁력이 제품생산보다 마케팅에 있을 때 유용한 방법이다. 계약생산은 생산시설에 대한 투자비용을 절감할 수 있으며, 어느 정도 자신이 원하는 품질의 상품을 확보할 수 있다는 장점이 있다. 그러나 적당한 제조업체를 찾기가 어렵거나 품질관리에 어려움을 겪을 수 있는 단점이 있다.

4) 경영관리계약

경영관리계약(management contract)은 외국의 운영시설에 대하여 경영관리서비스를 제공하고 로열티, 관리서비스료, 또는 소유권일부를 대가로 받는 것을 말한다. 경영관리계약은 특수한 전문서비스 지식이나 경험을 필요로 하는 호텔, 공항관리 등 전문서비스 업종에서 주로 사용되며, 합작투자나 턴키프로젝트 사업과 함께 시행되는 경우가 많다.

경영관리계약은 자신의 비용과 위험부담이 없이 전문지식을 활용하여 수익을 갖는다는 장점이 있으나, 수익이 수수료에 국한되고 상대기업이 장기적으로 경쟁자로 될 수 있다는 단점이 있다.

5) 턴키계약

턴키계약(turnkey contracting)은 플랜트 수출(plant export)의 한 방식으로 플랜트 수출자가 사업에 대한 타당성조사에서부터, 건물건설, 엔지니어링, 생산설비설치, 완공된 공장의 시험가동과 작업자의 교육에 이르기까지 모든 필요한 사항을 구비하고 공장이 바로 가동될 수 있는 상태에서 인계하는 방식이다. 따라서 턴키프로젝트(turnkey project)에서는 공장 또는 설비 자체뿐만 아니라 엔지니어링기술과 경영기법까지 복합적으로 해외 발주자에게 제공하게 된다.

턴키계약은 지식집약형 기술수출이어서 부가가치 창출효과가 큰 장점이 있으나, 잠재적인 경쟁기업을 양성할 수 있다는 문제점도 있다.

3. 해외직접투자

해외직접투자(foreign direct investment)는 기업이 직접적인 경영참여를 목적으로 해외에 자본, 노동, 기술, 경영노하우 등의 제반 경영자원을 복합적으로 해외에 이전하는 활동을 말한다. 해외직접투자는 기업의 해외진출방법들 가운에 가장 적극적이고 높은 수준의 해외활동에 속하며, 해외투자로 현지에 법인을 설립함으로써 명목적으로 다국적기업이 된다.

해외직접투자는 설립방법에 따라 신설투자와 인수·합병투자로 나눌 수 있는데, 신설투자는 생산설비를 신규로 설립하는 투자를 말하고, 인수·합병투자는 기존기업을 인수하는 투자를 말한다. 그리고 소유의 형태에 따라 단독투자와 합작투자로 나누어지는데, 단독투자는 한 투자기업이 전체를 소유하는 반면, 합작투자는 하나 이상의 투자기업이 공동으로 소유하는 방식이다.

1) 신설투자와 인수합병투자

직접투자로 해외시장에 진출하는 데에는 현지에 새로운 기업을 설립할 수도 있고, 현지에 있는 기존기업을 인수할 수도 있다. 신설투자와 인수·합병투자는 각기 장단점이 있기 때문에 기업의 상황과 특성을 고려하여 선택하게 된다.

(1) 신설투자

신설투자(greenfield investment)는 새로운 회사를 설립하는 것이다. 신설투자에는 회사설립을 위한 인허가, 회사 및 공장 확보, 생산설비 설치, 종업원채용, 종업원교육, 제품 및 브랜드개발, 판매라인구축 등의 준비과정을 거쳐서 본연의 사업을 시작하게 된다.

신설투자는 다음과 같은 장점이 있다.

첫째, 회사의 규모를 자신이 원하는 대로 할 수 있고, 생산품목의 선택, 생산라인의 선택, 종업원 고용 등에서 모두 자신이 원하는 대로 자유롭게 정할 수 있다.

둘째, 투자기업이 갖고 있는 기술과 경영자원을 이전하여 활용하는 데 용이하다.

셋째, 투자를 유치하는 현지국의 지원과 혜택을 받기 쉽다.

그러나 신설투자는 다음과 같은 단점이 있다.

첫째, 투자후 수익을 올릴 때까지의 회임기간이 길다. 신설투자는 투자결정후 조업시까지 보통 3-4년이라는 긴 시간이 걸린다.

둘째, 생산하고자 하는 상품이 아니라 회사와 공장의 설립에 많은 자원과 노력을 투입하지 않으면 안된다.

(2) 인수합병투자

인수합병투자(mergers and acquisitions: M&A)란 기존기업을 인수하는 투자를 말한다. 인수(mergers)란 한 기업을 매입하여 경영권을 확보하는 것을 말하며, 합병(acquisitions)이란 두 개 이상의 독립된 기업들이 합쳐서 하나의 기업으로 되는 것을 말한다. 따라서 인수의 경우에는 대상기업이 그대로 존속하는 반면에, 합병의 경우에는 대상기업이 소멸되는 것이 일반적이다. 그리고 합병에는 흡수합병과 신설합병이 있는데 흡수합병은 한 기업이 다른 기업을 흡수하는 것이고, 신설합병은 두 기업 모두 소멸되고 하나의 새로운 기업을 설립하는 것이다.

인수합병투자는 다음과 같은 장점을 갖고 있다.

첫째, 신속한 시장진입이다. 인수합병투자는 인수와 동시에 시장진출을 할 수 있다.

둘째, 피인수기업이 갖고 있던 공장설비, 부동산, 종업원, 브랜드, 유통망 등을 바로 확보할 수 있어서 설립과정에서의 자원 및 노력 투입을 하지 않아도 된다.

셋째, 피인수기업의 기술이나 노하우를 확보할 수 있고, 본사의 기술 및 노하우와 합쳐서 함께 활용할 수 있다.

반면에 인수합병투자는 다음과 같은 단점도 갖고 있다.

첫째, 적절한 인수대상 기업을 찾기 어렵다. 유망한 산업에서 수익성 높은 기업은 누구나 매각하지 않으려 할 것이기 때문이다.

둘째, 기존기업의 인수는 그 기업이 갖고 있는 문제점까지도 인수하는 것이며, 이런 문제점들로 인하여 위험을 부담하게 된다.

셋째, 현지국 정부나 현지인이 외국인의 본국기업인수에 대하여 부정적인 태도를 보이는 경우도 많다.

2) 단독투자와 합작투자

(1) 단독투자

단독투자(wholly-owned investment)는 한 기업이 단독으로 투자하는 것이다. 단독투자는 기업소유권에 대한 100%의 지분을 갖고 전적으로 자신만의 책임과 권리로서 경영하게 된다는 점에서 일부분의 소유권을 갖고 공동으로 책임과 권리를 부담하는 합작투자와 구분된다.

단독투자는 다음과 같은 장점을 갖는다.

첫째, 자신의 의사대로 자유롭게 경영을 할 수 있다.

둘째, 투자에 따른 이익을 독점할 수 있다.

셋째, 본사 및 다른 자회사와 함께 세계적인 차원에서 통합적인 경영관리가 용이하다.

그러나 단독투자는 다음과 같은 단점을 갖고 있다.

첫째, 단독으로 하므로 그만큼 비용과 위험 부담이 크다.

둘째, 현지인과 합작사업을 하는 경우보다 현지국에서의 정보나 여러 상황을 대처하는 데 크게 불리한 경우가 많다.

셋째, 현지국에서는 현지인과의 합작사업을 선호하는 경우가 많다.

(2) 합작투자

국제합작투자(joint venture investment)는 서로 다른 국적을 가진 두 개 이상의 기업이 공동의 사업체를 운영하기 위하여 경영자원을 분담하여 투자하는 것을 말한다. 합작파트너가 현지법인이 될 수도 있고 제3국 기업이 될 수도 있으나, 현지국에서 외국인 단독투자를 허용하지 않거나 현지인과의 합작투자를 선호하기 때문에 현지법인과 합작투자를 하게 되는 경우도 많다.

합작투자는 단독투자에 비하여 다음과 같은 장점을 갖고 있다.

첫째, 자금부담과 위험부담이 작다.

둘째, 현지인 합작의 경우 현지국 환경에 신속하게 적응할 수 있고, 정치적 위험을 줄일 수 있다.

셋째, 현지인 합작선을 활용하여 현지상황에 대한 정보획득이나 현지국 정부나 현지국민에 대한 활동을 효율적으로 할 수 있다.

넷째, 현지인과의 합작은 현지국에 좋은 인상을 준다.

한편으로 합작투자는 다음과 같은 단점을 갖고 있다.

첫째, 자신이 원하는 대로 자유롭게 기업운영을 할 수 없다.

둘째, 투자기업의 독자적인 기술 및 노하우의 경영자원이 유출될 수 있다.

셋째, 합작선과 이해관계가 상충되거나 의견이 대립될 수 있다.

4. 국제전략적제휴

국제전략적제휴(international strategic alliance)는 기업이 경영전략상 사업의 일부 또는 기능별 활동의 일부 부문에서 외국의 기업과 협력관계를 맺는 것을 말한다. 국제전략적제휴는 국제합작투자와 함께 국제사업협력(international business collaboration)의 주요한 한 형태로서, 국제합작투자는 자본을 포함한 여러 기능분야에서의 장기적인 협력인 반면에, 전략적제휴는 자본투자 없이 특정 경영기능의 좁은 분야에서 일시적인 협력이라는 점에서 다르다.

국제전략적제휴는 자신의 핵심역량을 상대기업에 제공하는 대가로 상대기업의 핵심역량을 제공받아 자신이 부족한 영역을 보완하고자 하는 기업간에 이루어지게 된다. 국제전략적제휴 분야는 공동연구개발, 기술제휴, 공동부품조달, 공동생산, 공동브랜드, 유통경로 공동사용 등 매우 광범위하다. 국제전략적제휴를 하는 주요 동기는, 연구개발 비용과 위험의 절감, 분업의 이익과 규모의 경제실현, 신속한 시장진입, 자사기술의 표준 채택, 무역규제의 회피 등을 들 수 있다.

전략적제휴는 다음과 같은 장점을 갖는다.

첫째, 자신의 자원과 상대기업의 자원을 공유함으로써 보다 큰 가치창출을 할 수 있다.

둘째, 연구개발에 따른 비용과 위험을 줄일 수 있다. 오늘날의 기업은 연구개발비용의 규모가 매우 크고 불확실성이 높기 때문에 협력적으로 연구를 수행하고 연구결과를 공유함으로써 이러한 부담을 줄일 수 있다.

셋째, 제휴기업간의 체계적인 분업을 통하여 분업의 이익과 규모의 경제를 누릴 수 있다.

넷째, 제휴기업의 기술이나 유통망 등을 이용함으로써 제품 출시의 기간을 단축하고 신속하게 시장에 진입할 수 있다.

다섯째, 제휴기업을 통한 자사기술 사용영역을 넓힘으로써 자사기술이 국제표준으로 채택되는 데 도움이 된다.

반면에, 전략적 제휴는 다음과 같은 단점을 갖는다.

첫째, 자신의 기술이나 노하우가 유출되어 경쟁자로서의 상대방에게 그 경쟁력을 높여줄 수 있다는 점이다.

둘째, 제휴기업과 이해관계 충돌이나 의견대립이 발생할 수 있다.

주요용어

- 직접수출
- 간접수출
- 라이센싱
- 프랜차이징
- 계약생산
- 경영관리계약
- 턴키계약
- 전략적제휴
- 신설투자
- 인수합병투자
- 단독투자
- 합작투자

연습문제

1. 국제경영에 대하여 정의하시오.
2. 국제경영이 국내경영과 다른 점을 설명하시오.
3. 기업의 국제화 과정을 논술하시오.
4. 기업 국제화의 동기를 설명하시오.
5. 국제라이센싱에 대하여 논술하시오.
6. 해외직접투자에서 신설투자와 인수합병투자의 장단점을 비교하시오.
7. 국제 전략적제휴에 대하여 논술하시오.

제 8 장

해외직접투자와 다국적기업

제 1 절 해외직접투자

1. 세계의 해외직접투자현황

세계의 해외직접투자에 대한 현황은 이미 제1장 제2절 1.2에서 살펴보았다. 세계의 해외직접투자 규모는 2017년 기준으로 연간투자량은 유입기준으로 1조 4,298억 달러였고, 2017년 현재 해외직접투자의 누적량은 유입기준으로 31조 5,244억 달러에 이르고 있다.

해외투자의 국가별구조를 보면, 2017년을 기준으로 볼 때 해외투자유

그림 8-1 세계 해외직접투자의 흐름

〈2017년 기준〉

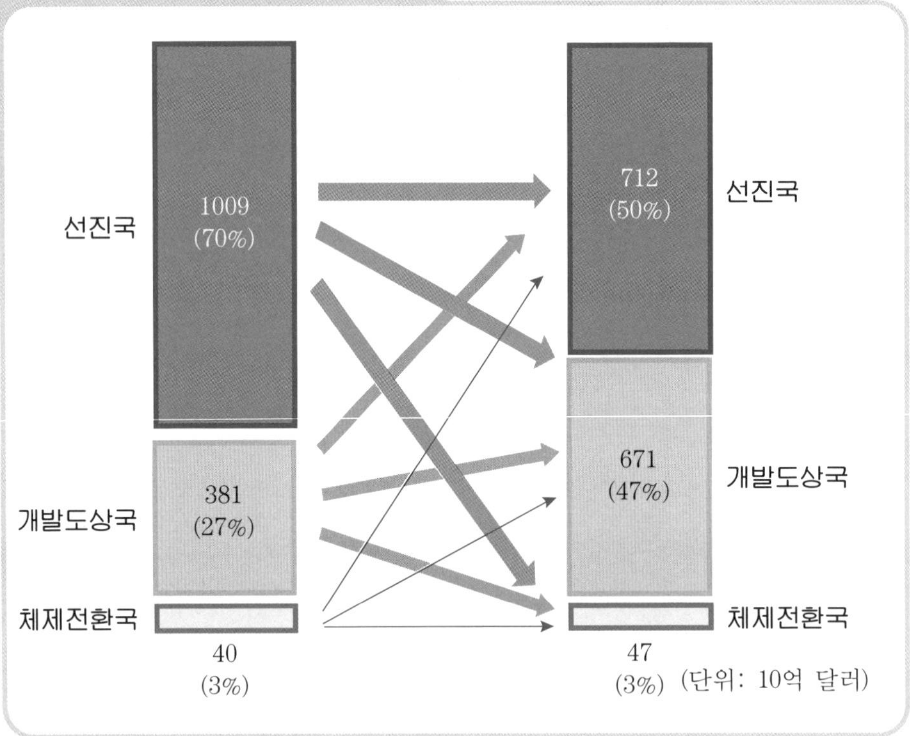

자료: UNCTAD, World Investment Report, 2018.

출의 경우는 선진국이 약 1조 92억 달러로서 세계전체의 70.6%를 점하고 있고, 개발도상국이 약 3,808억 달러로 세계전체의 26.6%, 체제전환국이 약 400억 달러로 세계전체의 2.8%를 차지하고 있다. 한편, 해외직접투자 유입의 경우는 선진국이 약 7,124억 달러로서 세계전체의 49.8%를 점하고 있고, 개발도상국이 약 6,707억 달러로 세계전체의 46.9%, 체제전환국이 약 468억 달러로 세계전체의 3.3%를 차지하고 있다.

[그림 8-1]은 세계 해외직접투자에서의 자금흐름을 보여주고 있다. 세계의 자본이 선진국에 몰려 있기 때문에 선진국은 자본을 유출하는 반면에 개발도상국은 유입하는 입장에 있다. 그래서 자본의 유입에 있어서보다 자본의 유출에 있어서 선진국과 개발도상국간에 점유비의 차이가 많이 난다. 자본의 유입에 있어서는 선진국은 다른 선진국에서의 투자유입이 많고, 개발도상국은 선진국으로부터 투자를 받는 반면, 유출에 있어서는 선진국에서는 다른 선진국이나 개발도상국에 투자를 많이 하지만 개발도상국에서는 해외투자가 적기 때문이다. 1990년대 이후에는 개발도상국에서도 해외투자가 늘어나면서 이러한 해외직접투자유출에서의 선진국 집중현상은 점차 완화되어 가고 있다.

2. 해외직접투자동기이론

왜 해외직접투자를 하게 되느냐에 대한 이론이 해외직접투자동기이론이다. 여기에는 많은 이론들이 있는데 이 중 널리 알려진 이론들을 중심으로 살펴보기로 한다.

2.1 독점적 우위이론

독점적 우위이론(monopolistic advantage theory)은 어느 기업이 다른 기업이 갖지 못한 그 기업특유의 우위요소를 갖고 있을 때 해외직접투자를 하게 된다는 것이다. 독점적 우위이론은 하이머(S. Hymer), 킨들버거(C. P. Kindleberger), 케이브스(R. E. Caves) 등에 의하여 제시되었다.[1)]

---

1) S. Hymer, *The International Operations of National Firms: a Study of Direct Foreign Investment*, Ph. D. Dissertation(Massachusettes: MIT Press, 1976).; C. P. Kindleberger,

기업이 타국에 가서 영업을 할 때에는 현지기업에 비하여 불리한 입장이 될 수밖에 없는 외국비용을 감수해야 하는데, 이러한 비용부담에도 불구하고 해외직접투자를 하는 것은 이 불리한 점을 상쇄하고도 남을 만한 유리한 점을 창출할 수 있는 우위요소를 갖고 있지 않으면 안 된다. 여기서 기업특유의 독점적 우위요소로는 생산기술, 특허 및 상표권, 경영노하우, 자본조달능력 등이다. 기업이 이미 확보하고 있는 이러한 자원을 외국의 다른 시장에서도 사용하면 비용은 발생되지 않으면서 수익을 얻을 수 있기 때문에 해외직접투자를 하게 된다는 것이다.

기업이 해외에 진출하기 위해서는 기업특유의 우위요소를 갖고 있어야 함은 당연하다. 그런데 한 기업이 다른 기업이 갖지 못한 우위요소를 갖고 있을 때 이것을 활용하는 방법은 다른 기업에 기술 및 노하우를 제공(licensing)함으로써 수익을 얻거나 제품수출로서도 대가를 취득할 수 있는데 왜 굳이 해외직접투자를 하게 되는가 하는 물음이 남게 된다. 이렇게 볼 때 기업특유의 우위요소는 해외직접투자의 필요조건은 되지만 충분조건은 되지 못한다고 할 수 있고, 이 점이 독점적 우위이론이 갖는 한계라고 할 수 있다.

2.2 내부화이론

내부화이론(Internalization Theory)은 시장을 통하여 기업 외부에서 이루어지는 해외사업 거래를 기업조직내로 내부화하기 위하여 해외직접투자를 하게 된다는 것이다.

내부화이론은 원래 코오스(R. H. Coase)가 제시한 이론으로 시장이 불완전하여 거래비용이 많이 들 때 기업은 시장에서 거래를 하는 대신 이를 기업조직내에서 이루어지도록 기업 내부로 흡수한다는 것이다.[2] 여기서 시장불완전성은 i) 특허권 등의 지적재산이 대가지급 없이 사용될 수 있는 경우, ii) 규모의 경제가 발생하는 경우, iii) 재화가 지식과 같이 어느 한

American Business Abroad: Six Lectures on Direct Investment(New Heaven: Yale University Press, 1969).; R. E. Caves, International Corporations: The Industrial Economics of Foreign Investment, *Economica*, vol. 38(1971).

2) R. H. Coase, “The Nature of the Firm,” *Economica*, Vol. 4(1937).

사람이 사용한다고 해서 다른 사람이 사용할 수 있는 양이 줄지 않는 공공재적 성격을 갖는 경우, iv) 사적 비용과 사회적 비용에 괴리가 있는 경우 등에서 발생한다.

또 거래비용이란 상대방을 찾는 문제, 계약체결의 문제, 계약이행의 감시문제 등 거래상의 제반 어려움을 말한다. 내부화에는 이익뿐만 아니라 전문적 관리력 확보, 내부 의사소통 및 조정 등 내부화된 조직의 관리와 관련하여 비용도 발생하게 되는데, 내부화의 이익이 이러한 내부화의 비용보다 클 때 내부화를 하게 된다.

해외직접투자에서의 내부화이론은 이 내부화이론을 버클리(P. Buckley)와 카슨(M. Casson)이 해외직접투자에 적용시킨 것이다.[3] 국제시장은 국내시장보다도 시장불완전성의 요인이 더 많아서 그만큼 내부화의 유인이 더 강하기 때문에 내부화이론은 해외직접투자에서 강한 설득력을 갖는다. 즉, 해외 거래를 내부화하기 위하여 해외직접투자를 하게 되는 것이다. 해외직접투자를 하게 하는 시장불완전성 요인으로는 독점적 우위의 공공재적 성격, 국내거래에서보다 더 큰 거래 불확실성, 관세 및 비관세장벽과 같은 정부규제 등을 들 수 있다.

내부화이론은 그 어느 이론보다 해외직접투자의 모든 경우를 포괄적으로 설명할 수 있는 설득력 있는 이론이다. 하지만 시장불완전성에 의한 내부화동기 요인의 존재만으로 해외직접투자가 발생한다는 것은 그 동기설명이 다소 추상적이라는 비판도 있다.

2.3 절충이론

절충이론(Eclectic Theory)은 해외직접투자에 관한 기존의 이론을 조합하여 만든 이론으로 더닝(J. Dunning)에 의하여 주장되었다. 더닝은 i) 어떤 기업이, ii) 왜, iii) 어떤 국가에 투자를 하는가를 중심으로, i) 기업특유의 우위요소, ii) 내부화 우위요소, iii) 입지특유의 우위요소가 있을 때 해외직접투자를 하게 된다고 설명하였다.

기업특유의 우위요소(ownership-specific advantage)란 현지에서 경쟁

3) P. J. Buckley & Casson M., *The future of Multinational Enterprise* (London: Macmillan, 1976).

표 8-1 절충이론의 우위요소

우위요소	내 용
기업특유 우위	독점적 기술, 특허 독점적 경영노하우 및 경영자원 원료와 시장에서의 유리한 접근
내부화 우위	거래비용 감소 정부규제의 회피 가격차별과 이전가격 가능
입지특유 우위	현지의 생산자원 활용 현지의 시장 활용 정부의 지원

적 우위를 갖게 하는 그 기업만의 기술, 특허, 노하우 등의 독점적 자산을 말한다.

내부화 우위요소(internalization advantage)란 기업이 자사가 보유하고 있는 우위요소를 외부시장을 통하여 이용하기보다는 내부화하여 직접 활용함으로써 얻을 수 있는 우위요소를 말한다.

입지특유의 우위요소(location-specific advantage)란 투자를 받아들이는 데 있어서 특정 투자대상 현지국이 갖는 장점을 말한다.

절충이론은 위 세 요소의 글자를 따서 OLI 패러다임이라고도 하는데, 독점적 우위이론의 독점적 우위와 내부화이론의 내부화 우위에다 입지특유 우위를 추가한 것이다. 더닝은 독점적 우위요인만으로 보았을 때 기업이 수출, 라이센싱도 할 수 있는데, 왜 하필 해외직접투자를 하는지에 대한 설명을 할 수 없다는 점에서 독점적 우위이론으로는 부족하고, 내부화 요인만을 보았을 때 왜 어느 특정 국가로 진출하느냐를 규명할 수 없다는 점에서 내부화이론만으로도 부족하기 때문에, 기업특유 우위, 내부화 우위, 입지특유 우위 세 요소를 포함해야만 해외직접투자를 완전하게 설명할 수 있다고 주장하였다.

절충이론은 해외직접투자에 대한 여러 주요 이론들의 설명력을 포괄하는 유용한 이론으로 평가된다. 반면에 독자적인 설명력을 가진 이론이라기보다는 문자 그대로 여러 이론의 절충에 불과하다는 비판을 받고 있다.

2.4 제품수명주기이론

제품수명주기이론(product life cycle theory)은 버논(R. Vernon)이 제품의 수명주기에 기초하여 해외직접투자와 무역의 발생을 설명한 이론이다.[4) 제품이 생성되어 소멸되기까지 신생기, 성숙기, 표준화기의 단계를 거치게 되고, 이러한 각 단계에서의 최적의 생산입지와 수요지역이 달라지게 되어 해외직접투자가 발생하게 된다는 것이다.

① **신생제품기**(new product stage) 신제품은 새로운 제품을 만들 수 있는 기술과 신제품에 대한 잠재적인 수요를 가진 선진국에서 처음 출현하게 된다. 제품출현후 일정기간까지는 제조기술이 가변적인 상태에서 제품과 생산공정 개량과 이를 위한 기술이 필요하므로 선진국내에서 생산하게 된다.

② **성숙제품기**(maturing product stage) 성숙제품기에 이르게 되면 생산체제가 안정된다. 시장이 확대되어 수요가 안정되고, 생산체제도 안정되는 가운데 대량생산에 의한 규모의 경제를 추구하게 된다. 해외에서도 수요가 증가함에 따라 수요가 많은 여타 선진국에서 생산하기 위한 국제투자가 이루어진다. 해외투자를 하는 이유는 주로 판매가격이나 생산원가 및 부대비용을 감안하여 현지에서의 생산이 수출보다 더 큰 이윤을 가져오거나, 여타 선진국에서의 모방생산이나 이들 국가의 무역장벽에 대응하기 위해서이다.

③ **표준화제품기**(standardized product stage) 표준화제품기에는 제품이나 생산공정이 표준화되어서 세계 어느 곳에서 생산하나 제품에 큰 차이가 없다. 이때는 가격이 경쟁력의 가장 중요한 요소로 되고, 따라서 저임금국이 가장 유리한 생산입지로 되어 선진국이나 여타 선진국의 기업은 해외직접투자를 하여 개발도상국으로 생산지를 이전하게 된다.

제품수명주기이론에 의하면 성숙제품기와 표준화제품기에 선진국에서 여타 선진국 또는 개발도상국으로의 해외직접투자가 발생할 수 있음을 설명하고 있다. 그런데 현대에는 다국적기업들이 해외직접투자로 서로 상대국에 진출하고, 신제품이 출시될 때도 전세계의 본·자회사에서 동시적으

---

4) R. Vernon, "International Investment and International Trade in Product Cycle," *Quarterly Journal of Economics*(May 1966). pp. 197-207.

그림 8-2 제품수명주기에 따른 무역패턴과 해외직접투자

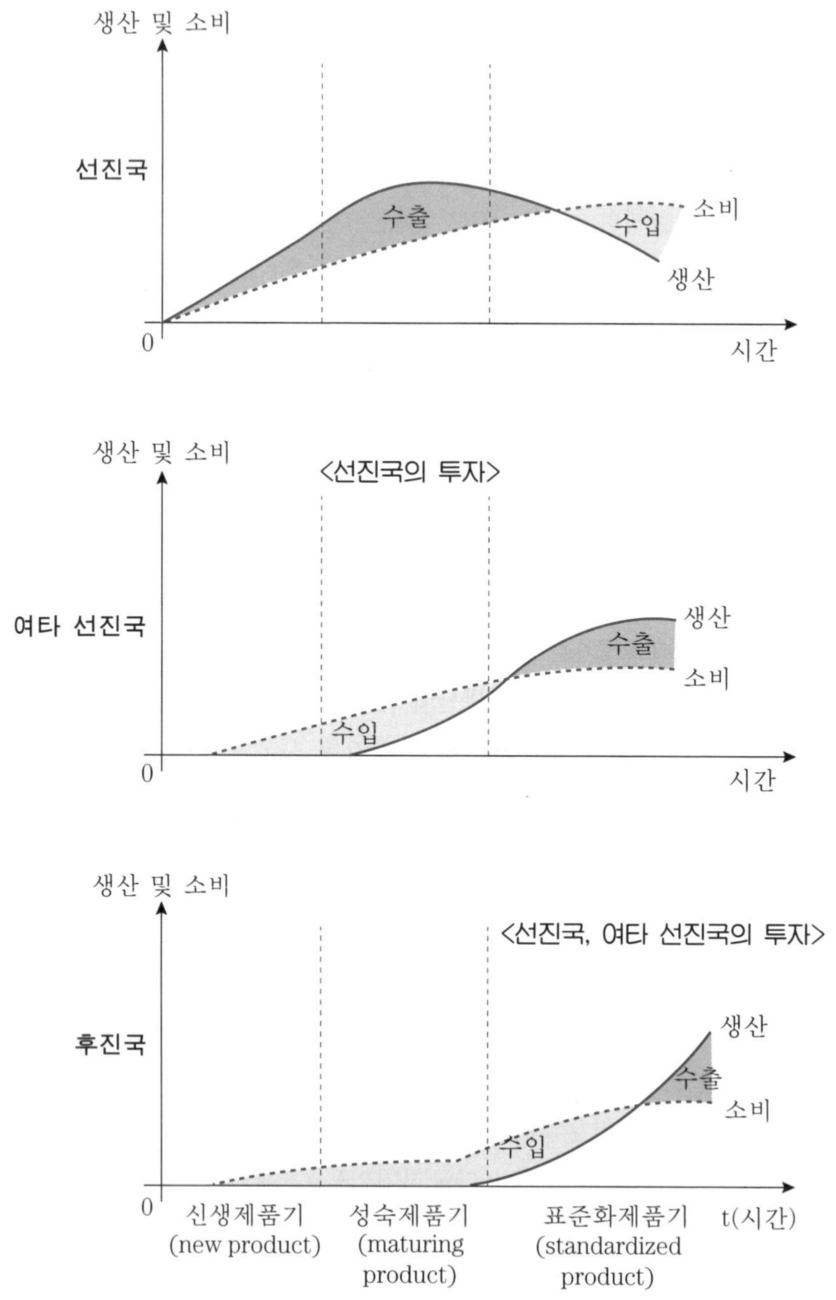

로 생산 및 판매를 하는 경우가 많기 때문에 이 이론의 설득력은 그리 크다고 할 수 없다.

2.5 과점적 반응이론

니커보크(F. Knickerbocker)는 과점시장(oligopolistic market)에서의 기업들이 해외직접투자에서 보이는 특유한 행태에 착안하여 과점적 반응이론(Oligopolistic Reaction Theory)을 제시하였다.5)

몇몇 소수의 기업으로 구성되는 산업에서는 기업들이 상호 반응하기 때문에 어느 한 기업이 해외에 투자를 하게 되면 다른 기업도 해외에 투자를 하게 된다. 즉, 선도기업(leader)의 해외직접투자라는 행위(action)를 하게 되면 추종기업(follower)도 이에 대응(reaction)하여 해외직접투자를 하게 된다는 것이다. 이러한 결과로 기업들이 특정 지역에 함께 몰려서 해외투자를 하게 되는 현상을 보이게 되는데 이를 밴드왜건효과(bandwagon effect)라고 한다.

만약 한 기업이 해외에 진출하였을 때 그 기업의 해외진출이 성공적이면 이 결과로 다른 기업은 경쟁에서 불리해질 수 있다. 그러나 다른 기업도 따라서 같이 해외에 나간다면 해외시장에서 성공하든 실패하든 기업간의 판세에는 영향을 주지 않을 것이기 때문에 선두기업에 기선을 내준 추종기업의 입장에는 같이 해외로 나가는 것이 최적전략이 될 수 있는 것이다. 이 이론은 선도적 기업의 최초 해외투자에 대해서는 설명을 하지 못하는 한계가 있다.

---

5) F. T. Knickerbocker, *Oligopolistic Reaction and the Multinational Enterprise*(Boston, Mass: Harvard University Press, 1973).

제 2 절 다국적기업

1. 다국적기업의 정의

다국적기업은 여러 나라에 걸쳐 경영활동을 하는 기업이다. 다국적기업은 본국 이외의 국가에 현지법인으로서의 제조 또는 판매회사를 갖고 있으며, 본사의 전략에 따라 현지회사들이 활동하며, 자본, 인력, 기술 등의 제반자원을 공동의 풀(pool)로 사용하는 가운데 국제적인 조직체제속에서 운영되는 기업이다.[6)]

그런데 실제 다국적기업의 범주를 명확하게 정하기는 어렵다. 국내기업도 어느 정도는 외국과 관련된 경영활동을 할 수 있으므로 외국에서의 경영활동이 어느 정도 또는 어떠한 내용으로 이루어질 때 다국적기업이라고 할 수 있는지를 규정하기가 쉽지 않기 때문이다. 이러한 다국적성에 대하여 해외사업운영 국가의 수, 매출, 생산, 자산, 고용 등에서 해외사업이 차지하는 비중, 모기업 주주들의 국적분포, 최고경영자들의 국적 등 다양한 기준이 있을 수 있고, 어떤 기준을 사용하느냐에 따라 다국적기업의 범주가 달라지게 되는 것이다. 그래서 학자들이 여러 가지 형태의 정의를 하고 있으나, 아직까지는 다국적기업에 대한 통일된 기준이나 일반화된 정의는 없는 상태이다.

다국적기업은 그 경제활동규모가 매우 커서 연간 매출액이 어지간한 국가의 국내총생산(GDP)보다 많을 정도이다. 상품무역에서는 세계 500대기업의 무역이 세계무역의 약 3/4을 차지하고 있고, 서비스무역에서는 세계 500대기업의 무역이 세계무역의 약 4/5를 차지하고 있다. 또한 세계무역의 약 1/3 이상이 이러한 다국적기업의 본지사간 또는 지사 상호간의 기업내무역으로 이루어지고 있다.

6) 다국적기업을 부르는 용어도 다양하다. 일반적으로 많이 사용되는 용어로 다국적기업(multinational enterprise, multinational company), 국제기업(international company), 초국적기업(transnational company, supranational company), 세계기업(global company) 등이다.

2. 다국적기업의 유리한 점

다국적기업이 존재하고 발전하는 이유는 다국적기업이 갖는 유리한 점들이 있기 때문이다. 다국적기업이 가질 수 있는 유리한 점들은 대개 다음과 같다.

첫째, 세계의 각 지역의 특성을 이용하여 보다 효율적인 경영을 할 수 있다. 다국적기업은 세계에서 가장 싸게 만들 수 있는 곳에서 생산을 하고, 세계에서 가장 비싸게 팔 수 있는 곳에서 판매를 하며, 가장 저렴한 비용으로 차입할 수 있는 지역에서 자본을 조달하며, 양질의 기술인력이 있는 곳에서 제품개발을 하며, 이익을 극대화할 수 있는 지역에 자원과 자산을 이전하며, 세금을 최소화 할 수 있는 지역에 이익을 집중시키는 등 국내기업으로서는 가질 수 없는 이점을 누릴 수 있다.

둘째, 해외의 원료와 시장을 안정적으로 확보할 수 있다. 다국적기업은 해외의 원료나 중간재 생산단위를 기업내에 흡수함으로써 원자재의 안정적인 확보와 이윤을 증대시킬 수 있고, 현지법인을 통하여 해외시장을

표 8-2 세계의 대기업

2019년 (단위: 백만 달러)

순위	기업	매출액	순위	기업	매출액
1	Walmart	500,343	11	Apple	229,234
2	State Grid	348,903	12	**Samsung Electronics**	211,940
3	Sinopec Group	326,953	13	McKesson	208,357
4	China National Petroleum	326,008	14	Glencore	205,476
5	Royal Dutch Shell	311,870	15	UnitedHealth Group	201,159
6	Toyota Motor	265,172	16	Daimler	185,235
7	Volkswagen	260,028	17	CVS Health	184,765
8	BP	244,582	18	Amazon.com	177,866
9	Exxon Mobil	244,363	19	EXOR Group	161,677
10	Berkshire Hathaway	242,137	20	AT&T	160,546

자료: Fortune, *http://fortune.com/global500/*

직접 관리함으로써 기업의 독점력을 유지할 수 있을 뿐만 아니라, 제품의 질을 유지하고 현지실정에 맞게 제품을 개량할 수 있다.

셋째, 규모의 경제에 따른 이익이다. 다국적기업은 경영활동의 규모가 크기 때문에 규모의 경제에 따른 이익을 누릴 수 있고, 생산, 금융, 연구개발 등의 업무를 특성별, 지역별로 분화하여 분업과 특화에 따른 이익을 가져올 수 있다.

넷째, 본사나 한 자회사에서 개발된 기술이나 경영노하우를 추가비용 없이 다른 자회사에서 사용할 수 있으며, 정보의 측면에서도 한 자회사가 구축한 정보를 다른 모든 자회사들이 함께 사용할 수 있다.

3. 다국적기업이 국가에 미치는 영향

3.1 본국에 미치는 영향

1) 긍정적인 영향

(1) 국민소득의 증대

해외에서의 사업이 기업의 이윤을 향상시키고, 기업의 이윤증대는 주주와 기업 종사자들의 소득을 증대시키기 때문에 해외에서의 소득을 감안하면 국민소득이 증가된다. 달리 말하면 자본의 한계생산력이 높은 해외에 투자함으로써 자본가들의 자본수익이 증가하고 이에 따라 국민소득이 증대되는 것이다. 물론 해외로의 투자가 국내생산을 감축시키고 국내에서의 노동소득 및 자본소득을 감소시키게 되므로 해외에서의 소득증가가 국내에서의 소득감소보다 작다면 국민소득이 감소할 수도 있다.

(2) 해외경제자원의 확보

기업이 필요로 하는 천연자원과 원자재가 풍부한 현지에 진출하여 이를 직접 개발 조달함으로써 안정적인 공급기반을 마련할 수 있고, 노동력이 풍부한 지역에 진출함으로써 생산비용을 절감할 수 있다.

(3) 국내사양산업의 해외이전

국내에서 경쟁력을 상실한 부문을 해외투자를 통하여 해외에 이전함으로써 기업과 산업의 구조조정에 따른 문제를 완화할 수 있다. 경우에 따라서는 국내 설비나 생산라인을 해외로 이전하여 사용하는 등 국내에서 사용하던 기업자원을 해외에서 활용할 수 있다.

(4) 관련 산업의 수출과 생산 및 고용 증대

해외자회사가 필요로 하는 부품이나 중간재를 본국에서 공급하는 경우, 이들 부품 및 중간재 산업에서의 수출증가에 따라 본국의 생산과 고용이 늘어날 수 있다.

(5) 국제수지의 개선

해외투자수입의 본국송금, 관련산업의 수출증가로 인한 외환유입 등은 국제수지에 긍정적인 효과를 가져올 수 있다.

2) 부정적인 영향

(1) 국내생산감소

해외에 투자가 증가하여 국내에 투자가 줄게 되면 국내생산이 줄어들게 된다. 본국에서의 수출이 현지생산으로 대체된다면 수출량만큼 생산이 감소되겠지만, 해외에서 생산하여 국내로 반입하게 되면 국내생산은 더욱 크게 감소하여 국내에서는 산업공동화현상이 발생할 수도 있다.

(2) 국내고용의 감소

국내에서 생산이 감소하게 되면 국내 고용도 줄게 된다.

(3) 국내자본의 감소

자본이 해외로 유출됨에 따라 국내 가용자본이 줄어들게 된다.

(4) 국제수지의 악화

해외투자는 본국의 국제수지를 개선할 수도 있고 악화시킬 수도 있는데, 자본의 해외유출은 금융계정수지를 악화시키고 해외생산으로 수출이 줄게되면 무역수지를 악화시킨다.

(5) 본국정책과의 마찰

본국의 정책과 기업활동간에 이해관계가 서로 배치되는 경우가 발생하기도 한다. 예로서, 국가가 외화자금이 부족할 때 기업이 해외자금유출을 해야 하는 경우, 본국이 경제제재조치를 행하고 있는 국가에 대해서 기업이 사업진행을 하는 경우, 본국의 세금을 피하기 위하여 국내로 이익송금을 하지 않거나, 조세회피지역을 이용하여 본국의 세금을 회피하는 경우 등 다양한 경우에 본국과 다국적기업간에 마찰과 갈등이 발생할 수 있다.

3.2 현지국에 미치는 영향

1) 긍정적인 영향

(1) 자본유입과 투자증대

다국적기업의 현지진출은 현지에 자본과 투자를 증대시킨다. 특히, 개발도상국의 경우는 만성적인 자본부족을 완화시켜 줄 수 있다.

(2) 생산의 증대

다국적기업의 현지투자는 생산을 증가시키고 경제성장에 기여한다.

(3) 고용의 증대

다국적기업의 현지투자로 생산이 증가함에 따라 고용이 증가한다. 특히, 개발도상국의 경우는 유휴노동력이 많기 때문에 고용증대효과가 클 수 있다.

(4) 기술의 유입

기술이나 경영관리능력에서 앞선 다국적기업의 현지경영은 이들의 기술과 경영관리 노하우를 현지국에 전파하게 된다.

(5) 국민소득의 증대

다국적기업의 현지투자로 인한 생산증가, 고용증대, 기술발전 등과 함께 국민소득도 증가하게 된다.

(6) 국제수지의 개선

다국적기업에 의한 현지생산이 현지국의 수입을 감소시켜 국제수지를 개선시키게 되고, 또 현지 생산된 상품을 본국 또는 제3국에 수출하는 경우에 국제수지를 개선시킨다.

2) 부정적인 영향

(1) 국내기업발전 저해

다국적기업은 기술, 자금, 경영관리 등 여러 측면에서 강한 경쟁력을 갖춘 경우가 많기 때문에 경쟁력이 약한 현지국기업은 시장을 빼앗기거나 자생적으로 육성될 수 있는 기반을 상실할 수가 있다.

(2) 자연환경의 파괴

선진국에 비하여 공해 및 자연환경보존에 규제가 약한 개발도상국에 선진국의 공해산업을 이전하거나, 공해발생방지나 자연보존을 위한 조치를 하지 않음으로써 환경을 파괴하는 경우가 있다.

(3) 부존자원의 고갈

석유, 광물, 임산물 등의 채취산업에서 이들 천연자원의 확보를 위한 해외진출이 많은데 외국기업의 과다채취로 자원이 고갈되는 경우도 있다.

(4) 경제주권의 약화

외국기업은 자국민기업에 비하여 국가에 덜 속박된다. 외국기업이 현지국의 경제정책을 따라주지 않을 경우에는 그만큼 현지국 정부의 경제관리력이 약화된다. 특히 현지국이 개발도상의 약소국이고 다국적기업이 그 국가내에서 큰 영향력을 행사할 수 있는 경우에는 국가의 경제주권이 위협받는 경우도 발생하게 된다. 다국적기업은 기업의 이권을 위해서 정부관리에 뇌물을 제공하거나 정치인에 정치자금을 제공하기도 하고, 경우에 따라서는 본국의 힘을 빌리기도 한다.

(5) 국제수지의 악화

다국적기업은 현지국에 국제수지를 좋게 하는 측면만 있는 것이 아니라 나쁘게 하는 측면도 있다. 본국으로 과실송금을 과다하게 하거나 생산과정에서 부품 및 중간재 수입을 과다하게 하는 경우 현지국의 국제수지를 악화시키는 요인이 된다.

(6) 이전가격 조작

다국적기업은 자사계열과의 기업내 거래에서 거래가격을 정상가격보다 높거나 낮게 책정함으로써 관세나 조세를 포탈하기도 한다.[7]

7) 이전가격에 대해서는 제10장 4.2 참조.

주요용어

- 독점적 우위
- 내부화
- 제품수명주기
- 신생제품기
- 성숙제품기
- 표준화제품기
- 과점시장
- 다국적기업

연습문제

1. 독점적 우위이론에 대하여 설명하시오.
2. 내부화이론에 대하여 설명하시오.
3. 절충이론에 대하여 설명하시오.
4. 과점적 반응이론에 대하여 설명하시오.
5. 다국적기업을 정의하시오.
6. 다국적기업이 국내기업보다 유리한 점을 논술하시오.
7. 다국적기업이 현지국에 미치는 영향을 논술하시오.

제 9 장

국제경영환경

제 1 절 문화적 환경

1. 문화와 국제경영

국제경영환경은 외국 그 자체의 환경을 말하는 것이 아니고 국제경영기업이나 국제경제활동 행위자가 외국인으로서 갖게 되는 환경을 말한다. 이러한 환경요인으로서 중요한 부분 중의 하나가 문화적 환경이다.

문화는 어느 집단의 사람들이 공유하는 생활양식이다. 같은 문화속에 있는 사람들은 가치관, 신념, 규범 등을 공유하게 된다. 또, 문화는 의식주를 비롯하여 언어, 풍습, 종교, 학문, 예술, 기술, 법, 도덕 등 생활의 전 영역을 지배하게 된다. 문화는 사람의 내면에 자리잡고 바탕에 잠재된 상태에서 작용하는 것들이 많아서 뚜렷이 지각하지 못하는 가운데 실제로는 큰 영향을 미치게 된다.

국경이 반드시 문화의 경계가 되는 것은 아니다. 문화는 큰 범주로 나누면 국가단위 이상의 권역으로 나누어질 수도 있고, 반대로 작은 범주로 나누게 되면 한 국가내에도 여러 개의 다른 문화권역이 있을 수 있다. 예를 들면 헌팅턴(S. P. Huntington)은 문명의 충돌(The Crash of Civilization)에서 세계를 8개의 문화권역으로 나누어 미래의 세계발전과 문화의 문제를 다루고 있다.[1] 이 8개의 문화권역에서 같은 문화권역에 있다 하더라도 국가나 민족마다 문화가 다르다. 또, 같은 국가라고 하더라도 미국은 수많은 인종과 민족들로 구성되어 있고, 중국도 50여 개에 달하는 다른 민족들로 구성되어 있다. 미국, 중국같이 큰 나라가 아니라 작은 나라라 할지라도 동부지역문화, 서부지역문화, 남부지역문화 등과 같이 나누어지기도 하고, 백인문화, 흑인문화, 한인문화와 같이 나누어지기도 하며, 대학문화, 기업문화, 지식인문화, 노동자문화, 음주문화 등으로 나누어지기도 한다. 이와 같이 문화에는 수많은 차원에서 셀 수 없이 다양한 문화권역이 존재함을 알 수 있다.

1) S. P. Huntington, *The Crash of Civilization*(Touchstone: New York, 1996), pp. 45–59.

문화의 변화속도는 느리다. 세계화의 진전에 따라 지금 세계 어느 곳이나 사용되는 생산기술이 같아지고, 금융시장은 통합되어 가고 있으며, 국가를 달리한다고 해도 경영방법이 그리 많이 달라지지 않게 되었다. 각국의 정치, 경제, 사회적인 환경이 유사해져 감에 따라 이들 영역은 국제경영에서 고려해야 할 사항으로서의 중요성이 점차 줄어들고 있는 것이다. 이에 비하여 문화는 변화의 속도가 느려서 앞으로 세계화가 더 많이 진행된 이후에도 각 문화마다의 특성을 유지하고 있을 것이기 때문에 국제경영에 있어서 문화의 중요성은 그만큼 크고, 또 오랫동안 유지될 것이다.

국제경영에서는 문화의 차이를 인지하고 이해하여 이에 맞추어 적절하게 판단하고 행동하는 것이 중요하다. 또한 국제경영활동과정에서 필요한 경우에는 그 문화를 습득하여 그 문화의 일원이 될 수도 있다. 문화는 선천적인 것이 아니라 후천적으로 학습되어지는 것이기 때문이다.

2. 국제경영에서 고려해야 할 문화의 주요 요소

문화의 다양한 요소 가운데 국제사업 과정에서 고려해야 할 중요한 요소들은 다음과 같다.

1) 가 치 관

가치관이란 사람이 세상의 대상들에 대하여 갖는 평가의 근본적 태도이다. 정직, 신의, 자유, 책임 등과 같이 가치판단적인 제반 대상에 대하여 무엇이 중요하고 어떠한 상태이어야 한다는 생각이다.

개인이나 집단에 있어서 서로 다른 두 개의 가치관이 동시에 양립할 수 없기 때문에 서로 다른 가치관이 만나게 되면 혼동과 갈등이 발생하게 된다. 예를 들면, 서구문화와 이슬람문화는 여성의 삶의 양식이 다르다. 그래서 유럽에서는 히잡(hijab)을 쓰고 다니는 여성이 테러의 대상이 되는 반면에 중동국가들에서는 바지를 입고 다니는 여성이 처벌의 대상이 된다. 미국에서는 심각한 죄의식없이 마약을 사용하기도 하지만, 중국에서 마약을 사용하고 사형을 당하기도 한다. 유럽에서는 너무나 자연스러운 음주가 중동에서는 처벌의 대상이 된다. 서구문화에서는 일상화된 성적 노출과 유희는 이슬람문화에서는 불경하고 인성모독으로 간주된다.

2) 태 도

태도는 어떤 상황이나 사물에 대하여 취하는 자세이다. 태도는 어떤 대상에 대하여 갖는 호·불호의 감정, 평가, 경향이라고도 할 수 있다.

하나의 예로서 시간에 대한 태도를 보면 중남미국가들이나 동남아지역에서는 미국이나 유럽지역에 비하여 약속시간을 엄정하게 지키지 않는다. 동남아 지역에 진출한 서양기업들의 현지관리자는 모든 작업이 시간에 따라 움직이기를 원하지만 현지에서 일을 하다보면 인간이 설정한 시간에 정확하게 맞추어 조업을 하려고 애쓰는 것은 좋은 방법이 아님을 곧 알게 된다. 폭우, 홍수 등 자연이 만들어내는 예측할 수 없는 상황들 때문에 시간대로 진행되기가 어려운 경우가 많기 때문이다.

또 일에 대한 태도로서 미국사람은 일하기 위해 살고, 프랑스 사람은 살기 위해 일한다는 유머는 같은 서구사람들간에도 일에 대한 태도가 다름을 보여주는 것이다.

3) 매 너

매너는 일상생활에서 처신하는 모양 또는 예의와 절차를 말한다. 유교권 문화에서는 연장자를 앞세우는 반면, 서구문화에서는 여성을 앞세운다. 회교문화권에서 왼손으로 음식을 건네준다는 것은 대단한 실례이다. 왼손은 화장실에서 사용하는 손이기 때문이다. 서양에서는 식사중에 소리내면서 먹으면 실례이고 식탁에서 코를 풀면 실례가 아니지만, 동양에서는 그 반대이다.

4) 미적감각

문화마다 미추의 감각, 또는 호·불호의 감각이 다르다. 사람들은 미술, 음악, 춤, 드라마, 냄새 등에 있어서 어떤 것은 좋아하고 어떤 것은 싫어한다. 그런데 이것은 문화권마다 다르다. 중국사람들은 유달리 붉은 색을 좋아하는 반면 중동국가들에서는 초록색을 좋아한다. 한국사람들은 서양사람들의 노린내를 싫어하지만, 서양사람들은 한국사람들의 마늘냄새를 싫어한다.

5) 관 습

관습은 예로부터 내려오는 집단적인 행동양식이다. 서양에서는 크리스마스가 가족이 함께 하는 휴일이 되고, 극동에서는 설과 추석이 가족이 함께 하는 휴일이 된다. 이와 같이 생일, 결혼, 장례, 축제 등에 있어서 국가나 지역마다 독특한 풍속과 관습이 있다.

6) 사회구조

사회구조는 개인이 행동하고 활동할 수 있는 범위나 양식을 정하여주는 집단, 제도, 조직 등의 사회적 틀을 말한다.

먼저, 사회집단의 측면에서 사회의 기본조직단위로서 가족이 있다. 가족제도는 크게 두 가지 부류로 나누어진다. 하나는 핵가족제도이고, 다른 하나는 대가족제도이다. 핵가족제도는 산업화된 서구사회에서 일반적인 반면, 대가족제도는 아시아, 북아프리카, 라틴아메리카 등 개발도상국들에서 널리 분포되어 있다. 대가족제도의 사회에는 족벌주의(nepotism)가 많으며, 기업경영에 있어서 친척이 함께 기업경영을 하거나, 서로 연계하여 거래관계를 형성하는 경우가 많다.

다음으로, 사회계층은 집안, 직업, 수입 등을 중심으로 아래 위로 계층화되는데, 인도와 같은 계급사회에서는 집안이 중요시되고, 유교권의 문화에서는 사농공상의 전통에 따라 직업이 중요시 되며, 자본주의가 발전한 사회에서는 수입이 중요한 요소로 되는 경향이 있다.

다음으로, 사회계층이동 측면에서 신분제사회에서는 선천적으로 개인의 사회적 위치는 타고 나는 것이기 때문에 이동성이 작다. 그러나 부와 수입을 중시하는 자본주의 사회에서는 개인이 살아가는 동안에 경제력을 변화시킬 수 있기 때문에 계층이동성이 크다.

7) 종 교

종교는 사람들의 가치관과 신념을 형성하는 중요한 요소이다. 사람들에 있어서 종교적인 문제는 매우 깊고도 민감한 문제이기 때문에 신중하게 접근해야 할 영역이다. 세계의 주요 종교로는 불교, 가톨릭, 개신교, 정교회, 회교, 힌두교, 유태교 등이 있다. 종교에 따라 개인의 생활태도, 작업시간과 방식, 제품소비 등이 달라지며, 사회의 생활풍습이나 축제 등이 연관되어 있어 종교는 경제활동에 큰 영향을 준다.

기독교의 경우 크리스마스 때, 회교의 경우 라마단 기간에는 정상적으로 비즈니스 활동을 하기가 어렵다. 이러한 크리스마스나 라마단 기간에는 생산활동을 하기는 힘든 반면에, 연중 소비재 매출액은 가장 많다. 또 힌두교에서는 쇠고기를 먹지 않으며, 회교와 유대교에서는 돼지고기를 먹지 않는다.

8) 의사소통

의사소통은 외국의 사람들과 비즈니스를 하는 데 가장 중요한 부분이다. 당사자간에 말이 다른 경우는 말할 것도 없고, 같은 말을 쓰는 경우라도 문화권이 달라지게 되면 의사소통을 방해하는 요인들이 많아지게 된다.

■ 언어 국제경제활동에서는 영어가 거의 공용어로 되어 있다. 그래도 비영어권에서 현지인들이 모두 영어를 할 수 있는 것이 아니기 때문에 최소한 현지 언어를 어느 정도 할 수 있어야 한다. 세계의 언어는 수천종에 이르지만 영어, 스페인어, 불어, 독어, 중국어, 이슬람어, 러시아어 등 몇 개 주요 언어이면 세계 대부분의 지역에서 의사소통이 가능하다. 또한 인도, 말레이시아, 캐나다, 스위스, 벨기에 등과 같이 한 국가내에 여러 언어가 사용되는 국가도 있다.

현재 세계에서 영어를 모국어로 쓰는 인구는 약 4억명이며, 제1외국어로 사용하는 인구수는 5억명 정도이다. 그런데 1990년대 이후 중국, 러시아, 동구 그리고 회교권국가에 이르기까지 많은 개발도상국들이 영어를 배움으로써 영어사용인구가 급속하게 늘고 있다. 의사소통이 가능한 수준에서 현재는 영어인구가 세계인구의 1/4 정도인데, 조만간 1/3 정도로 늘어날 것으로 보고 있다. 현재 세계 인터넷정보의 70-80%가 영어로 된 정보이다. 세계화와 정보통신의 발전으로 인하여 영어사용이 확대되고 있다.

■ 몸짓(body language) 사람들의 의사소통에 있어서 소리언어의 역할은 30-40%에 불과하고, 표정이나 몸짓 등에 의하여 전달되는 부분이 더 크다. 언어가 다른 사람들간에는 이러한 비언어 의사소통수단이 더욱 큰 몫을 차지할 수 있다. 그런데 문화권을 달리함에 따라 이러한 몸짓표현도 그 의미가 달라짐을 유의하지 않으면 안 된다. 한국과 일본에서는 손위

의 사람에 대하여 정면으로 응시하지 않는 것을 예의라고 생각하지만, 서구사람들은 이러한 모습에 대하여 무엇을 감추거나 정직하지 못한 무엇이 있다는 느낌을 갖게 된다. 악수하면서 고개까지 숙이는 한국이나 일본사람들은 자신이 예의상 그렇게 한다고 생각하지만, 서구사람들은 이러한 몸짓에 대하여 비굴하다고 느끼게 된다. 활발하게 제스처를 곁들여 말하는 이태리나 프랑스 사람들은 자신은 자연스러울 뿐 전혀 의식하지 못하지만 이를 보는 한국이나 일본사람들은 경망스럽다고 느끼거나 매우 활발한 사람이라고 생각하기 쉽다.

9) 교　　육

교육수준이 높은 지역의 경우에는 대체적으로 기술수준과 생산성이 높고 경제적으로 높은 소득과 사회적 안정성을 갖게 된다. 대체로 교육수준이라고 하면 서구식 교육을 의미하는 경우가 많고, 현재 세계의 삶의 양식과 경제활동이 서구문명의 방식으로 일반화되고 있기 때문에, 교육수준이 높은 지역은 낮은 지역에 비하여 외국인의 입장에서 경제활동을 하기에 유리한 면들을 갖고 있다.

3. 문화 차이에 대한 연구

국제경영환경에서 문화적인 차이에 대한 연구는 오래전부터 있어 왔다. 이러한 연구로서 잘 알려진 것이 홉스테드 연구이다.

홉스테드 연구

홉스테드(Geert Hofstede)는 네덜란드의 심리학자로 IBM 회사 세계 40개국 10만명의 종업원을 대상으로 국가별로 문화적인 성향을 연구하였다. Hobstede는 다음 4가지 차원에서 문화적인 성향을 검토하였다.

① **개인주의/집단주의**　개인주의 성향이 높은 국가에서는 개인의 성취와 자유를 높게 생각하는 반면에 집단주의 성향이 높은 국가에서는 집단에 대하여 충성을 보인다. 미국, 영국은 개인주의 성향이 강하고, 중남미국가들, 파키스탄, 대만, 한국 등은 집단주의 성향이 강한 것으로 나타나고

있다.

② **권력간격** 권력의 위와 아래간에 격차가 얼마나 큰가를 말한다. 권력간격이 클수록 권력의 불평등에 익숙하여 이를 쉽게 수용하며, 작을수록 평등한 권력관계에 익숙하다. 필리핀, 말레이시아, 파나마 등은 권력간격이 크고, 오스트리아, 이스라엘 등은 작은 것으로 분류하고 있으며, 한국은 중간으로 분류하였다.

③ **남성적/여성적** 남성적 문화에서는 남녀간에 역할분담이 분명하고 성취, 도전, 물질적 성공에 가치를 두는 반면에, 여성적인 문화는 관계중시, 남에 대한 배려, 협력, 무난하게 잘사는 것 등에 가치를 둔다. 일본은 남성적 국가인 반면, 스칸디나비아 국가들은 여성적 국가로, 그리고 한국은 중간정도로 구분하고 있다.

④ **불확실성회피** 불확실성회피는 불확실한 것을 참지 못하는 정도를 나타낸다. 불확실성회피성향이 높은 문화에서는 무엇이든 고정되고 확실한 것을 선호한다. 이 문화에서는 견고한 건축물을 짓거나 성문법률을 제정한다. 반면에 이 불확실성회피성향이 낮은 문화에서는 변화와 새로운 아이디어에 개방적이다. 견고한 건물을 짓기보다는 간편한 건물을 짓고 고정된 법률의 제정보다는 관습에 따라 사는 방식을 좋아한다. 예를 들면, 불확실성회피성향이 높은 문화에서는 종업원은 관리자가 분명한 지시를 내려줄 것을 원하는 반면, 낮은 문화에서는 종업원은 관리자가 일일이 지시하는 것을 싫어한다. 그리스, 포르투갈, 일본, 한국 등은 불확실성회피성향이 높은 국가인 반면에 싱가포르, 덴마크, 스웨덴 등은 불확실성회피성향이 낮은 국가로 분류하고 있다.

홉스테드연구는 각국의 문화적인 차이를 계량적으로 측정하였다는 점에서 의의가 있으나 그 정확성에 있어서는 의문이 있을 수 있다. 연구의 표본을 각국의 IBM 직원들을 대상으로 조사하였는데 이들이 그 나라 사람들의 성향을 대표하기는 어렵다. 이 연구결과를 참고할 수는 있지만 현실에 그대로 적용하여 사용하기에는 다소 무리가 있다.

제 2 절 정치적 환경

1. 정치적 환경과 국제경영

국제경영에서 정치적 환경이란 외국기업 또는 외국의 경영자가 그 나라와의 관계에서 갖게 되는 정치적, 법적, 제도적인 환경을 말한다. 만약 본국과 상대국간에 전쟁이 곧 발생할지도 모르는 상황이라면 외상수출을 하는 것은 대금상실의 위험을 감수하여야 한다. 또 상대국에서 각종 테러나 납치사태가 발생하고 있다면 현지에 직원을 파견을 하는 것은 재고하여야 할 것이다.

정치체제나 제도는 국가마다 다르다. 이러한 정치체제나 제도는 그 나라와 관련된 경제활동과 거래에 영향을 미치게 된다. 외국에서 경제활동을 할 때는 그 나라의 정치적, 법적, 제도적 환경에 맞추어 하지 않으면 안 된다.

1) 국가의 정치체제

정치체제는 민주주의(democracy)와 전제주의(autocracy)로 나눌 수 있다.[2] 그리고 민주주의도 자유민주주의(liberal democracy)와 사회민주주의(socialism democracy)로 나누어진다. 오늘날 대부분의 국가가 주권이 국민에게 있다는 명분하에 민주주의를 표방하고 있지만 실제로는 전제주의적인 성향이 강한 국가도 많이 있다. 그리고 제2차 세계대전 이후 소련을 중심으로 사회주의 국가들이 많았으나 1990년대 들어오면서 대부분의 사회주의 국가들이 자본주의로 체제전환을 함으로써 오늘날에 사회주의 정치체제를 유지하고 있는 국가는 북한과 쿠바 등 몇몇 국가뿐이다.

민주주의 국가의 경우에는 권력이 분산되어 있고, 법과 제도에 따르기

---

2) 민주주의란 국민 다수의 의사가 정치를 결정하는 것을 이상으로 삼는 사상, 또는 그것을 보장하는 정치제도, 정치운영 방식이다. 반면에, 전제주의는 군주, 귀족, 독재자, 정당 등 어느 것을 막론하고 지배자가 국가의 모든 권력을 장악하여 아무런 제한없이 그 권력을 사용하는 정치체제이다.

그림 9-1 각국의 정치안정성 수준 〈2017년 기준〉

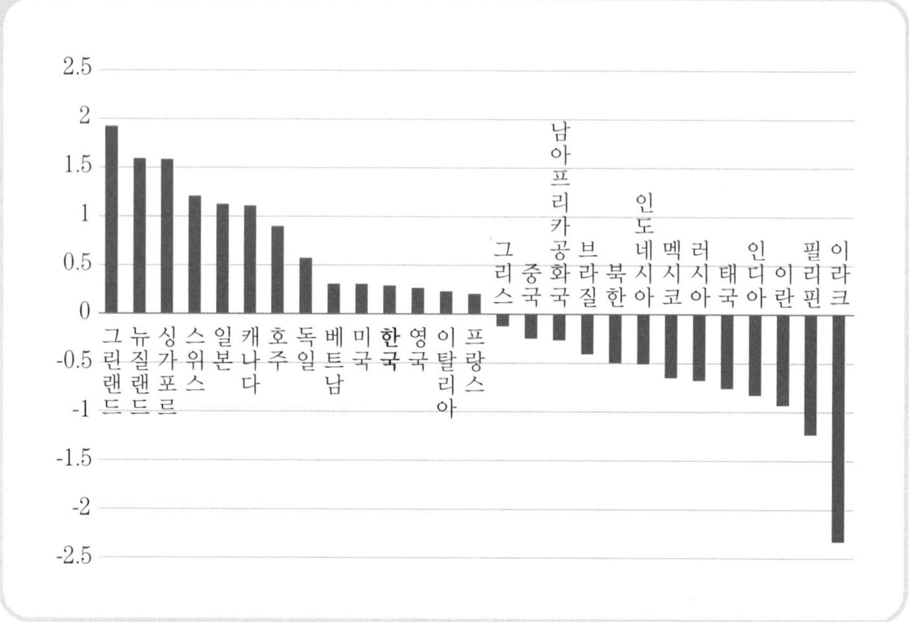

참고: 숫자는 정치안정성 측정치임(최대치: 2.5, 최소치: −2.5).
자료: *http://info.worldbank.org/governance/wgi/index.aspx#home#*

때문에 경제활동에 대한 제도나 정책이 안정되어 있다. 반면에 전제주의 국가의 경우에는 통치자 임의대로 제도나 정책이 바뀔 수 있기 때문에 안정성이 없다. 그리고 사업과 관련된 일을 추진하는 데 있어서 민주주의 국가에서는 법과 제도 그리고 담당공무원을 통하여 정해진 절차에 따라 진행되는 것이 원칙이다. 하지만 전제국가의 경우는 경제활동도 정치적으로 결정되기 때문에 큰 사업의 경우는 정치권력자와 연결되어야만 사업이 가능하게 된다.

그리고 사회주의국가는 말할 것도 없고 사회주의에서 자본주의로의 체제전환국들의 경우에는 사회주의적인 요소가 많이 남아 있어서 제한된 범위내에서의 사유재산 인정, 국가주도의 경제운용, 많은 국가규제 등 경제운용의 메커니즘이 자유민주주의 국가에서와 다르다는 점을 인식할 필요가 있다.

정치체제의 유형을 불문하고 국가내에 인종적 · 종교적 분규가 심하거나, 부패가 만연하고, 군부나 종교에서의 정치개입, 빈번한 정권교체 등으로 정치체제가 불안정한 국가의 경우에는 더 많은 정치적 위험을 안게 된다.

2) 국제관계

국제관계에서 서로 우호적인 관계에 있는 국가들이 있다. 민족적으로 동일한 기반을 갖고 있거나, 정치적 이념의 동일성, 군사전략상의 필요성, 경제적인 상호의존성 등의 다양한 이유로 다른 국가보다 더 우호적인 관계가 형성된 것이다.

반대로 적대적인 관계에 있는 국가들도 있다. 보통 자유민주주의와 사회주의와 같이 서로 다른 정치이념으로 인해 적대적인 관계가 되기도 하고, 국경분쟁, 종교적 대립, 군사력의 경쟁, 경제적인 경쟁관계 등의 여러 가지 이유로 인해서 국가간에 적대 또는 비우호적 관계가 형성되기도 한다.

국제정치 및 외교관계에 있어서 자국과 우호적인 관계에 있는 국가에서의 국제경영활동은 그만큼 정치적 위험이 줄어드는 반면에 비우호적인 국가에 있어서는 정치적 위험이 증가하게 된다. 정치 및 군사적으로 자국과 전쟁관계나 대치관계에 있는 적성국가의 경우는 말할 것도 없고, 경제적인 측면에서 상호 경쟁관계 또는 비협조적인 관계에 있는 국가에서는 정치적 위험이 증가하게 된다.

2. 정치적 위험

1) 정치적 위험의 유형

(1) 소유권침해

국가의 개입으로 인하여 소유하고 있던 재산을 잃게 되는 경우로서 주로 전쟁, 새 국가의 설립, 영토의 다른 국가로의 편입, 국가체제의 변화, 사회주의 정부의 집권 등의 경우에 발생한다. 여기에는 국유화, 몰수, 수용의 세 가지 형태가 있다.

■ 국유화 기업의 전 재산을 국가에서 인수하여 국가에서 운영하는 것이다.

■ 몰수 국가가 기업의 재산을 보상없이 강제로 가져가는 것이다.

■ 수용 국가가 기업의 재산을 보상을 하고 강제로 가져가는 것이다.

(2) 테러와 납치

국가가 내전상태에 있거나 국가내의 치안상태가 미비하여 발생할 수 있는 현지의 인력이나 재산에 대한 위험이다.

(3) 폭동과 파업

국가의 폭동이나 소요사태의 발생, 또는 노조의 파업으로 경제활동을 할 수 없게 되어 발생할 수 있는 손실에 대한 위험이다.

(4) 정책의 변화

외환통제, 이익송금제한, 수출입제한, 국산원자재 사용의무부과 등 경영활동을 제한하는 각종 규제의 창설이나 변경으로 인하여 발생할 수 있는 손실에 대한 위험이다.

2) 정치적 위험의 관리

(1) 정치적 위험의 평가

정치적인 위험의 관리에서 가장 중요한 것은 이에 대하여 정확하게 예측하고 평가하여 사전에 미리 대비하는 것이다. 정치적 위험은 대상국 자체, 본국과 대상국과의 관계, 자사와 대상국과의 관계, 자사의 산업 및 상품 특성, 대상국의 산업현황과 정책 등 많은 요인에 의하여 달라질 수 있으므로 이러한 제반요인을 종합적으로 분석 평가해야 한다.

이러한 객관적인 평가를 토대로 어떤 국가에 정치적 위험이 과도하게 큰 경우에는 사업을 시작하지 않거나 철수하여야 한다. 위험이 있더라도 사업을 할 수 있는 수준이라면 이에 대한 관리방안을 수립하여 이에 따라 사업을 수행하여야 한다.

(2) 정치적 위험의 적응관리

정치적인 위험을 줄이기 위한 수단으로 다음과 같은 방법들이 있다.

첫째, 현지법인과 합작으로 사업을 하는 방법이다. 현지인과 합작을 하게 되면 현지합작선으로부터 현지상황에 대한 정보를 획득할 수 있고,

문제발생시 현지합작선을 통하여 해결할 수 있다.

둘째, 타국기업과 합작하는 것이다. 현지국가에 영향력 있거나 우호적인 국가의 기업을 합작선으로 두게 되면 위험이 줄게 된다.

셋째, 현지화 수준을 높이는 방안이다. 현지인을 임원, 관리자, 근로자로 참여시킴으로써 현지상황에 대한 정보를 얻을 수 있고, 외국기업이라는 배타적인 감정을 줄일 수 있다.

넷째, 현지발전에 적극 참여한다. 자기이익만을 위한 기업이 아니라 현지발전에 기여하는 기업이라는 이미지를 줌으로써 현지정부나 현지인으로부터 우호적인 관계를 이끌어낼 수 있다.

다섯째, 현지국이 기업에 의존하도록 한다. 기업이 재화공급, 원료공급, 기술공급, 고용창출, 조세수입 등에서 중요한 자원을 제공함으로써 현지국에 필요한 존재가 되는 것이다.

여섯째, 수출보험이나 해외투자보험을 이용한다. 세계 각국에서는 수출과 해외투자에서의 정치적 위험에 의한 손실을 보상하는 수출보험제도와 해외투자보험제도를 두고 있다. 이러한 보험에 듦으로써 손실을 줄일 수 있다.

제 3 절 경제 사회적 환경

1. 경제 사회적 환경과 국제경영

국제거래자에게 있어서 경제적인 환경은 국제경제환경과 대상국의 경제환경으로 나누어진다. 국제경제환경은 WTO 국제무역규범, 지역경제통합협정, 국제금융환경, 국제경제동향 등이 주요 내용으로 된다. 이 내용은 앞의 장들에서 이미 다루었으므로 여기서는 개별국가의 경제적 환경만을 다루기로 한다.

표 9-1 세계 주요 국가의 국내총생산

2017년 기준 (단위: 백만 달러)

순위	국가	GDP	세계에서의 비중
1	United States	19,485,394	24.08
2	China	12,237,700	15.12
3	Japan	4,872,415	6.02
4	Germany	3,693,204	4.56
5	India	2,650,725	3.28
6	United Kingdom	2,637,866	3.26
7	France	2,582,501	3.19
8	Brazil	2,053,595	2.54
9	Italy	1,943,835	2.40
10	Canada	1,647,120	2.04
11	Russian Federation	1,578,417	1.95
12	**Korea**	1,530,751	1.89
13	Australia	1,323,421	1.64
14	Spain	1,314,314	1.62
15	Mexico	1,150,888	1.42
16	Indonesia	1,015,421	1.25
17	Turkey	851,549	1.05
18	Netherlands	830,573	1.03
19	Saudi Arabia	686,738	0.85
20	Switzerland	678,965	0.84
	World	80,934,771	100

자료: World Bank, *Development Indicators*(2019).

2. 경제적 환경요인

개별 국가에 대한 경제적 지표는 수없이 많지만 국제경영활동을 하게 되는 기업의 입장에서 특히 중요한 경제적 요인은 상대방 국가의 시장의 규모, 경제적 안정성, 국제무역제도, 주요 산업, 부존요소, 금융제도, 자본시장, 조세제도, 외국인투자정책, 경제적 하부구조, 지리적 환경 등이다. 이러한 요인은 어느 한 경제지표로서 판단하기 어렵고, 관련된 여러 경제지표를 종합적으로 분석하여 판단하게 된다. 경제적인 요인들은 끊임없이 변동하기 때문에 경제적인 환경을 분석하는 데에는 사업의 기간을 감안하여 현재뿐만 아니라 미래의 변화요인까지도 고려하지 않으면 안 된다.

3. 국가의 경제체제

국가의 경제체제는 크게 자본주의 시장경제체제와 사회주의 계획경제체제로 나누어진다. 시장경제체제는 개인의 자율과 시장의 기능에 맡기는 경제체제인 반면, 계획경제체제는 국가의 계획에 따라 경제가 운영되는 체제이다. 지금 세계는 몇몇 사회주의 경제체제를 표방하는 국가를 제외하고는 대부분 시장경제체제를 도입하고 있다.

그런데 시장경제체제를 도입하고 있는 국가라 해서 완전히 시장의 기능에만 맡기는 순수 시장경제체제는 없고 시장에 맡기되 부분적으로 국가가 개입하는 혼합경제체제가 일반적이다. 같은 시장경제체제의 국가라 할지라도 경제활동에서의 국가의 개입정도나 개입형태가 국가마다 크게 다르다. 미국, 캐나다 등의 국가는 경제활동에서 국가의 개입이 비교적 작은 반면 독일, 프랑스 등의 유럽의 국가는 조세부담이 높고 국가의 재정지출이 많으며, 국가가 운영하는 사업이나 공기업이 많다. 또 일본과 한국 등의 경우는 정부와 기업이 긴밀한 관계를 갖고 있어 정부의 산업정책이나 경제정책이 기업의 활동에 큰 영향을 준다. 그리고 중국, 러시아, 동유럽 등 사회주의 국가에서 자본주의로의 체제전환국가들의 경우에는 아직도 많은 경제활동이 국가의 행정적인 관리와 감독속에서 이루어지고 있다.

경제체제의 국가 분포

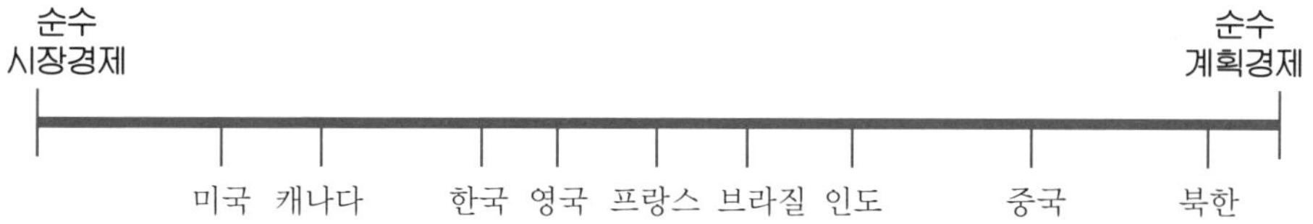

4. 국가의 경제적 발전수준

4.1 국가의 구분

세계의 국가를 경제발전수준 정도에 따라 일반적으로 선진국과 개발도상국으로 구분한다. 선진국과 개발도상국으로 나누기는 하지만, 양자를 구분하는 명확한 기준이 있는 것은 아니다. 객관적인 경제지표로서 양자간의 경계를 설정하기란 어렵기 때문이다.

선진국과 개발도상국간에 그 준수해야 하는 의무가 달라지는 WTO에서는 각국이 스스로 택하도록 하고 있다. 그러나 대체로 OECD회원국이 선진국으로 간주되고, 그 외의 국가는 개발도상국으로 간주된다.

또, 선진국, 개발도상국 그리고 신흥공업국으로 나누기도 하는데, 이 또한 그때마다의 편의에 따라서 구분된다.

1) 선 진 국

선진국(developed countries)이라 하면 대체적으로 국민소득수준이 높고, 잘 갖추어진 의료체제, 교육체제, 사회안전망속에 높은 질의 생활을 유지하는 국가이다. 선진국은 자국의 경제적인 사정으로 무역에 대한 제한조치를 할 수 있는 범위가 좁고, 개발도상국에 대하여 무역상의 혜택을 제공하며, 극빈개도국에 대하여 원조를 제공하여야 한다. 2019년 현재 OECD회원국은 36개국으로 대부분 유럽과 북미에 있고, 그 외 지역에서는 호주, 뉴질랜드, 일본, 한국이다.

2) 개발도상국

개발도상국(developing countries)이란 경제적인 측면에서 상대적으로 발전이 덜된 나라를 일컫는 말이다. 개발도상국은 지구상 국가의 거의 83%를 차지하고 있고, 개발도상국중에는 일부 중동 산유국처럼 선진국 이상의 높은 소득수준을 누리는 국가에서부터 극심한 빈곤에 시달리는 국가에 이르기까지 다양한 국가군이 있다.

3) 신흥공업국

신흥공업국(Newly Industrialized Countries: NICs)은 상당히 자의적이고 명확하지 않은 개념이다. 한국을 비롯한 대만, 홍콩, 싱가포르 등을 일컫다가 최근에는 중국, 인디아, 브라질, 말레이시아, 멕시코, 남아프리카공화국 등을 신흥공업국이라고 하고, 또 경우에 따라서는 여기에 아르헨티나. 칠레, 러시아, 체코, 헝가리, 폴란드, 슬로바키아, 터키, 인도네시아, 브루나이, 필리핀, 베트남 등을 포함시키기도 한다.

4.2 경제적 발전수준 지표

1) 국민소득

국민소득수준을 국가의 경제발전수준에 대한 기준으로 삼는 경우가 많다. 국민소득수준은 어느 정도는 국가의 경제발전수준을 반영하지만 이에 대한 완전한 지표가 될 수 없는데, 그 이유는 다음과 같다.

첫째, 국민소득통계에 계상되지 않는 경제활동이 많다는 점이다. 자발

표 9-2 세계 주요 국가의 일인당 국민소득

2017년 (단위: 달러)

국가	GDP/Capita	국가	GDP/Capita
Luxembourg	104,499	Israel	40,544
Switzerland	80,343	United Kingdom	39,954
Norway	75,704	Andorra	39,147
Iceland	71,312	France	38,484
Ireland	68,885	Japan	38,430
Qatar	63,249	Italy	32,110
United States	59,928	Bahamas	30,762
Singapore	57,714	**Korea**	29,743
Denmark	57,219	Kuwait	29,040
Australia	53,794	Brunei	28,291
Sweden	53,253	Spain	28,208
San Marino	48,888	Malta	26,748
Netherlands	48,483	Chile	15,346
Austria	47,381	Russian Federation	10,749
Finland	45,805	Malaysia	9,952
Canada	44,871	China	8,827
Germany	44,666	Indonesia	3,846
Belgium	43,467	Philippines	2,989
New Zealand	42,583	Vietnam	2,342
United Arab Emirates	40,699	India	1,979

자료: World Bank, *World Bank Development Indicators*(2019).

적 봉사활동, 가정에서의 일, 신고되지 않은 현금거래, 지하경제 등은 국민소득으로 집계되지 않는다.

둘째, 국제적인 비교를 위해서는 달러로 환산되어야 하는데, 환산될 당시의 환율에 따라 달러로 환산된 국민소득수준이 크게 달라질 수 있다.

셋째, 대다수 국민들의 소득수준이 낮아도 일부 부유층의 소득수준이 매우 높으면 국민소득수준은 올라갈 수 있는 것이다.

그래서 보다 종합적인 측면에서 경제발전수준을 나타내는 지표가 필요

표 9-3 주요국가의 인간개발지수(HDI)

2018년

순위	국가	HDI	순위	국가	HDI
1	Norway	0.953	21	Israel	0.903
2	Switzerland	0.944	22	**Korea**	0.903
3	Australia	0.939	23	France	0.901
4	Ireland	0.938	24	Slovenia	0.896
5	Germany	0.936	25	Spain	0.891
6	Iceland	0.935	26	Czechia	0.888
7	Sweden	0.933	27	Italy	0.88
8	Singapore	0.932	28	Malta	0.878
9	Netherlands	0.931	29	Estonia	0.871
10	Denmark	0.929	30	Greece	0.87
11	Canada	0.926	49	Russian Federation	0.816
12	United States	0.924	57	Malaysia	0.802
13	United Kingdom	0.922	86	China	0.752
14	Finland	0.92	92	Mongolia	0.741
15	New Zealand	0.917	113	Philippines	0.699
16	Belgium	0.916	116	Vietnam	0.694
17	Liechtenstein	0.916	116	Indonesia	0.694
18	Japan	0.909	130	India	0.640
19	Austria	0.908	146	Cambodia	0.582
20	Luxembourg	0.904	189	Niger	0.354

참고: HDI 값은 0에서 1 사이 값을 가짐.
자료: UNDP, *Human Development Report*(2018).

하게 되고, 이러한 지표 중의 하나가 인간개발지수이다.

2) 인간개발지수

인간개발지수(human development index)란 한 나라가 인간의 능력을 얼마나 잘 개발했는가를 종합적으로 계량하여 나타내는 지수, 즉, 한 나라 사람들의 삶의 질 수준을 나타내는 지수이다. 인간개발지수는 유엔개발계획(United Nations Development Programme: UNDP)이 1990년부터 작성해 오고 있는데, 평균수명, 교육, 의료, 소득수준 등 여러 가지 요소들을 종합하여 산정된다.

2013년 현재, 인간개발지수가 가장 높은 국가는 노르웨이였고, 가장 낮은 나라는 니제르였다. 한국은 지수 0.903으로 22위였고, 미국이 12위, 일본이 18위, 러시아가 49위, 중국이 88위였다.

5. 기타 경제 사회적 환경

경제 사회적 환경요인은 매우 다양하다. 최근에는 금융관련 국가신용도, 국가경쟁력지수, 국제화지수 등 국가의 경제 사회적 환경요인에 대한 각종 지표들이 나오고 있다.

이러한 경제 사회적 환경의 다양한 측면 중의 하나로서 부패문제가 있다. 부패는 기업환경에서 고려해야 할 중요한 요소 중의 하나이다. 부패가 만연한 국가에서는 기업활동과정에서 현지분위기에 따라 부패관행에 동참하든지 아니면 불이익을 당해야 하기 때문이다. 이 부패문제와 관련하여 국제투명성기구(Transparency International: TI)에서 각국의 부패 정도에 대한 현지 기업인 등의 인식 등을 기준으로 부패지수를 발표하고 있다.

부패와 마찬가지로 현지국의 노동환경이나 환경규제도 중요한 요인이다. 많은 개발도상국에서는 어린이를 노동에 참여시킨다든지, 환경파괴적인 기업활동을 하는 경우가 많다. 이러한 환경에서 기업활동을 하다보면 같은 잘못을 범하기 쉽고, 이로 인하여 국제적인 비난의 대상이 되고, 기업의 이미지에 큰 타격을 입게 되는 경우도 있다.

그림 9-2 각국의 부정부패의식 수준

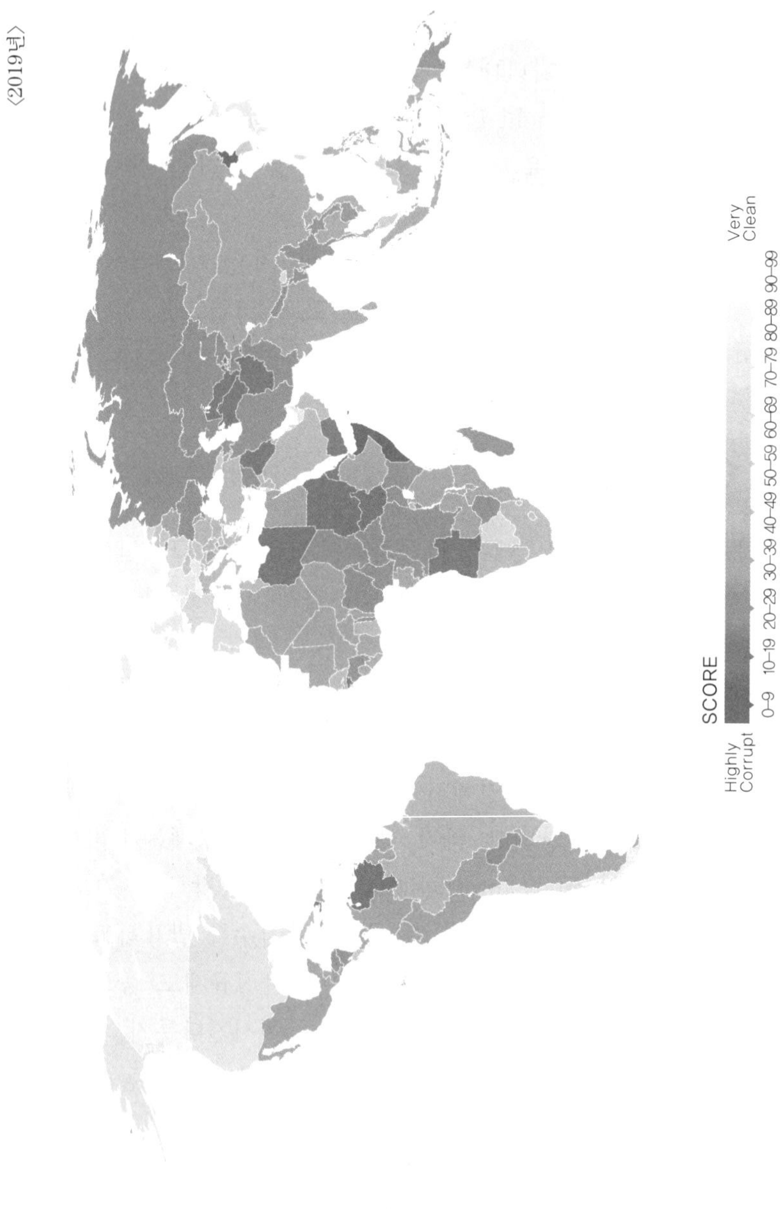

자료: Transparency International, *http://www.transparency.org/cpi2014/results*

주요용어

- 가치관
- 태도
- 매너
- 사회구조
- 권력간격
- 민주주의
- 전제주의
- 사회주의
- 국유화
- 몰수
- 수용
- 시장경제
- 계획경제체제
- 선진국
- 개발도상국
- 신흥공업국
- 국민소득
- 인간개발지수
- 부패지수

연습문제

1. 국제경영에서 문화는 어떤 의미를 갖는지 설명하시오.
2. 문화에 대한 홉스테드(Geert Hofstede) 연구에 대하여 논술하시오.
3. 국가 정치체제가 국제경영에 어떤 영향을 주는지 설명하시오.
4. 국제경영에서 정치적 위험의 유형에 대하여 설명하시오.
5. 국제경영에서 정치적 위험의 적응 및 관리 방법에 대하여 설명하시오.
6. 세계국가들의 경제체제에 대하여 약술하시오.
7. 경제지표로서의 국민소득과 인간개발지수에 대하여 설명하시오.

제10장

국제경영관리

|제 1 절| 국제조직 및 인적자원관리
|제 2 절| 국제마케팅관리
|제 3 절| 국제재무관리
|제 4 절| 국제생산관리

제 1 절 국제조직 및 인적자원관리

1. 국제조직

1.1 국제기업의 조직구조

국제기업은 세계의 여러 지역에서 다양한 업무를 하기 때문에 그 업무를 효율적이고 체계적으로 수행할 수 있는 조직을 갖추지 않으면 안 된다. 일반적으로 국제기업은 작은 국내기업에서 출발하여 다국적의 거대기업으로 성장하게 되는데, 그 국제화의 과정에 맞추어 기업조직도 단계별로 변모하게 된다.

1) 기능별 조직

사람들의 조직체가 나타난 것은 고대로 거슬러 올라가지만 지금과 같은 기업조직이 탄생하게 된 것은 산업혁명이후부터이다. 산업혁명으로 대량생산체제가 이루어지고 많은 사람들이 함께 일을 하게 됨에 따라 여러 사람들이 유기적으로 구성된 기업조직이 만들어지게 되었다. 기업내에 여러 사람들이 효율적으로 생산하기 위하여 기능적으로 각자 다른 일을 맡아 분업하는 기능별 조직형태가 나타나게 된 것이다.

기능별로 조직된 기업은 기업내의 모든 사람들이 자신의 일에 전문화(specialization)함으로써 작업의 효율성을 높일 수 있다. 그러나 이러한 조직에서는 각 개인의 기능적으로 분화된 업무가 원활하게 연결되어야만 기업전체로서의 업무가 수행될 수 있으므로, 이러한 기업전체의 업무를 조정하고 통합하기 위한 관리가 필요하게 된다.

기능별 조직은 현대 기업에서 가장 기본적인 조직구조이다. [그림 10-1]은 이러한 기능별 조직구조의 한 형태를 보여주고 있다. 총무, 재무, 생산, 영업 등 기능별로 나누어 종업원들은 전문화된 그 해당영역의 업무를 하게 되며, 기능별 책임관리자가 해당분야를 통솔하게 된다. 기능별 조직구조는 기업의 규모가 크지 않은 경우, 기업에서 생산하는 제품의

그림 10-1 기능별 조직구조

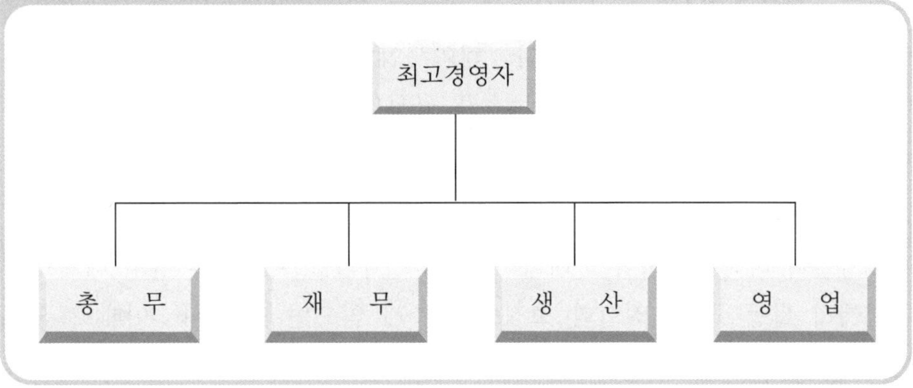

종류가 많지 않은 경우, 또는 사업지역이 넓지 않은 경우에 적합한 조직구조이다.

2) 국제사업부 조직

기업이 수출을 하게 되고 해외사업을 계속성 있게 하게 되면 이러한 해외업무를 담당할 해외수출부나 해외영업부와 같은 별도의 부서를 설치하게 된다. 그리고 이에 더 나아가 해외직접투자를 한다든지 해외사업이 보다 다양화되면 국제사업부 등으로 여러 형태의 해외사업을 총괄하는 보다 더 큰 규모의 부서를 두게 된다.

국제사업부 조직은 [그림 10-2]에서와 같은 형태로 국내사업만을 하던

그림 10-2 국제사업부 조직구조

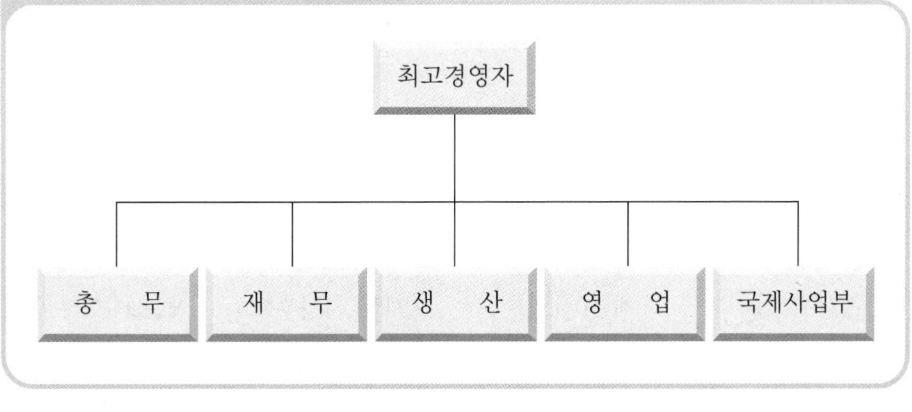

기존의 조직에서 다른 기능부서와 같은 위치에 국제사업부를 더한 형태가 된다. 국제사업부조직은 국내사업에 비하여 해외사업의 비중이 상대적으로 크지 않을 경우에 많이 사용된다. 해외사업의 비중이 커져 세계적인 차원에서 경영이 이루어지는 경우에는 큰 규모의 해외사업을 관리할 수 있는 조직구조로 바뀌지 않을 수 없다.

3) 글로벌기업 조직

기업이 다국적화되어 국내외 영역없이 기업활동을 하는 경우 세계적인 차원에서 활동하기에 적합한 조직을 갖추지 않으면 안 된다. 이때 조직을 나눌 수 있는 가장 큰 범주의 조직단위 기준은 제품, 지역, 기능, 세 가지이다. 따라서 다국적기업의 글로벌 조직은 제품별 조직, 지역별 조직, 기능별 조직 그리고 이들 요소를 중첩하여 조직되는 매트릭스 조직 등으로 나누어진다.

(1) 제품별 조직

제품별 조직은 제품그룹별로 사업부단위가 구성되고, 사업부 책임자는 사업부내의 모든 사업을 계획, 통제, 관리하고 최고경영자에게 보고한다. 이 조직은 제품을 중심으로 본지사간에 획일적인 통제가 가능한 중앙집권적인 조직구조이다. 제품별 조직은 기업의 제품 종류가 다양하고 이질성이 많은 경우에 사용된다. 이 조직은 화학, 전자, 전기 등의 업종의 기업들에서 쉽게 찾아 볼 수 있다.

그림 10-3 제품별 조직구조

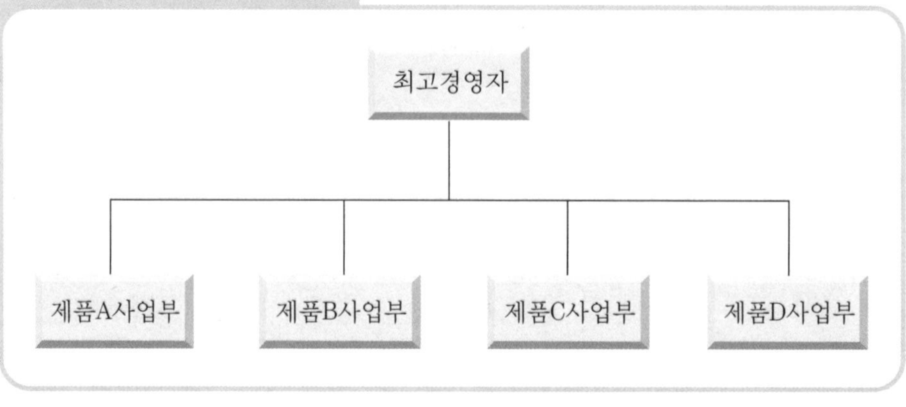

기업이 다른 제품라인을 추가하고자 하는 경우 기존 조직의 혼란없이 새로운 제품라인을 추가할 수 있기 때문에 제품 다각화 전략을 추구하는 국제기업에 유리하다.

그러나 각 제품사업부별로 사업방향을 달리할 경우 각 지역차원에서 여러 제품사업간에 협력하기 어렵고 통제를 하기 어려운 점이 있다. 또 지역에 대한 전문지식이 축적되기 어렵다는 단점이 있다.

(2) 지역별 조직

지역별 조직은 세계 지역별로 사업부단위가 구성되고 사업부 책임자는 사업부내의 모든 사업을 계획, 통제, 관리하고 최고경영자에게 보고한다. 본지사간에 권한배분에 있어서 지역별 조직은 권한이 각 지역단위로 독립적으로 주어지기 때문에 분권적인 조직구조가 된다. 지역별 조직은 각 지역의 시장특성이 중요한 의미를 갖는 반면, 제품라인은 비교적 단순한 경우에 많이 사용된다. 이 조직은 제약, 식품, 음료, 자동차, 화장품 등의 산업에서 쉽게 찾아 볼 수 있다.

지역별 조직은 지역에 정통한 전문관리자가 해당지역의 시장특성에 맞게 사업활동을 할 수 있다는 장점이 있다. 반면에 지역단위로 독립적으로 운영되기 때문에 각 제품에 있어서 주요 정보와 경험이 지역간에 공유되기 어려운 단점이 있다.

그림 10-4 지역별 조직구조

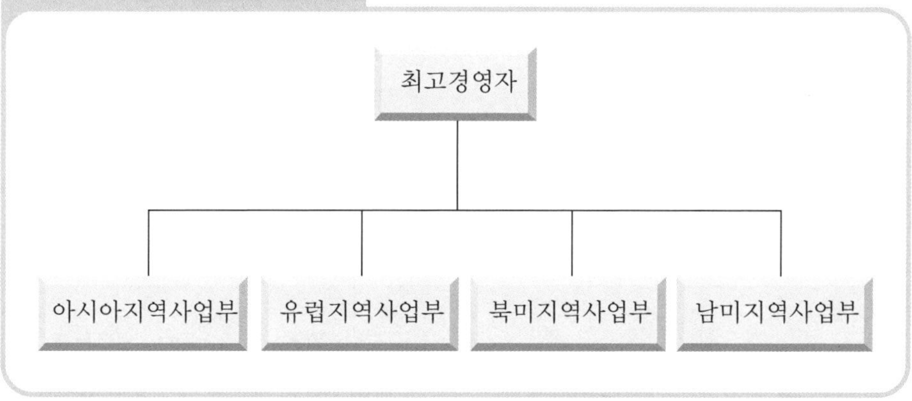

(3) 기능별 조직

기능별 조직은 앞에서 본 바와 같다. 글로벌조직으로서의 기능별 조직은 세계적인 차원에서 총무, 재무, 마케팅, 생산, 연구개발 등의 업무기능별로 부서를 나누고, 부서책임자는 부서내의 모든 사업을 계획, 통제, 관리하고 최고경영자에게 보고한다.

기능별 조직은 표준화된 제품라인을 가진 소수의 규격제품을 취급하거나 지역별 시장특성이 중요하지 않은 경우에 알맞다. 석유, 광산업, 운송, 창고, 물류산업 등에서 많이 사용된다. 이 기능별 조직의 장점은 조직이 단순하고, 중앙에서 강력하게 조정하고 통제할 수 있다는 점이다. 반면에 지역적으로 또는 품목에 있어서 광범위한 사업을 하는 경우에는 효율적으로 일할 수 없다는 단점이 있다.

(4) 매트릭스 조직

매트릭스 조직은 제품별, 지역별, 기능별의 다차원으로 중첩하여 조직하는 형태이다. [그림 10-5]에서와 같이 기업을 제품과 지역 두 개의 차원으로 나누어 조직원 각자는 제품과 지역 양쪽에 소속되도록 하는 것이다.

그림 10-5 매트릭스 조직구조

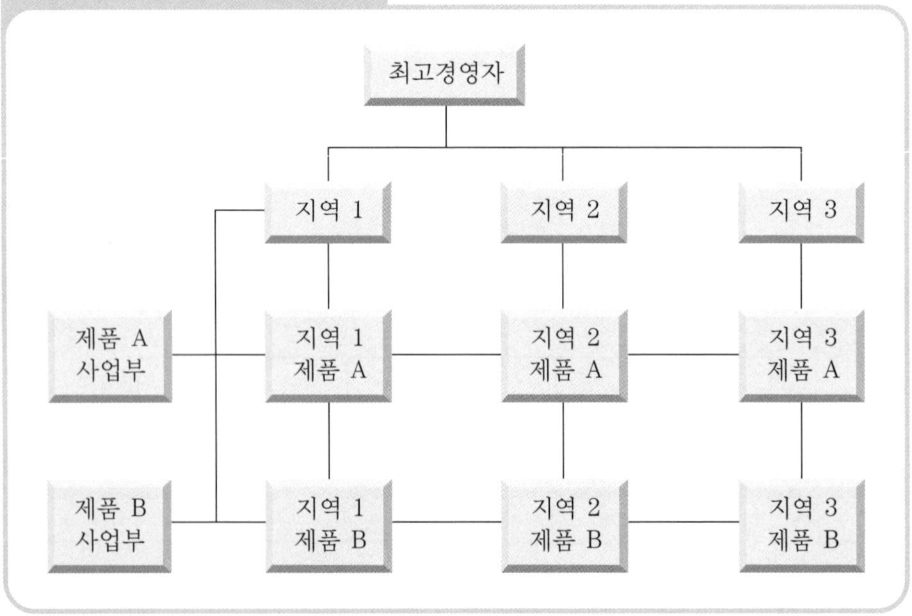

그래서 각 조직원은 제품별, 지역별로 각각 다른 상사와 업무를 협의하고 보고하게 된다. 이 매트릭스 조직은 제품별 조직을 할 때 지역적인 요소를 등한시 할 수 있고, 지역별 조직을 할 때 제품별 요소를 등한시 할 수 있기 때문에 두 가지 요소를 동시에 같은 비중으로 관리하기 위하여 고안된 조직이다.

이 조직은 업무조직단위간에 상호연계하여 업무를 관리할 수 있어 단위조직간에 균형을 유지하면서 효율적인 경영을 할 수 있다는 장점이 있다. 그러나 조직구조가 복잡하여 업무체계에 혼선을 빚을 수 있다. 다른 분야의 두 상급 관리자로부터 지시를 받아야 하는 조직원에 있어서 두 상급관리자의 의견이 상충하는 경우에는 어느 의견을 따라야 할 것인지 혼란이 발생할 수밖에 없다. 그래서 매트릭스 조직은 제품별, 지역별, 기능별 조직의 단점을 보완한 것으로 이론적으로는 매우 이상적이라고 할 수 있으나, 실제 운용에서는 성공할 가능성이 작다. 한때 매트릭스 조직을 택하였던 많은 기업들이 이를 포기하고 다시 품목별 또는 지역별 조직으로 회귀하게 된 것도 이러한 이유 때문이다.

그림 10-6 국제기업의 조직변화

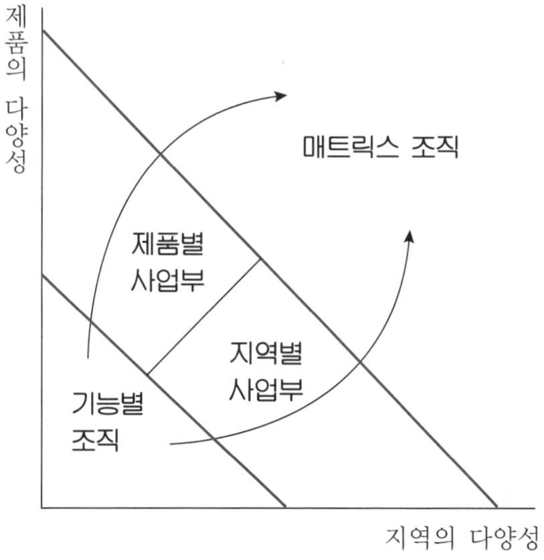

1.2 본사와 자회사간의 통합과 조정

1) 중앙집권화와 지역분권화

중앙집권화(centralization)는 기업의 해외활동에 대한 의사결정에 있어서 그 권한을 본사에서 통합하여 관리하는 방식을 말한다. 이에 반해서 지역분권화(decentralization)는 현지여건에 맞게 자율적으로 운영하도록 그 권한을 현지 자회사에 위임하는 방식을 말한다. 조직구조에서 기능별 조직과 제품별 조직은 중앙집권적 조직에 속하고, 지역별 조직은 지역분권적인 조직의 성격을 갖게 된다.

중앙집권적 조직의 장점으로는 첫째, 기업의 통일적인 업무운영이 용이하고, 둘째, 본사 경영자의 개인적인 리더십을 발휘할 수 있다는 점이다. 반면에 단점으로는 첫째, 현지사정에 맞게 탄력적으로 업무수행을 하기 어렵고, 둘째, 최고경영층과 현장간의 거리가 멀어 정보전달과 의사결정에 시간이 많이 걸린다는 점이다.

지역분권적 조직의 장점으로는 첫째, 현지사정에 맞게 탄력적으로 업무수행을 할 수 있으며, 둘째, 현지관리자들에게는 동기부여를 하고 본사 최고경영진에게는 부담을 덜어준다는 장점이 있다. 반면에 기업운영에 통일성을 상실함으로써 자원낭비와 비효율성을 불러올 수 있다는 단점이 있다.

2) 자회사에 대한 통제

대부분의 경우 자회사는 자금, 기술, 인적자원 등의 제반경영자원에 있어서 본사에 의존하고 있지만, 자회사는 본사와 멀리 떨어져 있을 뿐만 아니라 자체적인 경영자원을 보유하고 있다. 그렇기 때문에 다국적기업에 있어서 중앙집권화의 정책을 사용한다고 하더라도 본사가 현지자회사의 모든 활동을 통제할 수 없으며, 지역분권화를 한다고 하더라도 현지자회사에 모든 사안을 다 자율적으로 맡길 수는 없다.

그래서 다국적기업은 사안에 따라서 기업전체에 관련되는 업무나 중요사안은 본사가 관리하고, 해당자회사만 관련되거나 지엽적인 사안은 자회사의 자율에 맡기게 된다.

또, 이러한 본사의 통제와 자회사의 자율은 전체 자회사에 동일하게 적용되는 것이 아니고 각 자회사의 위치와 역량에 따라 달라지게 된다. 지리적으로 또는 그 역할에 있어서 본사가 통제하기 어려운 위치에 있는 자회사는 그렇지 않은 자회사에 비하여 더 많은 자율권을 부여받게 된다. 또, 핵심역량을 많이 갖고 있는 자회사는 그렇지 않은 자회사에 비하여 더 많은 자율성과 함께 기업전체에서 더 큰 비중의 역할을 맡게 함으로써 기업전체의 성과를 높이게 된다.

3) 본지사간의 통합과 조정

다국적기업이 기업활동을 잘 수행하기 위해서 무엇보다 중요한 것이 국제적으로 분산되어있는 조직을 효과적으로 통합하고 조정하는 것이다. 본사와 각 자회사간 또는 자회사 상호간에 원활한 정보교환과 효과적인 의사결정이 이루어지는 가운데 일치된 행동이 이루어지도록 해야 한다. 이러한 통합과 조정을 위하여 조직 상호간에 연락책(liaison)의 파견, 다른 조직간에 협력팀 구성, 매트릭스 조직 등을 운영하기도 하고, 비공식적인 차원에서 개인적인 교류를 활성화하는 방법을 사용하기도 한다.

그리고 기업의 통합과 조정에서 기업문화가 중요한 역할을 한다. 상호경쟁적인 분위기에서는 정보교환도 어렵고 조정도 어려운 반면에, 우호적이고 협력적인 분위기에서는 이러한 것이 쉬워지기 때문이다. 그래서 기업내의 구성원들이 서로 소통하고 협조하는 기업문화를 정착시키는 것 또한 매우 중요하다.

2. 국제인적자원관리

2.1 국제기업의 인적자원관리

인적자원관리란 기업조직의 목적을 달성하기 위하여 행하는 인적자원의 획득과 개발을 위한 활동으로 선발, 채용, 배치, 교육, 평가, 보상, 노사관리 등의 제반활동을 포괄한다. 국제기업의 인적자원관리는 매우 중요하고 복잡하다. 국제기업은 대부분 그 기업의 규모가 큰 만큼 많은 사람들로 구성될 뿐만 아니라, 세계 여러 국가의 다양한 환경에서 여러 가지의 활동을 전개하는 사람들에 대한 인적자원을 개발하고 관리해야 하기 때문이다. 그래서 국제기업의 인적관리는 여러 국가에 걸친 국제적인 업무를 수행하는 인재, 해외 현지에서 업무를 수행하는 인재, 현지의 인재 등을 선발하고 육성하여 배치하고 관리하는 것을 주요 내용으로 하게 된다.

2.2 국제기업의 인사정책

국제기업의 인사정책에는 본국중심주의, 현지중심주의, 그리고 세계중심주의의 세 가지 접근법이 있다.

1) 본국중심주의적 정책

본국중심주의(ethnocentrism)적인 인사정책은 기업이 본사 및 해외자회사의 주요 관리자를 본국출신 중심으로 채우는 방식이다. 이 방식은 본국중심주의적인 경영을 하는 기업에서 일반적이며, 특히 일본, 한국 등에서 많다.

본국중심주의적 인사정책을 사용하는 이유는 다음과 같다.

첫째, 통일성 있는 조직문화를 갖기 위해 본국관리자가 필요하다.

둘째, 현지자회사에서 중요한 직책을 수행할 인물을 현지에서 찾기 어렵다.

셋째, 본국의 핵심역량을 이전하여야 하므로 그러기 위해서는 자연히 본국에서 관리자가 나가야 한다.

그러나 이 접근법은 다음과 같은 한계를 가진다.

첫째, 현지환경에 맞는 현지경영이 어렵다는 점이다.

둘째, 현지에서의 인력개발이 어려워진다는 점이다. 현지직원들은 승진기회가 줄어들게 되므로 직원들의 사기가 저하되며, 장기적으로 우수한 인재가 취업하지 않게 되는 것이다.

2) 현지국중심주의적 정책

현지국중심주의(polycentrism)적인 인사정책은 기업이 본사 및 해외자회사의 주요 관리자를 현지인출신 중심으로 채우는 방식이다. 현지국중심주의적인 인사정책은 본국중심적인 인사정책과 반대되는 성격을 갖는다.

이 방식은 다음과 같은 장점이 있다.

첫째, 현지인이 일을 하게 됨으로써 현지의 사정과 문화에 적합한 경영을 할 수 있다.

둘째, 비용을 절감할 수 있다. 타국에 인력을 파견하기 위해서는 상당히 많은 비용이 들기 때문이다.

반면에 현지국중심적인 정책은 다음과 같은 문제점이 있다.

첫째, 현지에서 필요한 인재를 발굴하기 어려울 수 있다. 다국적기업의 관리자는 국제적인 시각이 있어야 하는데 현지에서 이러한 국제적인 경험이나 지식을 갖춘 인재를 찾기가 쉽지 않기 때문이다.

둘째, 본사관리자와 현지국관리자간에 갈등이 발생할 수 있다는 점이다. 문화적 차이를 비롯한 여러 이질성으로 인하여 본사관리자와 현지관리자간에 상황판단과 인식이 다르게 되면 본사와 자회사간의 갈등이 발생할 수 있다. 또 언어 및 문화차이 등으로 본사와 자회사간에 교류가 소원해지게 되면 본·자회사간에 통합력도 약화될 수밖에 없다.

3) 세계중심주의적 정책

세계중심주의(geocentrism)적인 인사정책은 기업이 본사 및 해외자회사의 주요 관리자를 국적에 상관없이 최적의 적임자를 선발하는 방식이다. 세계중심적인 인사정책하에서는 세계 어느 지역의 자회사 직원이라도 다른 지역 자회사의 관리자가 될 수 있는 것이다. 세계중심주의적인 인사정책은 다음과 같은 장점을 갖고 있다.

첫째, 국적에 상관없이 가장 적합한 인재를 선발한다는 점에서 기업이 보유한 인적자원을 가장 효율적으로 활용하게 한다.

둘째, 다양한 국적의 조직원이 함께 일하게 됨으로써 기업구성원들의 국제적인 업무능력이 향상된다.

그러나 세계중심주의적인 인사정책에는 다음과 같은 단점이 있다.

첫째, 관리자들이 외국의 자회사에 많이 근무하게 됨으로써 많은 비용이 든다.

둘째, 현재 대다수 국가에서 해외인력의 국내유입에 대하여 법적인 제한들이 많기 때문에 인력을 국제적으로 자유롭게 이동시키기가 현실적으로 쉽지 않다.

2.3 해외파견근무자의 인력관리

다국적기업은 직원이 해외로 파견되어 근무하는 경우가 많다. 이러한 파견근무가 필요한 이유는 본사와 자회사간에 또는 자회사 상호간에 경영 노하우나 기술의 이전, 통합적인 업무수행, 의견조정, 의사소통, 자회사의 통제와 감독 등을 위해서 이를 담당하는 사람이 장기간에 걸쳐 해외 현장에서 업무를 해야 하기 때문이다.

1) 해외파견근무자의 선발

해외파견근무자는 자신의 본국에서와 다른 환경에서 근무하기 때문에 국내근무자에 요구되는 이상의 자질을 갖추어야 한다. 해외파견자를 선발할 때 기업들은 심리테스트나 개인인터뷰를 통하여 이러한 자질들을 점검하게 된다. 해외파견근무자가 갖추어야 할 기본적인 자질로서 다음 몇 가지를 들 수 있다.

첫째, 직무능력이다. 현지에서 해야 할 업무를 잘 이행하여야 하고, 많은 경우에 다양한 업무를 수행할 수 있는 능력이 필요하다.

둘째, 언어능력이다. 현지에서 의사소통능력은 원활한 업무수행과 생활에 기본적인 요소이다.

셋째, 대인관계에 대한 능력이다. 해외파견인력이 현지의 사람들과 효과적으로 교류해야만 본사와 현지자회사간에 정보소통이 원활하게 이루어질 수 있기 때문이다.

넷째, 문화적 적응능력이다. 해외파견근로자는 본국과 다른 문화적인 환경에서 근무하게 되므로 문화적인 감수성을 갖고 자신과 현지사람들이 다름을 지각하고 그러한 차이속에서 그들을 이해하고 자신을 그들에게 이해시키지 않으면 안 된다.

다섯째, 독립적이고 강인한 의지와 능력을 갖추어야 한다. 육체적, 정신적으로 건강한 가운데 자신감을 갖고 현지에서 일할 수 있는 사람이어야 한다. 현지에서는 본국에 비하여 업무나 생활환경이 열악할 수도 있는데, 그 같은 상황에 관계없이 자신의 임무를 수행해야 하기 때문이다.

여섯째, 파견인의 가족이 현지에 잘 적응할 수 있어야 한다. 현지파견근로자의 가족은 본인의 활동에 심대한 영향을 미친다. 많은 실증적 연구에서 가족의 현지적응 실패를 파견근무자의 현지 업무적응실패의 주요한 이유 중의 하나로 들고 있다.

2) 해외파견근무자의 교육

현지파견근로자는 본국에서 근무할 때와 다른 많은 능력들을 필요로 하기 때문에 현지파견인력에 대한 별도의 교육이 필요하다. 해외파견자를 위한 교육은 업무훈련, 언어훈련, 문화적응훈련 등을 중심으로 편성된다. 업무훈련을 통하여 업무에 대한 내용, 현지의 상황, 관련정보 등을 미리 숙지하게 된다. 국제비즈니스에서는 세계 어디서든 대부분 영어를 사용하므로 영어구사능력이 중요하다. 그러나 비영어권의 국가에서는 현지직원과 소통하고 현지에서의 생활을 위해서 영어 외에도 어느 정도는 현지어를 할 수 있어야 하므로 이에 대한 언어훈련을 하게 된다.

문화적응훈련은 현지의 문화를 이해하는 능력을 배양하는 것이다. 현지국 문화를 이해해야 현지국 직원을 효과적으로 다룰 수 있고, 현지상황에 적합한 의사결정을 할 수 있다. 현지의 문화와 현지사정에 좀더 친숙해지기 위해서 정식으로 파견되기 이전에 사전에 현지답사를 하기도 한다. 파견근로자의 현지적응에는 가족의 현지적응이 중요한 요인이기 때문에 이러한 문화적응훈련에는 배우자와 자녀 등의 가족들도 함께 참여하게 된다.

3) 해외파견근무자의 관리

해외파견근무자에 대한 급여는 국내근로자와 수준이 달라야 하고, 또, 파견되는 지역에 따라 급여수준을 달리하지 않으면 안 된다. 국가마다 업무환경, 물가수준, 생활환경이 다르기 때문이다. 예를 들면, 일본에서는 인도에서보다 주거비용과 생활비가 훨씬 더 많이 들기 때문에 이러한 물가수준을 고려하여 더 높은 수준의 임금을 지불해야 하는 것이다. 또한 선진국에 비하여 아프리카와 같은 오지에서의 근무는 업무환경이나 생활환경면에서 훨씬 힘들기 때문에 이러한 고충에 대한 수당을 지불하지 않으면 안 된다.

따라서 해외파견근무자의 주거임대료, 생활비, 자녀교육비, 소득세율, 의료보험, 연금 등의 제반요인에 있어서 본국 근무에 비하여 불리하지 않도록, 그리고 해외지역마다 근무조건에 차이가 나지 않도록, 각 지역마다의 현지사정에 맞추어 급료와 수당을 조정하여 지급하게 된다.

해외파견자의 성과평가에서는 대부분 본사와 현지자회사가 동시에 평가하게 되는데 현지상황을 고려하여 객관적으로 평가되어야 한다. 또, 파견경험이 파견근로자의 경력과 향후진로에 연계되도록 인력개발관리를 할 필요가 있다. 파견근로자가 본사로 귀환했을 때 본사에서의 새 업무, 회사 내 변화, 사회적 변화, 자녀의 교육 등과 관련하여 또다시 적응과정을 거쳐야 하고 많은 경우에 이러한 적응과정에서 어려움을 겪게 된다. 그렇기 때문에 대부분의 국제기업은 해외근무자의 본사 귀환시에 재적응 훈련 및 교육 프로그램을 통하여 어려움 없이 적응할 수 있도록 도와주게 된다.

제 2 절 국제마케팅관리

1. 국제마케팅

마케팅이란 기업이 자사의 제품을 고객에 제공하기 위하여 행하는 일련의 활동을 말한다. 보통 마케팅은 판매라고 생각하기 쉽지만 소비욕구의 파악 및 개발, 제품개발, 유통, 가격설정, 판매촉진, 사후서비스 등 판매뿐만 아니라 그보다 훨씬 더 넓은 범위의 활동을 포함한다. 그래서 국제마케팅은 기업이 국제적인 차원에서 자사의 제품을 고객에게 제공하기 위하여 행하는 일련의 활동이다. 다른 국제경영활동의 영역에서도 마찬가지이지만 특히 국제마케팅에서는 국가마다 그 국가 고유의 특성과 환경적인 요인을 많이 고려하게 된다.

2. 표준화와 차별화

국제마케팅에서 직면하는 중요한 하나의 문제는 여러 지역에 걸쳐 동일한 마케팅을 하느냐 아니면 지역마다 다르게 하느냐이다. 여기서 표준화전략과 차별화전략이 나오게 되는데 표준화전략의 장점은 차별화전략의 단점이 되고, 차별화전략의 장점은 표준화전략의 단점이 된다.

2.1 표 준 화

표준화(standardization)란 세계 여러 나라에 걸쳐 공통의 마케팅 전략을 사용하는 것이다. 세계 각 시장에 동일한 제품을 출시하게 되면 생산과 연구개발 비용을 절감할 수 있다. 또 하나의 광고를 세계적으로 사용하게 되면 광고제작비를 줄일 수 있다. 세계화는 세계 각지 사람들의 소비수요를 동질화시키고 있기 때문에 표준화 전략의 적용 범위가 점점 넓어져 가고 있다. 그러나 제품에 대한 소비자 기호나 영업환경에서 지역마다 특성이 있기 때문에 동일한 한 제품이 모든 시장에서 잘 받아들여지기는 어렵다는 문제가 있다. 그래서 표준화는 다음과 같은 장단점을 갖고 있다.

먼저 장점으로는 첫째, 규모의 경제 효과로 비용을 절감할 수 있다. 둘째, 제품 품질관리가 용이하다. 국가마다 다른 제품을 생산하게 되면 각 제품마다의 부품들도 많아지고 하청업자들도 많아지므로 그만큼 불량발생에 대한 통제가 어려워진다. 그러나 표준화된 제품을 세계적으로 판매하게 되면 다루어야 할 부품수도 줄게 되어 불량발생 방지를 위한 통제가 쉬워진다. 셋째, 소비자에게 만족을 줄 수 있다. 자신이 사용하는 상품이 외국에서도 그대로 사용되고 있으면 소비자는 그 상품을 더 신뢰하고 만족하게 된다.

그러나 이러한 표준화 전략을 실행하기 위해서는 어느 정도 시장환경이 비슷해야 한다. 완전히 이질적인 시장들에 있어서는 표준화전략이 효과적일 수 없음은 자명하다.

2.2 차 별 화

차별화(differentiation)란 세계의 각 시장마다 그 특성에 맞추어 마케팅을 다르게 하는 것이다. 차별화는 현지시장에 맞게 적응한다는 점에서 적응화(adaptation) 또는 현지화라고 한다. 각국은 지리나 기후, 경제, 사회, 문화, 정치, 법과 제도 등 모든 측면에서 다르기 때문에 전세계를 표준화된 방식으로 접근하기는 힘들다. 그래서 지역마다 차별화하여 지역단위로 그 지역에 맞게 마케팅활동을 수정하여 시행할 필요가 있는 것이다.

이러한 차별화전략이 갖는 장점은 다음과 같다. 첫째, 각 시장의 특성을 반영한 마케팅활동을 함으로써 더 많은 소비자를 확보하고 더 높은 수준의 만족을 줄 수 있다. 둘째, 표준화전략은 현지국의 법제나 현지사정에 의해 시행하기가 곤란한 경우도 많은 데 비해 차별화정책은 처음부터 이런 문제가 없다.

2.3 표준화와 차별화의 배합

표준화는 국제기업이 국내기업에 비하여 그 유리성을 확보할 수 있는 중요한 요인 중의 하나이기 때문에 표준화의 이점은 매우 크다. 한편으로 국가마다 고유의 특성은 엄연히 존재하고 또 이 특성은 마케팅에서 고려해야 할 중요한 요인이므로 차별화 또한 포기할 수 없다.

그래서 국제기업은 표준화와 차별화를 함께 추구하는 전략이 필요하게 된다. 마케팅의 다양한 요소중에서 표준화를 할 수 있는 부분은 표준화전략을 취하고, 차별화를 할 필요가 있는 부분은 차별화를 하게 되는 것이다.

예를 들면, 제품들중에서 광고는 세계적으로 동일하게 하지만 가격전략은 지역마다 다르게 하는 것이다. 또 세계의 주요 자동차회사들은 엔진은 세계적으로 동일하게 생산하면서 차체는 지역마다의 기호에 맞게 다르게 생산하여 판매하기도 한다. 이와 같이 국제기업은 표준화와 차별화를 동시에 추구함으로써 효율을 극대화하게 된다.

3. 국제마케팅믹스

마케팅믹스(marketing mix)란 기업이 마케팅 목표를 효과적으로 달성하기 위하여 마케팅 활동에서의 여러 요소를 유기적으로 조정하고 통합하는 것을 말한다. 이러한 마케팅믹스는 4P라고 하여 제품(product), 가격(price), 유통경로(place), 판촉(promotion)을 네 가지 기본요소로 하게 된다.

3.1 제 품

제품전략은 상품의 개발과 공급, 상품의 디자인과 전시, 상표, 포장,

서비스, 부품, 보증 등에 대한 전략이다. 신제품의 출시에 있어서 과거에는 선진국에서 먼저 출시한 이후에 개발도상국에서 출시하는 식으로 각 시장마다 시차를 두고 제품을 출시하는 것이 일반적이었다. 그러나 기술발전의 속도가 빨라지고 제품의 수명주기가 점점 짧아짐에 따라 시장마다의 시차도 줄어들고 이제는 세계시장 동시출시가 많아지고 있다.

제품 포지셔닝전략도 중요하다. 제품 포지셔닝전략이란 소비자의 의식 속에 자사의 제품이 다른 제품과 차별화되어 특정한 위치에 자리잡도록 하는 것이다. Benz자동차는 세계 어느 시장에서도 안정성 높은 고급자동차라는 이미지를 부각시키고 있고, Rolex시계는 고가의 고급시계라는 이미지를 주고 있다. 이와 같이 소비자에게 이미지를 전달하기 위하여 다양한 방법이 동원될 수 있는데 색도 그 중의 하나이다. 코카콜라는 붉은색을 사용하고, 펩시콜라는 푸른색을 사용하며, 코닥필름은 노란색으로, 후지필름은 초록색으로 통일시키고 있다.

국가의 이미지도 제품의 판매에 중요하다. 향수가 같은 원료와 방법으로 생산되었어도 "Made in France"의 경우에는 "Made in China"인 경우보

표 10-1 세계적 기업의 기업브랜드 가치

2018년 (단위: 백만 달러)

순위	기업	브랜드가치	순위	기업	브랜드가치
1	애플	214,480	12	IBM	42,972
2	구글	155,506	13	BMW	41,006
3	아마존	100,764	14	디즈니	39,874
4	마이크로소프트	92,715	15	시스코	34,575
5	코카콜라	66,341	16	GET	32,757
6	**삼성**	59,890	17	나이키	30,120
7	토요타	53,404	18	루이비통	28,152
8	벤츠	48,601	19	오라클	26,133
9	페이스북	45,168	20	혼다	23,682
10	맥도날드	43,417	36	**현대**	13,535
11	인텔	43,293	71	**기아**	6,925

자료: *https://www.interbrand.com/best-brands/best-global-brands/2018/ranking*

다 훨씬 더 높은 가격을 받을 수 있다. 즉 국가브랜드 가치가 작용하고 있는 것이다. 이와 같이 향수는 프랑스, 시계는 스위스, 구두는 이태리, 전자제품은 일본, 기계제품은 독일 등 상품과 관련된 국가의 이미지가 작용한다. 이러한 국가이미지는 시간에 따라 변화하게 된다. 1960년대에 일본의 자동차는 부실한 저급자동차의 대명사였지만, 1990년대에 와서는 고장 없는 고급자동차로 인식되게 되었다.

또한 기업 및 제품의 브랜드도 중요하다. 세계적인 명성을 얻게 된 브랜드는 개개의 제품마다 브랜드 가치가 부가된다. 과거에는 자신이 소비하는 제품이 같은 동네나 이웃에서 만들어졌지만, 국제화가 된 지금에는 자신이 소비하는 제품이 세계 어디서 어떻게 만들어지는지 알 수 없게 되었다. 그래서 지금 이 시대에서는 기업 또는 제품의 이름을 믿고 제품을 구매할 수밖에 없고 이에 따라 브랜드가 중요하게 된 것이다.

한편, 제품의 이름을 짓는 데 있어서 그 이름이 각국의 언어에서 잘 수용할 수 있는지를 면밀히 검토하지 않으면 안 된다. 영국의 어느 제화업체에서 신발의 이름을 비쉬뉴(Vishnu)라고 지었는데, 나중에 알고 보니 Vishnu는 힌두교 신(God)의 이름이었다.[1] 영국내의 힌두교 종교단체의 항의로 제화업체는 이 제품을 거둬들이고 신문에 대대적인 사과광고를 내지 않으면 안 되었다.

3.2 가　　격

여러 국가의 이질적인 시장을 대상으로 하는 국제마케팅에서의 가격설정은 국내마케팅에서보다 훨씬 어렵다. 가장 먼저 대두되는 중요한 문제는 상품의 가격을 세계적으로 하나의 가격으로 판매할 것인가, 아니면 지역마다 다른 가격으로 판매할 것인가이다. 기업의 이윤을 극대화하기 위해서 각 시장마다의 수요에 맞추어 비싼 가격에도 잘 팔리는 지역에서는 비싸게 받고, 가격이 싸야만 팔릴 수 있는 지역에서는 싸게 받는 경우가 많다. 즉, 국가마다 차별화하는 전략이다.

그런데 이러한 가격 차별화전략에는 몇 가지 장애요소가 있다. 첫째는 재정거래(arbitrage)의 발생이다. 만약 국가간에 가격 차이가 클 경우 싸게

1) Vishnu는 힌두교의 세 주신(主神)의 하나로서 세계의 질서를 유지하는 신이다.

출시하는 국가의 중간상인들이 비싸게 출시하는 국가에 수출 판매하게 되면, 비싸게 출시하는 국가의 비싼가격이 유지될 수 없다. 둘째는 반덤핑규제이다. WTO 반덤핑규칙은 상품의 가격을 차별화하여 수출국가의 정상가격 이하로 수입국에 판매하는 것을 금지하고 있다.

세계적인 차원에서 동일한 가격을 설정하는 경우에도 가격을 어느 수준으로 설정하는가의 문제가 있다. 가격수준은 제품 포지셔닝에서 중요한 부분이기 때문에 일반적으로 Rolex, Louis Vuitton, Benz 등의 고가의 사치품은 고급의 이미지를 부각하기 위하여 개발도상국에서도 선진국에서와 동일하게 높은 가격을 유지하는 경우가 많다.

3.3 유 통

유통전략은 제품이 소비자에게 전달되는 과정을 선택하는 것이다. 외국의 기업은 현지 중개상 등 현지 유통채널을 이용하든지 독자적인 유통망을 설립하여 유통시키게 된다.

일반적으로 제품은 생산자에서 도매상과 소매상을 거쳐서 소비자에게 전달된다. 그런데 국가마다 유통구조가 다른데 다음 몇 가지 측면에서 국가간의 차이를 발견하게 된다. 첫째, 유통경로의 길이이다. 도매상과 소매상의 단계가 한두 단계로 단순한 국가가 있는 반면, 수많은 단계로 나누어져 있는 국가도 있다. 유통단계가 길고 복잡할수록 외국기업으로서는 유통경로를 개척하기 힘들게 된다. 유통경로가 길어지게 되면 유통과정에서 상품가격이 크게 높아진다. 따라서 가격에 민감한 생필품의 경우에는 이러한 유통구조에 의하여 경쟁력을 잃을 수도 있다.

둘째, 유통업에서의 기업집중도이다. 어떤 국가에서는 유통업이 수많은 소규모 영세업자로 이루어져 있는 반면, 어떤 국가에서는 소수의 몇 기업이 장악하고 있는 경우도 있다. 소수의 기업이 장악하고 있는 경우에는 이들 기업과의 거래관계를 만들어야만 하고, 수많은 영세업자로 이루어진 구조에서는 많은 유통업자들과 거래하지 않으면 안 된다.

셋째, 유통경로의 개방성 여부이다. 유통경로의 개방성 여부는 보통 상품에 따라 다르다. 자동차의 경우는 현대자동차 대리점이 삼성자동차를 취급하지 않는 것처럼 일반적으로 폐쇄적인 반면, 비누와 같은 생필품의 경우에는 편의점에서 여러 회사의 제품을 동시에 취급하는 개방성을 갖고 있다. 유통경로가 개방적인 경우에는 외국기업이 기존의 유통경로를 이용할 수 있어서 소비자에게 접근하기 쉬우나 폐쇄적인 경우에는 어려움을 겪게 된다. 이러한 개방성 여부는 국가별로도 상당한 차이가 있다. 일본은 유통경로가 폐쇄적인 것으로 잘 알려져 있다. 일본국내에서 외국상품의 소비가 적은 데는 일본의 유통업의 폐쇄성도 중요한 한 요인이다.

3.4 판매촉진

판매촉진이란 기업이 광고, 유통경로, 직접적인 접촉 등을 통하여 상품에 대한 정보를 제공함으로써 제품이 목표고객에게 다가가도록 하는 제반활동을 말한다.

이와 같은 판매촉진전략에는 크게 두 가지가 있는데, 하나는 pull전략이고, 다른 하나는 push전략이다. pull전략은 최종소비자에게 직접 정보를 줌으로써 소비자가 유통채널에 상품을 요구하게 만드는 전략, 즉 광고에 중점을 두는 전략이고, 반면에 push전략은 유통채널담당자를 통하여 상품이 최종소비자에게 권해지도록 압박하는 전략, 즉 유통채널을 중심으로 판촉활동을 하는 전략을 말한다.

이러한 pull전략과 push전략을 선택하는 데에는 다음과 같은 측면을 고려하지 않으면 안 된다.

제품유형 일상적인 지식이 필요한 소비재의 경우는 pull전략이 유효하고, 전문적인 지식이 필요한 산업용제품의 경우에는 push전략이 유효하다. 전문적인 지식이 필요한 제품은 이에 대한 지식을 가진 유통담당자의 설득이 중요하기 때문이다. 상품브랜드가 중요한 고가품의 경우에는 pull전략이 효과적인 반면, 브랜드가 중요하지 않은 상품의 경우에는 push전략이 효과적이다.

유통구조 유통채널의 길이가 길고 유통업자의 힘이 강한 지역의 경우에는 push 전략의 사용이 어려우므로 pull전략이 유리하다.

대중매체의 접근성 대중매체가 발달하지 않은 국가들의 경우에는 pull전략을 이용하기 어려우므로 push전략이 유리하다.

제 3 절 국제재무관리

1. 국제재무관리의 의의

재무관리란 기업이 자금을 효율적으로 조달하고 운용하기 위하여 관리하는 업무이다. 국제재무관리도 재무관리의 기본원리가 그대로 적용되지만 세계를 대상으로 활동을 하는 국제기업의 국제재무관리에서는 국제적인 요인들을 더 고려하게 하는데 그중에서 중요한 요인들은 다음과 같다.

첫째, 통화간의 환율에 대한 문제가 있다.

둘째, 국가간에 자금조달비용의 차이가 있다.

셋째, 국가간에 조세의 차이가 있다.

넷째, 국가간에 자금이동의 제약이 있다.

다섯째, 국가위험이 있다.

2. 환위험의 관리

2.1 환노출의 유형

환노출(exchange exposure)이란 환율의 변동으로 인하여 기업의 재산가치가 변할 수 있는 상태를 말한다. 환위험(exchange risk)은 환율의 변동으로 인하여 기업의 재산가치가 감소하여 손해를 볼 수 있는 가능성을 뜻한다. 그래서 손해를 볼 수도 이익을 볼 수도 있는 상황을 뜻하는 환노출이 환위험보다 넓은 개념이다. 국제기업이 직면하게 되는 환노출은 거래적 환노출(transaction exposure), 회계적 환노출(translation exposure), 그리고 경제적 환노출(economic exposure)의 세 가지 유형으로 나누어진다.

1) 거래적 환노출

거래적 환노출(transaction exposure)이란 거래가 이루어진 시점과 대금이 청산되는 시점 사이에 환율이 변동됨으로 인하여 발생하는 노출을 말한

그림 10-7 환노출의 유형

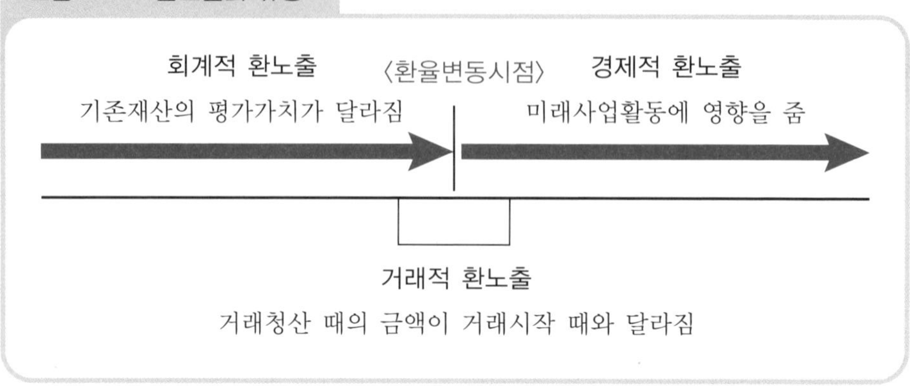

다. 예를 들어 한 기업이 1억 달러의 수출을 하고 30일후에 대금을 받기로 하였다고 하자. 수출당시 환율이 ₩1,000/$인데 이 30일 사이에 만약 환율이 1,100/$으로 되면 100억원의 환차익을 보게 되고, 만약 환율이 ₩900/$으로 되면 100억원의 환차손을 입게 된다. 따라서 거래시점에 바로 대금결제가 이루어지는 경우에는 거래적 환노출이 발생하지 않게 된다.

2) 회계적 환노출

회계적 환노출(translation exposure)이란 국제기업이 세계전체의 경영활동을 포괄하는 연결재무제표를 작성할 때 현지국통화로 계상되어 있는 자산과 부채, 수익과 비용 등이 환율의 변동으로 인하여 자국통화표시의 가치에서 달라지게 되는 것을 말한다. 예를 들어 한국에 본사를 둔 어느 국제기업의 미국 자회사가 1억 달러의 자산을 갖고 있다고 할 때, 환율이 ₩1,000/$에서 ₩900/$으로 변동되면, 원화로 계상되는 자산은 1,000억원에서 900억원으로 감소하게 되는 것이다.

3) 경제적 환노출

경제적 환노출(economic exposure)이란 환율의 변동으로 인하여 가격, 비용 등의 제반 요소가 변화됨으로써 미래의 사업활동이 변동되는 것을 말한다. 예를 들어, 한국의 어느 기업의 입장에서 원화환율이 상승하게 된다면 수출이 늘어 이익이 증가할 수 있고, 반대로 원화환율이 하락하게 된다면 수출이 줄어 이익이 감소할 수 있다.

2.2 환위험의 관리

환위험의 관리에서 가장 중요한 것은 이 같은 환노출에 대하여 환차손이 발생할 수 있는 가능성을 줄이는 것, 즉 환위험을 줄이는 것이다. 각 환노출에 대하여 국제기업이 하게 되는 기본적인 환위험 관리방법은 다음과 같다.

1) 거래적 환위험

거래적 환위험을 줄이기 위해서는 기본적으로 거래시에 자국통화로 결제하는 것, 즉시불로 거래하는 것, 그리고 연지급으로 할 경우에는 가급적 그 연지급기간을 짧게 하는 것이다. 또한, 연지급거래를 할 경우에는 대금을 받는 경우에는 강세통화로 거래하고 대금을 지급하는 경우에는 약세통화로 거래함으로써 환차손보다는 환차익이 발생하도록 한다.

그리고 선물환거래를 통하여 환위험을 피할 수 있다. 대금을 받는 경우에는 선물환시장에서 그 외화대금을 미리 팔아두고, 대금을 지급해야 하는 경우에는 그 외화대금을 미리 사두는 거래를 함으로써 환위험 헷지(hedge)를 하게 된다.

또 국제기업의 환위험관리로서 리드와 래그 방법도 유용하다. 리드(lead)란 앞당겨서 결제하는 것을 말한다. 즉 채무가 강세통화일 경우 가급적 앞당겨서 지급하고, 채권이 약세통화일 경우에는 빨리 받도록 하는 것이다. 강세통화란 그 가치가 계속 오르는 통화이므로 더 오르기 전에 빨리 갚고, 약세통화란 그 가치가 계속 내려가는 통화이므로 내려가기 전에 빨리 받는 것이다. 래그(lag)는 늦추어서 결제하는 것을 말한다. 리드의 반대의 상황이 되는데, 즉 채무가 약세통화일 경우 가급적 늦추어서 지급하고, 채권이 강세통화일 경우에는 천천히 받는 것이다.

2) 회계적 환위험

회계적 환위험에 노출되지 않기 위해서는 본사와 자회사를 합한 전체 차원에서 각 통화별로 자산과 부채를 거의 같도록 하는 것이다. 또한 가급적 강세통화자산은 늘리고 약세통화자산은 줄이며, 강세통화부채는 줄이고 약세통화부채를 늘림으로써 환차익의 가능성을 크게 하고, 환차손의 가능성을 줄이게 된다.

3) 경제적 환위험

경제적 환위험을 피하기 위한 한 방법으로 영업활동을 국제적으로 다변화하는 것이다. 예를 들어, 어느 국제기업이 세계 여러 곳에 생산기지를 두고 있다면 한국의 통화가치가 상승하여 한국에서의 수출이 줄어들게 될 때에는 통화가치가 하락한 미국에서 또는 중국에서 수출을 더 많이 하면 되는 것이다. 그리고 자금조달원을 국제적으로 다변화시키는 것도 경제적 환위험을 줄이는 방법이다. 자금조달원을 국제적으로 다변화하게 되면 특정통화에 대한 쏠림현상을 피할 수 있어 통화가치의 변화에 따른 위험을 줄일 수 있다.

3. 국제투자 및 자본조달

3.1 자본예산

자본예산(capital budgeting)이란 기업이 가용자원을 최대한 효율적으로 사용하기 위하여 투자안을 평가하고 결정하는 과정을 말한다. 국제기업의 자본예산도 본질적으로 국내투자와 동일하지만 국제적인 투자이기 때문에 발생하는 여러 가지 요인들을 더 고려하게 된다.

투자를 위하여 지출될 자금과 투자의 결과로 들어오게 될 자금을 기초로 자본예산기법에 따라 투자수익을 분석하여야 한다. 투자를 하게 되면 미래의 여러 다른 시점에 자금이 들어오고 나가게 되는데, 들어오는 자금의 합계에서 나가는 자금의 합계를 그냥 빼서 투자수익을 계산하는 것은 옳지 않다. 시점이 달라지면 금액의 가치가 달라지기 때문이다. 그래서 미래시점에 들어오고 나가는 모든 금액들을 현재시점의 가치로 환산하여 계산하는 방법이 현재가치법이다.

현재가치법(net present value: NPV)은 투자평가방법 중의 하나로서 투자에서 나가게 되는 자금과 들어오게 되는 미래의 자금들을 현재의 가치로 할인하여 투자수익을 평가하는 방법이다. 국제투자평가를 할 때 이러한 미래의 현금흐름과 함께 환율의 변동, 각국의 세율, 정치적 위험 등을 함께 고려하여 분석하게 된다.

3.2 국제자본조달

국제기업이 해외투자를 하면서 자본을 조달하는 방법은 기업내부에서 조달하는 방법과 기업외부에서 조달하는 방법이 있다. 기업내부에서 조달하는 경우는 자금이 필요한 자회사가 자금의 여유가 있거나, 본사나 다른 자회사에 자금의 여유가 있을 때 가능하다. 본사나 다른 자회사로부터 조달하는 경우는 자금이 필요한 자회사가 본사나 다른 자회사로부터 자금을 차입하거나, 자회사가 발행하는 주식을 본사나 다른 자회사가 인수하는 방법을 사용한다.

다음으로 기업외부에서 자금을 조달할 때는 현지, 본국 또는 제3국의 금융기관으로부터 차입할 수도 있고, 현지, 본국 또는 제3국에서 채권이나 주식을 발행할 수도 있다. 국제기업이 외부에서 자금을 조달할 때는 가장 싸게 자금을 조달할 수 있는 시장과 방법을 택하게 되는데, 이때 이자율뿐만 아니라 환율변동도 잘 고려하여 판단하지 않으면 안 된다.

어느 한 지역에 투자가 되고 자회사가 처음 설립되었을 때 현지에서 금융기관에 제공할 담보도 없고 거래실적도 없으므로 단독으로 자금을 조달하기 어렵다. 그래서 이러한 경우에 대개 본사가 백투백론(back to back loan)이나 보증신용장(stand-by L/C) 등의 방법으로 자회사가 현지에서 자금을 조달할 수 있도록 지원하게 된다.

[그림 10-8]은 back to back loan을 통한 자금조달과정을 보여주고 있다. 미국에 있는 한국기업 자회사의 자금차입을 위하여 한국에 있는 본사가 미국은행 한국지점에 원화자금을 담보로 예치하게 되고, 미국에 있는 미국은행 본점은 이 담보를 근거로 한국기업 자회사에 자금을 대출하게 된다. 자금을 상환하는 경우에는 반대로 미국의 한국기업 자회사가 미국은행 본점에 대금을 상환함과 동시에 한국기업 본사는 미국은행 한국지점에 예치되어 있던 담보자금을 인출하게 되는 것이다.

현지자회사가 성장하여 현지에서의 거래규모가 커지고 실적이 쌓이게 되면 본사의 지원에서 벗어나 독자적으로 현지에서 장단기 자금을 조달하고 운용하게 된다. 그리고 더 성장하게 되면 다양한 형태의 자금조달과 자

그림 10-8 Back to Back Loan

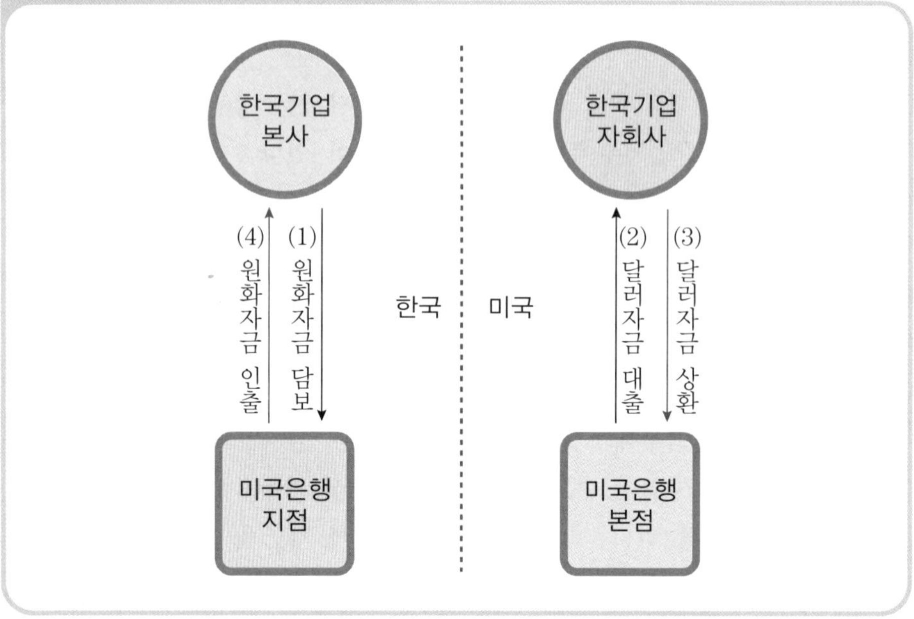

금운용을 하게 되는데, 현지의 증권거래소에서 주식을 상장하여 직접 자금을 조달하기도 한다.

4. 국제자금관리

기업의 자금관리 목표는 기업이 보유하고 있는 자금을 가장 효율적으로 관리하는 것이다. 국제기업에서의 자금관리는 대부분 전사적인 차원에서 자금을 총괄적으로 관리하게 되는데, 각 자회사에 대한 자금지원, 본지사간의 기업내 거래에 대한 결제, 로열티, 배당, 이자 등에 대한 사항을 조정하고 결정하게 된다.

국제기업은 중앙집권적인 현금운용을 통해서 개별 자회사가 독자적으로 자금을 운용하는 것보다 현금을 더 적게 보유하면서 효율적으로 자금관리를 할 수 있다. 어느 자회사가 예상치 못한 자금수요가 생겼을 때 본사나 자금여유가 있는 다른 자회사를 통해서 조달하면 되기 때문이다. 현금을 보유하는 것은 그만큼 기회비용을 부담하는 것이기 때문에 현금을 적게 보유하는 가운데서도 자금관리가 된다는 것은 국제기업이 갖는 장점이다. 그래서 많은 국제기업들은 주요 국제금융시장에 중앙자금관리센터를 두고 전사적인 차원에서 자금을 관리하게 된다.

이러한 국제기업의 자금관리방법으로 넷팅, 이전가격, 조세회피국의 이용 등의 방법이 흔히 사용된다.

4.1 넷　　팅

국제기업에서는 본·자회사 상호간에 많은 거래를 하게 된다. 이 같은 기업내무역이 세계상품무역의 1/3 이상을 점하고 있다는 사실에서도 기업내무역의 중요성을 알 수 있다. 기업내무역이 많기 때문에 자연히 기업내의 본·자회사 또는 자회사 상호간의 채권·채무관계도 많게 된다. 이러한 채권·채무의 결제를 위하여 개별적으로 자금을 이동시킨다면 외환거래로 많은 비용을 부담하게 된다. 그래서 본사와 자회사, 또는 자회사 상호간에는 상호계정을 두고 채권과 채무를 상계시켜서 개별적인 결제로 발생하는 번거로움과 비용부담을 줄이게 된다. 이에 더 나아가서 국제기업 전체적인 차원에서 채권과 채무를 상쇄하고 순수 차액만을 결제함으로써 자금이동을 크게 줄일 수 있게 되는데, 이를 넷팅(netting)이라고 한다.

[그림 10-9]는 이러한 넷팅의 예를 보여주고 있다. 어느 기업의 한국본사, 중국자회사, 미국자회사, 3사간의 연간거래상황이 그림과 같다고 하자. 채권·채무에 대해서 개별적으로 결제를 하게 되면 전체로 27억 달러를 결제하여야 한다. 그러나 각사 상호간에 상호계정을 두어 차액만 결제하게 되면 결제금액은 7억 달러로 줄어들게 된다. 그리고 전사적인 차원에서 넷팅을 하게 되면 결제금액은 1억 달러로 줄게 된다. 즉, 미국자회사는 중국자회사로부터 2억 달러를 받고 한국본사에 2억 달러를 주어야 하는데, 미국자회사는 이 둘을 상계시키는 대신 중국자회사가 미국자회사에 주어야 할 금액 2억 달러를 한국본사에 바로 주도록 한다. 그러면 중국자회사의 한국본사에 대한 상호계산이후의 채권 3억 달러와 상계하여, 한국본사가 중국자회사에 대하여 1억 달러만 지급하면 채권·채무는 모두 청산되는 것이다.

그림 10-9 넷팅의 예

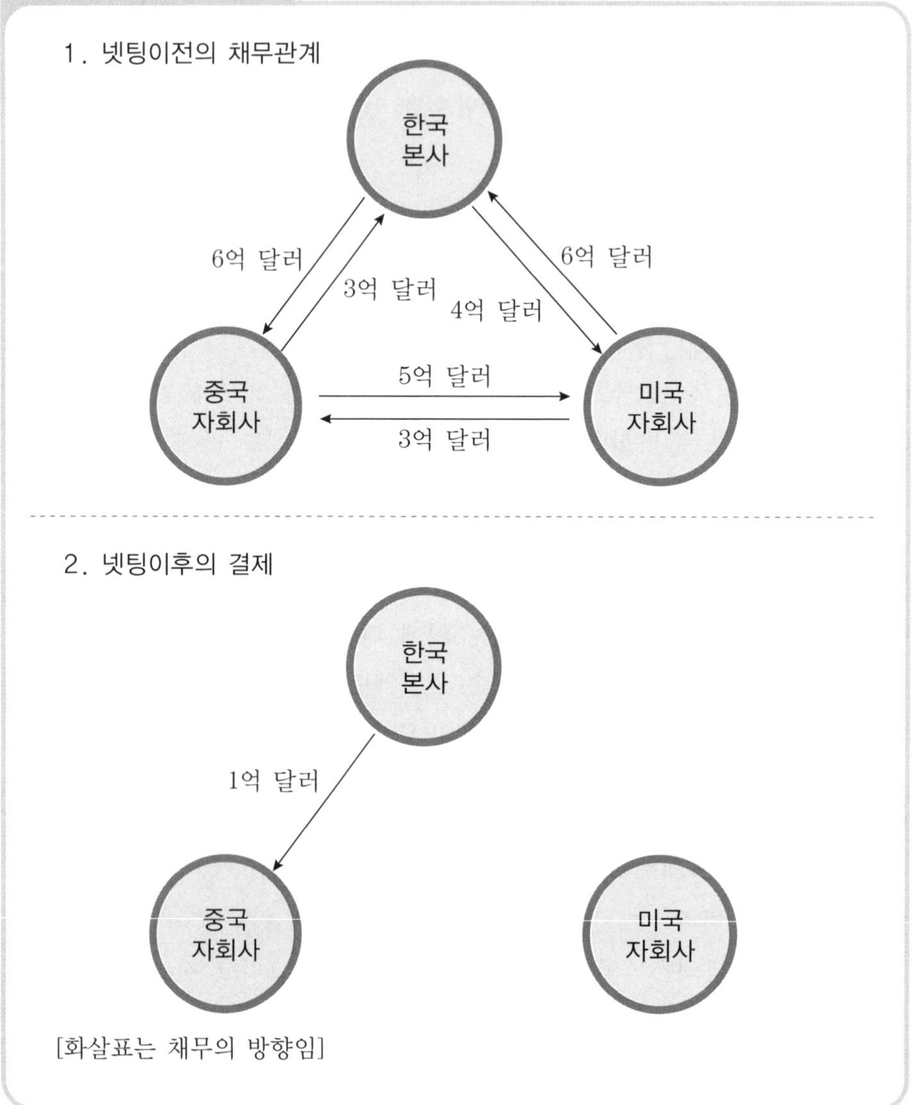

4.2 이전가격

이전가격(transfer price)이란 본사와 자회사간, 또는 자회사 상호간의 거래에서 적용되는 가격이다. 보통의 시장가격은 매도자와 매수자가 다른 상태에서 서로 자신에게 유리하도록 가격을 정하려고 하는 가운데 균형가

그림 10-10 이전가격의 예

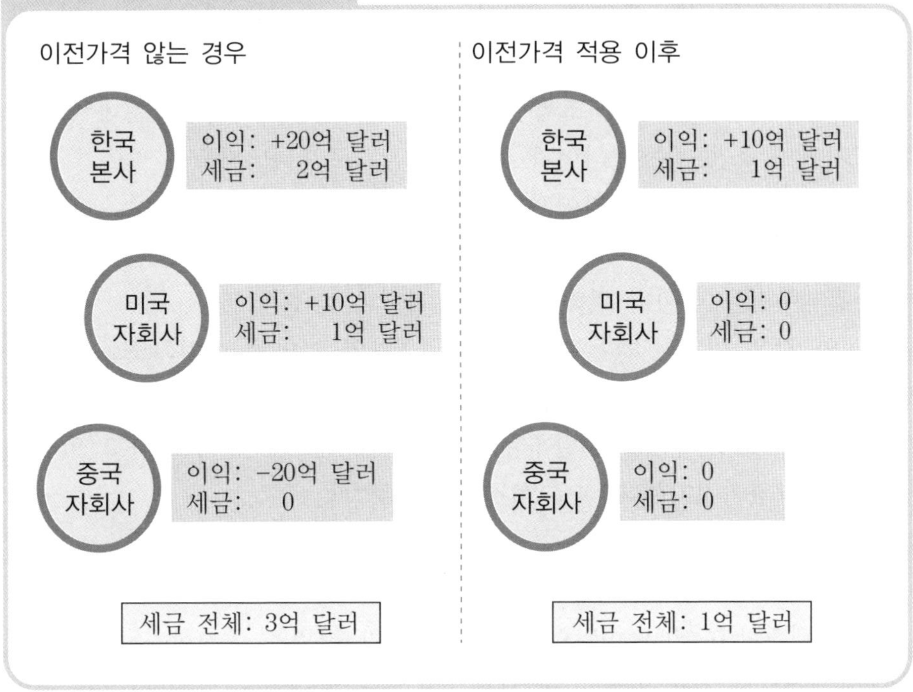

격이 결정되지만, 이전가격에서는 매수자와 매도자가 실질적으로 동일하기 때문에 가격을 임의로 정할 수 있다는 점에 특성이 있다.

국제기업은 기업내의 거래에 있어서 그 상황에 따라 자사에 유리하도록 가격을 정함으로써 기업의 이익을 증가시킬 수 있다. 법인세율, 관세율, 인플레이션율, 외환통제의 가능성 등이 국가마다 다르기 때문에 이러한 요인을 감안하여 가격을 설정하게 된다.

[그림 10-10]은 국제기업이 이전가격을 통하여 어떻게 세금지출을 줄일 수 있는지를 보여주고 있다. 먼저 모든 나라의 법인소득세율은 10%로 동일하다고 가정한다. 한국본사와 미국자회사가 각각 20억 달러, 10억 달러의 흑자를 내고, 중국자회사가 20억 달러의 적자를 보았다고 할 때 세금으로 지출되는 금액은 한국과 미국에서 각각 2억 달러, 1억 달러로 전체 3억 달러가 된다. 만약 이전가격으로 한국본사와 미국자회사가 중국자회사에 대하여 상품을 팔 때는 싸게 팔고, 상품을 살 때는 비싸게 사줌으로써,

중국자회사의 적자를 0으로 줄이는 대신에 한국본사와 미국자회사의 흑자를 각각 10억 달러씩 줄여 한국만 10억 달러의 이익을 내도록 한다면, 세금으로 지출되는 금액은 전체 1억 달러로 줄일 수 있는 것이다.

이 경우에는 국가간에 조세수준이 동일한 것으로 가정하였는데 실제로는 국가간의 조세수준에 차이가 많다. 세금으로 인한 지출을 줄이기 위해서는 조세수준이 높은 국가에서는 이익을 줄여서 조세수준이 낮은 국가에 이익이 몰리도록 하게 된다. 또한 관세수준이 높은 국가로 수입하는 경우에는 관세부담을 줄이기 위해서 상품의 가격을 낮추게 된다.

이와 같은 이전가격의 설정은 결국 국가의 이익과 배치되므로 국제기업과 국가정부간에 갈등을 일으키는 요인이 된다. 많은 국가에서 국제기업이 이전가격으로 세금을 포탈하는 것을 막기 위하여 규제를 하고 있지만 근본적으로 없어지기는 어려운 성격을 갖고 있다.

4.3 조세회피국

조세회피국(tax haven)이란 외국의 자본과 기업을 유치하기 위해 법인소득세를 극히 낮은 세율로 하거나 면제하는 국가들을 말한다. 대표적인 조세회피국으로는 바하마, 버뮤다, 케이만군도, 버어진 아일랜드, 파나마, 홍콩, 스위스, 리히텐슈타인 등이 있다. 많은 국제기업들은 이들 조세회피국에 자회사를 설립하고 이전가격 조작 등을 통하여 이들 현지법인에 이익을 집중시킴으로써 세금지출을 극소화하는 수단으로 이용하고 있다.

제 4 절 국제생산관리

1. 국제생산관리의 의의

생산관리란 제품의 생산을 계획하고 조직하며 실행하고 통제하는 활동을 말한다. 국제생산관리는 국제기업의 세계적인 경영활동에서 이루어지는 제품생산에 대한 관리이다. 국제생산에서 주요 문제는 어디서, 얼마를, 어떻게 생산하고, 어떤 것을 직접 생산하고 어떤 것을 외부에서 조달하며, 원료는 어디서 어떻게 조달하여, 완성된 상품을 어디로 어떻게 이동시킬 것인가 등에 대한 것이다. 국제생산관리는 국제마케팅관리, 국제재무관리, 국제인사관리 등의 국제경영활동의 다른 여러 부문과의 유기적인 관계속에서 이루어지게 된다.

2. 국제생산배치

2.1 단위생산규모

기업은 상품에 대한 수요를 예측하여 생산량을 정하고 이에 맞는 생산설비를 확보하게 된다. 여기서 어느 한 지역에서 대단위 생산을 하여 전세계에 공급하는 집중적인 생산전략과, 지역마다의 작은 규모의 생산을 하는 분산적인 생산전략을 상정할 수 있는데, 이것은 생산에 대한 기술적인 요인과 국제경제환경에 따라 달라지게 된다.

1) 집중적 생산전략

집중적 생산(centralized production)은 어느 한 지역에서 대단위생산을 하여 전세계로 공급하는 것이다. 집중적인 생산전략에서는 시계시장에 공통적으로 수용할 수 있는 상품을 표준화(standardization) 생산하게 된다. 표준화된 생산은 규모의 경제효과를 누릴 수 있고 품질관리가 용이하다는 측면에서 크게 유리하다.

고가시계나 콘택트렌즈처럼 가격에 비하여 운송비가 작은 상품은 소수의 생산공장에서 만들어 전세계로 이동하는 집중적 생산전략을 취하게 된다. 반면에 음료수와 같이 완제품의 무게나 부피가 커서 운송비용이 많이 드는 상품은 현지단위로 나누어 생산하는 분산적 생산전략을 택하게 된다.

2) 분산적 생산전략

분산적 생산(decentralized production)은 지역마다 분산하여 제품의 생산을 하는 것이다. 분산적 생산전략은 제품을 현지실정에 맞게 적응화(adaptation)하여 생산하게 되는데, 규모의 경제효과를 누릴 수 없는 단점이 있지만 제품을 현지실정에 맞게 생산함으로써 고객의 수요에 부응할 수 있는 장점이 있다. 또한, 국가간에 무역장벽이 높아서 완제품의 수입이 자유롭지 못한 경우, 환율변동에 따른 위험이 큰 경우, 국가간에 문화적인 차이가 커서 그 문화에 맞는 상품이 필요한 경우, 완제품의 운송비가 많이 드는 경우 등과 같은 여건에서는 지역마다의 생산이 필요하게 된다.

한편, 국제화가 됨에 따라 상품간의 국제분업뿐만 아니라 상품의 각 부품이나 생산단계별로 최적의 국가에서 생산되는 국제분업생산이 크게 증가하였다. 예를 들면 포드자동차는 라디에이터는 영국, 엔진은 독일, 변속기는 프랑스, 차체는 스페인 등과 같이 각 지역마다 부품들을 나누어 생산하고 있다. 이 경우는 제품 이동에 대한 국가간에 무역장벽이 있어서가 아니라, 오히려 국가간에 무역장벽이나 제품의 이동에 대한 제약이 없기 때문에 분산적 생산이 가능한 것이다. 어느 한 지역에서만 부품 및 완제품 이동에 장애가 생기더라도 전체공정에 차질이 발생하게 되므로 국가간에 무역장벽뿐만 아니라 교통 통신이나 여타 경제환경에서 국가간 장벽이 낮을 것을 전제조건으로 한다.

2.2 생산입지

어느 지역에서 생산할 것인가는 각 지역의 생산조건과 함께 소비지 및 물류환경을 동시에 고려하지 않으면 안 된다. 국가마다 생산입지로서의 여건이 다르므로 다음과 같은 측면에서 제반조건을 고려하여 최적의 지역에서 생산을 하게 된다.

첫째, 부존생산요소이다. 부존생산요소 중에서 노동력, 기술수준, 천연자원 등이 특히 중요하다. 같은 유럽국가라 하더라도 룩셈부르크의 임금수준은 스페인의 임금수준의 5배에 달한다. 같은 유럽국가간에도 이 정도이니 세계적으로는 말할 것도 없다. 중국이 세계의 공장이라고 할 수 있을 정도로 많은 국제기업이 중국에 생산입지를 두는 이유는 낮은 임금수준 때문이다. 또, 광물자원, 화학산업원료, 나무 등과 같은 천연자원을 보유한 국가는 이들 원료와 관련되는 산업에서 유리한 입지를 갖는다.

둘째, 시장접근성이다. 주요 시장에 가깝게 위치하는 것은 완제품의 물류비용을 낮출 뿐만 아니라 시장의 요구를 잘 파악하고 신속하게 대응할 수 있다는 점에서 매우 유리한 요인이 된다. 독일, 일본, 한국의 자동차기업들이 미국내에 생산기지를 두고 있는 것은 이러한 이유 때문이다.

셋째, 사회간접시설이다. 부존생산요소나 시장면에서 유리한 위치에 있는 국가라도 생산을 원활하게 할 수 있는 사회간접시설이 없으면 생산지로서 적합하지 않다. 생산활동과 관련되는 전기, 수도, 도로, 항만, 통신 등 물적 측면에서의 사회간접시설이 구비되어 있어야 하고, 기업운영, 고용, 세제 등 제도적 측면에서의 사회간접시설이 마련되어 있어야만 한다.

3. 국제구매활동

국제구매활동은 글로벌소싱(global sourcing)이라고도 하는데 국제기업이 필요한 자원을 확보하기 위하여 행하는 구매활동을 말한다. 이러한 국제구매활동은 생산, 물류, 판매 등과 연계하여 어디에서 무엇을 구매할 것인가를 계획하고 실행하게 된다.

기업의 여러 가지 다양한 구매활동중에서 원자재와 부품의 구매가 가장 중요한 부분을 차지하게 된다. 여기서 부품의 경우에 직접생산과 외부조달(out-sourcing)의 두 가지 방법을 생각할 수 있는데 각자 다음과 같은 특성을 갖고 있다.

먼저 직접생산의 경우는 자사가 해당부품의 핵심기술을 갖고 있거나 다른 기업보다 낮은 가격에 생산할 수 있을 때 선택하는 방법이다. 또한 외부조달로써 만족스런 품질을 확보하기 어렵거나 적시에 납품을 받기 어려울 때에도 직접생산을 하는 것이 좋은 방법이 된다.

반면에 외부조달의 경우에는 부품생산을 위한 생산설비와 인력의 투입없이 물품을 확보할 수 있다는 장점이 있다. 특히 정치적 위험 등으로 현지에 많은 설비투자를 하는 것이 부담이 되는 경우에 좋은 방법이 된다. 또 양질의 부품을 생산하는 생산업자들이 많아 여러 생산업자들 중에 선택할 수 있거나, 자사가 구매에서 유리한 영향력을 행사할 수 있을 때 유리하다. 그리고 현지국에서 국산품사용의무부과나 무역장벽 등으로 본국이나 다른 국가 자회사로부터 직접 조달하기 어려울 때도 현지의 업체로부터 외부조달하게 된다.

4. 국제물류시스템

국제물류시스템은 보통 국제로지스틱스(international logistics)라고 하는데, 상품의 원료취득에서부터 최종소비에 이르기까지 물자의 국제적인 이동 및 저장과 관련된 제반활동을 말한다. 국가간의 무역장벽이 완화되고 교통과 통신의 발전으로 국제적으로 상품, 원자재, 부품 이동이 급격하게 증대하면서 국제물류관리의 역할도 커지고 있다. 오늘날 기업활동에서 물류관련비용이 전체비용의 10-25%를 점할 정도로 중요한 부분을 차지하고 있는 점을 감안하면, 국제기업이 전세계적으로 분산되어 있는 생산 및 소비거점들을 효율적으로 연결함으로써 최적의 물류네트워크를 구성하는 것은 국제경쟁력의 중요한 한 요소가 된다.

이러한 국제물류네트워크속의 글로벌소싱과 관련하여 중요한 개념중의 하나가 JIT시스템이다. JIT시스템(just-in-time system)이란 부품이 조립을 위하여 필요한 시점에 정확하게 조립공장에 도착하도록 하는 물류시스템이다. 이것은 1960년대에 도요타 자동차회사에서 처음으로 개발되어 부품재고를 줄이고 불량률을 낮추는 데 성공함에 따라 이후 많은 기업들이 도입하게 된 시스템이다. 부품을 미리 구매하여 확보해 쌓아두게 되면 자금부담과 재고관리비용이 발생하고 불량품도 늘어나게 되는데, JIT시스템을 통하여 더 효율적으로 관리할 수 있게 된 것이다.

이 같은 JIT시스템이 국제적으로 운영되기 위해서는 국가간에 물류의 흐름이 원활하여야 하고 정보통신네트워크가 뒷받침되어야 한다. 최근 물류산업의 발전과 인터넷과 전자정보교환시스템의 급속한 발전에 힘입어 JIT시스템은 확산되어 가고 있다.

주요용어

- 매트릭스조직
- 중앙집권화
- 지역분권화
- 본국중심주의
- 현지국중심주의
- 세계중심주의
- 표준화
- 차별화
- pull전략
- push전략
- 환노출
- 환위험
- 거래적환노출
- 회계적환노출
- 경제적환노출
- lead
- lag
- 자본예산
- 현재가치법
- back to back loan
- netting
- 이전가격
- 조세회피국
- 집중적생산전략
- 분산적생산전략
- 글로벌소싱
- 외부조달
- JIT시스템

연습문제

1. 글로벌기업의 조직구조에 대하여 논술하시오.
2. 새계중심주의적 인사정책을 설명하시오.
3. 해외파견근무자의 자질로서 중요한 것들을 약술하시오.
4. 국제마케팅에서 표준화와 차별화에 대하여 논술하시오.
5. 국제마케팅의 가격전략에 대하여 약술하시오.
6. pull전략과 push전략에 대하여 설명하시오.
7. 국제경영에서 환노출의 유형에 대하여 설명하시오.
8. 이전가격에 대하여 설명하시오.
9. 집중적 생산전략과 분산적 생산전략을 설명하시오.
10. 국제구매에서 어떤 경우에 직접생산을 하는 것이 유리하고 어떤 경우에 외부조달을 하는 것이 유리한지 설명하시오.

제4부 무역관리

TRADE MANAGEMENT

제11장

무역관리 기초

제 1 절 무역제도

무역제도는 대외무역이 적정하게 이루어지게 하기 위하여 국가가 시행하는 무역에 대한 제반제도를 말한다. 현재 한국은 개방적이고 자유주의적인 무역정책을 취하고 있기 때문에 사적인 경제활동영역인 무역에 대하여 국가가 통제하거나 규제하는 입장에 있지 않다. 다만 무역이 국가경제활동의 중요한 한 부분으로서 국가경제에 심대한 영향을 줄 수 있으므로 무역이 국가경제에 나쁜 영향을 주지 않고 좋은 영향을 줄 수 있도록, 또 무역이 활발한 가운데 국민경제가 융성하게 발전할 수 있도록 하기 위하여 여러 법과 제도를 두고 있다.

1. 무역관계법규

대한민국 헌법 제125조는 “국가는 대외무역을 육성하며 이를 규제 · 조정할 수 있다”고 규정하고 있다. 여기 헌법 제125조의 표현은 무역에 대한 국가의 다소 강하고 적극적인 입장을 나타내고 있다. 이 헌법 조문은 국가의 권능의 한도를 표시한 것이지 항상 그렇게 하여야 한다는 것은 아니다. 여기서 규제 · 조정할 수 있다고 했지만 실제 이러한 경우는 꼭 필요한 경우에 한하여 최소한에 그친다고 보아야 할 것이다.

이러한 헌법 규정을 기초로 하여 대외무역을 육성하기 위한 정책을 수행하고 무역이 적정하게 이루어지도록 하기 위하여 여러 무역관계법규들을 두고 있다. 그중에서 대외무역법, 관세법, 외국환거래법은 가장 중심적인 위치에 있는 세 가지 법이라 할 수 있다. 먼저 대외무역법은 국가의 무역관리에 대한 가장 기본적인 법이다. 다음으로 관세법은 수출입 상품의 관세부과와 통관에 관한 사항을 규율하고 있고, 그리고 외국환거래법은 외환의 거래와 취급에 대한 사항을 규율하고 있다.

그 외 불공정무역행위조사 및 산업피해구제에 관한 법률, 수출자유지역지정 및 운영에 관한 법률, 수출보험법 등 여러 법들을 두고 있다. 이와 같은 법률을 기초로 하여 세부적인 사항은 해당 법률의 위임을 받아 대통령령이나 해당부처의 규정을 통하여 규율하게 된다.

1) 대외무역법

대외무역법은 대외무역을 진흥하고 공정한 거래질서를 확립하여 국제수지균형과 통상확대를 도모함으로써 국민경제에 이바지함을 목적으로 하고 있다. 대외무역법은 무역에 관한 기본법으로서 1986년 12월 30일 법률 제3895호로 제정된 이래 수차의 개정을 거쳐 오늘에 이르고 있다.

대외무역법의 주요 내용은 무역에 대한 기본원칙, 통상진흥정책의 운영, 수출입에 대한 관리에 대한 사항을 규정하고 있다.

대외무역법의 주요 내용

제1장 총칙

대외무역법의 목적, 자유롭고 공정한 무역을 지향한다는 원칙, 무역진흥을 위한 조치, 무역에 대한 특별제한조치 등에 관한 규정을 두고 있다.

제2장 통상의 진흥

통상의 진흥을 위한 시책을 수립하고 운영할 수 있도록 통상진흥정책활동을 뒷받침하는 규정을 두고 있다.

제3장 수출입거래

수출입의 제한 및 통합공고, 외화획득용원자재의 수입, 전략물자의 수출입, 산업설비수출, 원산지표시 등에 대하여 규정하고 있다.

제4장 수입제한조치

긴급수입제한조치 시행에 대한 절차와 담당기관인 무역위원회에 대하여 규정하고 있다.

제5장 수출입의 질서유지

불공정무역에 대한 규제와 무역분쟁발생시에 신속한 해결을 위한 조치 등에 대하여 규정하고 있다.

2) 관 세 법

관세법은 관세의 부과·징수 및 수출입물품의 통관을 적정하게 하여 국민경제의 발전에 기여하고, 관세수입의 확보를 목적으로 하고 있다. 관세법은 1967년 11월 29일 법률 제1976호로 제정되어 수차의 개정을 거쳐 오늘에 이르고 있다.

관세법은 관세징수와 수출입통관의 관세행정에 관한 사항을 포괄적으로 규정하고 있으며, 관세율표를 별표로 두고 있다. 관세법은 성격상 관세의 부과, 징수, 요건, 대상, 절차를 규정하고 있어 조세법적 성격과 수출입통관에 대한 통관법적인 성격을 갖고 있고, 또 벌칙과 조사처분에 관하여 규정하고 있어 형사법적 성격도 갖고 있다.

3) 외국환거래법

외국환거래법은 외국환과 그 거래를 합리적으로 조정·관리함으로써 대외거래를 원활하게 하고, 국제수지의 균형과 통화가치의 안정 및 외화자금의 효율적인 운영을 도모하여 국민경제의 건전한 발전에 기여함을 목적으로 하고 있다. 외국환거래법은 1961년 12월 31일 법률 제933호로 「외국환관리법」으로 제정되어 수차의 개정을 거쳐 시행되어 오다가 1998년 9월 16일 외국환거래법으로 명칭을 바꾸어 제정되었다.

외국환거래법의 주요 내용으로는 외국환은행 및 환전상, 외국환평형기금, 외국환의 지급과 거래 등을 포함하고 있다.

4) 기타 무역관계법규

대외무역법, 관세법, 외국환거래법 이외에도 무역에 관한 법률로서 불공정무역행위조사 및 산업피해구제에 관한 법률, 수출보험법, 전자무역 촉진에 관한 법률, 중재법 등 여러 가지 측면에서 다양한 법들이 있다.

또 무역에 대한 법외의 다른 일반법에서도 무역과 관련되는 조항이 포함되는 경우도 많다. 예를 들면, 「식품위생법」에서의 수입식품에 대한 위생규제에 대한 조항에 따라 위생과 관련하여 수입규제를 하게 되는 것이다. 한국의 경우 이러한 법들로는 형법, 약사법, 마약법, 검역법, 문화재보호법, 영화 및 비디오물의 진흥에 관한 법률, 총포·도검·화약류등단속법, 원자력법 등을 들 수 있으며, 무역이 관련되는 범위가 넓기 때문에 이러한 법들의 종류도 매우 다양하다.

표 11-1 한국의 대외무역관련 주요 법률

법 이 름	제정 년도	주요 내용
대외무역법	1987	대외무역거래 관리를 위한 무역에 관한 기본법
관세법	1967	관세의 부과와 통관행정
외국환거래법	1998	대외거래에 따른 외환거래와 외환의 관리
불공정무역행위조사 및 산업피해구제에 관한 법률	2001	불공정무역행위와 수입증가 등으로 인한 국내산업의 피해구제
세계무역기구협정의 이행에 관한 특별법	1995	WTO회원국으로서의 국가권익 보호와 피해최소화
전자무역 촉진에 관한 법률	1991	전자무역을 통한 무역절차의 간편화와 무역정보의 신속한 유통
무역거래기반조성에 관한 법률	2000	전자무역체제, 무역정보, 무역전문인력 등 무역거래의 기반조성
중재법	1966	상사분쟁해결을 위한 중재제도의 확립
수출보험법	1968	수출보험제도의 확립

2. 무역관리제도

2.1 국가의 무역관리

한국에서의 무역은 기본적으로 자유롭다. 무역의 주체측면에서 누구나 무역을 할 수 있다. 무역의 대상측면에서 일반적인 물품들에 대해서는 무역의 제한을 받지 않는다. 또 무역의 방법측면에서 정상적인 거래에서는 제한없이 무역거래를 할 수 있다.

그러나 전시라든지 국가관계에 이상이 발생한 것과 같은 상황에서는 당연히 무역을 금지하거나 제한할 수 있게 된다. 대외무역법에서는 ① 한국이나 상대국의 전쟁 또는 천재지변 사태, ② 상대국과의 관계 악화, ③ 국제평화를 위한 국제조약 의무이행, ④ 생명과 건강, 그리고 환경보호 등의 경우에 무역을 제한할 수 있음을 규정하고 있다.

무역을 제한 또는 금지할 수 있는 경우
1. 한국이나 상대국에 전쟁 · 사변이나 천재 · 지변이 발생한 경우 2. 교역상대국이 조약과 일반적으로 승인된 국제법규에서 정한 한국의 권익을 부인할 때 3. 교역상대국이 한국의 무역에 대하여 부당하거나 차별적인 부담 또는 제한을 가할 때 4. 헌법에 의하여 체결 · 공포된 무역에 관한 조약과 일반적으로 승인된 국제법규에서 정한 국제평화와 안전유지 등의 의무의 이행을 위하여 필요할 때 5. 인간의 생명 및 건강과 안전, 동식물의 생명 및 건강, 환경보전, 국내자원의 보호를 위하여 필요할 때 등이다.[1]

이러한 특수한 상황이 아닌 평시에도 국가가 무역에 대한 관리점검을 해야 하는 특수한 경우가 있는데 이러한 경우에는 국가의 승인을 거쳐서 무역을 하도록 하고 있다. 이러한 승인을 거치게 되는 경우는 무역대상품목이 국가가 관리해야 할 특별한 이유가 있는 품목이거나, 무역형태나 방법이 국가가 관리해야 할 필요가 있는 경우이다. 국가가 자유무역의 기조를 표방하고 있음에도 불구하고 최소한의 무역관리를 할 수밖에 없는 것은 다음과 같은 이유 때문이다.

첫째, 국제법이나 국제조약에서 무역을 제한하도록 정하고 있는 경우이다. 이것은 국제평화와 안전유지를 위한 국제법 및 국제조약을 비롯하여 환경보호를 위한 국제조약에서 멸종동식물의 수출입을 금지하거나 유해폐기물의 수출입을 금지하는 것과 같이 여러 분야에서의 국제법이나 조약에서 무역제한을 그 조약상의 의무로서 두고 있는 경우에 제한을 하지 않을 수 없다.

둘째, 인간의 생명 건강 및 안전, 동물과 식물의 생명 및 건강, 환경보전 또는 국내 자원보호를 위하여 필요한 경우에 무역제한을 하게 된다.

셋째, 교역상대국이 한국에 대하여 조약과 일반적으로 승인된 국제법규에서 정한 권익을 인정하지 아니하거나, 무역에서 부당하거나 차별적인

1) 대외무역법 제5조.

부담 또는 제한을 가할 경우에는 우리도 대응조치를 취해야 하는 경우가 있기 때문이다.

넷째, 전략물자에 대한 제한이다. 전략물자의 수출·수입은 국가안보와 직결되는 문제이기 때문이다.

이러한 무역관리의 필요성 때문에 한국에서는 수출입승인제도 및 전략물자허가제도를 두어 국가의 관리대상이 되는 품목에 있어서는 행정부서의 승인과 허가를 받아 무역을 하도록 하고 있다.

또한 위에서와 같은 무역대상품목에서의 문제뿐만 아니라 수출에 대한 대금이 국내에 들어오지 아니하고 외화도피나 불법으로 유출되어 국가적인 손실이 발생해서도 안 된다. 그래서 외화유출이나 불법거래를 막기 위하여 일반적인 거래방식이 아닌 위탁판매수출이나 연계무역 등과 같은 특별한 형태의 무역에 대해서는 국가의 인정의 받도록 하는 특정거래형태 인정제도를 두고 있다.

2.2 수출입 승인제도

국가가 수출입을 관리하는 물품에 대해서는 사전에 이를 공고하게 되고, 여기에 해당되는 물품을 무역하기 위해서는 국가가 정한 승인의 절차를 거치게 된다.

1) 수출입공고

국가가 특정 물품에 대하여 수출입을 제한하거나 수출입의 절차를 정한 경우에는 이를 미리 공고하게 되는데 이를 수출입공고라고 한다. 품목들에 대해서 수출입의 제한여부를 공고하는 방법에는 두 가지가 있다. 하나는 positive list system이고, 다른 하나는 negative list system이다. positive list system에서는 무역이 자유롭게 허용되는 품목들이 열거되고 이 명단에 포함되지 않은 모든 품목은 제한되는 것이다. 반대로 negative list system에서는 무역이 제한되는 품목들이 열거되고 이 명단에 포함되지 않은 모든 품목은 무역이 자유롭게 허용되는 것이다. 무역제한이 많은 경우에는 positive list system을 사용하게 되지만, 무역자유화의 폭이 커지게 되면 negative list system으로 가게 된다.

현행 한국의 수출입공고에는 수출제한품목과 수입제한품목을 게시하고 있다. 즉 negative list system을 사용하고 있으며, 여기에 게시되는 품목은 전체 무역대상 물품중에 극소수에 불과하다. 그래서 수출입공고상의 수출제한품목 또는 수입제한품목으로 게시되지 않은 대다수의 일반 품목은 자유롭게 무역을 할 수 있다. 수출입공고상의 수출입제한 품목을 수출입하려면 그 게시된 요령에 따라 수출입승인을 받아야 한다.

2) 통합공고

무역이 관련되는 분야는 매우 넓으므로 다른 분야의 법의 일부 조항에서 무역에 대한 사항을 규율하고 있는 경우가 많은데, 이와 같은 여러 법률에 산재되어 있는 수출입의 요건 및 절차에 관한 사항을 무역업자가 쉽게 파악할 수 있도록 하나로 통합하여 공고하는 것을 말한다. 예를 들면 "총포 · 도검 · 화약류등단속법"에서는 총기류의 수입에 대한 규제를 하고 있고, "영화 및 비디오물의 진흥에 관한 법률"에서는 폭력 · 음란 영화의 수입을 규제하고 있다. 이와 같이 수십여 개의 관련 법규에서 규율하고 있는 수출입과 관련된 부분을 통합하여 공고하게 되는데, 여기에 해당되는 품목은 그 공고에서 정하고 있는 수출입요령에 따라 수출입을 하게 된다.

2.3 전략물자수출입 허가제도

전략물자란 전쟁수행에 필요한 물자를 말하며, 전략물자는 국제평화와 안전을 위하여 다자간 국제수출통제체제의 원칙에 따라 무역제한이 필요한 물품에 대하여 국가가 지정고시하고, 이에 대한 물품을 수출입하기 위해서는 국가의 허가를 받아야 한다. 여기서 전략물자는 단순히 무기만이 아니라 무기를 만들 수 있는 원료, 물품, 기술 등을 포괄하기 때문에 그 범위가 상당히 넓다.

2.4 특정거래형태 인정제도

무역에서 대부분의 경우 일반거래형태로서 환어음방식이나 송금방식을 이용하여 결제한다. 그런데 연계무역이나 외국인수수입 등과[2] 같이 특수

---

2) 이러한 무역형태에서 관해서는 제2절 무역의 유형 참조.

한 거래형태에서는 실제의 대금결제상황 확인이 곤란할 수 있고, 또 수출입 제한을 면탈할 수도 있기 때문에 이러한 특별한 형태의 무역에 대해서는 국가기관의 인정을 받는 절차를 거치도록 하고 있는 것이다.

3. 물품의 분류

수많은 물품들을 다루는 데에는 물품에 대한 체계적인 분류가 필요하다. 국제무역에 있어서는 국제적으로 공통된 물품분류체계가 필요하게 된다. 현재 세계에는 HS와 SITC라는 두 개의 국제상품분류가 사용되고 있는데, HS는 주로 관세목적으로 사용되고, SITC는 주로 경제통계목적으로 사용된다.

1) HS

HS(Harmonized Commodity Description and Coding System: 조화제도)는 관세행정용으로 만들어진 것으로 관세청에서 이 분류에 따라 관세를 책정할 뿐만 아니라 수출입공고 등 일반무역행정에서도 많이 사용된다.

HS는 원래 1937년 국제연맹(League of Nations)에서 제정된 제네바관세품목분류집(Geneva Tariff Nomenclature)이 사용되어 오다가, 1955년 관세협력이사회(Customs Cooperation Council)에 의하여 BTN(Brussels Tariff Nomenclature)으로 개정되어 사용되었으며, 다시 1977년에 CCCN(Customs Cooperation Council Nomenclature)으로 개정되어 사용되어 오다, 1988년에 다시 수정을 거쳐 HS제도로 된 것이다. 이 상품분류를 비롯한 국제간의 관세제도의 협력을 위한 기관으로서 세계관세기구(World Customs Organization: WCO)가 있으며, 이는 종전의 관세협력이사회(Customs Cooperation Council)에서 발전된 것이다.

HS상품분류는 상품의 원료, 제조과정, 노동과정, 용도 등을 기준으로 하여 분류된다. 또 각 상품은 큰 범주로 2단위로 나누고 점점 더 세분하여 4단위, 6단위, 그리고 8단위 내지 10단위까지 분류되어 총 약 60,000여 개의 품목으로 구분된다. 여기서 6단위 분류까지는 세계 공통으로 사용되고 그 이하부터는 개별국가에서 자국의 사정을 감안하여 분류할 수 있도록 되어 있다.

이러한 분류체계를 예로서 보면 악기는 2단위에서 92로 분류되고, 악기중에서 피아노는 4단위에서 9201이 되며, 그중에서 그랜드 피아노는 6단위에서 9201.20으로 분류되는 것이다.

2) SITC

SITC(Standard International Trade Classification: 표준국제무역분류)는 주로 경제통계 목적으로 사용되는 상품분류이다. SITC는 1950년 UN 경제사회이사회에서 제정되어 현재 수차의 개정을 거쳐 사용되고 있는데, 상품의 용도, 조립단계, 산업원천 등에 우선적인 기준을 두고 분류된다.

현행 SITC는 먼저 0~9까지 한 자리 숫자 단위의 대분류(section)로 나누고, 다음 두 자리 숫자 단위의 중분류(division), 세 자리 숫자 단위의 소분류(group) 등으로 점점 세분화되어 최종 열자리 숫자 단위에 이르기까지 총 45,000여 개의 품목으로 구분하고 있다.

제 2 절 무역의 유형

무역에는 여러 가지 형태가 있다. 여기서는 무역제도와 업무를 이해하는 데 필요한 기본적인 것들만 간단히 살펴보기로 한다.

(1) 상품무역과 서비스무역

상품무역(goods trade) 유체동산에 대한 무역을 말한다. 형체가 있는 재화중에서 부동산은 무역을 할 수 없으므로 형체가 있는 동산에 대한 무역이다. 이를 보통 유형무역(visible trade)이라고도 한다.

서비스무역(service trade) 용역(service)에 대한 무역을 말한다. 서비스는 교육, 의료, 관광 등과 같이 효용을 주지만 형체가 없다. 그래서 이를 보통 무형무역(invisible trade)이라고 한다.

(2) 직접무역과 간접무역

직접무역(direct trade) 매도인과 매수인이 직접 거래하는 무역을 말한다.

간접무역(indirect trade) 매도인과 매수인 사이에 제3자가 개입하는 형태의 무역을 말한다. 간접무역이라는 용어는 상황에 따라 두 가지의 다른 의미로 사용되는데, 하나는 수출대행업체가 생산자를 대신하여 수출하는 경우에 간접수출이라고 하고, 다른 하나는 수출자와 수입자 사이에 제3국 상인의 중개로 무역이 될 때도 간접무역이라고 한다.

(3) 중개무역과 중계무역

중개무역(merchandising trade) 수출자와 수입자 사이에 제3자의 중개로 무역이 이루어지는 것이다. 상품은 수출자에서 수입자로 바로 직송되며, 중개무역인은 중계수수료를 받게 된다.

중계무역(intermediate trade) 물품을 외국으로부터 수입하여 이를 그대로 다른 국가에 수출하는 무역이다. 중계무역은 싱가포르와 같은 중계무역항에서 많이 일어나며, 중계무역인은 수입과 수출에서의 가격차이에 의한 이익을 얻게 된다.

(4) 연계무역

양국간에 수출입의 균형을 유지하기 위하여 수출과 수입을 연계시키는 것을 연계무역(counter trade)이라고 한다. 연계무역에는 물물교환, 대응구매, 제품환매 등이 있다.

물물교환(barter) 화폐의 개입없이 물품을 서로 교환하는 거래이다.

대응구매(counter purchase) 한 국가에서 수출하는 경우 일정한 기간안에 그에 상응하는 금액의 상품을 상대국으로부터 반드시 수입해야 하는 무역거래이다.

제품환매(product buy-back) 수출업자가 설비나 기술 등을 수출하고 이에 대한 대가를 그 설비나 기술로 생산된 제품으로 지불받는 무역거래이다.

(5) 위탁가공무역과 수탁가공무역

위탁가공무역 가공할 원자재의 전부 또는 일부를 외국의 수탁가공자에게 수출하여 이를 가공한 후 이를 다시 수입하는 거래이다. 위탁자는 외국의 수탁가공자에게 가공임을 지급하게 된다.

수탁가공무역 외국의 가공위탁자로부터 위탁을 받아 원자재의 전부 또는 일부를 외국으로부터 수입하여 이를 가공한 후 수출하는 무역거래이다.

⑹ 위탁판매수출과 수탁판매수입

위탁판매수출 수출자가 외국에 있는 상인에게 상품의 판매를 위탁하면서 수출하고 상품이 판매된 범위내에서 상품대금을 회수하는 거래이다.

수탁판매수입 외국수출자로부터 위탁을 받아 상품을 수입하여 상품이 판매된 범위내에서 상품대금을 송금하는 거래이다.

⑺ 임대수출과 임차수입

임대수출 상품을 외국에 빌려주는 것을 말한다.

임차수입 상품을 외국으로부터 빌리는 것을 말한다.

⑻ 외국인도수출과 외국인수수입

외국인도수출 외국에 있는 본국의 물품을 외국에서 바로 다른 외국으로 수출하고 대금은 본국에서 받는 거래이다. 예를 들어, 한국기업이 해외건설공사후에 중동에 있는 건설장비를 동남아시아국가에 판매하는 경우이다.

외국인수수입 수입대금은 본국에서 지불하지만 물품은 외국에서 수입하여 다른 외국에서 받는 거래이다. 예를 들어, 한국기업이 아이티에서 건설공사를 하기 위하여 미국으로부터 건설장비를 수입하는 경우이다.

⑼ 기　타

OEM수출 주문자상표부착방식(original equipment manufacturing) 수출이라고 하며, 외국수입업자로부터 제품생산을 의뢰받아 생산된 제품에 수입자의 상표를 부착하여 인도하는 수출이다.

녹다운방식수출(knockdown export) 부품이나 반제품을 수출하여 현지에서 조립하여 판매하는 방식이다. 완제품에 대한 수입장벽을 피하기 위한 방법으로 많이 사용된다.

제 3 절 무역의 절차

무역의 절차를 일반적인 무역방식에서의 수출업무과 수입업무를 중심으로 살펴보기로 한다. [그림 11-1]은 무역의 시작에서부터 무역이 완료되기까지의 과정을 수출업무와 수입업무로 구분하여 보여주고 있다.[3] 그림에서 해외시장조사, 거래선의 선정, 거래제의, 무역계약까지의 단계는 수출과 수입 모두에 공통되는 과정이고, 좌측의 신용장 수령에서부터 관세환급 및 사후관리까지의 과정은 수출업무에서 하게 되는 과정이며, 우측의 수입승인에서부터 물품반출까지의 과정은 수입업무에서 하게 되는 과정이다. 이러한 무역절차를 각 단계별로 살펴보기로 한다.

1. 수출입공통의 절차

1.1 해외시장조사

1) 해외시장조사의 내용

해외시장조사는 무역에서의 가장 먼저 수행해야 할 단계로서 해외에서 특정상품을 판매, 또는 구매할 수 있는 대상지역을 조사하는 것이다. 해외시장조사는 수출자의 입장에서는 수출희망상품을 수요하는 최적의 지역을 찾는 것이며, 수입자의 입장에서는 수입희망상품을 공급하는 최적의 지역을 찾는 것이다. 해외시장은 국내시장에 비하여 모르는 부분이 많을 뿐만 아니라 예상치 못한 문제가 잠재해 있는 경우가 많기 때문에 무역거래에 따른 위험을 줄이기 위해서는 철저한 시장조사가 선행되어야 한다.

해외시장조사는 해당상품의 가격, 수요, 공급, 시장구조 등에 관한 사

3) 여기서 유의해야 할 것은 수출과정은 반드시 수출자가 하고, 수입과정은 반드시 수입자가 하게 되는 것은 아니라는 점이다. 물론 일반적인 경우는 그렇게 하지만 항상 그런 것은 아니다. 예를 들어 현장인도조건(EXW)의 경우에는 수입자가 수출국에서 운송계약, 수출통관 등을 하게 되며, 관세지급인도조건(DDP)의 경우는 수출자가 수입국에서 물품양륙, 수입통관 등을 하게 된다. 즉 누가 어떤 일을 하느냐는 계약조건에 따라 다양하게 달라질 수 있는 것이다.

그림 11-1 수출입절차

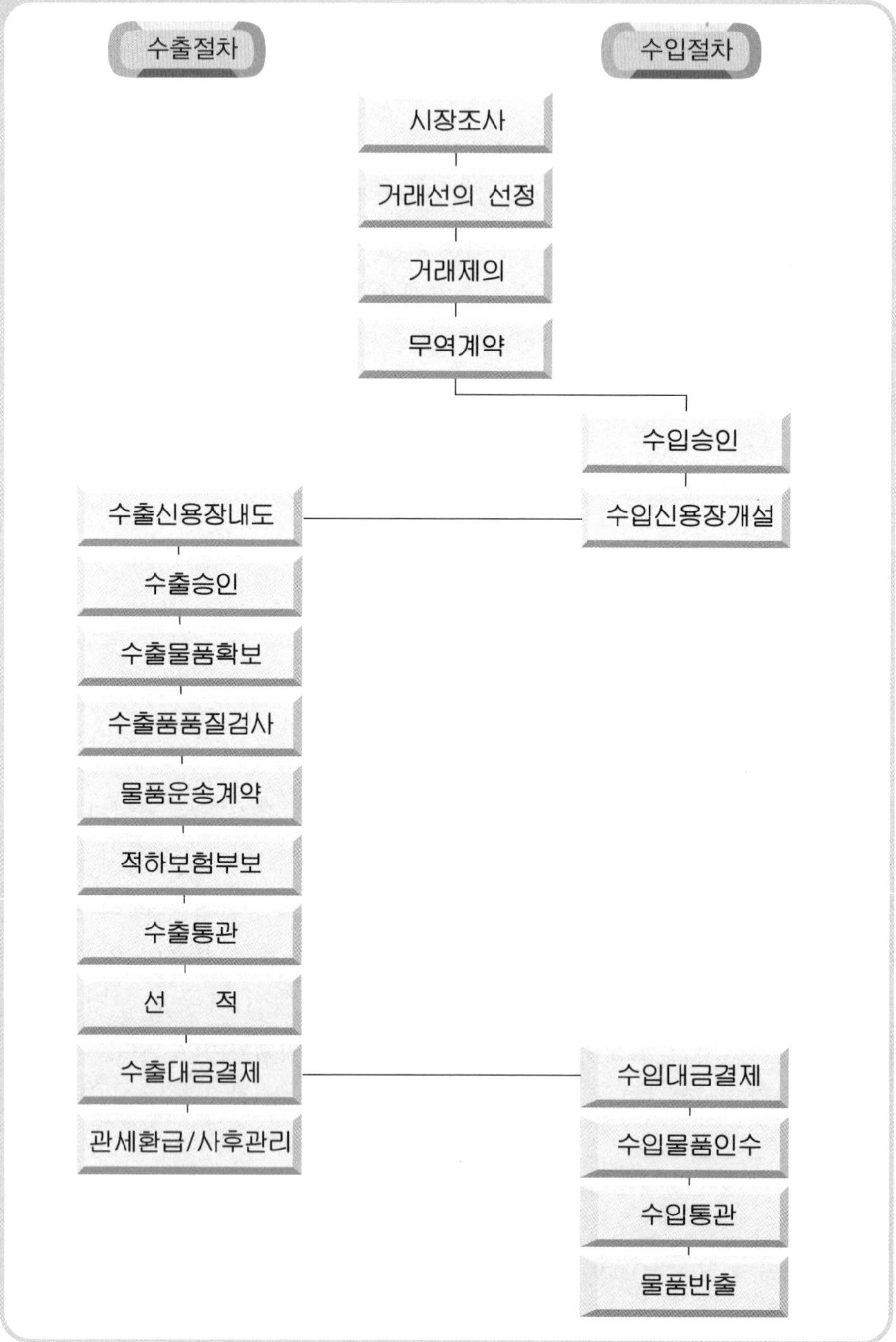
수출절차
수입절차
시장조사
거래선의 선정
거래제의
무역계약
수입승인
수출신용장내도
수입신용장개설
수출승인
수출물품확보
수출품품질검사
물품운송계약
적하보험부보
수출통관
선 적
수출대금결제
수입대금결제
관세환급/사후관리
수입물품인수
수입통관
물품반출

표 11-2 해외시장조사 대상

구 분		내 용
상품	시장	소비량, 시장가격, 시장경쟁구조
	소비	수요량, 상품의 질적 수요, 미래의 수요변화, 수요량의 계절적 변화, 소비자의 소득수준, 소비자의 사회계층적 위치, 해당상품에 대한 독특한 기호
	공급	공급량, 공급가격, 공급상품의 질, 공급량의 미래변화, 국내공급량, 수입공급량, 수입공급국가, 주요 공급업체의 상품점유율과 상품의 질
환경	경제적 환경	국내총생산, 1인당국민소득, 경제성장률, 물가, 임금, 실업률, 국제수지, 무역구조, 한국과의 무역, 인구, 인구증가율
	비경제적 환경	정치체제, 정치적 안정성, 지리, 기후 인종, 종교, 언어, 교육수준, 사회문화적 특성
	사회간접자본	교통, 항만, 통신
무역제도		수출입관리제도, 외환거래제도, 관세, 통관절차
거래방식		유통구조, 거래단위, 계량단위, 가격설정방법, 품질결정방법, 대금결제방법, 무역금융제도, 분쟁해결방법, 상관습

항뿐만 아니라 취급상품과 관련하여 해당국가의 정치, 경제, 사회, 문화, 지리, 무역관리제도, 거래방식, 고객 등의 모든 여건을 종합적으로 분석 조사하게 된다. 해외시장조사에서 일반적으로 포함되는 주요 요소들을 간추려 보면 [표 11-2]와 같다

2) 해외시장조사 방법

해외시장을 조사하기 위해서는 일반적으로 다음과 같은 방법을 이용하게 된다.

첫째, 인터넷을 이용하는 방법이다. 오늘날 인터넷은 정보·자료를 구하는 데 가장 손쉬운 수단이 되고 있다. 한국무역협회, 대한무역투자진흥공사 등 무역관련기관에서는 무역전문 정보제공사이트를 운영하고 있고, 외교통상부를 비롯한 국가기관과 공공기관들이 해외관련정보를 제공하고 있다. 또한 인터넷으로는 해당 국가에서 나온 여러 자료를 직접 볼 수 있고, UN, WTO, IMF, EU 등 국제기구의 자료를 활용할 수 있다.

둘째, 문헌자료를 이용하는 방법이다. 한국무역협회, 대한무역투자진흥공사 등의 무역관련 유관기관에서는 외국의 경제와 기업에 대한 정보 자료를 비치하고 있다. 또한 외교부나 해외공관, 국내주재 외국공관에서도 이러한 자료를 제공하고 있다. 이러한 기관외에도 도서관, 공공기관, 협회, 연구소, 서점 등의 문헌 및 자료를 통하여 조사할 수 있다.

셋째, 조사대행기관에 위탁하는 방법이다. 국내 무역업체가 많이 이용하는 것으로는 대한무역투자진흥공사가 유료로 제공하는 해외시장조사 대행서비스가 있다.

넷째, 현지방문조사이다. 조사자가 직접 현지에 가서 거래업자들을 만나서 상품의 거래상황을 조사함으로써 자료만으로 판단하기 어려운 사항들을 확인할 수 있다.

1.2 거래선의 선정

1) 거래선의 물색

(1) 거래선 물색의 의의

해외시장조사로 유망한 시장을 찾았다면 그 시장에서 거래할 상대를 찾아야 한다. 좋은 거래선을 갖는 것은 무역에서 무엇보다 중요하다. 좋은 거래선이란 상품을 취급하는 데 있어서 훌륭한 능력을 갖추고 있으며, 또한 믿을 수 있는 거래선이다. 여러 가지 방법을 통하여 최상의 거래선을 물색하게 되고, 물색된 거래선에 대하여 반드시 신용조사의 절차를 거치게 된다.

(2) 거래선의 물색 방법

① 무역유관기관 이용방법

대한무역투자진흥공사, 한국무역협회, 대한상공회의소, 외교부 재외공관, 주한 외국공관 등에서 이에 대한 정보를 제공하고 있다. 특히 대한무역투자진흥공사에서는 세계 각국에 광범위한 조직과 함께 정보망을 갖고 이러한 업무를 지원하고 있으며, 한국무역협회에서도 무역에 관한 다양한 지원서비스를 하고 있다.

② 인터넷을 통한 방법

대한무역투자진흥공사, 한국무역협회 등에서는 무역관련 인터넷사이트를 통하여 정보제공과 거래알선 등의 서비스를 제공하고 있고, 외국의 무역관련기관에서도 이와 같은 서비스를 제공하고 있다. 또한 인터넷상에서 무역업자들에 대한 정보를 제공하는 업체를 통해서 찾을 수도 있고, 해외사업자를 직접 찾아볼 수도 있다.

③ 상공인명록을 이용하는 방법

상공인명록에는 사업을 하는 각 업체에 대한 정보를 상세하게 수록하고 있다. 상공인명록은 전세계의 업체를 대상으로 하는 것도 있고, 지역별, 국가별, 또는 업종별로도 발간되는데 trade directory, business directory, 혹은 yellow pages[4)]라고도 한다. 이러한 인명록은 최근에는 대부분 인터넷상으로 이용할 수 있게 되어 있다.

④ 직접 방문하는 방법

무역거래자 자신이 직접 목적시장에 출장 방문하여 거래선을 찾는 방법이다. 현지에서 해외공관이나 기존 거래업자들의 도움을 받을 수 있다. 노력과 경비가 들지만 직접적인 접촉으로 확실한 정보를 얻을 수 있고 신속히 결정할 수 있다는 측면에서 장점이 있다.

⑤ 기존 연락처를 이용하는 방법

목적시장에 자회사, 지점, 대리점이나 기존거래처 등 업무협조를 요청할 수 있는 업체가 있는 경우 이들에게 물색 또는 소개를 부탁할 수 있다.

⑥ 박람회, 전시회, 무역사절단 등의 행사를 이용하는 방법

각종 박람회, 전시회, 무역사절단 등의 행사 참가를 통하여 거래선을 만날 수 있다.

⑦ 해외광고를 이용하는 방법

해외에서 발간되는 전문잡지나 회보 등의 매체에 광고를 하는 방법이다.

---

4) 전화번호부에 일반인명은 흰 종이에 인쇄한 반면, 상업용인명은 노란 종이에 인쇄한 데서 유래한다.

2) 신용조사

(1) 신용조사의 의의

해당시장에서 거래를 할 수 있는 상대방을 찾았을 경우에 다음단계로서 반드시 신용조사를 하게 된다. 거래상대방의 신용은 국내거래에서도 매우 중요한 것이지만 국제거래에서는 훨씬 더 큰 중요성을 갖는다. 거래과정에서 상대방으로부터 손해를 입었을 경우 국내거래의 경우에는 법에 호소할 수 있지만 국제거래의 경우에는 이러한 법적인 보호를 받는다는 것이 현실적으로 거의 불가능한 경우가 많기 때문이다. 그래서 무역거래를 하기 이전에 상대방의 신용상태를 철저하게 조사하여 무역거래에 따른 위험을 줄이지 않으면 안 된다.

(2) 신용의 평가와 조사 내용

일반적으로 조사대상 기업의 신용상태를 판단하는 주요 요소로서 3C's라고 하여 Character(인격), Capital(자본), Capacity(능력)를 든다.

Character 회사의 연역 및 사업성격, 경영자의 성실성, 계약이행자세, 평판 등을 말한다.

Capital 자산, 부채 등의 재정상황을 말한다.

Capacity 거래량, 영업영역, 시장점유율 등의 영업능력을 말한다.

여기에 4C's라고 하여 이상의 3C's에 상대국의 정치, 경제적 상황을 의미하는 Condition(여건)을 추가하기도 한다. 더 나아가, Collateral(담보능력), Currency(통화가치), Country(소속국가) 등의 요소를 추가하여 여러가지 C's를 설정하기도 한다.

(3) 신용조회의 방법

신용조회는 자신의 해외지사나 대리점 등 기존의 해외영업망을 이용할 수도 있다. 그러나 이러한 내부적인 정보망이 없는 경우에는 신용조회대상 기업과 거래하는 현지의 은행이나 다른 회사에 조회할 수 있다. 이때, 은행에 하는 조회를 은행조회(bank reference)라 하고, 다른 회사에 하는 조회를 동업자조회(trade reference)라 한다.

또 신용에 대한 조사와 평가를 전문적으로 하는 신용보증기금, 수출보험공사, 대한무역투자진흥공사 등이나, Dun and Bradstreet Inc.와 같은 국제 신용조사평가 전문기관에 조회할 수도 있다.

1.3 거래제의

1) 거래제의 의의

거래제의는 거래의 권유와 조회를 포함한다. 일반적으로 거래의 권유는 보다 적극적인 입장에서 거래를 할 것을 제안하는 것이고, 조회는 소극적으로 거래의 조건과 상황을 파악하기 위하여 문의하는 것이다. 이러한 성격 때문에 일반적으로 거래의 권유는 매도인이 하는 것이고, 조회는 매수인이 하는 것으로 생각하기도 한다. 그러나 그런 경우가 많다는 것일 뿐 반드시 그런 것은 아니다. 예를 들면, 매수인도 상대방에게 팔라고 권유할 수 있고, 매도인도 상대방에 대하여 어떤 조건으로 거래하는지에 대하여 조회하기도 한다.

거래의 권유와 조회는 이미 형성되어 있는 거래선에 대하여 할 수도 있고 생면부지의 상대방에 할 수도 있다. 즉 해외시장조사와 거래선 선정의 과정을 거쳐서 여기까지 올 수도 있지만, 그러지 않았다고 해서 거래제의가 안 되는 것은 아니다. 단지 그렇게 하는 것이 좋다는 것일 뿐이다.

거래제의는 거래성립을 위한 과정에서 확정되지 않은 거래조건을 두고 법적인 구속없이 제안을 한다는 측면에서 법적으로 청약유인(invitation) 또는 사전교섭(preliminary negotiation)이라고 하며, 이것은 offer와 구분된다. Offer는 확정적이며, 법적인 구속을 지며, 계약의 일부분이 되는 행위이기 때문이다.

2) 거래의 권유

거래의 권유는 적극적인 거래관계의 제의이다. 거래의 권유는 하나 혹은 몇 사람의 특정인에게 보내거나 불특정 다수인을 대상으로 하게 되며, 대표적인 것이 상품판촉을 목적으로 하는 상품판촉장(sales letter)이다.

3) 조　　회

거래의 조회(inquiry)는 상품과 거래조건에 관하여 문의하는 것이다. 거래에 대한 문의나 제의를 매수인이 할 때는 매수조회(buying inquiry)라고 하고 매도인이 할 때는 매도조회(selling inquiry)라 한다. 그러나 일반적으로 조회는 매수인이 매도인에 대하여 하는 경우가 많으므로 조회의 범위를 좁게 두어 매수인의 매수조회만을 조회라고 부르는 경우가 많다. 조회에 대하여 상대방은 조회상품에 대한 정보나 샘플, 카탈로그, 가격표 등과 같은 자료를 제공하기도 하고 보다 적극적으로 offer를 내기도 한다.

1.4 무역계약

무역계약은 청약(offer)에 대하여 승낙(acceptance)으로 성립된다. 즉, 거래의 일방당사자가 구체적이고도 확정적인 거래제의를 하고 이에 대하여 상대방이 이의없이 동의함으로써 성립된다.

1) 청 약

Offer는 일정한 조건으로 물건을 팔거나 사고 싶다는 확정적인 의사표시이다. 확정적인 의사표시이기 때문에 원칙적으로 이후에 이를 변경하거나 철회 또는 취소하지 못한다. 청약은 매도자 또는 매수자 누구라도 할 수 있는데, 매도자가 할 때 매도청약(selling offer)이라고 하고, 매수자가 할 때 매수청약(buying offer)이라고 한다.

2) 승 낙

승낙은 offer를 수락하는 의사표시이다. 매도자 매수자 상관없이 청약을 받은 상대방이 하게 된다. 계약이 성립하기 위해서는 청약자의 의사와 승낙자의 의사가 합치해야 하므로, 승낙은 청약에 대한 중요한 거래조건에서 이의가 없는 무조건적인 동의이어야 한다. 승낙은 청약과 마찬가지로 철회나 취소할 수 없고, 청약에 대해 승낙으로서 계약은 성립된다.

3) 무역계약서

계약은 거래당사자 쌍방의 의사합치로서 성립되므로, 청약에 대한 승낙으로 계약은 성립된다. 그래서 승낙 이후에 반드시 별도의 계약서가 필요한 것은 아니다. 그런데 국제무역의 경우에는 양 당사자간 의사교환이 불완전한 경우도 있을 수 있고, 계약이 장기간에 걸쳐 이행되어야 하는 경우도 많기 때문에 계약서를 작성하여 교환하기도 한다.

2. 수출절차

1) 신용장의 수취

무역에서 가장 일반적으로 사용되는 대금결제방식은 신용장방식이다. 신용장방식 대금결제의 경우 무역계약 이후에 수입업자는 수출업자를 위하여 신용장을 개설하게 된다. 수입업자가 자신이 거래하는 은행에 신용장 개설을 신청하게 되면 개설은행은 수출업자의 지역에 있는 개설은행 거래은행을 통하여 신용장을 수출업자에게 보낸다. 신용장을 받아야 수출대금 회수의 확실한 보장을 받을 수 있으므로 수출업자의 입장에서는 무역계약보다는 수출신용장을 받았을 때 확신을 갖고 수출업무를 할 수 있게 된다. 수출업자는 신용장 내용을 검토하여 이행이 어렵거나 문제가 있는 부분은 정정을 요청하고, 신용장의 조건에 맞추어서 수출업무를 진행하게 된다.

2) 수출승인

대부분의 물품은 수출승인의 절차가 필요하지 않지만, 수출승인대상품목의 경우에는 수출입공고상에서 정하고 있는 절차에 따라 승인기관에서 수출승인을 받게 된다. 한국의 수출입승인제도는 negative list system이므로 수출승인대상품목은 수출입공고상에 게시되고, 여기에 게시되지 않은 품목은 수출승인의 절차가 필요 없다.

3) 수출물품의 확보

수출자중에는 다른 생산업체로부터 완제품을 구매하여 수출하는 수출업자도 있고 자체 생산하는 수출업자도 있다. 수출품을 확보하기 위하여 국내에서 다른 생산자로부터 수출품을 완제품으로 구매하거나, 수출품을 생산하기 위한 원자재를 구매할 때의 거래에서도 금융상, 세제상의 지원혜택이 주어지게 된다. 이와 관련하여 내국신용장에 의한 구매와 구매확인서에 의한 구매가 있다.

(1) 내국신용장에 의한 구매

내국신용장은 수출신용장을 받은 수출자가 국내에서 완제품이나 원자재를 구매할 때 사용되는 신용장이다.

수출자가 수출신용장을 기초로 국내 거래은행에 물품공급자 앞으로 신용장을 개설해주도록 요청하면 국내은행은 물품공급자를 수익자로 하는 신용장을 개설해주게 된다. 이 신용장으로 무역금융의 혜택을 받을 수 있게 된다. 즉 물품공급자는 물품공급과 관련하여 빨리 쉽게 대금을 받을 수 있고, 수출자는 나중에 대금을 지급함으로써 공급물품의 결제부담을 덜 수 있는 것이다.

그리고 내국신용장의 수익자인 국내공급자도 수출실적으로 인정받고 조세혜택과 관세환급을 받을 수 있다.

⑵ 구매확인서에 의한 구매

구매확인서는 수출자가 국내에서 구매하는 완제품 또는 원자재가 수출에 사용되는 완제품 또는 원자재라는 것을 증명하는 확인서로서 외국환은행장이 발급한다. 내국신용장을 사용하지 않고 국내에서 물품을 조달할 때 이 확인서를 발급받아 수출실적인정, 조세혜택, 관세환급 등의 혜택을 받게 되는 것이다.

4) 수출품품질검사

해당상품이 수출품품질검사 대상인 경우에는 검사과정을 거치게 된다. 수출자에 의한 자체 품질검사가 일반적이나, 수입자나 그 대리인 또는 수입자가 지정한 특정 검사기관이 검사를 할 수도 있고, 국제공인검사기관의 검사를 이용하기도 한다.

5) 물품운송계약 및 적하보험부보

수출국에서 상품준비가 끝나면 상품을 인도하기 위해서 선박을 수배하여 운송업자와 운송계약을 체결하게 된다. 운송일정이 정해지면 운송과정에서 발생할 수 있는 물품의 멸실이나 손상에 대비하여 적하보험에 들게 된다. 운송계약 및 적하보험계약은 거래조건에 따라 수출자가 할 수도 있고 수입자가 할 수도 있다. CIF조건의 경우에는 수출자가 해야 하지만, FOB의 경우에는 수입자가 하게 된다.

6) 수출통관

수출통관절차는 세관에서의 수출하고자 하는 물품에 대한 수출신고에서부터 물품을 외국으로 운송할 운송수단에 적재하기까지의 절차를 말한다. 수출통관을 의무화하는 이유는 불법수출이나 위장수출을 방지하기 위해서이다. 수출을 하고자 하는 자가 수출물품을 선적하기 전에 관할 세관에 수출신고(Export Declaration: E/D)를 하면 세관에서는 수출결격유무를 판단하여 수출신고를 수리하고 수출신고필증(Export Permit: E/P)을 교부하게 된다. 수출신고가 된 물품은 관세법상 외국물품이 되며, 일정기간내에 선적해야 한다.

7) 선　　적

수출통관절차가 끝난 물품은 운송계약을 체결한 선박회사의 선적지시서(shipping order: S/O)에 의하여 선적지에서 선적이 되고 선적이 끝나면 선하증권(bill of lading: B/L)이 발급된다. 수출물품의 선적이 완료되면 선박회사는 수출화물적하목록(manifest)을 세관에 전자문서로 제출하게 된다.

8) 수출대금결제

상품을 선적한 수출업자는 선하증권과 상업송장을 비롯한 신용장에서 요구하고 있는 무역서류를 정비하여 자신의 거래은행에 매입을 의뢰하게 된다. 매입은행은 수출업자가 제시한 무역서류를 신용장과 대조하여 이상이 없는 경우 이를 매입하게 되고, 이로서 수출업자는 수출대금을 결제받게 된다. 이후 매입은행이 무역서류를 개설은행에 송부하면 개설은행도 제시한 무역서류를 신용장과 대조하여 이상이 없는 경우 신용장대금을 매입은행으로 입금하게 된다.

9) 관세환급 및 사후관리

수출상품의 생산과정에서 원자재를 외국으로부터 수입한 경우, 수출이 완료되면 수출업자는 수출용원자재 수입시 납부한 관세 및 내국세를 세관 및 외국환은행에서 돌려받게 된다. 원래 관세 및 내국소비세는 국내에서 소비되는 경우에만 과세되는 것이 원칙이다. 그래서 수출용으로 사용되는 원자재는 관세를 부과하지 않아야 하지만 수출용으로 사용되는지를 수입당시에 확인할 수 없으므로 일단 관세를 부과하고 이후에 수출이 되었을 때 이를 확인하고 환급해주는 형태로 운영되는 것이다.

그리고 통상적인 수출의 경우, 수출을 이행하고 대금을 회수하였다면 실질적인 수출절차는 완료된다. 그러나 수출물품이 수출제한물품이었거나 특정거래형태의 수출입인정을 받은 경우, 그리고 대금회수가 완료되지 않은 경우 등에는 이에 따른 사후관리가 필요하게 된다.

3. 수입절차

1) 수입의 승인

대부분의 물품은 수입승인의 절차가 필요하지 않지만, 수입품이 수입승인대상품목인 경우에는 수출입공고상에서 정하고 있는 절차에 따라 승인기관에서 수입승인을 받게 된다. 수입승인을 요하는 경우에 신용장의 개설이전에 먼저 수입승인을 받아야만 하는 이유는 신용장은 일단 개설된 이후에는 취소가 어렵기 때문이다.

2) 신용장의 개설

수입자는 계약에서 정한 기간이내에 자신의 거래은행에 수출자를 수익자로 하는 신용장 개설을 요청하게 된다. 은행의 입장에서 신용장을 개설하게 되면 수입자를 대신하여 수출자에게 대금지급을 해야 하므로 수입자의 신용상태와 수입상품의 시장성 등을 검토하여 수입자로부터 충분한 담보를 확보한 이후에 신용장을 개설해주게 된다.

이때 수입자는 신용장개설신청서를 은행에 제시하게 되는데 수입자는 이 신용장개설신청서에서 신용장의 내용으로 포함되어야 할 무역서류나 수출자의 이행내용 등을 기재하게 되고 개설은행은 이 내용대로 신용장을 발급하게 된다. 개설된 신용장은 개설은행이 수출자의 지역에 있는 자신의 거래은행을 통하여 수출자에게 통보한다.

3) 수입대금결제 및 무역서류인수

개설은행은 매입은행으로부터 무역서류를 받으면 그 내용이 신용장 조건과 일치하는지 검토한 후 이상이 없으면 신용장 대금을 매입은행에 입금하게 된다. 다시 개설은행은 수입자에게 무역서류의 도착을 통지하게 되면, 수입자는 무역서류가 신용장조건과 일치하는지를 확인하여 이상이 없으면 수입대금과 관련수수료를 납부한 후 무역서류를 인수하게 된다.

간혹 운송서류가 도착하였으나 수입자가 결제자금이 없어서 무역서류를 인수하지 못하는 경우에 개설은행이 수입자로 하여금 물품을 먼저 처분하여 대금을 결제할 수 있도록 대금결제전에 무역서류를 인도하는 경우가 있는데, 이를 대도(貸渡: trust receipt: T/R)라고 한다.

4) 수입물품인수

무역서류를 인수한 수입자는 물품이 도착하게 되면 운송회사에 선하증권을 제시하고 물품을 인수하게 된다. 수입자가 운송회사에 선하증권(bill of lading: B/L)을 제시하면 운송회사에서 화물인도지시서(delivery order: D/O)를 발급해 주는데 이를 해당 선박의 선장에게 제시하여 화물을 인수받게 된다.

수입화물은 이미 도착하였으나 무역서류가 도착하지 않아 화물을 인수할 수 없는 경우가 있다.[5] 이때 개설은행으로부터 보증서를 받아 운송회사에 제출하고 선하증권없이 화물을 인수할 수 있는데 이를 화물선취보증서(letter of guarantee: L/G)라고 한다. 화물선취보증서는 수입자가 화물의 정당한 수취인이라는 것과 추후 무역서류가 도착하면 바로 운송회사에 제출할 것을 보증하는 은행의 보증서이다.

5) 수입통관

수입통관은 수입물품을 국내 보세구역에 반입한 후 세관당국에 신고를 하고 제세를 납부하고 신고수리를 필한 후 물품을 보세구역에서 반출하는 일련의 과정을 말한다. 수입통관의 절차를 간략히 살펴보면 다음과 같다.

(1) 물품의 보세창고반입

운송회사는 화물을 적재한 선박이나 항공기가 목적지에 도착하기 전에 화물에 대한 적하목록(manifest)을 수입국의 세관에 제출하게 된다. 세관에서는 이 적하목록을 토대로 수입화물을 총괄관리하게 된다. 수입화물이 하역된 이후 수입자는 운송회사로부터 화물을 인수하여 보세구역(bonded area)에 장치하게 된다. 예외적으로 부피가 크거나 특수한 물품의 경우에 보세구역에 장치하기 곤란한 경우 보세구역이 아닌 장소에 장치할 수 있는

5) 한국과 일본, 한국과 중국 사이에서와 같이 항해일수가 짧은 경우에는 무역서류보다 화물이 먼저 도착하게 된다.

데 이를 타소장치라고 한다.

(2) 수입신고

수입자는 물품에 대한 수입신고(import declaration: I/D)를 하여야 한다. 수입신고는 수입물품을 적재한 선박이나 항공기가 도착한 이후 또는 도착하기 전이라도 할 수 있다. 수입신고는 화주가 직접하거나 관세사, 관

그림 11-2 수입통관업무 처리 흐름도

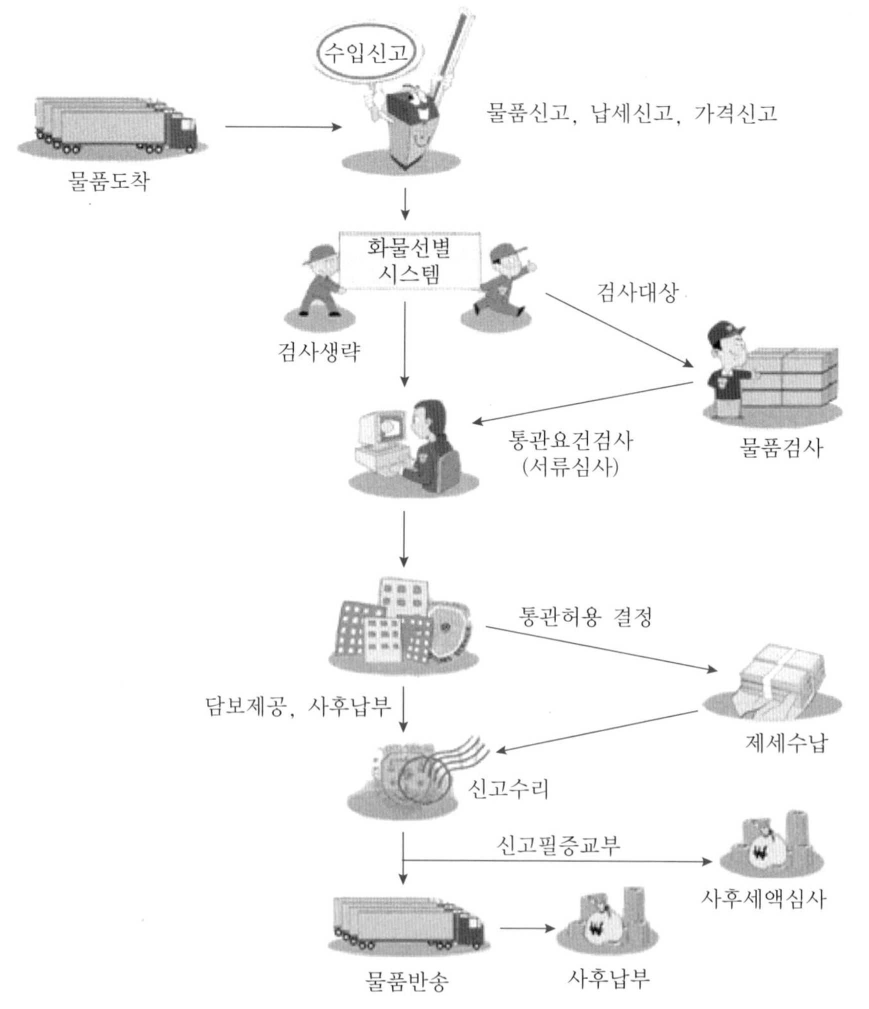

세사법인, 통관법인 등에서 대행하게 된다. 수입물품에 대한 관세 등의 징수는 납세자가 스스로 계산한 세액을 납부하는 신고납부를 원칙으로 하고 있다. 수입신고시에는 수입신고서와 함께 송장, 선하증권, 가격신고서, 원산지증명서 등의 필요서류를 제출하게 되며, 관세의 부과기준이 되는 과세가격, 관세율 및 품목분류번호, 과세환율 등을 확인하여 신고하게 된다.

(3) 통관심사

수입신고서를 접수한 세관에서는 신고한 물품의 검사여부를 결정하게 된다. 세관에서는 통관과정에서 관세, 수입제한물품에 대한 수출입요건 확인, 상표권 침해여부, 원산지표시확인 등 여러 가지 사항을 점검하게 된다. 대부분의 물품은 검사없이 신고내용의 형식적·법률적 요건만 심사하고 수리하지만, 검사대상으로 선정된 물품은 세관공무원이 수입물품에 대한 검사 및 심사를 한 후 신고수리를 한다.

(4) 수입신고수리

세관의 심사결과 수입신고가 정당하게 이루어진 것으로 확인되고, 당해물품에 대한 관세 등을 납부하면 수입신고를 수리하고 수입신고인에게 수입신고필증(import permit: I/P)을 교부하게 된다. 이때 관세를 바로 납부하지 아니하고 담보나 신용 등을 제공하고 추후에 납부할 수도 있다. 수입신고가 수리됨으로써 외국물품이 내국물품으로 된다. 수입신고필증을 받게 되면 이때부터 수입물품은 반출이 자유롭게 된다.

6) 물품반출

수입자는 수입신고수리로 수입통관절차가 끝난 물품을 보세구역에서 반출하여 처분 또는 사용하게 된다.

제 4 절 전자무역

1. 전자무역의 의의

전자무역이란 무역의 전부 또는 일부가 정보처리능력을 가진 전자적 장치와 정보통신망을 이용하여 이루어지는 무역을 말한다. 전자적 장치와 정보통신망을 전부 이용하는 경우뿐만 아니라 일부를 이용하게 되어도 전자무역이라고 할 수 있으므로 무역의 과정에서 금융, 운송이나 통관의 과정에서 전자정보망을 이용하는 경우나 외국의 거래선과의 연락과정에서 인터넷을 이용하는 경우도 전자무역이라고 할 수 있다.

원래 무역업무는 많은 서류업무(paper work)를 수반하는데, 지금까지는 종이서류로서 이러한 업무를 해왔었다. 무역은 먼 거리에 있는 당사자간의 거래이기 때문에 이러한 서류의 전달과 서류와 서류간에 이어지는 연계작업의 과정에서 시간이 많이 걸리고, 비용도 많이 들며, 관련되는 업무도 많을 수밖에 없었다. 외국의 수입자를 찾기 위하여 외국으로 출장을 가거나, 서류나 카탈로그를 보내는 데 우편을 이용해 왔다. 또 행정기관, 은행, 세관, 운송회사, 보험회사, 검사기관 등 무역관련업무기관에 직접 가서 서류를 제출하거나 수령하지 않으면 안 되었다.

전자무역은 이러한 무역업무를 크게 개선시킨 혁신적이고 효율적인 무역업무수행방법이다. 새롭게 발전된 전자정보기술을 도입함으로써 사람이 직접 가지 않아도 되고, 거리에 상관없이 시간이 걸리지도 않는 방식으로 무역업무를 수행할 수 있게 된 것이다. 무역과정에서의 거래선 발굴, 상담, 계약, 원자재 조달, 운송, 통관, 대금결제에 이르는 제반 무역업무에 전자적인 문서를 정보통신망으로 이동하고 처리함으로써 종이서류가 없는 무역업무형태로 바뀌게 된 것이다.

따라서 전자무역은 최신정보 및 통신 기술을 이용하여 국제무역에서 시간적, 공간적 제약을 제거함으로써 국제무역의 업무를 크게 개선하는 형태의 무역방법이라고 할 수 있다. 과거의 무역업무방식과 전자무역의 업무

표 11-3 전자무역의 업무처리방식비교

구 분	전통적 무역업무	전자무역
업무수단	종이문서	전자문서
문서작성	수작업, 재입력	컴퓨터 자동입력
문서양식	비정형	정형
전달시간	시간소요	즉시
전달방법	직접, 우체국, 전신전화국	전자무역사업자 매개
법적효력	서명, 날인	전자서명

방식의 주요 차이점을 살펴보면 [표 11-3]과 같다.

2. 전자무역의 범위

전자무역은 지금도 계속적으로 발전 변화하고 있는 중이기 때문에 그 내용이나 영역에서 분명하지 않은 부분이 많다. 그 용어에 있어서도 과거에는 무역자동화라고 하다가 정보통신기술의 발달로 그 범위가 변화됨에 따라 최근에 와서는 전자무역이라는 말을 더 많이 사용하게 되었다. 전자무역은 전자문서와 전자통신이라는 전자적인 수단을 사용하는 무역이다.[6)]

전자무역은 무역의 일부과정이라도 정보처리 능력을 가진 전자적 장치와 정보통신망을 이용하여 이루어지는 무역거래라고 정의한다면 전자무역의 범위는 상당히 넓다. 여기서 전자무역은 두 가지 측면을 생각할 수 있다. 첫째는, 국가의 전자무역행정망과 함께 통관, 무역금융, 무역운송 등의 제반 무역관련업무가 전자문서로 간편하게 처리되는 시스템으로서의 전자무역을 생각할 수 있다. 둘째는, 국제 전자상거래나 인터넷을 통한 국제무역으로서의 전자무역이다.

둘째의 국제전자상거래 또는 인터넷 국제상거래의 영역은 전자상거래의 일부분이고, 무역의 절차면에서만 보면 전통적인 무역과 큰 차이가 없

6) 전자무역은 그 용어에 있어서 전자를 무역하는 것이라거나 전자제품을 무역하는 것으로, 또는 컴퓨터소프트웨어와 같은 전자적 형태의 무체물에 대한 무역으로 오해할 소지가 있다.

표 11-4 전자무역 주요업무

무역절차	전자무역 업무
해외시장조사	인터넷을 통한 자료조사 인터넷을 통한 정보제공회사 서비스 이용
거래선의 발굴	인터넷을 통한 자료조사 인터넷을 통한 정보제공회사 서비스 이용
거래제의	전자메일
계 약	전자메일 전자인증
행 정	수출입승인 관련업무 수출입추천 관련업무 구매승인서발급 관련업무 수출검사 관련업무
금 융	신용장의 개설 및 통지 관련업무 내국신용장 개설 및 매입 관련업무 수출화환어음매입 관련업무 외화자금이체 관련업무
운 송	선복요청 및 선하증권발행 관련업무 운송회사, 세관, 항만청, 터미널, 화주간 화물정보교환 관련업무 선적 및 하역 관련업무
보 험	보험청약 및 보험증권발행 관련업무
통 관	수출입신고 및 면허 관련업무 보세구역반출입 및 보세운송 관련업무 화물선별 관련업무

다. 그래서 무역학에서는 주로 첫 번째의 국가내의 무역관리시스템으로서의 전자무역체제와 업무를 중심으로 다루게 된다.

전자무역은 전자적으로 무역업무를 처리할 수 있는 시스템이 있을 때 가능한 것이다. 이러한 시스템은 국가마다 달라 이미 많이 발전된 국가도 있고 아직 도입하지 못한 국가도 있다. 그런데 이러한 전자무역의 시스템은 EDI가 개발되면서 시작되었다.

3. EDI

EDI(Electronic Data Interchange)란 데이터를 효율적으로 교환하기 위해 지정한 데이터와 문서를 사용하는 하나의 표준화 시스템이다. 거래관련 당사자들이 공동으로 불편없이 사용하기 위해서는 공통의 시스템이 필요하다. 그래서 EDI에서는 표준화된 상거래서식 또는 공공서식을 서로 합의된 표준에 따라 전자문서를 만들어 컴퓨터 및 통신을 매개로 상호 교환하게 된다. 표준화된 문서와 자료처리방식을 사용함으로써 당사자간에 데이터 통신망을 통하여 쉽게 전달하고 재입력이나 변환의 과정없이 바로 업무에 사용할 수 있는 것이다.

1960년대 초에 미국과 유럽의 선진국을 중심으로 무역서류간소화와 표준화를 통한 논의가 시작되었는데, 1960년 유엔산하의 유럽경제위원회에 "대외무역서류간소화 및 표준화 작업부"가 설립되어, 여기에서의 작업 결과로 1986년 EDI가 개발되었다. 1987년 UN에서 "행정, 상업, 운송을 위한 전자자료교환에 관한 UN규칙"(United Nations Rules for Electronic Data Interchange for Administration, Commerce and Transport)과 함께 이 EDI가 국제표준화기구에 의한 국제표준으로 승인되면서 세계 각국에 확산되었다.

한국의 경우는 1989년 10월 당시 상공부의 종합무역자동화기본계획이 수립되고, 1991년 12월 "무역업무 자동화촉진에 관한 법률"이 제정되고, 무역자동화업무의 전담기업으로서 KTNET가 설립되었다. 1994년 1월 무역자동화서비스가 시작되었고, 이후 인터넷의 발전과 함께 전자무역네트워크가 점차 확대되면서 전자무역업무는 지속적으로 발전되어 오고 있다.

4. 전자무역 업무

전자무역은 전통적 무역과 그 업무내용에 있어서는 다르지 않다. 다만, 그 수단에 있어서 전자기기와 정보통신을 이용하게 된다는 것이다. 전자무역은 무역의 수출입승인이나 통관 등의 행정적인 절차에 있어서 국가가 전자행정시스템을 구축하고 여기에 은행의 금융관련업무나 운송회사의 운송관련업무를 이 전자시스템에 함께 포괄함으로써 전자무역업무시스템을 형성하게 된다. 그리고 이에 더 나아가서 이 시스템을 이용하여 해외마케팅이나 해외거래선을 발굴할 수도 있는 것이다.

지금 세계의 모든 국가에서 동일하게 전자무역을 시행하고 있는 것은 아니며, 전자무역을 하는 국가들간에도 그 발전수준이 각기 다르다. 한국은 전자무역에서도 세계적으로 앞서 있다. 한국은 현재 전자무역서비스 전문기업으로 한국무역정보통신(KTNET)을 두고 있고, 여기서 전자무역서비스시스템으로 uTrade Hub를 두고 있다. 이 시스템을 통하여 마케팅에서부터 외환, 결제, 요건확인, 물류, 통관 등 무역업무 전반을 인터넷을 통해 신속하고 편리하게 처리할 수 있도록 하고 있다.

그림 11-3 전통적 무역업무 처리체계

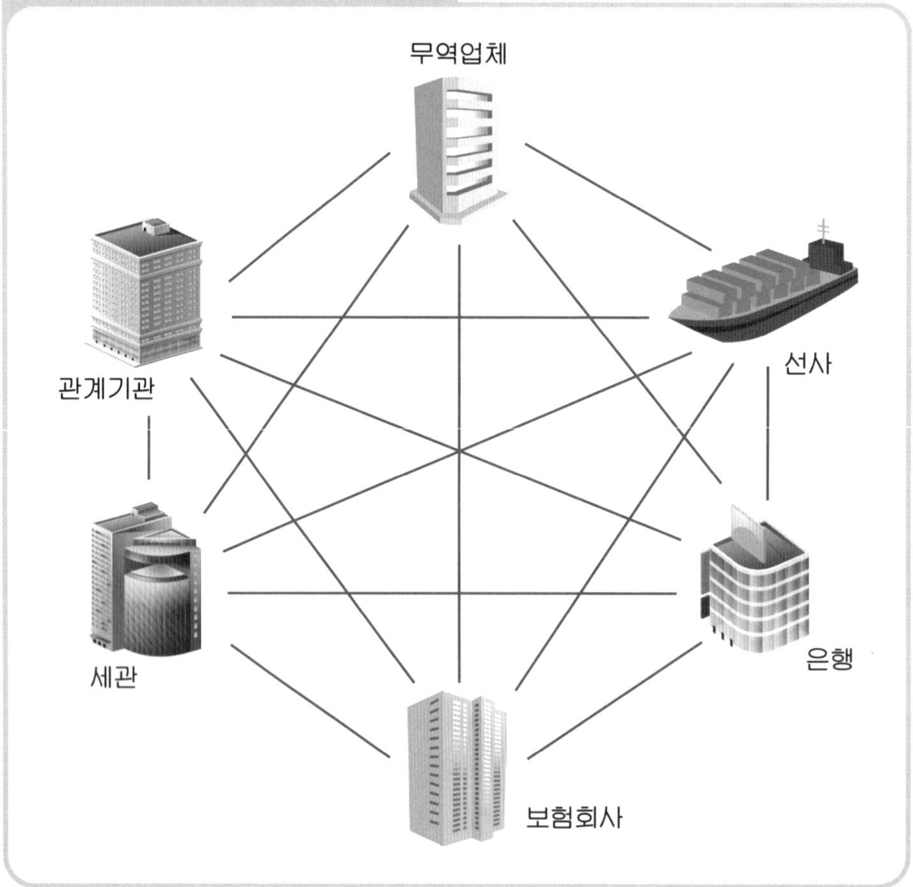

이러한 전자무역시스템하에서는 무역업체가 무역업무를 할 때 각 행정기관, 은행, 세관, 운송회사, 보험회사 등의 무역관련기관과 직접 전자문서를 교환하는 것이 아니라 이 허브를 매개로 하여 업무를 처리하게 된다.

과거의 전통적인 무역에서의 업무체계와 전자무역에서의 업무체계를 비교해보면, 과거에는 [그림 11-3]과 같이 무역업체, 은행, 세관, 선박회사, 보험회사, 항만, 조합 등의 무역관련기관이 서로 상대기관에 직접 연결하여 업무처리를 하여야 했다. 그래서 기관간의 업무가 거미줄처럼 복잡하게 얽혀서 일이 많고 시간도 많이 걸렸다. 이때 무역업무자는 무역서류를 들고 각 기관마다 일일이 돌아다니면서 무역업무를 처리하여야 했다.

이에 반해서 전자무역에서는 [그림 11-4]에서와 같이 유관기관간에 직

그림 11-4 전자무역 업무체계

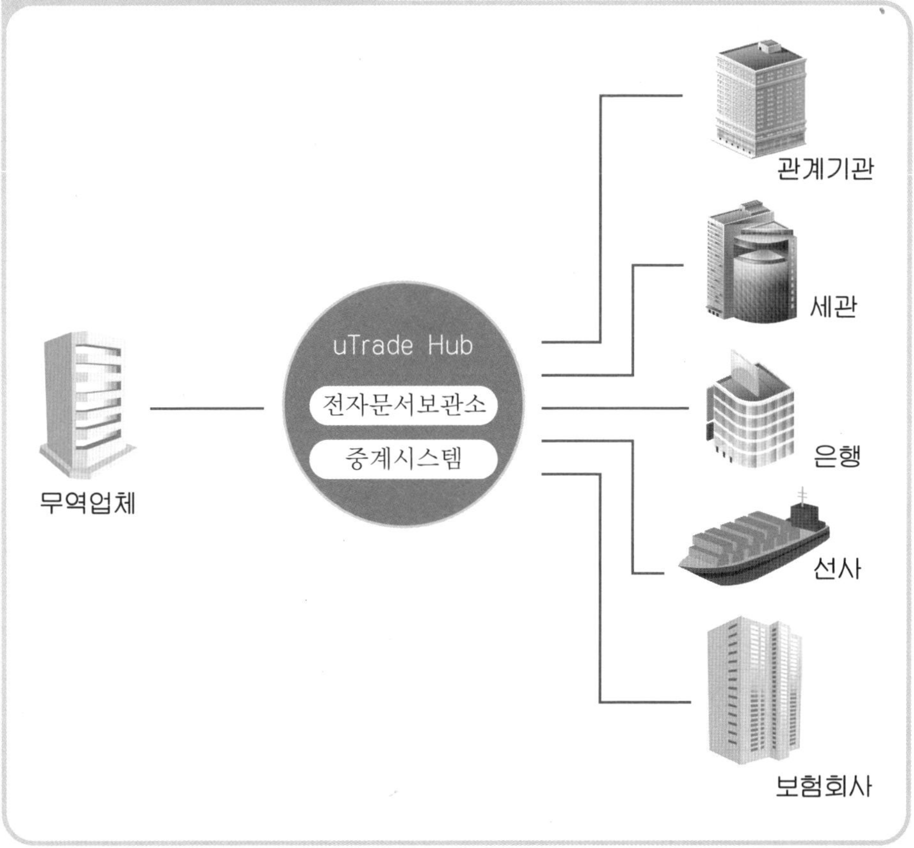

접으로 연결하지 않고, uTrade Hub를 중심으로 무역업자나 모든 무역관련 기관들은 uTrade Hub와 업무를 처리하게 된다. 무역업자의 입장에서 보면 uTrade Hub가 모든 무역관련기관을 대신하여 단일 창구서비스를 제공하게 되어, 무역업체가 무역관련기관에 개별적으로 접촉해야 하는 번거로움 없이 모든 무역업무과정을 일괄 처리할 수 있게 된다. 이 허브에서 무역업체와 무역관련기관에 각종 무역관련 전자문서와 무역정보를 24시간 제공하게 되고, 이에 따라 무역업체와 무역관련기관은 지역이나 시간의 제약없이 언제 어디서나 인터넷으로 무역업무를 신속 정확하게 처리할 수 있게 되는 것이다.

또한 무역관련기관들간에 직접적으로 연결하여 업무가 이루어지는 경우에는 문서의 위·변조와 같은 문제의 발생가능성이 있는데 uTrade Hub

그림 11-5 전자무역 문서보관소 개념도

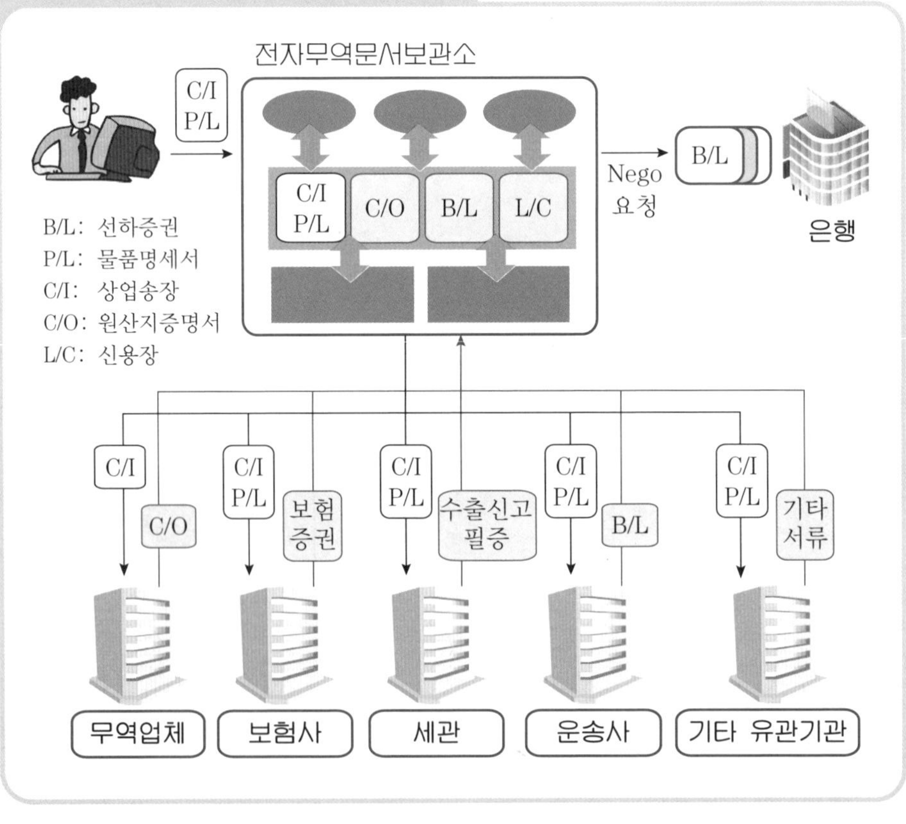

를 통해서 문서가 전달되고 이곳에서 문서를 통합적으로 저장관리함에 따라 문서가 안전하게 보관되고 전달될 수 있다. [그림 11-5]에서와 같이 uTrade Hub 안에 전자문서보관소가 있어서 무역관련서류는 이곳에 통합저장되어 각 무역관련기관간에 무역업무가 처리되면서 다시 문서보관소에 저장된다. 이를 통하여 업무의 편의성과 함께 문서의 정확성과 신뢰성을 확보할 수 있게 된다.

5. 전자무역의 효과

① 무역업무처리 시간의 단축이다. 평균 3-4주 걸리던 무역업무처리 시간이 1주일 이내로 단축되었다.

② 무역업무처리 비용의 절감이다. 수출업체 비용의 큰 비중을 차지하고 있는 인건비, 문서출력비용 등 업무처리비용의 절감과 함께 생산성이 크게 향상된다.

③ 부대비용의 절감효과이다. 무역문서와 무역정보가 적시에 신속하게 도착함으로써 통관절차의 지연이 방지되고, 선적 및 화물정보가 실시간에 전달됨으로써 운송과 보관에서의 효율성이 제고되어 화물보관 및 재고관리 비용이 크게 절감된다.

④ 기업경영의 효율성 향상이다. 서류의 수작업시에 발생할 수 있는 오류발생이나 불명확성을 줄이게 되고, 각종 정보를 신속하고 정확하게 입수함으로써 더 정확하고 합리적인 의사결정속에 경영의 효율성을 높이게 된다.

⑤ 문서의 위조·변조 방지이다. 전자문서 관리기관이 무역문서를 통합관리함으로써 전통적인 무역에서 있었던 위조 및 변조는 발생하기 어렵게 된다.

⑥ 무역행정업무의 투명성 제고이다. 전자적 절차를 밟게 됨으로써 통관 등의 무역행정에서 업무의 투명성을 높일 수 있다.

6. 전자무역의 현황과 전망

현재 전자통신기술이 급속하게 발전하고 있기 때문에 전자무역은 지금도 변화 발전하고 있는 중이다. 기업은 무역업무에 앞선 기술을 도입함으로써 기업의 경쟁력을 향상시키려 하고, 국가적인 차원에서도 각국은 자국 산업의 경쟁력 향상을 위하여 효율적인 전자무역업무시스템의 도입으로 더 좋은 비즈니스인프라를 구축하려고 노력하고 있다. 이러한 가운데 한국은 전자통신산업에서 앞서 있기 때문에 전자무역에서도 우리의 전자무역업무시스템을 외국에 수출할 정도로 세계적으로 앞서 있다.

그런데 국내적으로 전자무역업무체제가 갖추어져 있다면 국내업무의 영역에서는 전자무역을 사용할 수 있지만, 외국에서 전자무역업무체제가 갖추어져 있지 않다면 외국과 관련되는 업무분야에서는 전자무역을 할 수 없다. 그래서 완전한 전자무역이 되기 위해서는 무역상대국에서 전자무역업무체제가 갖추어져 있어야 하고 세계적으로 통일된 시스템이 갖추어져야 한다. 세계의 업계에서도 선하증권, 신용장, 대금결제 등을 비롯한 여러 영역에서 재래의 문서와 업무가 갖는 본래의 기능을 전자문서로서 해내는 데는 아직까지 부분적으로 해결해야 할 문제가 있기 때문에 여러 가지 방안들이 시험적으로 시도되는 단계에 와있다. 아무리 좋은 방안이라도 어느 일부분에서 사용되지 않는다면 전체로서 사용할 수 없기 때문에 무역, 금융, 운송 등의 각 업계에서 그리고 세계 각국이 함께 공유하는 시스템이 마련되지 않으면 안 되는 것이다.

기술과 국제무역의 발전에 따라 이러한 측면에서도 급속한 발전을 거듭하고 있기 때문에 머지않아 세계적인 차원에서 전자무역이 활성화 될 것으로 보인다.

주요용어

- 대외무역법
- 관세법
- 외국관거래법
- 수출입승인제도
- 수출입공고
- 통합공고
- HS
- SITC
- 중개무역
- 중계무역
- 연계무역
- barter
- 대응구매
- 제품환매
- 위탁판매수출
- 수탁판매수입
- 임대수출
- 임대수입
- 외국인도수출
- 외국인수수입
- OEM수출
- knockdown수출
- 청약
- 승낙
- 내국신용장
- 구매확인서
- 관세환급
- 수입신고(I/D)
- 수입신고필증(I/P)
- 전자무역
- EDI
- uTrade Hub

연습문제

1. 국가의 무역승인제도가 존재하는 이유를 설명하시오.
2. 무역상품의 분류에 대하여 설명하시오.
3. 연계무역과 그 종류에 대하여 약술하시오.
4. 거래선에 대한 신용조사에 대하여 설명하시오.
5. 무역을 하고자 하는 사람이 처음부터 무역계약을 하기까지의 과정을 단계별로 설명하시오.
6. 무역계약이후부터 하게 되는 수출업무의 주요 과정을 단계별로 설명하시오.
7. 수입통관의 과정을 설명하시오.
8. 전자무역의 개념에 대하여 설명하시오.
9. EDI에 대하여 설명하시오.
10. 전자무역의 업무체계는 기존의 무역과 어떻게 다른지 설명하시오.

제12장

무역계약

제 1 절 무역계약의 개념

1. 무역계약의 의의

계약이란 당사자간 의사의 합치에 의하여 성립하는 법률행위이다. 또한, 계약이란 일정한 권리관계의 발생을 목적으로 하는 법률행위이다. 무역계약은 계약의 한 형태로서 계약의 기본적인 법적체계속에 있지만, 계약내용이 국제무역에 대한 내용을 담고 있고, 국제간 거래라는 특수한 환경에서 이루어지는 계약이라는 점에서 독특한 성격을 갖는다.

국제거래의 대상이 물품뿐만 아니라 서비스, 자본, 기술 등 다양하기 때문에 광의의 무역계약은 물품매매계약, 판매점계약, 대리점계약, 위탁가공계약, 기술사용계약, 플랜트공급계약, 국제합작투자계약 등의 제반 국제사업계약을 포함한다. 그러나 무역에서 가장 일반적인 거래가 물품 수출입의 물품매매거래이므로 무역계약은 대부분 물품매매거래가 논의의 중심이 되는데, 이것은 본서의 내용전개에서도 마찬가지이다.

2. 무역계약의 법적 성격

무역계약은 다음과 같은 법적인 성격을 갖는다.

1) 낙성계약

낙성계약(諾成契約: consensual contract)은 합의계약(合意契約)이라고도 하며, 양 당사자의 의사의 합치로 계약이 성립하는 것을 말한다. 낙성계약은 일방의 청약에 대해서 상대방이 승낙(承諾)함으로써 계약이 성립함을 의미한다.[1)]

1) 이에 대응되는 개념으로 합의외에 물건의 인도나 급부의 제공이 있어야 계약이 성립되는 요물계약(要物契約)이 있는데, 현상광고가 이에 해당한다.

2) 쌍무계약

쌍무계약(雙務契約: bilateral contract)이란 계약성립으로 계약의 양 당사자가 서로 의무를 부담하게 되는 계약을 말한다. 무역계약에서 가장 기본적인 의무로서 수출자는 물품제공의 의무를 지며, 수입자는 대금지급의 의무를 지게 되는 것이다.[2)]

3) 유상계약

유상계약(有償契約: remunerative contract)이란 계약의 양 당사자가 서로 대가를 제공하는 계약을 말한다.[3)]

4) 불요식계약

불요식계약(不要式契約: informal contract)이란 계약의 성립에 특별한 형식을 필요로 하지 않는 계약을 말한다. 서면, 구두 등의 수단이나 문서의 형식에 구애받지 않고 의사의 합치 사실로서 계약이 성립하게 되는 것이다.[4)]

3. 무역계약의 종류

3.1 거래의 성격에 따른 종류

다양한 국제경제활동에 있어서 거래내용과 관련하여 다음과 같은 무역계약들이 있는데, 이중 물품매매계약이 가장 중요한 비중을 차지하고 있다.

1. 물품매매계약(Sales Agreement)
2. 판매점계약(Distributorship Agreement)
3. 대리점계약(Agency Agreement)
4. 기술사용계약(License Agreement)

---

2) 이에 대응되는 개념으로 계약의 어느 한 당사자만이 의무를 지는 편무계약(片務契約)이 있는데, 증여 등이 이에 해당한다.

3) 이에 대응되는 개념으로 계약의 어느 한 당사자는 대가를 제공하지 않는 무상계약(無償契約)이 있는데, 증여 등이 이에 해당한다.

4) 이에 대응되는 개념으로 특정형식을 갖추어야만 하는 요식계약(要式契約)이 있는데, 어음, 수표 등이 예이다.

5. 위탁가공계약(Consignment Processing Contract)
6. 플랜트공급계약(Plant Supply Agreement)
7. 합작투자계약(Joint Venture Agreement)

3.2 개별계약과 포괄계약

무역계약은 다시 계약의 성격에 따라 개별계약과 포괄계약으로 나눌 수 있다.

1) 개별계약

개별계약이란 거래를 할 때마다 각 거래에 대해서 매번 체결하는 계약을 말한다.

2) 포괄계약

포괄계약은 거래의 일반적이고 기본적인 사항에 대하여 사전에 포괄적으로 합의하여 체결하는 계약이다. 거래 당사자간에 동일 또는 유사한 거래를 반복하게 될 경우 매번 거래조건에 대하여 합의를 하고 계약을 하는 것은 번거로운 일이다. 그래서 계약당사자가 거래의 기본적이고 일반적인 사항에 대한 포괄계약을 먼저 해두고 나중에 개별거래에서는 이 포괄계약에서 정하지 않은 사항만 합의하여 거래를 하는 경우가 많다. 사전에 교환하는 이 기본약정을 보통 포괄계약(master contract) 또는 일반거래조건협정(agreement on general terms and conditions)이라고 한다.[5)]

4. 무역계약의 성립

계약은 청약(offer)을 승낙(acceptance)함으로써 성립된다. 즉, 계약이 성립하기 위해서는 청약과 승낙에 의한 합의(合意)가 존재해야 한다. 계약이 이루어지는 가장 일반적인 형식은 일방당사자가 구체적이고도 확정적

---

5) 일반무역협정은 대개 다음과 같은 사항들로 구성된다.
  1. 계약의 본질에 관한 사항
  2. 품질결정기준, 수량과부족 허용범위, 거래통화, 결제방법, 인도방법 등의 상품거래기초조건
  3. 계약의 성립에 관한 조건
  4. 분쟁해결조항 및 준거법

인 거래제의를 하고, 이에 대하여 상대방이 이의없이 동의하는 것이다. 청약과 승낙에서 양 당사자의 의사가 어느 정도로 구체적으로 합치되어야 하는가는 거래의 본질적으로 중요한 부분에서 합치를 이루는 것이 기준이 된다.

4.1 청 약

1) 청약의 의의

청약(offer)은 거래를 하고자 하는 확정적인 의사표시이다. 청약은 보통 일정한 조건으로 물건을 팔거나 사겠다는 의사표시로서 이것으로서 거래가 바로 성립될 수 있을 만큼 내용상의 구체성이 있어야 한다.

청약은 확정적이고 명확하여야 한다. 그래서 청약의 내용은 합리적인 사람이 객관적으로 청약자가 의도하는 내용을 충분히 이해할 수 있고, 계약불이행의 경우 법원이 그 손해배상액을 결정할 수 있을 정도로 확정적이고 명확하여야 한다. 청약이 확정적이며 명확한지 여부는 구체적인 상황에 따라 달라지게 되나, 그렇다고 할 수 있기 위해서는 최소한 ① 청약의 대상물, ② 가격, ③ 수량, ④ 이행시기에 관한 사항을 명확히 하고 있어야 한다.[6]

청약은 아무나 승낙할 수 없고 피청약자만 승낙할 수 있다. 피청약자는 청약의 상대방으로서 승낙할 권리를 갖게 되는 것이며, 따라서 청약은 피청약자의 승낙권(power of acceptance)을 생성시킨다. 청약(offer)은 일반적으로 그 속에 승낙기간을 제시하게 되는데, 승낙기간을 정하지 않은 경우에는 그 거래에 타당한 합리적인 기간(reasonable time)이[7] 승낙기간으로 된다. 승낙권은 이 기간 동안에만 효력을 갖는 것이다.

---

6) 이 네 가지 중 일부가 누락되고 있다고 하더라도 누락된 내용을 다른 사정에 의하여 보충할 수 있는 경우에는 청약이 될 수도 있다.

7) 여기서 합리적인 시간이란 그 거래에서 가장 타당하다고 생각할 수 있는 기간으로 이것은 각 거래마다 달라질 수밖에 없다. 예를 들면 며칠만 지나면 상품성이 없어지는 수박을 팔겠다고 오퍼하는 경우와 긴 시간 동안 상품성을 유지하는 자동차를 팔겠다고 오퍼하는 경우는 승낙기간이 다를 수밖에 없는 것이다. 즉, 법에서 일괄적으로 정한다면 오히려 불합리하게 되는 시간인 것이다.

2) 청약의 종류

매도청약(selling offer): 매도자가 매수자에게 행하는 청약(offer)이다.

매수청약(buying offer): 매수자가 매도자에게 행하는 청약(offer)이다.

3) 청약의 종료

청약은 피청약자에게 승낙권(power of acceptance)을 부여한다. 그래서 청약의 종료는 피청약자의 승낙권의 소멸을 의미하기 때문에 피청약자는 청약의 종료 이전에만 승낙을 통하여 계약을 성립시킬 수 있다. 청약이 종료되는 중요한 경우는 다음의 세 가지이다.[8)]

(1) 시간의 경과

시간의 경과로 청약은 종료되는데, 여기에는 두 가지의 경우가 있다.

① 청약에 승낙기간이 정해져 있는 경우에는 이 승낙기간의 경과로 종료된다.

② 청약에 승낙기간이 없는 경우에는 합리적인 시간의 경과(expiration of reasonable time)로 종료된다.

(2) 피청약자의 거절

피청약자가 거절하면 승낙권이 소멸되어 청약은 종료된다.

(3) 반대청약

청약에 대하여 피청약자가 반대청약을 함으로써 청약에 대한 승낙권은 소멸되어 원래 청약은 종료된다.

4) 청약의 철회

청약에 대하여 승낙을 하게 되면 계약은 바로 성립된다. 그런데 청약 이후 청약이 종료되지 않은 기간중에 피청약자가 승낙을 하기 전에 청약자가 자신의 청약을 철회(revocation)할 수 있느냐의 문제가 있다. 이것에 대한 법은 국가마다 다르다. 한국의 경우에는 철회할 수 없다.[9)] 그러나 미국

---

8) 원래 청약이 종료되는 경우는 다섯 가지인데 나머지 두 개는 다음과 같다.
(4) 당사자의 사망 또는 무능력: 청약자나 피청약자가 사망하거나 법적 능력을 상실하면 청약은 종료된다.
(5) 사정변경: 청약이후에 청약의 대상물이 멸실되었거나 불법으로 된 경우와 같이 사정변경이 발생한 경우에는 청약은 종료된다.

의 경우에는 철회할 수 있는 것이 원칙이다.[10] 국제물품매매계약에 관한 유엔협약에서는 취소될 수 있지만, i) 승낙기간을 정한 청약과 ii) 취소불능임을 표시하고 있는 청약[11]의 경우에는 취소할 수 없다고 규정하고 있다.[12]

5) 반대청약

청약을 받은 피청약자(offeree)가 청약자(offeror)에게 청약의 내용을 변경하여 거래제의를 할 때 이를 counter offer라고 하고, 반대청약 또는 수정청약이라고 한다. 반대오퍼는 i) 원청약(original offer)의 거절이며 ii)자신이 새로운 청약이 된다. 무역에서는 이러한 반대청약이 왔다 갔다 수차례 반복되는 가운데 당사자간에 의사수렴이 되고 이러한 과정을 거쳐 계약이 성립되는 경우가 일반적이다.

6) 조건부 청약

특정한 사항이 충족될 것을 전제로 하는 조건부 청약(conditional offer)을 내기도 하는데, 다음과 같은 문구를 삽입하는 경우이다.

- subject to our final confirmation
- subject to being unsold
- subject to prior sale
- subject to change without notice

이러한 offer는 확정성이 없기 때문에, 이는 법적으로는 offer가 아니고 거래의 조회(inquiry) 또는 거래의 유인(invitation)에 해당되지만 보통 offer라고 부른다.

7) 오퍼의 기재사항

무역거래의 오퍼에서는 일반적으로 ① 품명, ② 규격, ③ 단위, ④ 가격, ⑤ 대금지급조건, ⑥ 선적시기, ⑦ 원산지, ⑧ 포장조건, ⑨ 보험조

---

9) 대한민국 민법 527조.

10) 철회할 수 없는 예외는 있다. 상인이 동산매매에서 문서로 확정청약한 경우 (미국통일상법전(U.C.C.) §2-205), 피청약자가 청약자에게 약인을 제공한 경우 등이다. 여기서 확정청약이란 철회하지 않는다는 약속이 있는 청약을 말한다. 예를 들면 "This offer is held good until May 30." 같은 내용이 포함된 경우이다.

11) 취소불능의 표시란 여기서 취소할 수 없음을 나타내는 내용이나 표시가 있는 것을 말한다.

12) 국제물품매매계약에 관한 유엔협약(United Nations Convention on Contracts for the International Sale of Goods: CISG) 제16조 (1), (2)(a).

표 12-1 오퍼의 예

SM Company, Inc.

45th Floor, Korea Trade Center
159 Samsung-Dong, Kangnam-Ku, Seoul, Korea 135-729

OFFER SHEET

Date : MAY 5, 2020

Messrs. : AMS Trading Company
908 Park Avenue
New York, NY 10017 U.S.A.

Gentlemen:

We are pleased to offer you the following goods on the terms and conditions described as follows:

Origin : Republic of Korea
Payment : By an irrevocable L/C at sight
Shipment : Within two months after receipt of the L/C
Packing : Export standard packing
Destination : New York
Inspection : Seller's inspection to be final
Validity : June 15, 2020 subject to receipt of your acceptance

H.S. No.	Description	Quantity	Unit Price	Amount
8518	Digital Speaker System Model : DD-9920	1,000	US$135.50 FOB Pusan	US$135,500

Very truly yours,

Accepted by ____________

Jin-ho Kim
General Manager

건, ⑩ 승낙기간, ⑪ 발행일, ⑫ 청약자, ⑬ 피청약자, ⑭ 기타 필요한 사항 등이 기재된다.

4.2 승 낙

1) 승낙의 의의

승낙(acceptance)은 청약(offer)을 수락하는 의사표시이다. 승낙은 피청약자가 청약의 내용대로 계약을 성립시키기 위해서 행하는 청약에 대한 동의의 의사표시이다.

청약자의 의사와 승낙자의 의사가 합치해야 하므로 승낙은 청약의 중요한 거래조건에서 이의가 없는 무조건적인 동의이어야 한다. 청약에 변경을 가한 승낙은 승낙이 아니고 반대청약(counter offer)이 된다. 승낙은 철회(revocation)할 수 없다. 승낙은 승낙기간이 있는 청약의 경우에는 그 기간내에, 승낙기간이 없는 청약의 경우에는 상당한 기간내에 승낙하여야 한다. 승낙은 청약에서 그 방법을 정하고 있는 경우에는 그 방법에 따라 해야 하고, 방법이 없으면 통상적인 통신수단을 사용하여 하면 된다.

2) 승낙의 효력발생시기

승낙은 그 승낙이 이루어져야 할 기간내에 하여야 한다. 여기서 그 기간내에 승낙했느냐의 문제가 있는데, 대화나 전화의 경우에는 발송시점과 도달시점이 같으므로 별 문제가 없다. 그러나 편지와 같이 의사표시를 보내고 나서 시간이 지난 후에 받게 되는 경우는 발송시점을 승낙한 시점으

표 12-2 승낙의 효력발생시기

구분 \ 준거법		한국법,일본법,영국법, 미국법	독일법, CISG
의사표시 일반		도달주의	
승낙 의사표시	대화자간		
	격지자간	발신주의	도달주의

1) 의사표시 일반은 일반적인 의사표시에서의 효력을 말함.
2) 여기서 대화자, 격지자 구분은 시간적 개념이며, 따라서 국제전화는 대화자간임
3) CISG: 국제물품매매계약에 관한 유엔협약(United Nations Convention on Contracts for the International Sale of Goods)

로 보느냐, 도달한 시점을 승낙한 시점으로 보는가에 따라 결과가 달라질 수 있다.

여기서 발신지와 도달지가 떨어져 이루어지는 격지자(隔地者)간에 있어서 어느 시점을 승낙이 있은 시점으로 보는가는 법으로 정할 수밖에 없는데 발송한 시점을 기준으로 하는 발신주의와 도달한 시점을 기준으로 하는 도달주의가 있다. 한국, 일본, 영국, 미국 등의 국가에서는 발송시점을 효력발생 시점으로 보는 발신주의를 택하고 있는 반면, 독일이나 국제물품매매계약에 관한 유엔협약에서는 도달시점을 효력발생 시점으로 보는 도달주의를 택하고 있다.

승낙의 효력발생 시점에 대한 문제가 발생할 가능성이 있으므로 실무에서는 청약을 할 때 "승낙이 이 곳에 도달하는 것을 기준으로 언제까지" 라든지 "언제까지의 발송소인이 있으면 유효하다" 등의 문구를 기재하여 사전에 명확하게 하는 것이 일반적이다.

4.3 무역계약서

1) 무역계약의 문서화

계약은 청약과 승낙에 의한 의사합치로 성립되고 이러한 합의는 구두상으로나 다른 어떠한 형태로도 가능하므로 반드시 계약문서가 필요한 것은 아니다. 그러나 구두상의 계약은 증거확보가 어려울 수 있는 반면에 서면상의 계약은 확실한 증거능력을 갖는다. 특히 무역거래의 경우는 다음과 같은 이유로 일반 국내거래에 비하여 계약서 작성의 필요성이 더 크다.

첫째, 무역계약은 그 이행이 완료되기까지 시간이 오래 걸리는 경우가 많으므로 계약내용을 기억에 의존하는 것은 좋지 않다.

둘째, 국제거래이기 때문에 의사소통이 불완전할 수 있다. 따라서 그간에 교환된 의사들을 문서로 명확하게 정리하는 것이 좋다.

셋째, 무역거래에서 분쟁이 발생하면 국내거래에서보다 훨씬 더 큰 곤란을 겪게 되므로 분쟁방지차원에서도 계약서를 작성해 두는 것이 필요하다.

그래서 무역계약에서는 되도록 서면상으로 청약과 승낙을 하고 이것이 바로 계약문서가 되도록 하는 경우가 많다. 만약 합의된 사항을 담고 있는 문서가 없는 경우나 당사자간에 합의된 내용을 정리해야 할 필요가 있을 경우에는 무역계약서를 작성하게 된다.

2) 무역계약의 문서화 방법

무역계약을 문서화하는 과정은 일반적으로 다음과 같은 방법이 있다.

첫째, 양 당사자가 만나서 2부의 계약서를 작성하고 서명한 다음에 각자 1부씩 소지하는 것이다.

둘째, 계약 당사자 중 어느 일방이 계약서 2부를 작성하고 서명하여 상대방에게 2부 모두 보내면, 상대방이 이를 검토하고 서명후 1부는 자신이 보관하고 1부는 작성자에게 반송함으로써 각자 1부씩 보관하는 방법이다.

셋째, 청약자가 청약서(offer sheet)를 2부 보내면 피청약자가 그 청약서에 승낙(acceptance)의 서명후 1부는 자신이 보관하고 1부는 작성자에게 반송함으로써 각자 1부씩 보관하는 방법이다. 보통 청약서에는 상대방의 수락의 서명란을 포함하고 있는 경우가 많다. 물론 여기서의 청약서는 sales offer sheet와 같은 매도청약일 수도 있고, order sheet와 같은 매수청약일 수도 있다.

무역업자들은 보통 계약에 대비하여 준비된 서식을 사용하는데, 매도자의 경우 sales note(매도계약서), confirmation of order(주문확인서) 등이 사용되고, 매수자의 경우 purchase note(매수계약서), order(주문서) 등의 이름으로 사용된다. 여기서 계약은 계약사항에 대한 당사자간 의사합치라는 실질적인 사항을 충족하면 되고 그 형식에 구애받지 않는다. 따라서 계약이라는 제목이 없거나 다른 말로 되어 있더라도 관계없다. Agreement, Contract 등의 제목하의 계약서뿐만 아니라, Sales Contract, Sales Note, Confirmation of Order, Purchase Contract, Purchase Note, Order Sheet 등도 양 당사자가 서명함으로써 계약서가 되는 것이다. 계약서에서 중요한 것은 내용이다. 계약서의 내용이 계약상 필요한 의사합치의 사실을 담고 있는지, 어떤 내용의 의사합치를 나타내고 있는지에 따라 계약서의 효력유무, 계약당사자의 권리의무관계가 달라지게 되는 것이다.

제 2 절 무역계약의 주요 조건

무역계약에 포함되는 거래조건중 주요 조건들은 아래와 같다.

① 품질조건
② 수량조건
③ 가격조건
④ 인도조건
⑤ 결제조건
⑥ 보험조건
⑦ 포장조건
⑧ 분쟁해결조건

위의 ①~⑥까지를 6대조건, 또는 ①~⑧까지를 8대조건이라고 하여, 일반 무역계약에서는 이 조건들이 기본적인 조건으로 포함하게 된다. 이들의 내용을 각 조건별로 보다 자세히 살펴보기로 한다.

1. 품질조건

품질조건(quality terms)은 거래대상물품의 품질에 대한 사항을 정하는 내용의 조건이다. 무역계약에서는 물품의 명세(description of goods)와 함께 품질에 대한 약정을 하게 되는데 ① 품질의 결정방법, ② 품질의 결정시기, ③ 품질의 증명방법 등을 포함하게 된다. 품질조건은 무역거래에서 분쟁 발생소지가 가장 많은 부분이기 때문에 계약에서 최대한 명확하게 정해 놓아야 한다.

1.1 품질결정방법

물품의 특성에 따라 다음과 같은 품질결정방법이 있다.

① 견본매매(Sale by Sample)

상품에 대한 견본을 제시하고 이와 동일한 상품을 인도하기로 정하는 것이다. 매도인은 견본과 동종, 동형, 동질의 상품을 인도해야 할 의무를 지게 되며, 실제 인도상품이 견본과 상위할 경우에는 매수인은 수령거절 또는 감가에 의한 보상을 요구할 수 있게 된다.

② 표준품매매(Sale by Standard)

품질 등급이 있는 상품들에 그 등급을 기준으로 품질을 결정하는 방법이다. 농·수산품의 경우에 주로 사용되며 해당연도 또는 미래에 수확될 물품에서 그 등급을 중심으로 결정하는 방식이다. 이러한 표준품매매 방법으로는 FAQ, GMQ 등이 있다.

FAQ(fair average quality) 평균중등품질조건이라고 하며, 당해시기 당해장소 출하품의 평균 중등품을 기준으로 하는 방법이다. 농산물거래에서 주로 사용된다.

GMQ(good merchantable quality) 판매적격품질조건이라고 하며, 상품으로서 판매하기에 충분한 품질일 것을 기준으로 하는 방법이다. 목재, 냉동어류 등에 사용되는데, 이들은 내부가 부패되어 상품성이 없어도 외관상으로 판단하기가 어려우므로, 이러한 문제가 없는 판매적격한 품질임을 매도인이 보증하는 조건이다.

표준품매매에서의 품질결정조건 용어

FAQ(fair average quality) Terms : 평균중등품질조건, 당해시기 당해장소 출하품의 평균 중등품을 기준으로 함. 농산물에 주로 사용

GMQ(good merchantable quality) Terms : 판매적격품질조건, 당해거래의 품질적격성을 기준으로 함. 목재, 냉동어류 등에 사용

③ 명세서매매(Sale by Specification/ Description)

상품의 구조, 성능, 재료 등을 설명한 명세서, 설명서, 카탈로그, 분석표, 청사진, 그림, 사진 등을 통하여 품질을 결정하는 방법이다. 전자제품, 화학제품, 기계제품 등에서 많이 사용된다.

④ 규격매매(Sale by Type/ Grade)

상품의 규격이 국제적으로 정해져 있거나 국가에서 정하고 있는 경우 이 규격으로 품질을 결정하는 방법이다. 예를 들면 국제표준화기구(International Organization for Standardization: ISO), 한국의 KS(Korean Standard) 등과 같은 규격을 이용하는 것이다.

⑤ 상표매매(Sale by Brand/Trade Mark)

상표로서 품질을 정하는 방법이다. 샤넬향수, 코카콜라 등 상표가 잘 알려진 유명브랜드의 경우에 많이 사용된다.

⑥ 실견매매(점검매매: Sale by Inspection)

매수자 또는 매수자 대리인이 상품을 실제 점검해 보고 거래하는 방법이다.

1.2 품질의 결정시기

품질의 결정시기에 따라 선적품질조건과 양륙품질조건이 있다. 무역에는 오랜 시간 장거리 운송이 필요한 경우가 많아 운송기간 동안 품질이 변할 수도 있기 때문에 선적품질조건이냐 양륙품질조건이냐를 미리 정해두는 것이 매우 중요하다.

1) 선적품질조건(shipped quality terms)

선적시의 품질을 기준으로 하는 조건으로, 운송기간 동안 품질이 비교적 잘 변하지 않는 공산품 거래에서 많이 사용된다. 농산품에서도 사용되기도 하는데 곡물류의 거래에서 선적품질조건을 TQ(Tale Quale, Tel Quel)라고도 한다.

2) 양륙품질조건(landed quality terms)

양륙시의 품질을 기준으로 하는 조건으로, 품질이 비교적 변하기 쉬운 농산품이나 광산물 등의 거래에 많이 사용된다. 곡물류의 거래에서는 이 조건을 RT(rye terms)라고도 한다.[13]

---

13) RT는 만주에서 영국지역으로 수출되는 호밀(rye)거래에서 이 조건이 사용된 데서 유래되었다.

곡물류무역에서 사용되는 품질결정시기조건 용어
TQ(Tale Quale, Tel Quel): 선적품질조건, 운송도중 품질변화의 위험을 매수인이 부담 RT(Rye Terms): 양륙품질조건, 운송도중 품질변화의 위험을 매도인이 부담

3) 품질증명방법

품질의 증명방법에는 수출자의 자체검사에 의한 방법, 수입자나 수입자의 대리인이 검사를 하는 방법, 객관적인 검증을 위하여 공신력 있는 국제 품질검사기관의 검사에 의한 방법 등이 있는데,[14] 계약시에 검사기관이나 검사방법 등을 정하게 된다.

2. 수량조건

수량조건(Quantity terms)은 거래상품의 수량단위, 수량결정시기, 수량과부족 등에 대한 사항을 약정하게 된다.

2.1 수량의 단위

수량의 단위에는 중량(weight), 용적(measurement), 개수(piece), 포장(package), 길이(length), 넓이(width) 등이 있다.

(1) 중　　량

국제적으로 사용되는 중량단위는 주로 kg, ton, lb(파운드) 등이다. 중량의 측정방법에는 총중량, 순중량 그리고 법적 중량이 있다.

총중량(gross weight)　포장을 한 이후의 상품무게를 말한다.

순중량(net weight)　포장을 제외한 상태의 상품만의 무게를 말한다.

법적중량(legal weight)　상품과 법적으로 인정되는 포장무게를 합한 무게를 말한다. 보통 법적으로 인정되는 포장의 무게는 겉포장은 제외하고

14) 품질감정보고서를 survey report라고 하고 감정기관을 surveyor라고 하는데, 이러한 기관의 예로 Lloyd's Surveyor, Société Générale de Surveillance(SGS) 등을 들 수 있다.

소매시의 낱개포장의 무게이다.

중량과 관련하여 국제거래에서 유의해야 할 것중의 하나는 ton과 lb의 관계이다. 톤에는 영국식톤, 미국식톤, 미터법톤의 세 가지가 있는데, 각자 1b로 환산한 무게가 다르다.

Ton
English ton(long ton) = 2.240 lbs
American ton(short ton) = 2,000 lbs
Kilo ton(metric ton) = 2,204 lbs

(2) 용　　적

용적단위로는 liter, gallon, barrel, cubic meter(cbm), cubic foot(cft), super foot(s.f.), bushel 등이 있다.[15] 이들 단위는 액체, 목재, 곡물 등의 거래에서 사용된다. 그리고 운송에서 사용되는 용적단위로서 M/T(measurement ton)가 있다.

(3) 개　　수

개수단위로는 piece(1개), dozen(12개), small gross(12×10=120개), gross(12×12=144개), great gross(12×12×12=1,728개) 등의 단위가 있다.

Gross
small gross: 12×10=120개
gross　　　: 12×12=144개
great gross: 12×12×12=1,728개

(4) 포장단위

포장단위로는 bag, keg, case, bale, bundle, drum 등이 있다.

15) super foot는 1 square foot×1 inch이고, M/T(measurement ton)은 40cft이다.

(5) 길　　이

길이단위로는 meter, yard(=91.4cm), feet(ft=12inch), inch(=2.54cm) 등이 있다.

2.2 수량의 과부족

거래의 단위가 개수인 경우에는 정확하게 거래하는 데 문제가 없다. 그러나 원유나 곡물처럼 수송도중에 부피나 무게가 변할 수 있는 물품인 경우에는 정확한 수량으로 인도하기가 곤란하다. 그래서 이 경우에는 약간의 과부족을 허용할 수밖에 없다. 계약에서 이에 대한 것을 정하게 되는데, 이를 과부족 허용조항(more or less clause)이라고 한다. 만약 more or less 5%로 계약하게 되면 전체수량에서 5%의 범위내에서 남거나 부족해도 매수인은 인수하여야 한다.[16] 물론 여분이나 부족분에 대한 가격은 계산하게 된다.

2.3 수량결정시기

수량결정에서도 품질에서와 마찬가지로 선적시의 수량을 기준으로 하는 선적수량조건(shipped quantity terms)과 양륙시의 수량을 기준으로 하는 양륙수량조건(landed quantity terms)이 있다. FOB, CIF 등 선적지조건 매매에서는 선적수량조건이 원칙이지만 이들 조건에서도 특약이나 관습상 양륙수량조건으로 할 수도 있기 때문에 계약에서 수량결정시기를 명확히 하는 것이 좋다.

2.4 수량증명방법

수량의 증명방법에는 일반적으로 공인검량기관이나 검정인이 발급한 증명서에 의하게 되며, 계약시에 이에 대한 사항을 정하게 된다.[17]

---

16) 과부족의 범위를 명확하게 표시하지 않고, about, approximately, circa 등과 같은 표현을 사용한 경우 신용장통일규칙 제39조 a항에서는 10%의 과부족을 허용하는 것으로 하고 있다.

17) 수량 검수 및 검량기관을 public weigher, official weigher, surveyor라고 하고 발행하는 증명서를 certificate of weight, certificate of measurement라고 한다.

3. 가격조건

3.1 무역에서의 가격조건

무역계약에서 가격조건에서는 i) 가격, ii) 거래통화, iii) 정형거래조건 등을 포함하게 된다.

여기서 정형거래조건에 있어서는 매도인과 매수인의 부담범위를 달리하는 정형화된 여러 무역거래조건들이 국제상거래에서 이미 형성되어 있으므로, 이 거래조건들에서 하나를 선택하게 되는 것이다.[18]

무역에서는 수출자와 수입자가 멀리 떨어져 있기 때문에 같은 가격이라도 수출자의 공장에서 물품을 수입자에게 인계하는 것과 수출자가 수입자의 창고에까지 배송해주는 것은 큰 차이가 있다. 이와 같이 무역거래에서는 그냥 가격만 정해서는 의미가 없으므로 가격조건은 단순히 얼마이냐가 아니라, 어디에서 어떻게 물품을 인도해주고 얼마이냐라는 형태로 하지 않으면 안 된다. 어디서 어떻게 인도해주느냐는 국제상관습과 규칙에 의해서 만들어진 정형화된 형태가 있는데 이를 정형거래조건이라고 하고, 이에 대한 국제규칙이 있다.

3.2 무역거래조건의 해석에 관한 국제규칙

유럽에서는 오래전부터 상관습으로 FOB, CIF 등 상품거래에 대한 여러 조건들이 사용되어 왔었다. 그러나 이 조건들의 의미가 국가나 지역마다 차이가 있어서 원활한 국제무역을 위해서는 내용을 국제적으로 통일시킬 필요가 있었다. 그래서 1936년 국제상업회의소(ICC)에서 "무역거래조건의 해석에 관한 국제규칙"(International Rules for the Interpretation of Trade Terms)을 제정하였는데, 이 규칙을 보통 Incoterms라고 부른다.[19]

시대의 변화에 따라 상거래 형태도 변하게 되므로 이러한 변화를 반영하여 Incoterms는 1936년 제정이후 7차의 개정을 거쳐, 2011년부터는 Incoterms 2010이 사용되고 있다.

---

18) 예를 들면 U$ 500 FOB, 또는 U$ 1,000 CIF와 같은 식으로 정하게 되는 것이다.
19) Incoterms는 International Commercial Terms(국제상업용어)의 축약어이다.

3.3 Incoterms 2010의 주요 내용

1) 물품인도의 의미와 Incoterms 조건

Incoterms의 각 조건은 각 해당조건에서 매도인과 매수인이 부담해야 할 책임과 의무를 자세하게 규정하고 있는데, 그 중에서 중요한 부분은 소유권이전, 비용부담, 위험부담에 있어서 그 경계가 어디인가에 대한 것이다.

Incoterms의 각 조건은 매도인과 매수인에게 상품을 인도하는 데 있어서 매수인을 위한 서비스 제공의 범위에 따라 가격이 달라진다는 의미에서 가격조건이지만 상품에 대한 법적 권리와 책임에 관한 것이라는 점을 유의하지 않으면 안 된다.

법적으로 물품[20]의 거래에서는 인도(delivery)함으로써 소유권이 이전된다. 매도자의 입장에서 소유권을 이전해 주는 것, 즉 양도한다는 것은 그 물품에 대한 권리가 없어짐과 동시에 책임, 즉 위험부담도 없어지게 되는 것이다. 즉 인도가 이루어진 이후에는 상품이 손상되거나 멸실된다고 하더라도 매도자는 자기 재산의 손실이 아니므로 위험부담도 없어지게 되는 것이다. 그래서 물품거래에 있어서 인도지점이 매우 중요한 의미를 갖는다. 인도이전에는 물품에 대한 책임을 매도인이 지는 반면에 인도이후에는 매수인이 지기 때문이다.

그래서 기본적으로 물품에 대한 위험부담과 비용부담은 소유권과 함께 한다. 인도지점에서 소유권이 이전되면 위험부담과 비용부담도 이전되는 것이다. 그런데 국내거래의 경우에는 매도인과 매수인이 만나서 물품을 인도하면 되겠지만 국제거래에서는 매도인과 매수인이 멀리 떨어져 있어 직접 인도하지 못하고 운송인을 통하여 물품을 전달하게 된다. 이때 긴 국제운송구간중에서 어디가 인도지점이 되느냐의 문제가 대두되는데 이 인도지점을 정하고 있는 것이 Incoterms이다. Incoterms의 각 조건은 인도지점이 되는 위치를 정하고 이 위치를 경계로 소유권, 위험부담, 비용부담이 매도인에서 매수인에게로 이전되는 것으로 하고 있다. 하지만 일부 조건에서는

---

20) 물품은 서비스와 지적재산권과 같은 무체재(無體財)를 제외한 일반 상품을 말하며 동산 중의 유체동산(有體動産: corporeal movables)을 의미한다. 일반적으로 상품이라고 하지만 상품이라고 하면 물품(goods) 외에 용역(service)도 포함될 수 있으므로 본서에서는 엄밀한 의미가 필요한 경우에 물품이라는 용어를 사용한다.

인도지점이 지난 구간에서도 일정한 범위까지 매도인이 비용부담을 하도록 되어 있다. 이것은 매도인이 매수인을 위해서 인도이후에 이루어지는 운송과정에서의 운송료 및 보험료를 부담하는 경우로서, CIF, CNF, CFR, CIP 4개의 조건이 여기에 해당한다.

Incoterms의 각 조건에서 가장 중요한 부분은 각 조건의 인도지점에 대한 것이다. 크게 보아 국제무역에서 물품인도가 이루어질 수 있는 곳은 ① 수출자의 공장이나 창고, ② 국제운송의 출발지, ③ 국제운송의 도착지, ④ 수입자의 창고나 지정장소 등의 네 군데이다. Incoterms 2010의 11가지 조건은 이 네 가지 위치 중 어느 하나가 큰 영역에서의 인도지점으로 된다. 그런데 같은 인도지점이라 할지라도 매도인이 인도지점 이후 운송에서의 운임 및 보험료를 부담하느냐에 따라 나누어질 수 있고, 또, 크게 보아 같은 인도지점이라 할지라도 부두에서 인도하느냐, 배에 실은 채 인도하느냐 등에 따라 구체적인 인도지점이 달라지고 매도인 매수인간 부담이 달라지기 때문에 이런 식으로 나뉘어져 11가지 조건으로 구성되고 있는 것이다.

2) 각 조건의 주요 내용

(1) EXW(Ex Works: 현장인도조건)

계약물품을 매도인의 공장, 창고, 점포 등에서 인도하는 조건이다. 매도인은 상품을 지정된 장소에 매수인이 임의 처분할 수 있는 상태에 두기만 하면 되며, 그 이후의 모든 비용과 위험 부담은 매수인이 지게 된다. Incoterms 조건들 중 매도인의 부담이 가장 작은 조건으로서, 매도인의 입장에서는 내국판매와 거의 차이가 없다.

(2) FAS(Free Alongside: 선측인도조건)

매도인이 물품을 수출통관한 후 선적항에서 본선에 선적할 수 있을 위치에서 인도하는 조건이다. 선측, 즉 본선의 옆이어야 하므로 보통은 부두위이지만 본선이 부두에 접안하지 못하고 부선을 이용하여 선적하는 경우에는 부선으로 본선 옆으로 옮기는 과정까지의 위험 및 비용을 매도인이 부담해야 한다.

표 12-3 Incoterms 2010

그 룹 별	약호	무역거래조건
모든 운송수단	EXW	Ex Works(현장인도조건)
	FCA	Free Carrier(운송인인도조건)
	CPT	Carriage Paid to(운송비지급조건)
	CIP	Carriage and Insurance Paid to(운송비보험료지급조건)
	DAT	Delivered At Terminal(도착터미널인도조건)
	DAP	Delivered At Place(도착장소인도조건)
	DDP	Delivered Duty Paid(관세지급반입인도조건)
해상운송	FAS	Free Alongside Ship(선측인도조건)
	FOB	Free on Board(본선인도조건)
	CFR	Cost and Freight(운임포함조건)
	CIF	Cost Insurance and Freight(운임보험료포함조건)

(3) FOB(Free on Board: 본선인도조건)

매도인이 물품을 수출통관한 후 매수인이 지정한 본선에 선적하여 인도하는 조건이다. 여기서 매도인의 책임은 물품을 본선의 난간을 넘어 갑판에 두게 됨으로써 끝나게 된다. CIF와 함께 무역거래에서 가장 많이 이용되는 조건이다.

(4) FCA(Free Carrier: 운송인인도조건)

매도인이 물품을 수출통관한 후 매수인이 지정한 운송인에게 인도하는 조건이다. 매도인의 책임은 운송인에게 물품을 인도함으로써 끝나게 된다. 이 조건은 철도, 육로, 해상, 항공, 또는 이들 운송을 결합한 복합운송의 경우에 이용된다.

(5) CFR(Cost and Freight: 운임포함조건)

매도인이 물품을 수출통관한 후, 자신의 운임부담으로 지정된 목적항까지 해상운송계약을 체결하여 본선에 선적하여 인도하는 조건이다. 이때 매도인은 운송회사로부터 운송서류를 교부받아 이를 매수인에 제공해야 한다. 매도인의 책임은 물품을 본선의 난간을 넘어 갑판에 두게 됨으로써 끝

그림 12-1 INCOTERMS 각 조건에서의 SELLER와 BUYER의 부담

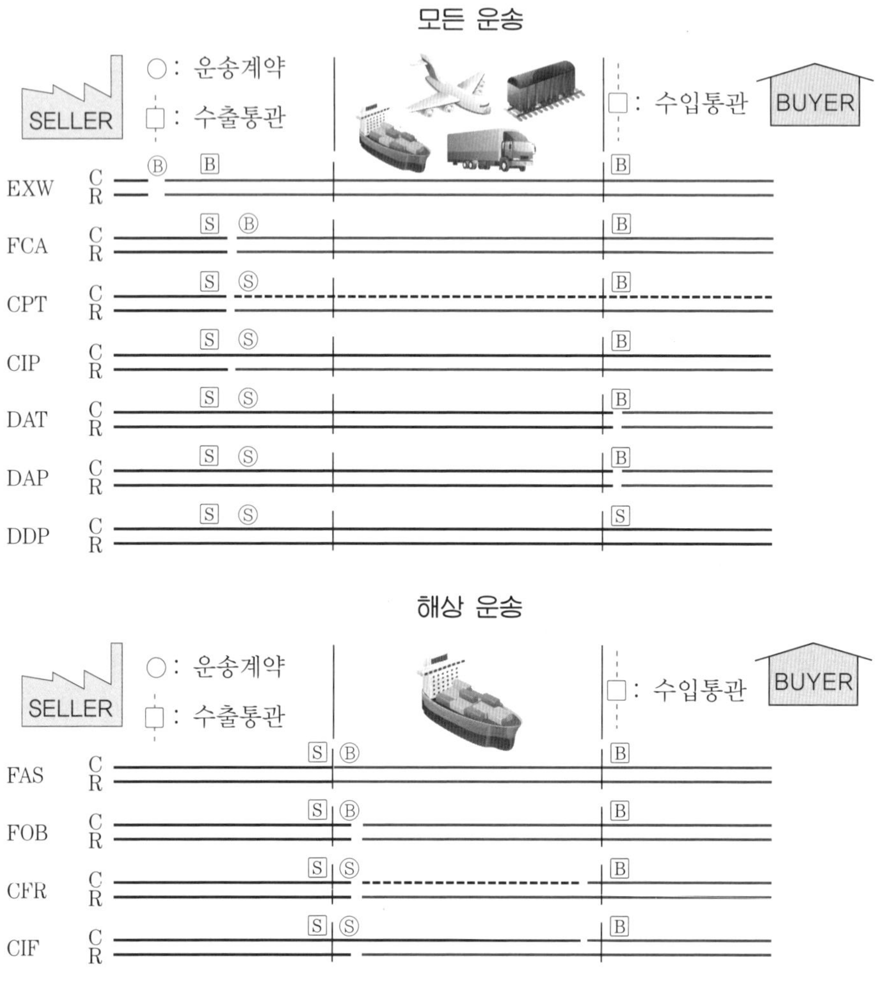

C: 비용부담(운임, 보험료)　R: 위험부담

――― : SELLER의 부담(------ : 운임만)　――― : BUYER의 부담

Ⓢ: SELLER의 통관　Ⓑ: BUYER의 통관

Ⓢ: SELLER의 운송계약　Ⓑ: BUYER의 운송계약

나게 된다. 따라서 매도인이 운송비용부담은 하지만 이후의 운송과정에서 사고가 발생하더라도 이에 대한 모든 책임을 매수자가 지게 된다.

(6) CIF(Cost, Insurance and Freight: 운임보험료포함조건)

매도인이 물품을 수출통관한 후, 자신의 운임 및 보험료 부담으로 지정된 목적항까지 해상운송계약과 해상보험계약을 체결하여 본선에 선적하여 인도하는 조건이다. 이때 매도인은 운송회사 및 보험회사로부터 운송서류 및 보험서류를 교부받아 이를 매수인에 제공해야 한다. 매도인의 책임은 물품을 본선의 난간을 넘어 갑판에 두게 됨으로써 끝나게 된다. 따라서 매도인이 운송 및 보험 비용부담은 하지만 이후의 운송과정에서 사고가 발생하더라도 이에 대한 모든 책임을 매수자가 지게 된다. FOB와 함께 무역거래에서 가장 많이 이용되는 조건이다.

(7) CPT(Carriage Paid to: 운송비지급조건)

매도인이 물품을 수출통관한 후 자신의 운임부담으로 지정된 목적지까지 운송계약을 체결하여 운송인에게 인도하는 조건이다. 이때 매도인은 복합운송인으로부터 운송서류를 교부받아 이를 매도인에게 제공해야 한다. 매도인이 운임을 지불하지만 그의 책임은 운송인에게 물품을 인도함으로써 끝나게 된다. 이는 철도, 육로, 해상, 항공, 또는 이들 운송을 결합한 복합운송의 경우에 이용되는 조건으로서 해상운송에서의 CFR와 같은 체계이다.

(8) CIP(Carriage and Insurance Paid to: 운송비보험료지급조건)

매도인이 물품을 수출통관한 후 자신의 운임 및 보험료 부담으로 지정된 목적지까지 운송계약 및 운송보험계약을 체결하여 운송인에게 인도하는 조건이다. 이때 매도인은 복합운송인 및 보험회사로부터 운송서류 및 보험서류를 교부받아 이를 매수인에게 제공해야 한다. 매도인이 운임과 보험료를 지불하지만 그의 책임은 운송인에게 물품을 인도함으로써 끝나게 된다. 이는 철도, 육로, 해상, 항공, 또는 이들 운송을 결합한 복합운송의 경우에 이용되는 조건으로서 해상운송에서의 CIF와 같은 체계이다.

(9) DAT(Delivered At Terminal: 도착터미널인도조건)

매도인이 물품을 수출통관한 후 운송하여 지정된 터미널에서 하역하여 매수인에 인도하는 조건이다. 터미널은 부두, 창고, container yard, 도로나 철도 또는 항공 터미널 등이 다 포함된다. 터미널에서 인도된 이후, 위험 및 비용 부담과 수입통관을 비롯한 제반절차는 매수인이 하게 된다. 계약당사자는 인도장소를 터미널 내에서도 일정 지점으로 명확하게 정하는 것이 좋다.

(10) DAP(Delivered At Place: **도착장소인도조건**)

매도인이 물품을 수출통관한 후 운송하여 지정된 장소에서 하역하지 않은 상태에서 매수인에 인도하는 조건이다. 지정장소에서 인도된 이후, 위험 및 비용 부담과 수입통관을 비롯한 제반절차는 매수인이 하게 된다. 계약당사자는 인도장소를 도착장소내의 일정 지점으로 명확하게 정하는 것이 좋다.

(11) DDP(Delivered Duty Paid: **관세지급반입인도조건**)

매도인이 물품을 수입통관한 후 수입국내까지 운송하여 수입국내 지정장소에서 인도하는 조건이다. 이 조건은 Incoterms 조건들 중 매도인은 가장 많은 부담을 지게 되는 반면, 매수인의 입장에서는 가장 작은 부담을 지는 조건으로 국내에서 구매하는 것과 다를 바 없다.

4. 인도조건

인도조건(delivery terms)은 선적조건(shipment terms)이라고도 하는데 대부분 선적으로 인도가 이루어지기 때문이다. 인도조건은 인도장소 및 인도방식 등에 대해서는 가격조건과 결제조건에서 정해지기 때문에 인도조건에서는 선적시기, 선적방법 등에 대한 사항을 약정하게 된다.

4.1 선적시기의 약정

무역계약에서는 다음 몇 가지 방식으로 선적시기를 정하게 된다.

첫째, 특정월 지정방식이다. 무역에는 선박의 운항일정이나 기후 등의 사정으로 지정일에 선적이 불가능할 수가 있으므로 선적일을 정할 때는 보통 일단위로 정하지 아니하고, 월단위로 선적시기를 정하게 된다. 이 경우 May shipment 또는 May/June/July shipment와 같은 형태로 단월 또는 연월로 정하게 되는데, 어느 날이든 해당 월내에만 선적하면 된다.

둘째, 최종 선적일 지정방식이다. 이 경우 약정된 최종선적일 이전에만 선적하면 된다.

셋째, 조건부 선적일 지정방식이다. 무역계약일로부터 60일 이내 또는 신용장수령일로부터 30일 이내 등과 같이 수출입업무상의 특정업무 진행일자에 연계하여 날짜를 정하는 방식도 사용된다.

선적시기를 정하는 데에 있어서 prompt, immediately, as soon as possible 등과 같이 모호한 표현은 피해야 하며, 최대한 명확하게 해야 한다.

4.2 분할선적과 환적

1) 분할선적

분할선적(partial shipment)이란 계약상품을 한번에 전량 선적하지 않고 나누어서 선적하는 것을 말한다. 동시에 항해하는 두 개 이상의 선박에 상품을 나누어서 선적하거나, 같은 선박으로 두 번 이상의 항해로 상품을 나누어서 운반하는 경우에도 분할선적이 된다.

분할선적을 하게 되면 물품의 관리 등에 있어서 매수인이 곤란을 겪게 되는 경우가 있다. 그래서 계약시에 분할선적을 허용하느냐의 여부를 명확하게 하는 것이 좋다.[21)]

2) 환 적

환적(transshipment)이란 물품을 운송도중에 다른 선박이나 운송수단에 옮겨 실어 운송하는 것을 말한다. 목적항까지 바로 가는 선편이 없는 경우에 환적을 할 수밖에 없지만, 환적을 하게 되면 그만큼 운송기간이 길어지고 하역과 선적의 과정에서 파손, 분실 등의 위험이 커지기 때문에 화주들은 이를 피하려고 한다. 그래서 환적을 허용할 것인가의 여부를 계약시 미리 정하는 것이 좋다.

4.3 선적지연

매도인의 고의, 과실, 태만 등에 의한 선적지연은 당연히 매도인의 책

21) 신용장통일규칙 제40조에서는 신용장에서 분할선적을 금지하고 있지 않으면 허용하는 것으로 규정하고 있다.

임이다. 그러나 해상운송에는 천재지변(Act of God)과 같이 자연력의 영향을 많이 받는다. 그래서 천재지변, 전쟁, 파업, 기타 불가항력에 의한 선적지연의 경우에는 매도인이 선적지연에 대하여 면책되는 상관습이 있는데, 이에 대해서 대부분의 무역계약에서는 매도인의 면책에 관한 불가항력 조항을 두게 된다.

5. 결제조건

물품대금에 대한 결제조건(payment terms)은 수출자의 입장에서 가장 중요한 조건이다. 무역계약에서 거래 상대방의 신용위험, 정치적 위험, 금융비용 등을 고려하면서 결제조건을 정하지 않으면 안 된다. 무역거래에서의 결제조건은 결제방법, 결제시기, 결제통화 등에 대한 것이다.

먼저 결제방법에서는 일반적으로 신용장방식, D/P, D/A 등의 무신용장환어음추심방식, 송금방식 등이 있다. 신용장에 의할 경우 신용장의 종류와 개설은행 및 개설시기, 연지급의 경우 어음기간 등을 정한다.

또한 결제시기에는 선지급(advance payment), 즉시급(spot payment), 후지급(deferred payment), 할부급(instalment payment) 등이 있다.

결제통화는 교환성(convertibility), 안정성(stability), 유동성(liquidity)이 있는 통화이어야 하며, 환율변동에 따른 위험(exchange risk)을 최소화하는 통화를 선택하는 것이 중요하다.

이러한 결제조건에 대한 내용은 제14장에서 보다 자세히 다루고자 한다.

6. 보험조건

물품매매계약상에서 보험은 적하보험(cargo insurance)조건의 문제이다. 물품을 국제적으로 운송 또는 보관하는 데는 위험이 따르므로 화주는 적하보험에 들게 된다. 그런데 적하보험이 계약상의 내용으로 되는 것은 매도인이 매수인을 위하여 보험에 들어주게 되는 경우, 즉 Incoterms상의 CIF, CIP 두 가지 조건에서이다. 나머지 조건들에 있어서는 물품인도를 전후하여 매도인 매수인 각자 자기의 위험에 대하여 자기가 보험에 들게 되

므로 매매계약상에서 합의를 해야 할 것이 없다.[22)]

CIF나 CIP의 경우 무역계약에서 보험종류, 보험금액, 화폐, 보험금지급장소 등에 대하여 정하게 되고, 물품인도시에 매도인은 매수인에게 다른 무역서류와 함께 보험증권을 인도해야 한다. 또 어떠한 보험에 얼마의 보험금액으로 들어주어야 하는가를 계약에서 정하게 되는데, Incoterms에서는 별도의 합의가 없는 경우 보험금액은 송장금액에 희망이익 10%를 더한 금액, 즉 송장금액의 110% 이상, 보험조건은 ICC(C) 또는 FPA 이상으로 하는 것으로 규정하고 있다.[23)]

7. 포장조건

포장의 기능은 제품을 보호하고 제품을 좋게 보이도록 하는 데 있다. 수출포장의 경우에도 이러한 포장의 기능에서 벗어나지 않으나 수출포장은 장기간의 국제운송을 감안하여 충분히 튼튼하지 않으면 안 된다. 포장의 불완전으로 인한 물품의 손상은 적하보험에서도 보상해 주지 않기 때문에 무역에서의 포장은 더 많은 주의를 기울이지 않으면 안 된다. 그리고 수출포장은 ① 튼튼하고, ② 가볍고, ③ 부피가 작으며, ④ 비용이 적게 들고, ⑤ 보기 좋도록 하되, 상품의 성질, 운송거리와 기후, 수입국의 화물포장에 대한 법규, 상관습, 운임, 포장비 등을 고려하여 가장 합리적인 포장을 하게 된다.[24)]

이러한 점을 감안하여 무역계약에서는 포장의 종류와 방법, 화인 등을 중심으로 포장에 대하여 미리 약정하게 된다.

7.1 포장의 종류와 방법

상품마다 특성이 다르기 때문에 포장도 다르다. 그래서 일반적으로 상품마다의 상관습과 표준수출포장(standard export packing)에 따르게 된다. 포장은 개장, 내장, 외장으로 구분할 수 있다.

---

22) 계약에서 포함되어야 하는 사항 여부에 관계없이 무역운송과 무역보험은 무역과 관련하여 전문적인 지식을 필요로 하므로 이 부분은 제13장에서 별도로 자세히 다루게 된다.
23) 여기서의 전문적인 용어는 제13장 제2절 무역보험 참조.
24) 김행권, 신동수, 「무역학개론」(법경사, 2001), p. 424.

(1) 개 장

개장(unitary packing)은 물품의 단위별로 하나 하나 낱개로 포장하는 것을 말한다.

(2) 내 장

내장(interior packing)은 취급하기 좋도록 개장된 물품을 몇 개씩 합하여 적절한 재료로 싸거나 용기에 넣는 포장을 말한다. 물품을 진동, 충격, 습기, 열기 등으로부터 보호하기 위하여 판지, 종이, 비닐, 천, 솜, 스티로폼 등의 재료가 사용된다.

(3) 외 장

외장(outer packing)은 운송중에 물품이 파손, 변질, 도난, 유실되는 것을 방지하고 취급을 용이하게 하기 위하여 몇 개의 내장을 합하여 골판지 상자, 플라스틱, 목재 등으로 최종적으로 하는 포장이다.

7.2 화 인

화인(cargo marks)은 화물을 다른 화물과 식별이 되게 하고 화물의 취급을 용이하게 하기 위하여 화물의 포장에 기재하는 표시이다. 화인은 도형 및 기호로 된 주화인(main marks), 문자로 표시하는 부화인(counter

그림 12-2 화인의 예

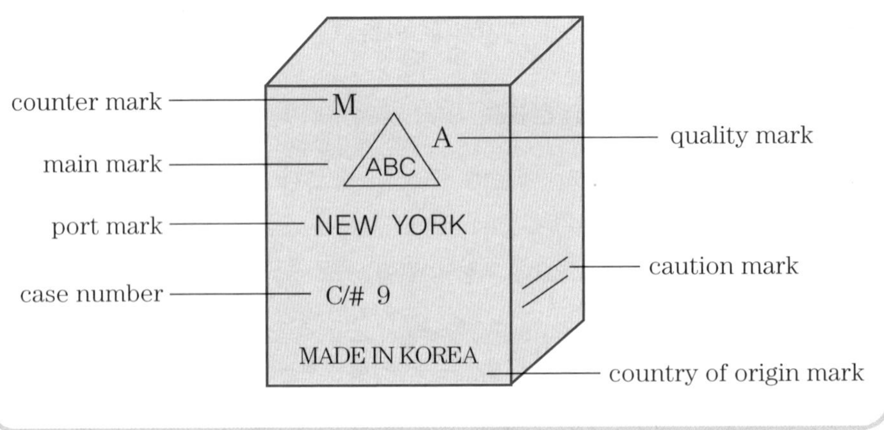

marks), 화물일련번호, 원산지 표시, 목적지표시, 중량표시, 주의표시 등으로 구성된다. 여기서 주화인(main marks)은 주로 삼각형, 다이아몬드형, 원형, 타원형 등과 같이 단순한 그림이나 기호로 표시하는데, 이는 한눈에 알아볼 수 있고 글자를 모르는 사람이라 할지라도 쉽게 식별할 수 있도록 함으로써 취급하기 용이하도록 하기 위해서이다. 화인은 선화증권, 송장 등에도 기재되어 용이하게 화인을 대조하면서 화물을 취급할 수 있도록 하게 된다.

8. 분쟁해결조건

계약을 할 때에는 계약체결후 만약의 경우에 발생할지도 모르는 당사자간의 분쟁에 대비하여 이에 관한 해결방안과 절차를 미리 약정해두지 않으면 안 된다.

보통 무역분쟁은 어느 한 당사자의 클레임(claim)의 제기로서 시작된다. 클레임이 제기되었을 때, 이를 해결하는 방안으로서는 타협(compromise), 알선(intercession), 조정(conciliation), 중재(arbitration), 소송(litigation suit) 등이 있다. 타협, 알선, 조정은 분쟁해결력이 약하고, 반면에, 소송은 시간, 비용, 노력이 많이 들뿐만 아니라 집행력이 보장되지 않는 문제가 있기 때문에 무역에서의 분쟁은 보통 중재를 통하여 해결하게 된다.

중재판정(award)은 법원의 확정판결과 동일한 효력을 갖기 때문에 다시 법원에 제소할 수 없고 이에 불응하면 국가권력에 의한 강제집행을 받게 된다. 그런데 중재에 의하여 해결하기 위해서는 양 당사자가 중재로 해결할 것을 사전에 합의해야만 한다. 그래서 대부분의 경우 계약서에 중재조항을 두어 중재에 의하여 해결할 것을 미리 정해 놓게 된다.

또한 대부분의 무역계약에서는 중재조항 외에도 클레임의 제기시기 및 방법, 불가항력의 사유와 처리, 준거법, 재판관할 등에 관한 사항을 미리 약정해둠으로써 만약에 있을지도 모를 계약당사자간 분쟁에 대하여 미리 대비하게 된다.

주요용어

낙성계약	표준품매매	과부족허용조항	선지급
쌍무계약	FAQ	Incoterms	즉시급
유상계약	GMQ	EXW	후지급
불요식계약	선적품질조건	FOB	D/P
포괄계약	양륙품질조건	CFR	D/A
청약	TQ	CIF	개장(unitary packing)
승낙	RT	CIP	화인
반대청약	법적중량	DDP	클레임
발신주의	M/T	분할선적	조정
도달주의	gross	환적	중재

연습문제

1. 무역계약의 법적 성격을 약술하시오.
2. 청약에 대하여 논술하시오.
3. 국제무역에서 승낙의 효력발생시기 문제에 대하여 약술하시오.
4. 무역계약의 문서화에 대하여 논술하시오.
5. 선적품질조건과 양륙품질조건에 대하여 약술하시오.
6. 수량의 과부족에 대하여 약술하시오.
7. Incoterms에 대하여 논술하시오.
8. 분할선적에 대하여 약술하시오.
9. 포장조건에 대하여 논술하시오.
10. 무역계약에서의 분쟁해결조건에 대하여 논술하시오.

제13장

무역운송과 무역보험

제 1 절 무역운송

1. 해상운송

1.1 해상운송의 의의

1) 해상운송

해상운송(shipping, ocean transportation)이란 선박을 수단으로 하여 이루어지는 해상에서의 여객 및 물품의 운송을 말한다. 해상운송은 수천년의 오랜 역사를 갖고 있으며 국제무역의 발전은 해상운송의 발전과 함께 해왔다. 20세기 이후 항공운송과 육로운송이 획기적으로 발전하였지만 아직도 무역에서는 해상운송이 절대적인 위치를 점하고 있다.

2) 해상운송의 특성

첫째, 대량운송이 가능하다. 항공운송이나 육로운송에 비하여 월등히 많은 물량을 수송할 수 있다.

둘째, 경제성이 있다. 해상운송은 대량으로 운송되기 때문에 다른 운송에 비하여 단위당 운임이 저렴하다.

셋째, 안전성이 높다. 해상운송기술의 발전으로 안전하고 정확하게 운송이 이루어진다.

넷째, 국제운송수단이다. 국내중심으로 이루어지는 육상운송에 비하여 해상운송은 국적에 관계없이 공해상에서 이루어지기 때문에 국제적인 운송수단으로서의 성격이 강하다.

1.2 해상운송의 형태

해상운송은 정기선과 부정기선의 두 가지 형태가 있다.

1) 정 기 선

정기선(liner)은 사전에 정해진 운항일정에 따라 정해진 항로를 규칙적으로 반복 운항하는 선박이다. 정기선은 소량의 화물을 운송하고자 하는 다수의 화주의 물품을 운송하게 된다. 물동량이 많은 대부분의 세계 주요 항로에는 정기선이 취항하고 있다. 정기선은 고정된 항로, 운항일정, 운임에 따라 화물의 수량과 관계없이 운항해야 하므로 고정비용이 많이 들고 이에 따라 운임률도 부정기선에 비하여 높은 편이다.

2) 부정기선

부정기선(tramper)은 화주가 원하는 시기와 항로를 운항하여 물품을 운송해주는 선박이다. 부정기선은 정기선을 이용할 수 없는 원유, 원면, 원광석, 원당, 곡물 등 1차 상품을 비롯한 대량의 화물운송이나 긴급하게 운송할 때 이용된다. 이러한 부정기선중에는 화물의 특성에 맞게 조선된 유조선, 냉동선, 곡물전용선 등과 같이 다양한 전용선(specialized carrier)들이 있다.

부정기선은 운임이 화물운송에 대한 수요와 공급에 의하여 결정되어 수시로 변동된다.

1.3 해상운송계약

해상운송계약은 선주와 화주간에 이루어지는 화주의 물품에 대한 선주의 운송서비스에 대한 계약이다. 해상운송계약에는 개품운송계약과 용선운송계약이 있다.

1) 개품운송계약

개품운송계약은 주로 정기선에 이용되는 계약이다. 해운회사가 다수의 화주로부터 화물을 인수하면서 각 화물마다 체결되는 운송계약이다. 화주의 해운회사에 대한 운송신청(shipping request)에 대해서 해운회사의 인수(booking)로서 운송계약이 성립된다.

2) 용선운송계약

용선운송계약은 주로 부정기선에 이용되는 계약이다. 용선운송계약은 대량화물의 화주가 해운회사로부터 선복의 전부 또는 일부를 빌려 화물을 운송하는 경우에 체결하는 계약이다. 용선운송계약에서는 개품운송과 달리 계약서를 작성하게 되는데 이를 용선운송계약서(charter party: C/P)라고 한다. 용선에는 선복(船腹)의 일부만 빌리는 일부용선(partial charter)과 선박(船舶)의 전부를 빌리는 전부용선(whole charter)이 있다. 다시 전부용선은 정기용선, 항해용선, 나용선으로 나누어지게 된다.

해상운송계약

(1) 정기용선

정기용선(time charter)은 일정기간 동안 선박을 빌리는 것이다. 선주는 선박의 운항에 필요한 모든 용구와 선원까지 승선시키고 선박이 운행가능한 상태를 유지하여 선박을 빌려주게 된다. 따라서 용선기간중에 선주는 선박의 선원비, 선용품비, 수리비, 검사비 등의 직접비와 감가상각비, 보험료 등의 간접비를 부담하며, 용선주는 용선료 외에 연료비, 항구세 등의 운항비를 부담한다.

(2) 항해용선

항해용선(voyage charter)은 화주가 특정항에서 특정항 사이의 항해를 기준으로 선박을 빌리는 것이다. 용선료는 운송화물의 양에 따라 지불하는 것이 일반적이다.

(3) 나 용 선

나용선(bareboat charter)은 장비나 선원없이 선체만을 빌리는 것으로 선박임대차라고도 한다. 따라서 나용선계약으로 배를 빌리게 되면 운항에 필요한 선원, 장비, 소모품 등을 용선자가 마련해야 할 뿐만 아니라, 선박보험료, 항해비, 항만비, 수리비 등의 일체를 용선자가 부담하게 된다. 나용선은 해운회사가 다른 해운회사로부터 배를 빌려 영업하는 경우에 많이 사용된다.

1.4 컨테이너 운송

1) 컨테이너 운송의 의의

컨테이너는 화물운송에 사용하기 위하여 만들어진 상자형의 운송용기이다. 컨테이너는 제2차 세계대전중에 미군이 군수물자 수송을 위하여 처음 사용하기 시작하였으나 전후에 운송산업에서 사용되면서 물류운송에 혁신적인 발전을 가져다 주었다.

컨테이너 운송은 견고한 용기에 물품을 넣어 운송함으로써 안전하게 운송하게 되었고, 운송작업에서 기계화를 통하여 운송속도를 크게 향상시키게 되었다. 또한 동일한 규격의 컨테이너 용기를 사용함으로써 화물의 이적없이 육·해·공의 운송수단을 연계하여 일관수송을 실현함으로써 복합운송을 발전시키는 계기가 되었다.

2) 컨테이너 운송의 장·단점

(1) 장　점

① 경제적이다. 재래선의 경우 양륙과 하역에 많은 인력이 필요했지만 컨테이너 운송에서는 기계장비로 신속 간편하게 작업하게 되어 비용이 절감된다. 또, 컨테이너가 창고역할을 하므로 포장비, 창고료, 보험료 등의 비용을 절감할 수 있다.

② 신속하다. 규격화된 컨테이너 사용으로 신속한 선적과 양륙으로 정박기간이 단축되며, 컨테이너 운송선은 항해속도가 빨라 운송기간이 단축된다.

③ 안전하다. 물품이 견고하고 밀폐된 컨테이너 안에서 운반되므로 파손 및 도난 가능성이 줄어든다.

(2) 단　점

① 설비투자자본이 소요된다. 컨테이너 운송을 위한 항만설비, 컨테이너 전용선, 컨테이너 등 컨테이너 운송체제를 갖추기 위해서는 많은 자본

이 소요된다.

② 컨테이너 운송에 부적합한 화물도 있다.

③ 컨테이너 자체가 하나의 짐이 된다.

3) 컨테이너 화물의 운송체계

(1) 컨테이너 화물 운송기지

① 컨테이너 터미널

컨테이너 터미널(container terminal: CT)은 컨테이너 전용부두에 설치된 컨테이너 전용대합실이다. CT는 부두와 철도 및 도로운송이 원활하게 연결되는 곳에 위치하여 컨테이너 터미널을 통하여 내륙에서 집하된 컨테이너 화물을 선박에 선적하고, 선박에서 하역된 컨테이너 화물을 내륙으로 반출하게 된다.

② 컨테이너 야적장

컨테이너 야적장(container yard: CY)은 컨테이너 터미널안에 설치된 장소로서 컨테이너선에 적재 양화하게 되는 컨테이너들을 두는 곳이다.

③ 컨테이너 화물집하소

컨테이너 집하소(container freight station: CFS)는 LCL화물의 경우에 여러 화주의 화물을 컨테이너에 싣거나, 컨테이너에서 화물을 꺼내어 화주에게 인도하는 업무를 하는 장소이다.

(2) 컨테이너 화물의 운송형태

컨테이너 화물은 크게 두 가지로 구분된다. 하나는 한 화주의 화물이 컨테이너 하나에 가득차는 경우로서 이를 FCL(full container load)화물이라고 한다. 다른 하나는 한 화주의 화물이 컨테이너 하나를 채우지 못하는 경우로서 이를 LCL(less than container load)화물이라고 한다.

FCL화물의 경우는 컨테이너 전체가 한 화주의 화물만 담게 되므로 컨테이너를 화주의 공장 또는 창고에 보내서 컨테이너에 화물을 적재하여 바로 컨테이너 야적장(container yard)에 보내어진다. 반면에, LCL화물의 경우는 한 컨테이너에 같은 방향으로 운송되는 여러 화주의 화물을 함께 실

표 13-1 컨테이너 화물의 운송형태

CY/CY	한 송하인이 보내고 - 한 수하인이 받음
CFS/CFS	여러 송하인이 보내고 - 여러 수하인이 받음
CY/CFS	한 송하인이 보내고 - 여러 수하인이 받음
CFS/CY	여러 송하인이 보내고 - 한 수하인이 받음

어 운송하게 된다. LCL화물의 경우에는 여러 화주의 화물을 함께 적재해야 하므로 화물을 컨테이너 화물집하소(container freight station)에 가져가서 다른 화물들과 함께 컨테이너에 적재하게 된다.

따라서 컨테이너 화물의 운송형태는 발송시와 도착시에 CFS에서의 작업을 거쳐야 하느냐에 따라 다음 네 가지로 나누어진다.

CY/CY 단일 송하인이 화물(FCL)을 보내고, 단일 수하인이 화물(FCL)을 받는 경우이다.[1)]

CFS/CFS 다수 송하인이 화물(LCL)을 보내고, 다수 수하인이 화물(LCL)을 받는 경우이다.

CY/CFS 단일 송하인이 화물(FCL)을 보내고, 다수 수하인이 화물(LCL)을 받는 경우이다.

CFS/CY 다수 송하인이 화물(LCL)을 보내고, 단일 수하인이 화물(FCL)을 받는 경우이다.

1.5 해상운송 운임 및 비용

1) 정 기 선

(1) 기본운임

정기선의 경우는 해운회사에서 책정된 운임률에 의해서 운임과 비용을 지불하게 된다. 운임의 산정기준은 상품의 종류와 성질에 따라 용적, 중량, 가격, 개수 등이 기준이 된다. 용적화물(measurement cargo)의 경우에

1) 이 경우에는 송하인의 거주지에서 수하인의 거주지까지 그대로 운송되어 문전에서 문전까지 서비스(door to door service)가 이루어지게 된다.

는 용적, 중량화물(weight cargo)의 경우에는 중량을 기초로 요금이 계산되며, 고가화물인 경우에는 종가운임(ad valorem freight)이 적용된다. 정기선은 컨테이너선이 대부분인데 컨테이너 단위를 기준으로 하거나 품목별로 운임을 부과하게 된다.

운임은 전불(freight prepaid)과 후불(freight collect)이 있는데 전불의 경우에는 CFR, CIF 등의 조건에서 이용되고, 후불의 경우는 FOB 조건에서 이용된다.

(2) 부과료와 할증료

개품운송계약의 경우 화물의 특성과 사정에 따라 부과료(charge)와 할증료(surcharge)가 있다. 부과료는 환적을 하는 경우의 환적료(transshipment charge), 양륙항 변경시의 양륙항변경료(diversion charge) 등이 있고, 할증료는 유류가격급등시의 유류할증료(bunker surcharge), 전쟁위험이 있는 경우 전쟁위험할증료(war risk surcharge) 등이 있다.

2) 부정기선

(1) 운 임

부정기선의 운임은 용선계약에서의 용선료로서 지불되기 때문에 해운회사와 용선자의 계약에 의해서 결정된다.

(2) 하역비용

용선계약의 경우에는 운임외에 선적 및 양륙비 부담을 누가 할 것인지를 정해야 하는데 여기서 네 가지의 비용부담방식이 있다.

Berth Terms(Liner Terms) 선주가 선적비용과 양륙비용 모두 부담하는 조건이다. 이는 주로 정기선에 사용하므로 Liner Term이라고도 한다.

표 13-2 하역비 부담 조건

하역비 조건	선적비용부담자	양륙비용부담자
① Berth Terms(Liner Terms)	선주	선주
② FI(Free In)	화주	선주
③ FO(Free Out)	선주	화주
④ FIO(Free In & Out)	화주	화주

FI(Free In) 화주는 선적비용, 선주는 양륙비용을 부담하는 조건이다.

FO(Free Out) 선주는 선적비용, 화주는 양륙비용을 부담하는 조건이다.

FIO(Free In & Out) 화주가 선적비용과 양륙비용 모두 부담하는 조건이다.

무역용어와 주체

무역용어중에는 어떤 주체의 입장에서 만들어진 용어들이 있다. 이들 용어를 쉽게 이해하고 기억할 수 있는 방법은 주체를 기억하는 일이다.
지금의 하역비 부담조건 용어의 경우는 선박회사가 주체이다. FI(Free In)은 선박회사 입장에서 선적(In) 때는 책임없다(free)라고 했으니 양륙 때만 자신이 부담하고 선적 때는 화주가 부담을 하는 것이다. FO, FIO도 같은 맥락에서 생각하면 된다.
다음으로 Incoterms는 매도인이 주체이다. FOB(Free On Board)는 매도인의 입장에서 갑판에 실으면 자신의 책임은 끝난다는 것이다. FAS, FCA도 마찬가지이다.
환율의 경우는 금융기관이 주체이다. 매도율(offer rate), 매입률(bid rate)은 은행의 입장에서 외환을 매도하고, 매입할 때 적용되는 가격이라는 것이다.
적용범위가 작지만 신용장의 경우는 개설은행이 주체이다. 수입자인 개설의뢰인(Applicant), 수출자인 수익자(Beneficiary)는 신용장 개설은행의 입장에서 본 명칭인 것이다.

1.6 선하증권

1) 선하증권

선하증권(bill of lading)이란 해운회사가 화주로부터 화물운송을 위탁받은 사실을 확인하고 화물을 목적지까지 운송하여 이를 선하증권의 소지자에게 인도할 것을 약속하는 증권이다. 화물이 본선에 선적되면 해운회사는 화주에게 선하증권을 발급해주는데, 이 선하증권상의 권리자가 화물을 수령할 수 있다. 선하증권은 양도를 통하여 그 권리자가 바뀌게 되는데, 선하증권상의 권리자가 됨으로써 화물을 소유할 수 있다. 화물의 운송도중에 선하증권은 유통되면서 계속 권리자가 바뀔 수 있는데, 이에 따라 화물의 주인도 바뀌게 되는 것이다. 수출자는 선하증권의 인도로서 대금결제를 받고, 수입자는 선하증권으로 화물을 수령하기 때문에 선하증권은 무역서류 중에 가장 중요한 서류가 된다.

2) 선하증권의 기능

선하증권은 다음과 같은 기능을 갖는다.

① 선하증권은 권리증권이다. 선하증권은 화물을 대신하며, 선하증권 소지인에게 당해 운송화물이 인도되기 때문에 선하증권의 양도로서 화물을 양도할 수 있는 것이다.

② 선화증권은 화물수령증이다. 선하증권은 운송회사가 선하증권에 표기된 화물을 표기된 대로의 상태로 수령하였음을 나타내는 증서이다. 따라서 선하증권을 통해서 선적화물의 이름, 수량, 중량, 외관상태 등을 알 수 있다.

③ 선하증권은 운송계약의 증거가 된다. 부정기선의 경우에는 별도로 용선계약을 하기 때문에 운송계약의 증거기능이 없으나, 정기선의 경우에는 별도의 운송계약서가 없기 때문에 운송계약의 우선적인 증거로 된다.

3) 선하증권의 종류

(1) 선적선하증권과 수취선하증권

선적선하증권(shipped B/L, on board B/L)은 해운회사가 운송화물을 선적한 후에 발행하는 선하증권이다. 선하증권상에 "shipped on board"와 같은 문언과 선적일자가 기재된다.

수취선하증권(received B/L)은 해운회사가 화물을 수령하고 선적전에 발행하는 선하증권이다. 수취선화증권 발급이후 화물이 선적되기까지 오랜 기간 동안 대기하는 경우도 있으므로 일반적으로 수입자가 허락하지 않는 한 수취선하증권은 은행에서 수리하지 않는다.

(2) 무사고선하증권과 사고선하증권

무사고선하증권(clean B/L)이란 화물을 선적할 때 화물의 수량이나 외관상에 결함이 없어서 결함사실의 기록이 없는 선하증권을 말한다.

사고선하증권(dirty B/L, foul B/L, remarked B/L)은 화물의 수량이나 외

표 13-3 선하증권의 종류

1	선적선하증권(shipped/on board B/L) 수취선하증권(수령선하증권, received for shipment B/L)
2	무사고선하증권(무고장선하증권, 완전선하증권, clean B/L) 사고선하증권(고장선하증권, foul/dirty/remarked B/L)
3	기명식선하증권(straight B/L) 지시식선하증권(order B/L)
4	기한경과선하증권(stale B/L)
5	전자식선하증권(electronic B/L)
6	복합운송선하증권(multimodal transport B/L)

관에 결함이 있어서 이에 대한 사실이 기록된 선하증권을 말한다. 사고선하증권은 다른 지시사항이 없는 한 은행에서 수리하지 않는다.

(3) 기명식선하증권과 지시식선하증권

기명식선하증권(straight B/L)이란 선하증권의 수하인란의 수하인을 특정인으로 명시한 선하증권을 말한다.

지시식선하증권(order B/L)은 수하인을 "Order", "Order of 특정인"으로 명시한 선하증권을 말한다.

지시식의 경우에는 양도가 자유로운 반면에, 기명식의 경우에는 기명된 수하인이 배서를 해야 유통이 가능하고 국가에 따라서는 양도가 안 되는 경우도 있기 때문에 대부분 지시식선하증권이 사용되고 있다.

(4) Stale B/L

Stale B/L은 제시기일경과선하증권을 말한다. 처음부터 이러한 선하증권이 발행되는 것이 아니라 일반 선하증권이 발행일로부터 21일을 경과하면 Stale B/L이 된다. Stale B/L은 신용장에서 별도의 수리허용의 지시가 없는 한 은행에서 수리하지 않는다.

(5) 전자식선하증권

전자식선하증권(electronic B/L)은 종이문서 대신 전자문서로 발행되는 선하증권이다. 전자식선하증권은 원래의 선하증권을 전자문서화하여 전자정보시스템을 통하여 전달되면서 업무처리가 이루어지도록 한 것이다. 선박회사가 선하증권을 컴퓨터에 입력시켜 보존하고, EDI(Electronic Data Interchange)를 통해 송하인 또는 수하인에게 전달하고 이 전자식선하증권으로 화물을 인도받게 된다.

(6) 기 타

위에서 열거한 선하증권 외에도 많은 종류의 선하증권이 있으나 무역업무에서 일상적으로 접하게 되는 것들만 살펴보았다.

2. 항공운송

2.1 항공운송의 의의

국제무역에서 항공운송의 비중은 점차 증대하고 있다. 항공운송은 신속하지만 대량화물을 운송하기 어렵고 운송비가 비싸다는 특성이 있다. 그러나 최근에는 항공산업의 발전으로 어느 정도 대량수송이 가능하게 되었고, 이에 따라 항공운송 물동량이 증가하고 있다. 또한 세계경제활동이 더 밀접해지면서 부분품의 국제거래가 많아져 반도체, 전자, 통신, 기계 등의 부품과 같이 부피가 작고 고가이면서 빠른 운송을 원하는 화물이 많이 늘고 있기 때문에 앞으로 항공운송의 비중은 점차 늘어나게 될 것이다.

2.2 항공운송의 장점

첫째, 운송기간이 짧다. 시간이 촉박한 경우에 좋은 수단이다. 또한 운송기간이 짧기 때문에 살아있는 동식물, 생화, 부패성물질 등의 운송이 가능하다.

둘째, 재고비용이 절감된다. 필요할 때 바로 항공운송으로 조달하면 재고 비축의 수준을 낮추어도 되기 때문이다.

셋째, 수송환경이 좋다. 항공운송은 비교적 좋은 여건에서 단기간에 운송이 이루어지기 때문에 물품의 멸실이나 손상이 적다.

2.3 항공화물운송장

1) 항공화물운송장의 의의

송하인이 운송인과 항공운송계약을 체결하면 항공화물운송장(air waybill: AWB)을 발급받게 된다. 항공화물운송장은 운송인이 화물을 운송하기 위하여 화물을 수령하였다는 사실과 송하인과 운송인간에 운송계약이 체결되었다는 사실을 나타내는 증거서류이다.

2) 항공화물운송장과 선하증권과의 차이점

항공화물운송장은 선하증권과 같은 위치에 있지만 그 형식에 있어서 차이가 있고, 특히 그 유통가능성에 있어서 그 법률적인 성격이 완전히 다르다.

선하증권과 항공화물운송장의 주요 차이점은 다음과 같다.

① 선하증권은 양도가능한 유가증권이지만, 항공화물운송장은 양도할 수 없는 비유가증권이다.

② 선하증권은 일반적으로 선적후에 발급되지만, 항공화물운송장은 수취후에 발급된다.

③ 선하증권은 지시식이 일반적이지만, 항공화물운송장은 기명식이다.

표 13-4 선하증권과 항공화물운송장의 비교

B/L	Air Waybill
양도성 유가증권	비유가증권
대부분 선적후 발행	수취후 발행
대부분 지시식	기명식

3. 복합운송

3.1 복합운송의 의의

복합운송(multimodal transport)이란 선박과 기차, 선박과 항공기와 같이 서로 다른 2가지 이상의 운송수단을 사용하여 화물을 운송하는 것을 말한다. 여러 운송수단을 통한 운송과정에 있어서 화물에 대한 운송책임은 복합운송인이 전구간에 걸쳐 일괄적으로 책임을 지게 되며, 복합운송인은 이러한 계약서류로서 복합운송증권(multimodal transport document)을 발급한다.

복합운송은 중간에 운송수단이 바뀌므로 환적이 불가피한데 이러한 문제를 해소하는 수단이 바로 컨테이너이다. 그래서 복합운송은 컨테이너 운송시스템이 발전하면서 급속하게 발전하게 되었다.

3.2 복합운송의 주요 경로

현재 육·해 복합운송이 많이 이용되는데 한국에서 이용되는 복합운송경로로서 다음과 같은 것이 있다.

(1) 시베리아 랜드브리지(Siberia Land Bridge: SLB)

한국, 일본-〈동해〉-러시아 극동지역-〈시베리아철도〉-유럽을 연결하는 복합운송경로이다. 수에즈운하 경유의 해상운송보다 운송거리가 약 7,000km 짧으나, 최근에는 러시아에서의 철도운임인상, 운송사고, 복잡한 수속절차 등으로 경쟁력을 상실하고 있다.

(2) 차이나 랜드브리지(China Land Bridge: CLB)

한국, 일본-〈황해〉-중국 연운-〈중국, 카자흐스탄, 서러시아〉-유럽을 연결하는 복합운송경로이다. 시베리아 랜드브리지보다 운송거리가 약 2,000km 짧으나, 국가마다 철로궤도가 다르고 운임이 비싸 현재 이용율이 낮다.

(3) 미니 랜드브리지(Mini Land Bridge: MLB)

한국, 일본-〈태평양〉-미국 서부-〈미국내륙철도〉-미국동부, 미국남부를 연결하는 복합운송경로이다. 현재 많이 사용되고 있는 경로로서, 보통 랜드브리지가 육상에서 수 개국을 거치나 이 경로는 한 국가만 거치므로 미니(mini)라는 명칭이 사용되었다.

제 2 절 무역보험

1. 해상보험

1.1 해상보험 개요

1) 해상보험의 의의

해상보험이란 ① 항해중의 우연한 사고로 생기는 ② 경제적 위험에 대한 불안을 해소하기 위하여 ③ 항해관련 경제주체들이 ④ 합리적으로 산출한 기금을 갹출(醵出)하여 ⑤ 회원중에 발생하는 손해를 보상하는 경제제도이다.

해상운송의 역사가 오래된 만큼 해상운송의 위험에 대한 대비책으로 해상보험제도 또한 일찍이 발전되어 보험중에서 해상보험이 가장 먼저 생겨났고, 해상보험의 원리를 응용하여 화재보험과 생명보험 등이 등장하게 된 것이다. 해상보험은 비단 해상구간뿐만 아니라 육상운송 심지어 항공운송에서 발생하는 손해까지도 보상하고 있다. 현대 해상보험은 영국을 중심으로 발전해 왔고, 그 성질상 국제성이 매우 강하기 때문에 세계 어디서나 영국의 법과 관습이 적용되고 있다.

해상보험은 크게 선박보험과 적하보험으로 나누어지는데 무역거래의 측면에서는 적하보험을 주요 연구내용으로 하게 된다. 운송도중에 발생할 수 있는 물품의 멸실 및 손상의 위험은 무역에서 가장 큰 위험중의 하나인데, 이러한 위험에 대한 보험이 적하보험이다. 오늘날에는 무역운송에 대부분 적하보험을 이용하게 됨으로써 무역업무의 중요한 한 부분이 되고 있다.

2) 해상보험의 당사자

(1) 보 험 자

보험자(insurer, assurer, underwriter)는 일반적으로 보험회사를 말한

다.[2] 보험자는 보험계약을 인수하여 보험료를 받는 대가로 보험사고가 발생한 경우에 보험금 지급의 의무를 진다.

(2) 보험계약자

보험계약자(policy holder)는 보험자와 보험계약을 체결하고 보험료를 지불하는 자이다.

(3) 피보험자

피보험자(insured, assured)는 보험사고가 발생한 경우 보험자로부터 보험금을 지급받는 자이다.

여기서 보험계약자와 피보험자은 동일인이 될 수도 있고 다른 사람이 될 수도 있다. 어떤 사람이 자신의 노후를 위하여 연금보험에 든다면 그 사람은 보험계약자인 동시에 피보험자가 된다. 그러나 아들이 아버지를 위하여 연금보험에 든다면 아들은 보험계약자이고 아버지는 피보험자가 되는 것이다. 마찬가지로 FOB조건의 경우에 수입자가 드는 적하보험은 수입자가 보험계약자인 동시에 피보험자가 되지만, CIF조건의 경우에 수출자가 드는 보험은 수출자는 보험계약자, 수입자는 피보험자가 되는 것이다.

3) 해상피보험이익

(1) 피보험이익의 개념

피보험이익(insurable interest)이란 보험목적물에 대하여 특정인이 갖는 이해관계이다. 다시 말하면 보험사고 발생에 의하여 손해를 입을 수 있는 경제적인 이익 또는 가치를 말한다. 자동차보험의 예를 든다면, 자동차보험에 드는 이유는 자동차를 보호하기 위해서가 아니라 자동차 소유주의 자동차에 대한 경제적인 이해관계를 보호하기 위해서인 것이다. 따라서 손해보험이 성립하기 위해서는 반드시 피보험이익이 존재하여야 한다.

---

2) 외국의 경우에는 회사뿐만 아니라 개인도 보험자가 될 수 있다. 영국의 Lloyd's는 개인보험자들의 조합이다.

(2) 적하보험 피보험이익 종류

① 적　　하

적하(cargo)는 운송대상 물품으로 적하보험의 가장 중요한 대상이다.

② 희망이익

희망이익(expected profit)이란 화물이 사고없이 수입지에 도착되어 판매되었을 때 수입자가 가질 수 있는 이익을 말한다. 사고가 발생하여 상품을 잃게 된다면 이 이익도 사라지게 되므로 이에 대한 손실도 보험의 대상이 되는 것이다. CIF조건의 경우 통상적으로 희망이익을 상품가액의 10%로 하여 수출자는 수입자를 위하여 상품가액의 110%의 금액에 대하여 적하보험에 들게 된다.

③ 증　　액

증액(increased value)은 보험에 든 이후 항해중에 화물의 가격이 오른 경우, 처음 보험에 든 금액에서 오른 금액만큼 보험에 들 수 있다.

④ 기　　타

중개수수료, 운임 등 기타 경제적인 이해관계에 대하여 보험에 들 수 있다.

4) 보험가액과 보험금액

① 보험가액

보험가액(insurable value)이란 피보험이익을 금전으로 평가한 가액을 말한다. 즉 보험목적물의 경제적 가치이다.

② 보험금액

보험금액(insured amount)은 보험계약자가 보험계약에서 실제 보험에 가입한 금액을 말한다.

보험가액과 보험금액과의 관계에서 보험가액과 보험금액이 동일할 때 전부보험(full insurance)이라고 하고, 보험가액보다 보험금액이 적을 때 일부보험(under insurance, partial insurance)이라고 하며, 보험가액보다 보험금액이 많을 때 초과보험(over insurance)이라고 한다. 초과보험은 고의에 의한 보험사고의 가능성을 막기 위해서 원칙적으로 법으로 금지되어 있다.

보험가액과 보험금액	
전부보험(full insurance):	보험가액 = 보험금액
일부보험(under insurance):	보험가액 > 보험금액
초과보험(over insurance):	보험가액 < 보험금액

③ 보 험 료

보험료(premium)는 보험자가 보험사고 발생시 손해를 보상하는 대가로 보험계약자로부터 징수하는 금액이다. 보험료는 보험금액에 보험요율을 곱하여 산정되는데 적하보험에서의 보험요율은 보험조건, 화물의 종류, 선박의 상태, 항로 등을 기초로 결정된다.

④ 보 험 금

보험금(claim paid)은 보험사고가 발생한 경우 보험자가 피보험자에게 지급하는 손해보상금을 말한다. 전부보험의 경우에는 보험금은 손해액전액이 되지만, 일부보험의 경우에는 보험계약에 따라 보험금이 달라지게 된다.[3)]

1.2 해상위험

1) 자연적 해상위험

(1) 해상고유의 위험

해상운송이기 때문에 발생하는 위험으로서 화물의 종류와는 무관한 위험이다. 해상고유의 위험으로 다음과 같은 것들이 있다.

① 파선, 난파(shipwreck)

풍파의 작용으로 선체가 파괴된 상태를 말한다.

3) 일반적인 경우인 비례보상에서는 손해액에 보험가액에 대한 보험금액의 비율을 곱한 금액이 보험금이 된다.

그림 13-1 해상위험

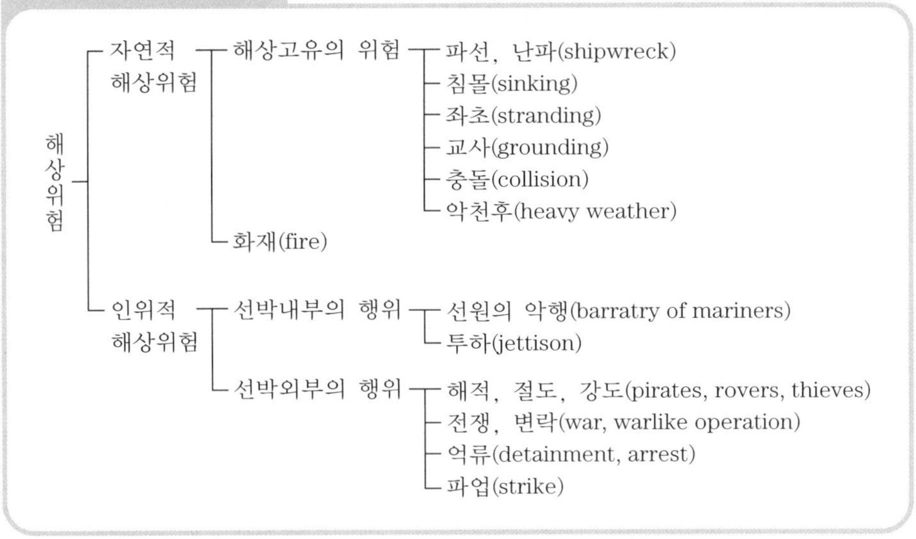

② 침몰(sinking)

선박이 부력을 상실하고 수중에 들어간 상태를 말한다.

③ 좌초(stranding)

선박이 물속의 암석같이 단단한 물체에 올라앉아 움직이지 못하는 상태를 말한다.

④ 교사(grounding)

선박이 물속의 모래나 진흙같이 무른 해저면에 올라앉아 움직이지 못하는 상태를 말한다.

⑤ 충돌(collision)

선박이 다른 선박이나 얼음, 교각, 방파제, 항공기 등의 물체와 충돌한 경우이다.[4)]

⑥ 악천후(heavy weather)

악천후는 풍파의 비통상적인 작용(extraordinary action)에 의하여 생기

4) 충돌은 책임 유무에 따라 i) 무과실충돌(none to blame collision), ii) 일방과실충돌(one to blame collision), iii) 쌍방과실충돌(both to blame collision)로 나누어진다.

는 손해를 말하며, 이로 인한 손해로는 화물의 해수침손(sea water damage), 갑판적재화물의 풍랑유실(loss on deck cargo), 기타 악천후로 인한 곰팡이손해(mildew) 등이 있다.

(2) 화재(fire)

화재는 해상에서만 일어나는 것은 아니지만 중요한 해상위험중의 하나이다.

2) 인위적 해상위험

(1) 선박내부의 인위적 위험

① 선원의 악행(barratry of mariners)
선원의 방화, 반란, 항로이탈 등의 비행을 말한다.

② 투하(jettison)
폭풍우 등을 만나 선박의 침몰을 면하기 위하여 적하의 일부를 바다에 투기하는 것을 말한다.

(2) 선박외부의 행위

① 해적, 강도, 절도(pirates, rovers, thieves)
해적, 강도, 절도 의하여 손해를 볼 수 있는 위험을 말한다.

② 전쟁, 변란(war, warlike operation)
전쟁이나 전쟁에 상응하는 사태가 발생하는 경우이다.

③ 억류(detainment, arrest)
선박이나 적하가 억류 또는 압류당하는 것을 말한다.

④ 파업(strike)
항만파업으로 인하여 화물을 선적 또는 양륙하지 못하는 경우이다.

1.3 해상손해

사고가 발생할 가능성이 있을 때 위험(risk)이며, 사고가 발생하여 그 결과로서 생기는 것은 손해(loss)이다. 해상손해란 해상사고의 발생으로 피

그림 13-2 해상손해

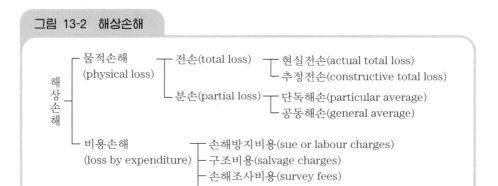

- 해상손해
  - 물적손해(physical loss)
    - 전손(total loss)
      - 현실전손(actual total loss)
      - 추정전손(constructive total loss)
    - 분손(partial loss)
      - 단독해손(particular average)
      - 공동해손(general average)
  - 비용손해(loss by expenditure)
    - 손해방지비용(sue or labour charges)
    - 구조비용(salvage charges)
    - 손해조사비용(survey fees)
    - 기타 특별비용(particular charges)

보험이익의 전부 또는 일부가 멸실되어 생기는 경제적인 불이익을 말한다.

해상적하보험의 해상손해는 물적손해(physical loss)와 비용손해(loss by expenditure)로 나누어지고, 다시 물적손해는 전부 멸실의 경우의 전손(total loss)과 일부 멸실의 경우의 분손(partial loss)으로 나누어진다. 물적손해(physical loss)란 사고로 인한 보험목적물의 멸실 또는 손상으로 인한 실체적인 손해를 말하며, 비용손해(loss by expenditure)란 사고 발생으로 지출되거나 사고를 방지하기 위하여 지출된 비용의 손해를 말하는데 이러한 비용들은 적하보험에 의하여 보상을 받게 된다.

1) 물적손해(physical loss)

(1) 전손(total loss)

① 현실전손

현실전손(actual total loss)이란 보험목적물이 실제 전체가 완전히 멸실된 경우를 말한다. 보험목적물이 완전히 멸실된 경우외에도, 원래의 상품가치가 완전히 상실되었거나, 행방불명되었거나, 점유권이 상실되었을 경우에도 현실전손이 된다.

② 추정전손

추정전손(constructive total loss)은 보험목적물이 실제 완전히 멸실되지 않았지만, 손해 정도가 너무 크기 때문에 도저히 원상회복의 가망이 없거나, 원상회복비용이 그 물건의 가치보다 더 많이 소요되는 경우를 말한다.

추정전손이 발생하였을 경우 피보험자는 피보험목적물에 대한 일체의 권리를 보험자에게 이전하고 보험금을 청구할 수 있는데, 이것을 위부(abandonment)라고 한다.

(2) 분손(partial loss)

① 단독해손

단독해손(particular average)이란 특정 피보험자가 단독으로 겪는 손해를 말한다.

② 공동해손

공동해손(general average)이란 항해중에 ① 공동의 위험에 처하여, ② 공동구제의 목적으로, ③ 선장이 고의로 발생시킨 이례적인 희생 또는 비용으로서, ④ 여러 이해관계자가 공동으로 부담해야 할 해손을 말한다.

예를 들면 악천후로 침몰의 위기에 있는 선박에서 배를 가볍게 하기 위하여 선장이 어느 한 화물을 바다에 투하했다면 다른 화물소유자나 배의 소유자는 해당화물의 희생으로 자신의 재산을 보전할 수 있었으므로 항해 후 해당화물의 손해에 대하여 공동으로 손실을 부담하게 되는데 이것이 공동해손이다.

공동해손의 경우 각 당사자는 손해액을 자신의 화물가치에 비례하여 공평하게 분담하게 되는데, 이를 공동해손분담금(G. A. contribution)이라고 하고, 이러한 정산을 하는 사람을 공동해손정산인(average adjuster)이라고 한다. 그리고 공동해손의 처리는 국제규칙인 「공동해손에 관한 요크-앤터워프 규칙」(York-Antwerp Rules for General Average: Y.A.R)을 따르게 된다.

2) 비용손해(loss by expenditure)

① 손해방지비용(sue or labour charges)

손해의 발생을 막거나 손해를 줄이기 위해서 지출된 비용을 말한다.

② 구조비용(salvage charges)

손해를 막기 위한 구조활동에서 발생한 비용을 말한다.

③ 손해조사비용(survey fees)

손해조사를 위하여 지출하게 되는 여비, 통신비, 검증료, 보고서 작성비 등의 비용을 말한다.

④ 기타 특별비용(particular charges)

피난항에서의 양륙비, 창고료 등과 같이 보험목적물의 안전과 보존을 위하여 발생한 기타 비용들이 해당된다.

1.4 해상적하보험의 면책위험

면책위험은 도덕적 법적으로 또는 다수계약자를 보호하고 보험의 합리적인 운영을 위하여 법률 또는 약관에 따라 보험자가 담보하지 않는 위험을 말한다. 면책위험은 특약으로도 보험자가 담보할 수 없는 것과 특약으로 할증보험료를 납입하면 담보하는 것이 있다.

해상적하보험의 주요 면책위험들은 다음과 같다.

① 피보험자의 과실이나 고의에 의한 사고

② 통상적 누손, 자연감량, 자연소모

③ 포장의 불완전

④ 보험목적의 고유의 성질에 의한 손해

⑤ 공익질서에 반하는 것

⑥ 선박의 불내항성

⑦ 전쟁위험

⑧ 동맹파업위험

통상의 누손, 자연감량, 자연소모와 보험목적의 고유의 성질에 의한 손해가 면책위험으로 되는 것은 보험이 성립되기 위해서는 우연의 사고에 의한 손해이어야 하는데 우연의 사고에 의한 것이 아니기 때문이다. 또 선박의 불내항성이라는 것은 선박의 규모나 장비 등의 면에서 처음부터 해당 항해를 감당할 수 있는 능력이 되지 않는 선박으로 운송하였음을 뜻한다. 이런 상태에 사고가 발생하게 되면 선박운항자의 과실이 될 수도 있고 우연의 사고라고 할 수도 없기 때문이다. 그리고 전쟁위험과 동맹파업위험의 경우 사고 발생시 이에 대한 손실이 너무 클 수 있기 때문에 통상적인 보험으로 보험자가 감당하기 어렵기 때문이다.

협회적하약관(ICC)에서의 면책위험
1. 일반적인 면책위험 피보험자의 고의적인 비행 통상적 누손, 자연감량, 자연소모 포장의 부적합 보험목적의 고유의 성질에 의한 손해 지연 운송인의 재정상 채무불이행 원자력, 핵분열 등에 의한 손실 2. 선박의 불내항성 및 부적합성 면책위험 선박의 불내항성 선박의 부적합성 3. 전쟁 면책위험 전쟁, 내란, 혁명, 모반 등의 국내소요 포획, 억류 유기된 어뢰, 폭탄, 기타 전쟁무기에 의한 손해 4. 동맹파업 면책위험 동맹파업, 직장폐쇄, 노동분쟁과 이에 의한 결과 테러, 정치적 동기에 의한 사고

1.5 적하보험약관

1) 협회적하약관

해상적하보험에서는 협회적하약관(Institute Cargo Clause: ICC)을 사용한다. 현재 사용되고 있는 협회적하약관은 1982년 런던보험자협회와 로이즈보험자협회에 의해 만들어져, 1983년부터 사용되고 있는 것으로 보통 이를 신약관이라고 한다. 신약관이 제정되기 이전의 구약관은 수백년전부터 사용되어 약관의 문언들이 고어체인데다 낙후된 부분이 많아 이용하기에 많은 불편이 있어서 새로 약관을 제정하게 된 것이다. 과거 구약관은 해상손해를 중심으로 전위험담보(All Risks: A/R), 분손담보(With Average: WA), 분손부담보(Free from Particular Average: FPA)의 세 가지를 기본약

표 13-5 협회적하약관 담보위험

위 험	ICC(A)	ICC(B)	ICC(C)
1. 화재 또는 폭발	○	○	○
2. 본선, 부선의 좌초, 교사, 침몰, 전복	○	○	○
3. 육상운송 용구의 전복, 탈선	○	○	○
4. 본선, 부선, 운송용구의 타물과의 접촉	○	○	○
5. 피난항에서 하역	○	○	○
6. 지진, 화산의 분화, 낙뢰	○	○	×
7. 공동해손희생	○	○	○
8. 투하로 인한 손실	○	○	○
9. 갑판유실	○	○	×
10. 본선, 부선, 선창, 운송용구, 컨테이너, 보관장소에서 해수, 담수의 유입	○	○	×
11. 본선, 부선에의 선적 하역시의 추락 손실	○	○	×
12. 상기 이외의 일체의 물적손해	○	×	×
13. 공동해손 구조비	○	○	○
14. 쌍방과실 충돌손해	○	○	○

관으로 하였으나, 신약관에서는 해상위험을 중심으로 ICC(A), ICC(B), ICC(C)의 세 가지로 제정되었다.

2) 협회적하약관의 종류

(1) 기본약관

협회적하약관 ICC(A), ICC(B), ICC(C)는 그 내용에 있어서 세 가지 각각 위험의 담보범위만 다르고 다른 사항은 동일하다. 즉, ICC(A)는 위험의 담보범위가 가장 넓고, ICC(B)는 그 다음으로 담보범위가 넓고, ICC(C)는 담보범위가 가장 좁다.

ICC(A) 위험의 담보범위가 가장 넓은 적하보험으로서 담보대상이 되는 모든 위험을 담보한다. ICC(A)는 포괄책임주의 원칙을 적용하고 있기 때문에 약관상에 면책위험을 열거하고 이 면책위험외의 모든 위험은 담보한다.

ICC(B) 위험의 담보범위가 ICC(A)와 ICC(C)의 중간이다. ICC(B)는 열거책임주의 원칙을 적용하여 약관상에 담보되는 위험을 열거하고, 이 열거된 위험만 보상을 하게 된다.

ICC(C) 위험의 담보범위가 가장 좁다. ICC(C)도 ICC(B)와 마찬가지로 열거책임주의 원칙을 적용하여 약관상에 담보되는 위험을 열거하고, 이 열거된 위험만 보상을 하게 되는데, 열거되는 위험의 종류가 ICC(B)보다 적다.

(2) 특별약관

특별약관으로는 협회전쟁약관(Institute War Clauses: IWC), 협회동맹파업약관(Institute Strike Clauses: ISC)이 있다. 전쟁위험과 동맹파업위험은

부가담보위험
1. TPND(Theft, Pilferage and Non-Delivery): 도난, 발하, 불착 2. RFWD(Rain and/or Fresh Water Damage): 빗물, 해수에 의한 손해 3. COOC(Contact with and Oil and/or Other Cargo): 유류 및 타물체 접촉 4. WOB(Washing Overboard): 갑판유실 5. Hook and Hole: 갈고리에 의한 손해 6. Breakage: 파손 7. Leakage and/or Shortage: 누손, 부족손 8. SH(Sweat and/or Heating): 습기와 열에 의한 손해 9. Denting and Bending: 곡손 10. Contamination: 오염 11. Spontaneous Combustion: 자연발화 12. Mildew and Mould: 곰팡이 13. Rust: 녹 14. Rate and/or Vermin: 쥐, 벌레 15. War: 전쟁 16. Strike: 동맹파업

ICC(A)에서도 담보되지 않으므로 이 위험에 대해서는 별도의 특약이 필요하다.

그리고 상품의 성질에 따라 특약으로 특정위험을 추가하여 부보할 수 있다. 이 경우 대부분 ICC(A)에서는 보상되지만 보험료를 감안할 때 굳이 ICC(A)에 들 필요가 없을 때, ICC(B) 또는 ICC(C)와 부가위험특약을 들 수 있는 것이다. 예를 들어 도자기처럼 파손피해 가능성이 큰 상품이라면 ICC(B)+Breakage와 같이 보험에 들게 되는 것이다.

2. 수출보험

2.1 수출보험의 의의

수출보험(export insurance)은 수입자의 계약파기, 대금지급거절, 대금지급지연 등의 신용위험과 수입국에서의 전쟁, 내란, 환거래제한 등의 비상위험으로 인하여 수출자, 생산자, 또는 수출자금을 대출해준 금융기관이 입게 되는 불의의 손실을 보상하는 보험이다.

수출보험은 수출에 수반되는 여러 위험 가운데에서 해상보험과 같은 통상의 보험으로는 구제하기 곤란한 위험으로부터 발생하는 손실을 보상함으로써 수출활동을 지원하기 위한 비영리 정책보험이다.

2.2 수출보험의 운영

수출업자의 위험은 국제무역을 가로막는 장애요인이 될 수 있으므로 세계의 많은 국가들은 수출을 지원하기 위하여 이러한 위험을 담보하는 정책적인 보험을 운영하고 있는데, 이에 대해서 WTO에서도 금지하고 있지 않다.

수출보험에 든 이후 보험사고가 발생하게 되면 개인적인 차원에서는 보상을 받는다고 하더라도 국가적인 차원에서는 손실이 되므로 위험수준이 너무 높은 경우에는 보험에 들어 주지 않는다. 또 수출대금회수와 관련하여 수출자도 대금회수를 위하여 최선의 노력을 다하도록 하기 위해서 전액보험이 아니라 보험가액의 90%~100%만을 보험금액으로 하는 부분보험으로 하는 경우가 많다.

2.3 담보위험

수출보험에서 담보하는 위험은 비상위험과 신용위험 두 가지이다.

1) 비상위험

비상위험(political risk)은 수입국에서의 전쟁, 내란, 또는 이에 준하는 비상사태, 수입국의 수입제한조치, 외환통제 등의 사유로 수출대금을 회수할 수 없게 되거나, 수출을 할 수 없게 됨으로써 수출자, 생산자 또는 수출자금을 대출해준 금융기관에 손실이 발생할 수 있는 위험을 말한다.

2) 신용위험

신용위험(credit risk)은 수입업자가 수출대금을 지급하지 않거나, 대금지급을 지연하거나, 상품인수를 거부함으로써 수출자, 생산자 또는 수출자금을 대출해준 금융기관에 손실이 발생할 수 있는 위험을 말한다.

2.4 수출보험의 기능

(1) 수출에 대한 불안제거

수출에서의 비상위험과 신용위험으로 인한 불안을 제거하여 수출자나 생산자 등이 안심하고 수출활동을 할 수 있도록 한다.

(2) 금융의 보완

수출보험으로 수출대금 미회수위험이 해소되면 금융기관들로부터 금융을 공여받기 쉽게 된다.

(3) 수출진흥 정책수단

수출보험은 수출자에게 유리한 보험제도를 운영함으로써 수출경쟁력을 강화시켜 수출을 촉진시키는 역할을 하게 된다.

(4) 해외수입자에 대한 신용조사

해외수입자 및 수입국에 관한 신용정보를 축적하고 이를 수출자에게 제공하여 수출확대와 건전한 수출거래를 유도하는 역할을 한다.

2.5 수출보험의 종류

수출보험의 종류는 국가에 따라서 그 운영종목이 다르다. 한국의 경우 한국수출보험공사에서 수출보험을 운영하고 있는데, [표 13-6]에서 보는 바와 같이 수출자, 수출품생산자, 수출금융지원금융기관 등 수출 및 해외사업과 관련되는 당사자를 대상으로 하는 다양한 종류의 보험을 운영하고 있다.

표 13-6 수출보험의 종류

2015년 5월 현재

종목	내용
단기수출보험	결제기간 2년 이내의 단기수출계약을 체결한 후 수출대금을 받을 수 없게 되어 발생한 손실 보상
수출신용보증	1) 기업의 수출계약에 따른 수출물품의 제조, 가공, 조달을 위한 외국환은행, 수출유관기관들의 대출 및 지급보증에 대한 상환채무보증, 2) 물품 선적후 금융기관이 선적서류를 근거로 수출채권을 매입하는 경우에 보증, 3)수출계약이 체결되었거나 외화획득이 예상되는 문화상품제작사의 금융기관 대출에서의 상환채무 보증
중장기 수출보험	수출대금의 결제기간이 2년을 초과하는 중장기수출 계약을 체결한 후 수출이 불가능하게 되거나 수출대금을 받을 수 없게 되어 발생한 손실, 또는 수출대금 금융계약을 체결한 후 금융기관이 대출원리금을 받을 수 없게 되어 발생한 손실 보상
수출보증보험	금융기관이 해외공사계약 또는 수출계약 등과 관련하여 수출보증을 한 경우에 수입자로부터 이행청구를 받아 이를 이행함으로써 발생한 금융기관의 손실 보상
해외사업 금융보험	국내외 금융기관이 외국인에게 수출증진이나 외화획득의 효과가 예상되는 해외사업에 자금을 공여하는 금융계약에서 대출원리금을 상환 받을 수 없게 되어 발생한 손실 보상
해외투자보험	해외투자를 한 후 투자대상국에서의 수용, 전쟁, 송금위험 등으로 인하여 그 해외투자의 원리금, 배당금 등을 회수할 수 없게 되거나 보증채무이행 등으로 발생한 손실 보상
해외공사보험	해외공사계약 상대방의 신용위험 발생, 해외공사 발주국 또는 지급국에서의 비상위험 발생에 따라 손실을 입게 된 경우에 손실 보상
환변동보험	수출거래나 수출용 원자재 수입거래시 보험공사가 보장해주는 환율과 실제 결제시점의 환율을 비교하여 그 차액을 보상 또는 환수

이자율 변동보험	금융기관이 고정금리로 대출 후 차주로부터 받은 이자금액과 변동금리대출로 받았을 이자금액을 비교하여 그 차액을 보상 또는 환수하는 보험
수출기반보험	금융기관이 선박구매자금을 대출하거나 수출중소중견기업에게 시설자금을 대출하여 대출원리금을 회수할 수 없게 된 경우에 발생한 손실 보상
해외자원개발 펀드보험	해외자원개발법상의 자원개발펀드가 해외자원개발사업에 투자하여 손실이 발생하는 경우 손실 보상
서비스 종합보험	국내 기업이 서비스를 수출하거나 외국기업에게 서비스를 제공하고 서비스대금을 지급받지 못하게 됨으로써 발생한 손실 보상
탄소종합보험	탄소배출권획득사업을 위한 투자, 금융, 보증 과정에서 발생할 수 있는 손실을 종합적으로 담보하는 보험
녹색산업 종합보험	녹색산업에 해당되는 경우 기존이용 보험약관에 수출기업이 선택한 특약을 추가하여 우대하는 제도
부품소재 신뢰성보험	신뢰성을 획득한 부품·소재 또는 부품·소재 전문기업이 생산한 부품·소재가 타인에게 양도된 후 부품·소재의 결함으로 인하여 발생된 손실 보상

주요용어

정기선	중량화물	보험자	현실전손
부정기선	부과료(charge)	피보험자	추정전손
개품운송계약	할증료(surcharge)	피보험이익	공동해손
용선운송계약	Berth Terms	희망이익	YAR
정기용선	FI	보험가액	공동해손분담금
항해용선	FO	보험금액	면책위험
나용선	FIO	보험금	불내항성
컨테이너터미널	B/L	해상고유의 위험	ICC
컨테이너야적장	Stale B/L	좌초	IWC
컨테이너집하소	air waybill	교사	ISC
FCL화물	복합운송	투하	부가담보위험
LCL화물	SLB	전손	비상위험
용적화물	CLB	분손	신용위험

연습문제

1. 해상운송계약에 대하여 논술하시오.
2. 컨테이너 운송의 장단점을 말하시오.
3. 선하증권의 기능에 대하여 설명하시오.
4. 선하증권의 종류를 들고 종류별로 그 내용을 설명하시오.
5. 항공화물운송장과 선하증권과의 차이점을 설명하시오.
6. 한국에서 이용할 수 있는 주요 복합운송경로를 설명하시오.
7. 해상보험을 정의하시오.
8. 해상피보험이익에 대하여 논술하시오.
9. 해상위험에 대하여 논술하시오.
10. 해상손해에 대하여 논술하시오.
11. 협회적하약관(ICC)에 대하여 설명하시오.
12. 수출보험의 담보위험에 대하여 설명하시오.

제14장

무역대금결제

|제 1 절| 무역대금결제
|제 2 절| 신 용 장
|제 3 절| 무역서류

제 1 절 무역대금결제

1. 무역대금의 결제시기

무역대금의 결제시기는 상품 또는 무역서류의 인도시기 이전에 지불하는 선지급, 동시에 지불하는 즉시급, 나중에 지불하는 후지급 등이 있고 대금을 분할해서 지급하는 할부급도 있다. 국제무역거래에서는 매도자 · 매수자 모두 상대방에 대한 신용위험이 크기 때문에 즉시불이 가장 일반적인 형태가 된다.

1) 선 지 급

선지급(payment in advance)은 물품이나 무역서류가 인도되기 전에 대금지급이 먼저 이루어지는 것이다. 수출자는 유리하지만 수입자는 그만큼 위험을 부담하므로 본 · 지사간의 거래나 수출자에 대해서 신용상의 위험이 없는 경우에만 사용되는 거래이다.

보통 주문불(cash with order: CWO), 인도전지급(cash before delivery: CBD) 등이 있고, 신용장의 경우에도 미리 대금을 받을 수 있는 전대신용장(Red-clause L/C)이 있다.

2) 즉 시 급

즉시급(immediate payment)은 물품이나 무역서류의 인도와 동시에 대금지급이 이루어지는 것이다. 현물상환도지급(cash on delivery: COD), 서류상환도지급(cash against document: CAD) 등이 있고, 화환어음 추심의 경우에는 지급도조건(document against payment: D/P), 신용장의 경우 일람출급신용장(Sight L/C)에 의한 대금지급이 있다.

3) 후 지 급

후지급(deferred payment)은 물품이나 무역서류가 인도된 이후에 대금지급이 이루어지는 것이다. 수입자는 유리하지만 수출자는 그만큼 위험을 부담하므로 본 · 지사간의 거래나 수입자에 대해서 신용상의 위험이 없는

표 14-1 대금결제방법

선지급 (advance payment)	CWO(cash with order) : 주문불 CBD(cash before delivery) : 인도전지급 Red-Clause L/C : 전대신용장
즉시급 (spot payment)	COD(cash on delivery) : 현물상환도지급 CAD(cash against document) : 서류상환도지급 Sight L/C : 일람출급신용장 D/P : 지급도조건
후지급 (deferred payment)	Sale on credit : 외상판매 Usance L/C : 기한부신용장 D/A : 인수도조건
할부급(installment)	installment, progressive payment: 할부지급

경우에만 사용되는 거래이다. 외상판매(sale on credit) 거래이며, 화환어음 추심의 경우에는 인수도조건(document against acceptance: D/A), 신용장의 경우 기한부신용장(Usance L/C)에 의한 대금지급이 있다.

4) 할 부 급

할부급(installment)은 물품의 대금을 여러 번에 걸쳐 나누어서 지급하는 방식이다. 선박, 항공기, 플랜트, 해외건설공사 등과 같이 대금이 거액이고 이행기간이 긴 계약에서 주로 사용되는 결제방법이다.

2. 무역대금의 결제방법

국제무역거래는 대부분 외국환은행의 국제환거래망을 통해서 결제가 되기 때문에 현금으로 거래되는 경우는 드물다.[1] 무역거래대금은 모두 환결제가 되는데, 채무자가 대금을 바로 지급할 때는 송금환방식이 되고, 채권자가 대금을 요청하는 추심으로 지급될 때는 환어음 결제방식이 된다. 신용장방식은 이 환어음 결제방식에 신용장을 사용하는 별도의 절차가 덧대어진 것일 뿐 기본체계는 동일하다.

1) 외국환은행이란 외환을 취급하는 은행을 말한다. 오늘날 한국에서는 대부분의 은행이 외국환은행이다.

2.1 송금환 결제

1) 국제결제의 기본체계

(1) 송 금 환

① 전신환 및 우편환

송금환은 국제자금결제에서 가장 단순하고 기본적인 방법이다. 원래 우편환에서 발전하였으나 정보통신의 발전으로 온라인거래가 일반화되었기 때문에 지금은 대부분 전신환이 사용되고 있다.

전신환(Telegraphic Transfer: T/T)은 채무자가 외국의 채권자 계좌로 대금을 이체하는 것이다. 국내에서의 계좌이체와 다를 바 없으나 외국으로의 자금이동이기 때문에 은행의 확인과정을 거치게 되는 것 뿐이다.

우편환(Mail Transfer : M/T)은 전신환이 자금이 전신을 통하여 전달되는 반면, 우편환은 환증서를 우편으로 외국에 보내서 대금이 전달되는 차이만 있을 뿐이며, 오늘날 무역거래에서 거의 사용되지 않는다.

그림 14-1 전신환(T/T)

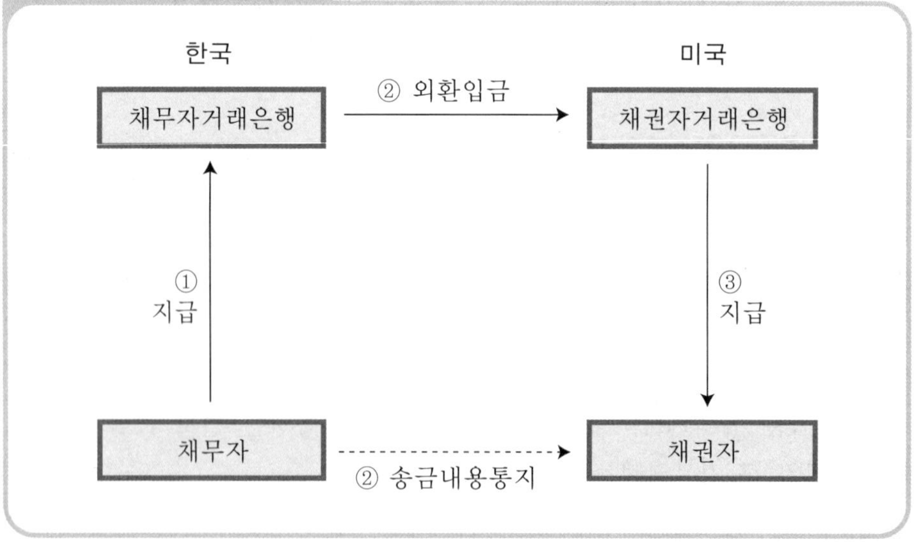

② 송금수표(Demand Draft: D/D)

송금인의 요청에 따라 은행이 송금수표를 발행하여 송금인에게 교부하면 송금인은 이를 외국의 수취인에 송부하고, 수취인은 이 수표를 지급은행에 제시하여 대금을 찾는 방법이다.

2.2 환어음 결제

환어음은 채권자가 대금을 청구하는 방식으로서 국제거래에서 가장 보편화된 대금결제방식이다. 환어음은 채권자가 채무자에게 자신의 채권금액을 자신이 지정하는 외국환은행에 지급토록 하고 자신은 대금을 그 외국환은행으로부터 받는 결제체제이다. 이렇게 환어음을 이용한 대금결제에서 신용장의 개입이 없는 경우에 추심결제방식이라고 하고, 신용장이 있는 경우에는 신용장방식이라 한다. 환어음은 국내거래에서나 국제거래에서나 거래체계가 동일하기 때문에 먼저 환어음에 대한 기본적인 이해가 필요하다.

1) 환 어 음

(1) 환어음의 의의

환어음은 어음발행인이 지급인에게 일정한 금액을 일정한 일자와 장소에서 대금수령인에게 지급할 것을 요청하는 지급요구서이다. 환어음은 돈과 같이 지급수단으로 유통되기 때문에 그 형식을 반드시 구비해야 하는 엄격한 요식증권이다. 따라서 필수기재사항은 반드시 기재되어야 효력을 갖는다.

(2) 환어음의 결제체계

환어음은 기본적으로 세 당사자간에 이루어지는 금융수단이다.[2] 세 당사자는 채권자, 채무자, 대금수령인이다. 이는 환어음 발행인, 지급인, 피지급인이 된다. 채권자가 채무자로부터 자신이 직접 대금을 받는 것이 아니라 제3자를 내세워 대금을 받게 하는 구도인 것이다. 이는 국제무역에서 적합한 금융수단이 될 수밖에 없다. 왜냐하면 수출자가 직접 수입자를 만

2) 어음에는 약속어음과 환어음이 있는데 약속어음이 채권자 채무자 두 당사자로 이루어지는데 비하여 환어음은 세 당사자간에 이루어진다. 물론 환어음의 발행인이 피지급인을 자신으로 해서 발행하면 두 당사자간에도 사용되지만 일반적인 경우는 세 당사자이다.

그림 14-2 환어음의 예

BILL OF EXCHANGE

NO. 123456 DATE JULY 12, 2020 SEOUL, KOREA
FOR US$125,000.
AT 60 DAYS AFTER SIGHT OF THIS **FIRST** BILL OF EXCHANGE(**SECOND** OF THE SAME TENOR AND DATE BEING UNPAID) PAY TO **THE KOREA EXCHANGE BANK** OR ORDER THE SUM OF

SAY US DOLLARS ONE HUNDRED TWENTY FIVE THOUSAND ONLY.

VALUE RECEIVED AND CHARGE THE SAME TO ACCOUNT OF AMS TRADING COMPANY

DRAWN UNDER CBA BANK, NEW YORK
L/C NO. AN211123 DATED MAY 20, 2020

TO CBA BANK, NEW YORK
401 WEST 42ND ST
NEW YORK NY, 10036 U.S.A.

SM COMPANY, INC.
DONGJIN JANG, MANAGER

1

BILL OF EXCHANGE

NO. 123456 DATE JULY 12, 2020 SEOUL, KOREA
FOR US$125,000.
AT 60 DAYS AFTER SIGHT OF THIS **SECOND** BILL OF EXCHANGE(**FIRST** OF THE SAME TENOR AND DATE BEING UNPAID) PAY TO **THE KOREA EXCHANGE BANK** OR ORDER THE SUM OF

SAY US DOLLARS ONE HUNDRED TWENTY FIVE THOUSAND ONLY.

VALUE RECEIVED AND CHARGE THE SAME TO ACCOUNT OF AMS TRADING COMPANY

DRAWN UNDER CBA BANK, NEW YORK
L/C NO. AN211123 DATED MAY 20, 2020

TO CBA BANK, NEW YORK
401 WEST 42ND ST
NEW YORK NY, 10036 U.S.A.

SM COMPANY, INC.
DONGJIN JANG, MANAGER

2

나기 어려운 상황에서 국제적인 자금이동 네트워크를 갖춘 은행을 통해서 쉽게 대금을 받을 수 있기 때문이다. 또한 대부분의 국가에서 외환거래와 관련된 법규에서 무역대금의 국제적인 이동은 외국환은행을 통해서 하도록 하고 있다.

무역거래의 경우 수출자가 수출후 수입자를 지급인으로, 자신의 거래 은행을 피지급인으로 하는 환어음을 발행하여 무역서류와 함께 거래은행에 넘기면 거래은행이 이를 수입자에게 제시하여 대금을 받고, 수출자는 그 거래은행으로부터 대금을 받는다. 이를 기본적인 체제로 하여 신용장을 비롯한 여러 다양한 결제형태가 가능하게 되는 것이다.

(3) 환어음의 당사자

환어음은 기본적으로 3인의 당사자로 구성된다.

발행인(drawer) 환어음을 발행하여 대금지급을 청구하는 자를 말한다. 무역거래에서는 수출자가 된다.

지급인(drawee, payer) 환어음을 제시받는 사람, 즉 환어음에 따라 대금을 지급해야 하는 자를 말한다. 무역거래에서는 수입자 또는 신용장방식의 경우에는 신용장 개설은행이 된다.

피지급인(payee) 환어음에 따라 대금을 수취하기로 지정된 자이다. 무역거래에서는 보통 수출자 거래은행이 된다. 피지급인은 발행인으로부터 환어음을 받아 이를 지급인에게 제시하게 되는데, 피지급인은 환어음을 제3자에게 양도할 수 있고 이 양수받은 제3자는 양도한 피지급인과 같은 권리로 대금을 지급받게 된다.

(4) 환어음의 구분

① 일람출급환어음과 기한부환어음

환어음은 대금지급시기에 따라 일람출급환어음과 기한부환어음으로 나누어진다.[3)]

일람출급환어음(sight bill of exchange) 어음이 지급인에게 제시될 때 대금이 지급된다. 무역거래의 경우에 환어음과 함께 무역서류를 제시하는데 지급인은[4)] 이 환어음과 무역서류를 수령하고 바로 대금을 지급하게 된다.

---

3) 원래 어음은 지급 만기일표시방법에 따라 다음 네 가지의 방식이 있는데 실제로 앞의 두 가지가 주로 사용된다.
① 일람출급: 환어음이 지급인에 제시되는 날이 만기일로 된다. 보다 정확하게는 지급일은 어음에 제시된 날로부터 2영업일 이내에 지급해야 한다. 어음상에서 지급일을 기재하는 난의 AT와 SIGHT 사이의 여백에 XXX 표시를 한다. 이때 이 난을 빈공간으로 두었을 때에도 일람출급으로 간주한다.
② 일람후정기출급 : 환어음이 지급인에 제시된 날로부터 일정기간이 지난날이 만기일이 된다. 어음상에서 AT와 SIGHT사이에 "OO Days After"를 기재한다.
③ 발행일자후정기출급: 환어음을 발행된 날로부터 일정기간이 지난날이 만기일이 된다.
④ 확정일출급: 만기일을 어음상에 표시한다.

기한부환어음(usance bill of exchange) 일람후정기출급환어음이라고도 하며, 어음을 지급인에게 제시한 이후 일정기간이 지나서 지급되는 환어음이다. 무역거래의 경우 환어음과 함께 무역서류가 제시되면 지급인은 무역서류는 수령하고 환어음은 인수했다는 서명을 하고 환어음의 피지급인에게 되돌려 주게 된다. 피지급인은 만기일이 되었을 때 그 인수된 환어음을 다시 제시하면 지급인은 대금을 지급하게 된다.

② 화환어음과 무담보환어음

무역서류 부대여부에 따라 화환어음과 무담보환어음으로 나누어진다.

화환어음(documentary bill of exchange) 무역서류를 첨부하여 제시되는 환어음이다. 무역거래의 경우에 일반적인 형태이다.

무담보환어음(clean bill of exchange) 금융어음이라고도 하며, 부대서류 없이 환어음만 단독으로 제시되는 어음이다. 금융거래에 사용되고,무역거래의 경우에도 서비스대금, 수수료, 운임, 보험료 등의 지급에 사용된다.[5]

2) 환어음에 의한 국제결제체계

(1) 추심결제

추심이란 은행이 어음이나 수표 소지인의 의뢰를 받아 그 지급인에게 제시하여 지급하게 하는 것을 말한다. 무역거래의 경우 수출자가 수출후 수입자를 지급인으로, 자신의 거래은행을 피지급인으로 하는 환어음을 발행하여 무역서류와 함께 거래은행에 추심을 의뢰하면, 거래은행은 수입국의 지점이나 환거래은행을 통하여 이를 수입자에게 제시하여 대금을 받고, 수출자는 그 거래은행으로부터 대금을 받는다.

여기서 수입자에게 대금을 추심하기 이전에 은행이 수출자에게 바로 대금을 지급하는 경우를 추심전 매입이라고 하고, 은행이 추심하여 수입자로부터 대금을 받은 이후에 수출자에게 대금을 지급하면 추심후 매입이라고 한다.

---

4) 이때 지급인은 추심환결제의 경우 수입자가, 신용장의 경우 개설은행이 된다.
5) 환어음에 대한 구체적인 내용에 대해서는 졸저, 「무역영어」(법문사, 2008), pp. 346-349 참고할 것.

표 14-2 환어음이란 무엇인가?

환어음의 기원에 대하여 여러 가지의 설이 있는데 그 중 하나인 다음의 이야기는 환어음과 그 유통체계의 이해에 도움을 준다.

중세기 한때 유럽 각지에서 유태인에 대한 박해가 있었다. 프랑스 지역의 일부 유태인들은 멀리 이탈리아 지역에 피신하게 되었다. 급히 피신하느라 재산을 이웃에 맡기고 피신한 사람들이 많았다. 시간이 지나도 고향에 돌아갈 수 없게 된 유태인들은 프랑스를 왕래하는 이탈리아 상인편으로 자신의 옛 재산을 찾아오는 방법을 생각하게 되었다. 즉 프랑스로 가는 상인이 자기 재산을 맡고 있는 이웃을 만나 자신이 쓴 서찰을 보여주고 돈을 받아오도록 하는 것이었다.

이때 써준 그 서찰의 줄거리는 대개 다음과 같은 것이었다.

"친애하는 블랑(Blanc)씨, 내가 당신으로부터 받아야 할 돈을 이 편지를 전하는 까를로스(Carlos)씨에게 지급하시오. 아담(Adam)(서명)"

환어음의 체계는 이와 같은 것이다. B로부터 돈을 받을 것이 있는 A가 자신이 받을 돈을 C가 대신 받도록 하도록 하는 문서이다. 따라서 환어음의 문구 내용을 보면 다음과 같음을 알 수 있다.

At sight of this bill pay to C the sum of $

To : B A(signature)

「B귀하, 이 어음을 보고 금액 $를 C에게 지급하시오. A(서명)」

그리고 수출대금이 즉시불인 경우의 지급도조건(D/P)과 후지급인 경우의 인수도조건(D/A)이 있다.

① 지급도조건

지급도조건(document against payment: D/P)은 즉시불로서 무역서류를 인도할 때 대금을 지급하는 것이다. 자연히 여기서의 환어음은 일람출급환어음이다. 지급도조건의 결제과정을 그림으로 보면 [그림 14-3]과 같다.

그림에서와 같이 한국에서 미국으로 수출하는 경우이며, 대금은 즉시불 거래라고 가정하자. 한국의 수출자가 선적을 하게 되면 자신의 거래은행인 추심은행에 화환어음을 제시하고 추심을 요청한다. 그러면 추심의뢰은행은 수입업자 소재지의 자신의 거래은행인 추심은행에 이를 송부하여 추심을 의뢰하고, 화환어음을 받은 추심은행은 이 서류를 수입업자에게 인도하고 대금을 받는다. 대금을 받은 추심은행은 이를 추심의뢰은행에 송금

그림 14-3 지급도조건(D/P)

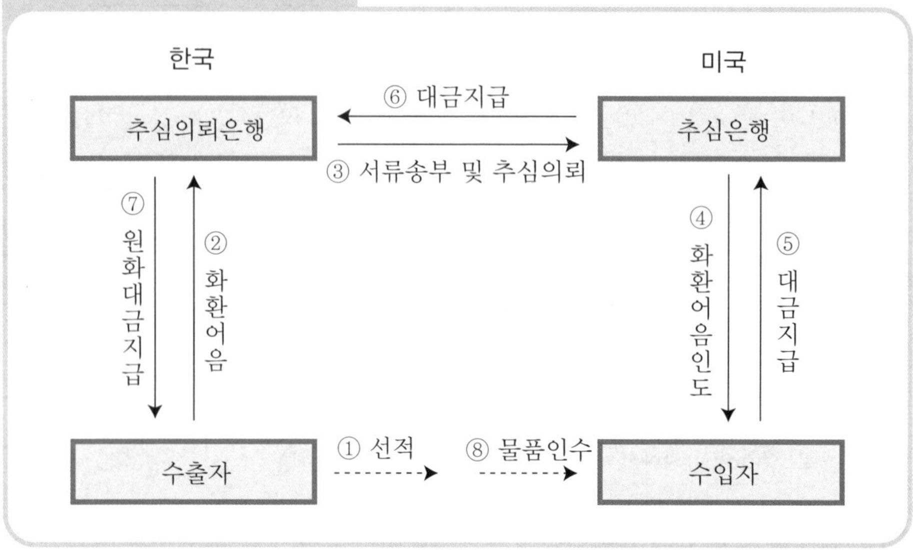

하고 추심의뢰은행은 이를 수출자에게 지급하게 된다.

이 경우는 추심후 매입의 경우이다. 만약 추심전 매입이라고 한다면 처음 수출업자가 추심의뢰은행에 제시할 때 추심의뢰은행은 이 무역서류를 매입하여 바로 대금을 지급한다. 그리고 같은 과정을 거쳐 수입자에게 무역서류를 인도하고 추심의뢰은행이 대금을 수령하게 된다.[6)]

② 인수도조건

인수도조건(document against acceptance: D/A)은 후불로서 추심은행이 수입자에게 무역서류를 인도할 때 수입자는 무역서류는 받고 대금지급 대신 제시된 어음에 인수의 서명을 하여 추심은행에 준다. 이후 만기일이 되어 추심은행이 인수된 어음을 제시하면 수입자는 대금을 지급하게 된다. 당연히 여기서의 환어음은 기한부환어음이다.

인수도조건의 결제과정은 [그림 14-4]에서 볼 수 있다. 그림에서와 같이 한국에서 미국으로 수출하는 경우이며, 대금은 어음인수후 90일이후에 지급하는 후지급이라고 가정하자. 그림에서 무역서류가 수입자에게 제시되

---

6) 이때 환거래 수수료와 선지급과 후결제 사이에 추심의뢰은행이 부담하는 어음금액에 대한 이자 등을 수출자로부터 받게 되는데 이를 환가료라고 한다.

그림 14-4 인수도조건(D/A)

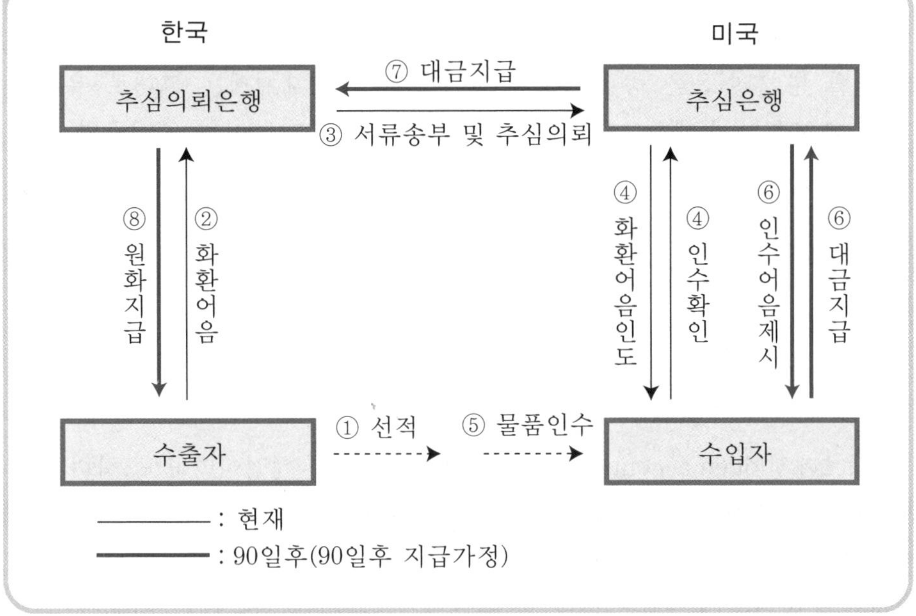

기까지는 지급도조건의 절차와 동일하다. 다른 부분은 추심은행에 의해 무역서류가 제시되면 수입자는 무역서류는 인수하고 환어음은 인수확인을 해서 추심은행에 돌려주게 되고, 추심은행은 추심의뢰은행을 통하여 수출자에게 인수사실을 통지한다. 어음인수후 90일이 되면 추심은행은 인수환어음의 지급을 위한 제시를 하게 되고, 이에 대해 수입자는 대금을 지급한다. 대금을 받은 추심은행은 이를 추심의뢰은행에 송금하고 추심의뢰은행은 이를 수출자에게 지급하게 된다.

(2) 신 용 장

신용장제도는 수입업자의 신용을 뒷받침하기 위해서 은행이 무역대금결제에 참여하는 제도이다. 물품을 제공하면 수입대금을 지급하겠다는 국제무역계약에서의 수입자의 확약만으로는 수출자가 안심하고 수출하기 어려울 수 있기 때문에, 신용있는 은행이 수입자를 대신하여 수출상품에 대한 무역서류를 자신에게 인도하면 대금을 지급할 것을 확약하는 내용의 신용장을 수출자에게 제시하게 된다. 수출자는 신용장에 따라 은행에 무역서류를 제시하고 수출대금을 받고, 수입자는 은행에 대금을 지급하고 무역서류를 인수하게 되는 것이다.

신용장제도는 대금결제과정에서 수입자 대신에 신용장개설은행이 개입하게 될 뿐 환어음을 중심으로 하는 기본적인 결제체계는 그대로 유지된다. 그래서 신용장에서도 발행되는 어음의 결제조건에 따라 즉시급의 일람출급신용장(sight L/C)과 후지급의 기한부신용장(usance L/C)으로 구분된다.

신용장을 이용함으로써 국제결제에서의 신용위험을 해소할 수 있기 때문에 대다수의 무역거래에서 신용장을 이용하고 있다. 이 신용장의 내용은 다음 절에서 보다 구체적으로 알아보기로 한다.

2.3 상호계정

상호계정(open account)은 상호계산 또는 청산계정이라고도 하며, 거래당사자가 개개의 거래에서 결제하지 아니하고 누적하여 계속 거래를 하면서 일정기간이 경과할 때마다 서로의 채권과 채무를 상계하고 차액만을 결제하는 방법이다. 본·지사간의 거래와 같이 상대방에 대한 신용상의 위험이 없으면서 거래가 빈번한 경우에 사용된다.

제 2 절 신 용 장

1. 신용장의 정의

신용장은 수출자가 제공하는 무역서류가 신용장상의 조건에 부합하기만 하면 반드시 그 대금을 지급하겠다는 개설은행의 수출자에 대한 약정이다. 신용장은 수입자의 요청에 따라 수입자의 거래은행이 개설하여 수출자에게 보내게 된다.

국제무역에서 물품을 제공하면 수입대금을 지급하겠다는 무역계약에서의 수입자의 확약만으로는 수출자가 안심하고 수출하기 어려울 수 있기 때문에 은행이 수입자를 대신하여 수출상품에 대한 무역서류를 자신에게 인도하면 대금을 지급할 것을 확약하고, 이에 따라 은행이 수출자에게는 무역대금을 지급하고, 수입자에게는 무역서류를 받아 인계하는 것이다. 그래서 신용장은 불확실한 무역거래자의 신용을 확실한 은행신용으로 대체함으로써 무역거래에서 대금회수와 물품인수를 원활하게 하는 국제무역금융수단으로서의 역할을 하게 된다.

2. 신용장의 필요성

국내거래에서는 거래상대방이 계약상의 의무를 이행하지 않거나 위반하는 경우에 소송을 통하여 이행하게 하거나 변상을 받을 수 있지만, 국제거래에 있어서는 이것이 현실적으로 거의 불가능하므로 항상 신용상의 위험이 클 수밖에 없다.

국제무역에서 수출자의 입장에서 인수도조건(D/A)으로 거래를 하게 되면 수입자에게 물품을 인도하고 난 후 나중에 대금을 받게 되므로 위험부담이 크다. 이에 비해서 지급도조건(D/P)으로 거래를 하게 되면 물품인도와 대금지급이 동시에 이루어지므로 위험부담이 훨씬 작아진다. 그렇다고 해서 위험부담이 없는 것은 아니다. 왜냐하면 지급도조건의 경우에도 수출계약에 따라 상품을 제작하여 여러 절차와 비용을 들여서 외국에 물품을 보냈는데 수입자가 물품인수도 않고 대금지급도 안 하겠다고 한다면 수출자는 큰 손실을 입을 수밖에 없기 때문이다.

그렇다면 수출자가 안심하고 수출하려고 하면 대금을 미리받는 방법뿐이다. 그러나 이 경우에는 수입자에게 큰 위험이 따른다. 수출자가 대금만 받고 물품은 제공하지 않을 수도 있기 때문이다.

이와 같은 상황에서 거래상대방에 대한 신용위험은 국제간의 무역거래를 어렵게 한다. 그래서 믿을 수 없는 무역거래당사자의 신용을 믿을 수 있는 국제은행의 신용으로 대체하여 무역거래가 원활하게 이루어지도록 하는 것이 신용장제도이다. 신용장제도는 수출자 · 수입자 모두에게 신용위험을 제거하여 안전하게 무역거래를 하고 편리하게 국제결제를 하게 하는 효익을 제공하는 것이다.

3. 신용장의 거래체계

신용장거래는 무역계약에서 신용장방식으로 결제하기로 정하고 이에 따라 수입자가 수출자를 위하여 신용장이 개설되도록 자신의 거래은행에 신용장 개설신청을 함으로써 시작된다. 수입자의 개설신청에 대하여 개설은행은 수입자의 신용상태를 고려한 이후 신용장을 개설하게 되는데, 대개 수출자 소재지의 본·지점이나 거래은행을 통해서 이를 수출자에게 통지하게 된다.

신용장을 받은 수출자는 신용장상의 조건대로만 선적하고 무역서류를 개설은행에 제시하면 무조건 수출대금을 받을 수 있으므로 안심하고 제반 수출업무에 임할 수 있다. 이후 수출자는 선적을 하고 선하증권을 비롯한 무역서류를 정비하여 환어음과 함께 은행에 매입의뢰를 하게 되면, 신용장의 경우는 대금지급이 확실하므로 추심전 매입을 하여 바로 대금지급을 받게 된다. 일정기간후 대금지급을 하게 되는 기한부신용장의 경우에도 해당

그림 14-5 신용장 거래체계

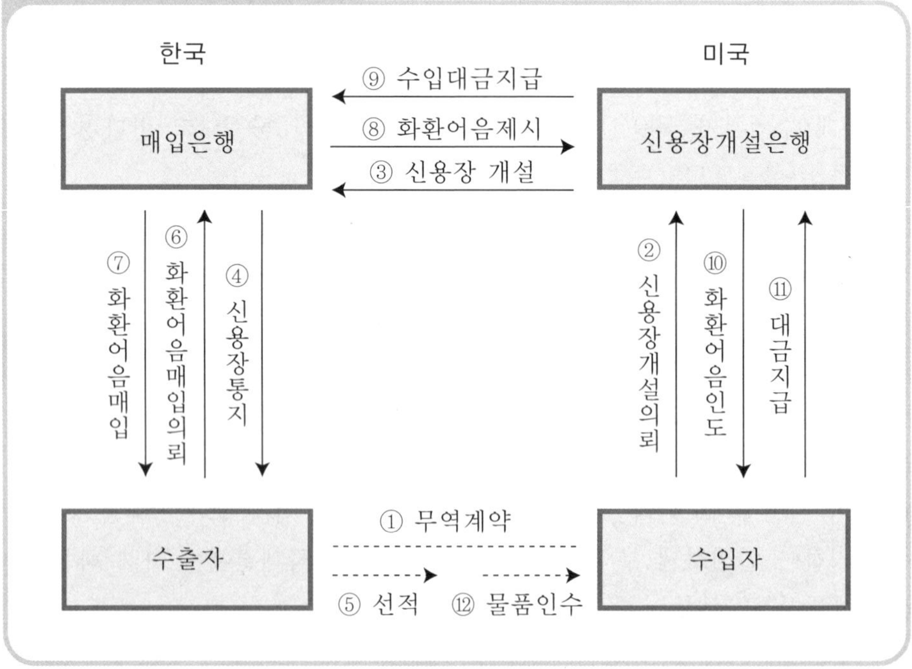

기간 동안 이자를 공제하여 매입하게 된다. 이때 신용장에서 매입은행이나 지급은행을 지정하고 있지 않으면 수출자가 매입은행을 선택할 수 있으나 보통 업무연계상 통지은행이 되는 경우가 많다.

매입은행은 신용장개설은행에 대하여 환어음과 무역서류를 송부하고 대금을 청구하게 된다. 일람출급신용장인 경우에는 무역서류 인도시에 바로 대금을 수취하고, 기한부신용장인 경우에는 무역서류는 인도하고 환어음은 인수절차를 받은 뒤 만기에 가서 다시 인수된 환어음을 제시하여 대금을 받게 된다.[7)]

신용장개설은행은 수입업자에게 무역서류를 인도하고 수입대금을 받게 되고, 무역서류를 받은 수입업자는 이 서류로 운송회사로부터 물품을 수령하게 된다.

4. 신용장의 당사자

신용장은 기본적으로 개설의뢰인, 개설은행, 수익자의 세 당사자로 구성되고 그 외 신용장거래를 돕는 통지은행, 매입은행, 그리고 특수한 상황에 따라 역할을 하게 되는 확인은행, 지급은행, 인수은행, 상환은행 등이 있다.

(1) 개설의뢰인(applicant)

신용장개설은행에 대하여 신용장의 개설을 요청하는 자로서 무역거래에서 수입자가 된다. 개설의뢰인은 opener라고도 한다.

(2) 개설은행(opening bank)

신용장을 개설하는 은행이다. 개설은행은 issuing bank, credit writing bank, grantor 등으로도 불린다.

(3) 수익자(beneficiary)

신용장으로 혜택을 입는자, 즉 자금을 청구할 수 있는 자를 말하며, 이는 수출자가 된다.

---

7) 이 과정은 지급도조건(D/P), 인수도조건(D/A)에서와 동일하다.

(4) 통지은행(advising bank)

개설은행의 요청으로 수익자에게 신용장을 통지해 주는 은행이다. 수익자 소재지에 있는 개설은행의 본지점이나 거래은행이 통지은행이 된다. 통지은행은 단순히 통지만 할 뿐이며 당사자로서의 책임은 없다. 통지은행은 notifying bank, transmitting bank라고도 한다.

(5) 매입은행(negotiating bank)

신용장 대금결제를 위해 개설은행에 제시될 무역서류를 매입하는 은행이다. 매입은행은 무역서류를 매입함으로써 수출자에게 결제대금을 지급하고 자신은 개설은행으로부터 대금을 받게 된다.

(6) 지급은행(paying bank), 인수은행(accepting bank)

신용장의 종류에 따라 신용장 대금을 특정은행이 지급하기로 되어 있는 경우가 있는데, 이때 지정된 은행을 말하며, 이러한 신용장을 지급신용장이라고 한다. 그리고 같은 경우에 기한부신용장이어서 기한부환어음을 인수하는 경우에 인수하기로 지정된 은행을 인수은행이라고 한다.

(7) 확인은행(confirming bank)

신용장 개설은행의 지급확약에 부가하여 신용장의 지급을 확약하는 은행이다. 신용장 개설은행의 신인도가 낮은 경우 개설된 신용장위에 또 다른 은행이 확인을 할 수도 있는데 이때 확인하는 은행을 확인은행이라고

표 14-3 신용장 관련은행

신용장 관련은행	
통지은행(advising bank)	신용장을 통보하는 은행
매입은행(negotiating bank)	화환어음을 매입하는 은행
확인은행(confirming bank)	개설은행이 환어음을 매입하지 못할 경우 자신이 매입할 것을 확약하는 은행
지급은행(paying bank)	신용장상에서 대금을 특정은행이 지급하기로 되어 있는 경우의 그 은행
인수은행(accepting bank)	기한부환어음의 경우 환어음을 인수하는 은행
상환은행(reimbursing bank)	매입은행과 개설은행 중간에서 상환하는 은행

하고, 이러한 신용장을 확인신용장이라고 한다. 확인은행은 개설은행과 동일한 책임을 지게 되며, 확인은행은 보통 국제일류은행이나 수익자 소재지 은행이 된다.

(8) 상환은행(reimbursing bank)

신용장 개설은행과 매입은행 중간에서 개설은행으로부터 대금을 받아 매입은행에 대금을 지급해주는 은행을 말하는데, 결제은행(settling bank)이라고도 한다. 개설은행과 매입은행간에 환거래 관계가 없는 경우나 결제통화가 제3국통화인 경우에 발생할 수 있다.

5. 신용장의 독립추상성

무역거래와의 관계에서 신용장이 갖는 성격으로서 독립추상성이 있다.

신용장의 독립성 수입자와 수출자간의 거래와 신용장거래는 독립적이라는 것이다. 신용장은 물품매매계약이나 여타 계약으로 인해 신용장거래가 있게 되었다고 하더라도 신용장거래는 이들 계약과는 아무런 관계도 없으며 따라서 이들 계약에 구속되지 않는다는 것이다.

신용장의 추상성 신용장의 거래대상은 서류와 서류내용이라는 것이다. 신용장에 의한 대금지급에 있어서는 계약물품을 대상으로 하는 것이 아니라 계약물품을 체화한 추상적인 무역서류를 대상으로 한다는 것이다.

기본적으로 매매계약상으로 수출자와 수입자간에 문제가 있다고 하더라도 개설은행은 자신의 신용장관련 업무만 충실히 하면 되고, 이에 따라 수출자에게 대금을 지급하고 수입자에게 무역서류를 인도하면 되는 것이다. 또, 신용장관련은행은 상품 등의 전문적인 문제나 매매계약상의 문제를 알려고 해도 알지 못하며 알 필요도 없다. 따라서 신용장거래와 관련하여 은행은 무역서류만 철저히 점검하여 그것이 신용장에 명기된 조건에 부합하면 대금을 지급하고, 부합하지 않으면 지급하지 않으면 되는 것이다.

그래서 수출자와 수입자는 이 신용장의 독립추상성을 잘 알고 업무에 임할 필요가 있다. 수출자의 입장에서는 선적된 실물은 문제가 없다고 하더라도 신용장 조건과 맞지 않으면 대금지급을 못 받게 될 수도 있고, 수입자의 입장에서는 선적된 실물에 문제가 있다고 하더라도 서류상으로 문제가 없으면 대금을 지급해야 하기 때문이다.

6. 신용장의 效用

(1) 수출업자 입장

① 대금결제가 확실하여 안심하고 수출할 수 있다.

② 신속하게 수출대금을 받을 수 있다. 신용장의 경우 매입은행에 화환어음매입의뢰시 바로 수출대금을 받을 수 있기 때문이다.

③ 신용장을 담보로 국내에서 수출금융지원을 받을 수 있다.

(2) 수입업자 입장

① 계약대로의 수출자 의무이행을 보장받는다. 상품의 내용이나 선적기한 등에 있어서 신용장조건을 벗어나는 경우에는 대금지급이 되지 않기 때문이다.

② 신용장으로 수출자의 불안을 제거해주는 대신에 상품가격조건에서 유리하게 무역계약을 할 수 있다.

③ 상품의 도착후 대금지급을 하게 된다. 신용장제도로 은행이 중간에 금융을 제공함으로써 무역대금을 수출자는 일찍 받고 수입자는 나중에 지불하게 되는 것이다.

7. 신용장의 종류

(1) 취소불능신용장과 취소가능신용장

취소불능신용장(irrevocable L/C) 개설이후에 관계당사자의 합의없이 취소나 내용변경이 안 되는 신용장으로 일반적인 신용장이다.[8] 신용장에서 취소가능여부의 명시가 없을 경우 취소불능신용장으로 간주한다.

취소가능신용장(revocable L/C) 개설이후 취소가 가능한 신용장이며 거의 사용되지 않는다.

---

8) 여기서 관계당사자란 개설은행, 개설의뢰인, 수익자이다.

(2) 확인신용장과 미확인신용장

확인신용장(confirmed L/C) 개설은행이 발행한 신용장에 또 다른 은행이 수익자가 발행하는 어음의 지급, 인수, 매입을 확약한 신용장이다.

미확인신용장(unconfirmed L/C) 확인신용장이 아닌 일반신용장이다.

(3) 상환청구가능신용장과 상환청구불능신용장

상환청구가능신용장(with recourse L/C) 화환어음매입 이후 신용장 개설은행의 지급불능 및 지급거절의 경우에 매입은행이 수익자로부터 대금을 상환받을 수 있는 신용장이다.

상환청구불능신용장(without recourse L/C) 화환어음매입 이후 신용장 개설은행의 지급불능 및 지급거절의 경우에 매입은행이 수익자로부터 대금을 상환을 받을 수 없는 신용장이며, 한국의 경우 어음법상 상환청구불능은 인정되지 않는다.

(4) 매입신용장과 지급신용장

매입신용장(negotiation L/C) 은행의 화환어음 매입을 통해서 수익자에게 수출대금 회수가 되는 신용장으로 화환어음의 유통이 자유로운 신용장으로 일반적인 경우이다.

지급신용장(straight L/C) 신용장에 신용장대금의 지급은행이 정해져 있는 신용장이다. 수익자는 이 지급은행에 화환어음을 제시하고 대금을 받는다.

(5) 보통신용장과 특정신용장

보통신용장(general/ open/ negotiation L/C) 매입신용장으로서 어느 은행이나 매입할 수 있는 신용장이다.

특정신용장(special/ restricted L/C) 신용장에서 매입은행을 특정은행으로 지정하고 있는 신용장이다.

(6) 화환신용장과 무담보신용장

화환신용장(documentary L/C) 신용장에서 화환어음을[9] 요구하는 신용장으로 일반 무역거래에 사용된다.

---

9) 화환어음이란 환어음과 무역서류를 말한다.

무담보신용장(clean L/C) 신용장에서 환어음만 요구하는 신용장이다. 금융거래, 운임, 보험료, 수수료 지급 등의 경우에 사용된다.[10]

(7) 일람출급신용장과 기한부신용장

일람출급신용장(sight L/C) 즉시불 대금지급의 신용장 즉, 일람출급환어음을 발급하도록 된 신용장이다.

기한부신용장(usance L/C) 후지급의 신용장 즉, 기한부환어음을 발급하도록 된 신용장이다.

(8) 양도가능신용장과 양도불능신용장

양도가능신용장(transferable L/C) 수익자가 타인에게 양도할 수 있는 신용장이다.[11]

양도불능신용장(non-transferable L/C) 수익자가 타인에게 양도할 수 없는 신용장이다. 신용장에서 양도가능의 표시가 없으면 양도불능으로 간주된다.

(9) 보증신용장

보증신용장(stand-by L/C) 개설의뢰인의 계약이행을 보증하기 위하여 신용장 개설의뢰인의 상대방을 수익자로 하여 개설의뢰인의 의무가 계약대로 이행되지 않을 경우에 개설은행이 대금을 지급하겠다는 보증의 수단으로 발행되는 무담보신용장(clean L/C)이다. 해외건설공사에서의 보증, 외국지사의 자금차입 보증 등에서 이용된다. 일반 무역거래와 달리 공사수주자(수출자)가 개설의뢰인이 되고 발주자(수입자)가 수익자가 된다.

(10) 내국신용장

내국신용장(domestic L/C) 신용장을 받은 수출자가 수출품의 공급자나 하청업자에 대하여 외국으로부터 내도된 수출신용장을 담보로 국내 거래은행에 요청하여 수출품의 공급자나 하청업자를 수익자로 하여 개설하는

---

10) 무역서류는 수입업자에게 직접 보내고, 개설은행에는 환어음만 제시토록 하는 경우도 있는데, 이를 documentary clean L/C라고 한다.

11) 양도한다는 것은 신용장을 받은 수출자 A가 다른 수출자 B에게 그 신용장으로 수출하도록 신용장을 넘겨주는 것을 말한다. 양도는 1회에 한하여 가능하며, 두 사람 이상에게 분할해서 양도할 수 있지만, 양도받은 사람이 다시 양도할 수는 없다.

표 14-4 신용장의 종류

신용장의 종류	
1	취소불능신용장(irrevocable L/C) 취소가능신용장(revocable L/C)
2	확인신용장(confirmed L/C) 미확인신용장(unconfirmed L/C)
3	상환청구가능신용장(with recourse L/C) 상환청구불능신용장(without recourse L/C)
4	매입신용장(negotiation L/C) 지급신용장(straight L/C)
5	보통신용장(general/ open/ negotiation L/C) 특정신용장(special/ restricted L/C)
6	화환신용장(documentary L/C) 무담보신용장(clean L/C)
7	일람출급신용장(sight L/C) 기한부신용장(usance L/C)
8	양도가능신용장 (transferable L/C) 양도불능신용장(non-transferable L/C)
9	보증신용장(stand-by L/C)
10	내국신용장(domestic/ local/ secondary/ subsidiary L/C)

신용장이다. 원래의 수출신용장을 original L/C, prime L/C, master L/C 라고 하며, 이를 근거로 발행되는 내국신용장을 local L/C, domestic L/C, secondary L/C, subsidiary L/C 라고 부른다.

내국신용장제도는 수출자가 쉽게 물품을 조달하고 수출물품의 국내공급자는 안심하고 물품을 공급할 수 있도록 함으로써 수출을 지원하고, 중소기업을 보호하는 역할을 하게 된다.

제 3 절 무역서류

1. 무역서류의 의의

무역서류는 수출자가 수입자에게 물품을 인도하면서 제공하는 서류들이다. 무역서류는 선적서류(shipping document) 또는 운송서류(transport document)라고도 하는데 무역서류에서 핵심이 되는 서류는 선하증권임을 나타내고 있는 것이다. 보통 수출자가 상품을 선적하고 이 선하증권의 양도로서 수입자에게 상품을 인도하게 되며, 또 무역서류의 제공으로 대금을 결제받기 때문에 현대의 무역은 서류의 무역이라고 불릴 만큼 무역서류가 갖는 중요성이 크다. 무역서류로서 제공되어야 할 서류는 수입자와 수출자의 필요에 따라 무역계약에서 정하는 바에 따라 달라지는데, 신용장방식결제의 경우에는 신용장상에 환어음과 함께 제공되어야 할 서류로서 명시된다.

무역거래에서의 무역서류는 보통 필수서류와 부속서류로 나눌 수 있다. 필수서류는 어느 거래에서나 항상 제공되는 서류를 말하며, 부속서류는 계약의 성격에 따라 매도인과 매수인의 합의에 따라 제공되기도 하고 제공되지 않기도 하는 서류를 말한다. 일반적으로 많이 사용되는 무역서류를 살펴보면 다음과 같다.

2. 무역서류의 종류

2.1 필수서류

(1) 상업송장

상업송장(Commercial Invoice)은 매매계약조건을 정히 이행하였음을 밝히기 위하여 수출자가 수입자에게 보내는 서류이다. 상업송장은 물품매매거래에서 상품의 인도와 함께 제공되는 가장 기본적인 서류로서 인도상품의 내용명세서이며 또한 대금계산서이다.

상업송장을 통하여 선적화물의 내용을 알 수 있기 때문에 수입자의 상품처분이나 세관신고에서의 증빙자료로 사용된다.

(2) 선하증권

선하증권(Bill of Lading)은 해운회사가 화주로부터 화물운송을 위탁받은 사실과 화물을 목적지까지 운송하여 이를 선하증권의 소지자에게 인도할 것을 약속하는 증권이다. 선하증권상의 권리자가 화물을 수령할 수 있고, 선하증권상의 권리자가 됨으로써 화물을 소유할 수 있다. 그래서 선하증권을 인도하는 것은 상품을 인도하는 것과 마찬가지이기 때문에 무역서류중에 가장 중요한 서류가 된다.

선하증권에 상응하는 서류로서 철도운송의 경우에 Railway(Railroad) B/L, 항공운송의 경우에 Airway B/L 등이 있는데 Railway(railroad) B/L은 법적으로 선하증권과 동일한 효력을 갖는 유통성증권이지만, Airway B/L은 법적으로 선하증권과 완전히 다른 효력을 갖는 비유통성증권으로서 화물의 수취증에 불과하다.

2.2 부속서류

(1) 보험증권

보험증권(Insurance Policy)은 CIF, CIP 조건에서는 매도인이 매수인을 위하여 보험을 들어주어야 하기 때문에 보험증권이 반드시 포함되어야 하지만 다른 조건에서는 제공되지 않는 서류이다.

(2) 포장명세서

포장명세서(Packing List)는 포장속에 들어 있는 상품의 목록을 기술한 서류이다. 포장내 물품의 수량과 순중량, 총중량, 용적, 화인, 포장의 일련번호 등이 기재되며, 운송, 통관 등의 편의를 위해 사용된다.

(3) 원산지증명서

원산지증명서(Certificate of Origin)는 수출물품이 당해 수출국에서 생산 또는 제조된 것임을 증명하는 공문서로 일반적으로 수출지 소재의 수입국 영사 또는 수출국의 세관, 상공회의소 등에서 발행한다.

원산지증명서는 수입국에서 ① 특정국가로 부터의 수입통제, ② 특정국가에 대한 관세양허혜택 부여, ③ 개발도상국에 대한 일반특혜관세 부여, ④ 국별 수입통계 작성 등의 목적으로 사용된다.

원산지증명서에는 일반 원산지증명서 외에 개발도상국무역특혜용으로서, 개발도상국에서 선진국으로 수출할 때 사용되는 일반특혜관세용 원산지증명서(Generalized System of Trade Preference Certificate of Origin: GSP C/O)와 개발도상국에서 다른 개발도상국으로 수출할 때 사용되는 범개도국간무역특혜용 원산지증명서(Global System of Trade Preference Certificate of Origin: GSTP C/O)가 있다.

(4) 공용송장

공용송장(Official Invoice)은 수입통관할 때 과세의 결정, 무역관리 등 공적인 목적으로 사용되는 송장이다. 공용송장에는 영사송장과 세관송장의 두 종류가 있다.

영사송장(Consular Invoice) 수출자가 작성한 상업송장을 수출국에 있는 수입국 영사가 그 내용의 진위를 확인한 송장이다. 수입자와 수출자가 결탁하여 송장상에 계약상품의 가격을 실제 가격보다 높게 기재하여 외화를 도피시키거나 낮게 기재하여 관세를 포탈하는 것을 막는 목적으로 사용된다.

세관송장(Customs Invoice) 수입국의 세관에 제출하는 송장으로, 수입화물에 관세를 부과하고, 쿼터품목의 통관 기준량을 계산하며, 덤핑유무를 판단하는 데에 사용된다.

(5) 기타 서류

그 외 무역서류로서 비교적 흔히 포함될 수 있는 것으로는 ① 품질증명서(Certificate of Quality), ② 중량용적증명서(Certificate of Weight/Measurement), ③ 검사증명서(Certificate of Inspection), ④ 검역증명서(Certificate of Quarantine), ⑤ 분석증명서(Certificate of Analysis) 등이 있다.

주요용어

- 선지급
- 즉시급
- 후지급
- 지급도조건(D/P)
- 인수도조건(D/A)
- 송금환
- 전신환
- 환어음
- 지급인
- 피지급인
- 일람출급환어음
- 기한부환어음
- 화환어음
- 무담보환어음
- 추심결제
- 신용장
- 상호계정
- 개설의뢰인
- 수익자
- 개설은행
- 통지은행
- 매입은행
- 지급은행
- 인수은행
- 확인은행
- 상환은행
- 매입신용장
- 지급신용장
- 특정신용장
- 보증신용장
- 내국신용장
- 상업송장
- 보험증권
- 원산지증명서
- 영사송장
- 세관송장

연습문제

1. 전신환(T/T)의 결제체계에 대하여 설명하시오.
2. 환어음에 대하여 논술하시오.
3. 지급도조건(D/P)의 결제체계에 대하여 설명하시오.
4. 신용장을 정의하시오.
5. 신용장의 거래체계에 대하여 설명하시오.
6. 내국신용장에 대하여 약술하시오.
7. 무역서류에 대하여 논술하시오.
8. 공용송장에 대하여 약술하시오.

제15 장

무역분쟁해결

|제 1 절| 무역클레임

|제 2 절| 무역분쟁 해결방법

|제 3 절| 상사중재제도

제 1 절 무역클레임

1. 무역클레임의 의의

무역분쟁은 무역클레임의 제기로부터 시작된다. 무역클레임은 무역계약의 당사자중의 일방이 상대방의 계약의무이행의 하자를 이유로 상대방에게 의무의 완전한 이행이나 손해배상을 청구하는 것을 말한다. 클레임(claim)은 객관적인 근거에 의하여 상대방에게 완전한 이행이나 손해배상을 구체적으로 청구하는 것이다. 따라서 주관적일 수 있고 구체적 청구없이 제기하는 항의나 불만(complaint)과는 구별된다. 그리고 이 클레임이 상대방에 의해서 수용되지 않고 당사자간에 다툼으로 발전할 때 분쟁(dispute)이 된다.

무역거래에서 클레임은 주로 두 가지 측면에서 발생된다. 첫 번째는, 수출자와 수입자간에 물품매매계약을 사이에 두고 어느 한 당사자의 계약상 의무이행 하자로 인한 것이다. 두 번째는, 무역거래에서 부수적으로 발생하는 계약이라고 할 수 있는 운송계약과 보험계약 등과 관련되는 운송 및 보험 서비스의 하자와 관련하여 발생하는 클레임이다. 무역클레임이라고 하면 일반적으로 첫 번째의 클레임을 의미하게 된다.

2. 무역클레임의 과정

무역거래과정에서 손실을 입게 되면 먼저 피해의 정도와 함께 손실의 발생원인 및 책임소재를 따져 보고 클레임을 제기할 것인지, 제기한다면 누구에게 제기할 것인지를 명확하게 하여야 한다.

클레임을 제기하는 경우에는 클레임 제기기간에 대한 계약상의 약정이 있으면 그 기간내에, 약정이 없으면 국제 규칙과 관습에 따른 기간내에 가급적 빨리 클레임을 제기하는 것이 좋다. 클레임을 제기할 때에는 전신으로 클레임통지(claim notice)를 먼저 보낸 후, 이어서 확정적인 클레임제기장(claim note)을 보내게 된다. 그리고 클레임사고와 변상에 대한 객관적인 근거로서 공인된 검정기관(public surveyor)의 검사보고서(survey report)와 같은 입증서류를 제시하게 된다.

3. 무역클레임의 사유

클레임을 제기하는 당사자를 클레임제기자(claimant)라고 하고, 클레임을 제기당하는 당사자를 클레임피제기자(claimee)라고 한다.

무역클레임은 수입자가 제기하는 매수자클레임(buyer's claim), 수출자가 제기하는 매도자클레임(seller's claim)으로 구분할 수 있다. 매수자클레임의 경우는 주로 상품과 관련하여 클레임을 제기하는 반면에 매도자클레임의 경우는 주로 대금지급과 관련되는 클레임이 되는데, 매수자클레임이 대부분을 차지한다.

무역거래에서 클레임을 제기하는 주요 사유를 살펴보면 다음과 같다.

(1) 매수자 클레임

상품품질 품질불량, 품질상위, 규격상위

상품수량 수량부족

상품인도 선적불이행, 선적지연

무역서류 서류불비, 기재사항상위

포장 포장의 불완전, 화인의 누락 또는 상위

운송 및 보험 운송과정상의 멸실과 손상, 계약과 다른 부보

기타 기타 계약사항의 불이행 또는 불완전이행

(2) 매도자 클레임

대금결제와 관련된 클레임이 대부분이며, 구체적인 사유로는 대금미지급, 대금지급지연, 신용장의 미개설 및 개설지연, 계약과 다른 조건의 신용장개설 등이 있다.

제 2 절 무역분쟁 해결방법

1. 타 협

타협(compromise)은 당사자간에 직접 합의하여 해결하는 것으로 가장 바람직한 해결방법이다. 미래의 계속적인 거래관계를 감안하여 당장의 이익보다 좋은 관계를 유지하는 것이 더 현명한 선택일 수 있기 때문에 타협이 그렇게 어려운 것만은 아니다.

2. 알 선

알선(intercession)은 당사자 일방 또는 쌍방의 의뢰에 의한 제3자로서의 개인이나 기관이 개입하여 양 당사자가 타협할 수 있도록 돕는 방법이다. 상공회의소나 상사중재원 등 유관기관, 유력인사, 전문가 등이 알선을 하게 되는데 이들은 당사자간의 합의를 유도할 뿐이고 강제력이 없다.

3. 조 정

조정(conciliation)은 양 당사자의 합의로 분쟁을 조정할 제3자를 선임하고 제3자가 제시한 조정안에 대해서 양 당사자가 수락함으로써 분쟁을 해결하는 방법이다. 조정인은 해당분야의 전문지식과 경험이 풍부한 권위자로 구성되는데, 분쟁내용을 판단하기보다는 양 당사자가 합의할 수 있는 방안을 이끌어 내는 데 역점을 두게 된다. 조정은 중재절차에 있어서도 사전단계로서 이용된다. 조정은 절차가 간단하고, 양 당사자의 의사에 따라 해결된다는 점에서 바람직하나 구속력이 없어 해결을 보기 어렵다는 단점이 있다.

4. 중　　재

중재(arbitration)는 양 당사자의 중재결정에 따른다는 사전합의에 따라 중재로 결정하는 방법이다. 중재판정은 재판절차보다도 간편하면서도 양 당사자를 구속하여 재판과 같이 확실하게 분쟁을 해결할 수 있기 때문에 무역거래에 있어서 가장 현실적이고 효과적인 분쟁해결방법이다. 이 중재에 대해서는 절을 달리하여 보다 자세히 보기로 한다.

5. 소　　송

소송(litigation/law suit)은 법원의 사법적 판결로 해결하는 방법이다. 소송은 상대방의 의사와 상관없이 당사자 일방의 제소에 의해서 시작되고 판결의 결과가 양 당사자를 구속하기 때문에 가장 강력한 분쟁해결방법이다.

그러나 소송은 3심까지 갈 수도 있어 소송절차는 시간이 오래 걸리고 소송대리인 선임 등 비용도 많이 들어 국내소송에서도 힘든데, 국제소송이 되는 경우에는 그 소송절차이행이나 비용면에서 발생하는 어려움은 매우 클 수밖에 없다. 그런데 무역거래에서 분쟁해결방법으로서의 소송의 더 큰 단점은 판결을 받는다고 해도 상대방의 이행을 강제하기 어려운 데 있다. 아직까지 국제사법공조가 미약한 상태에 있기 때문에 강제집행이 어렵고

표 15-1 소송과 중재의 비교

소　송	중　재
일방이 제소가능	양당사자의 중재에 대한 합의 필요
3심제	단심제
시간 오래 걸림	신속
비용 많이 듦	경제적
법원의 공권력에 의한 해결	중재인에 의한 사적인 해결
공개주의 원칙	비공개 원칙
국제적 집행 어려움	국제적 집행 가능

이에 따라 상대방은 재판의 결과를 따르지 않을 수도 있는 것이다. 그래서 무역분쟁해결에서 소송이 사용되는 경우는 매우 드물다.

제 3 절 상사중재제도

1. 중재의 의의

중재(arbitration)란 당사자의 합의에 따라 분쟁에 관한 판단을 법원이 아닌 중재인이라는 제3자에 맡겨 그 판정에 따름으로써 분쟁을 해결하는 하나의 제도이다.

분쟁이 있는 경우에 이를 중재에 맡길 것인지의 여부는 당사자의 자유로운 의사에 달려있지만 일단 중재로 해결하기로 했을 경우에는 중재판정 결과를 따라야 한다. 중재판정은 최종적인 것으로 양 당사자는 이에 승복하여야 하며, 중재판정에 불복하여 소송을 제기할 수 없다. 중재인이 내린 중재판정(award)은 당사자간에 있어서 법원의 확정판결과 동일한 효력을 가지며, 이것에 의거하여 강제집행도 할 수 있게 된다.

제3자가 개입된다는 면에서 알선 및 조정과 같으나 중재는 이들과 달리 판정에 구속력을 갖는다는 점에서 이들보다 더 실효성 있는 분쟁해결방법이 된다. 그래서 무역분쟁에서 당사자간의 타협으로 스스로 해결하지 못하는 경우에는 일반적으로 중재를 통하여 해결하게 된다.

중재가 성립되기 위해서는 중재에 대한 합의가 있어야 한다. 분쟁이 발생한 이후에 중재에 의하여 해결하기로 합의하는 경우도 있으나 분쟁이 발생한 이후에는 중재절차회부에 대해 동의를 얻기 어려운 경우도 많기 때문에 일반적으로 거래시작에서부터 무역계약에 포함시키게 된다.

이러한 중재합의에서는 ① 중재지, ② 중재기관, ③ 준거법 등 중재의 주요 세 요소가 합의되어야 하는데, 실무적으로 사용할 수 있는 표준중재조항(standard arbitration clause)이 있어서 일반적으로 이를 무역계약에 삽입하게 된다.

2. 상사중재제도

2.1 중재기관

중재제도는 국가의 재판제도와도 무관하지 않기 때문에 각국에서는 중재제도를 체계화된 제도속에서 운영하고 있고, 중재합의의 요건, 중재절차, 중재판단의 효력 등에 관하여 당사자의 임의의사에 일임하지 않고 법규로 정하고 있다. 한국에서는 중재법에 의거하여 대한상사중재원이 상사중재규칙에 따라 국내 상사분쟁뿐만 아니라 국제 상사분쟁도 중재하고 있다.

2.2 뉴욕협약

무역거래의 분쟁은 국가를 달리하는 당사자간의 분쟁이기 때문에 중재판정이 국제적으로 승인되고 집행될 수 있는 것이 무엇보다 중요하다. 이를 위해서 1958년 「외국중재판정의 승인 및 집행에 관한 유엔협약」(The United Nations Convention on the Recognition and Enforcement of Foreign Arbitral Awards)이 채택되었는데, 이를 뉴욕협약(New York Convention)이라고도 한다. 한국은 1973년 5월 동 협약에 가입하였고 현재 세계 주요국가들이 가입하여 국제간에 중재판정의 승인과 집행에 어려움이 없게 되었다.

3. 한국의 중재절차

1) 중재계약의 체결

중재에 의하여 분쟁을 해결하고자 하는 경우에는 먼저 당사자간에 중재계약이 있어야 한다. 무역계약에서 중재조항이 포함되어 있으면 되고, 사전적인 중재합의가 없으면 중재계약을 체결하면 된다.

2) 중재개시

당사자중의 일방 또는 쌍방이 중재계약에 따라 대한상사중재원에 중재신청서를 제출함으로써 중재가 시작된다. 대한상사중재원에서는 당해신청이 중재에 합당한지를 확인하고 양 당사자에게 접수사실을 통지하고 피신청인에게 중재신청서를 보낸다. 피신청인은 신청인의 중재신청서를 검토한 후 답변서를 사무국에 제출할 수 있다.

3) 중재재판부 구성

중재사건을 판정할 중재인을 선임하게 되는데, 중재인은 분쟁당사자가 직접 선정하거나 중재원에서 추천한 중재인 후보중에서 선임하게 된다.

4) 중재심리

중재판정부는 당사자의 구두진술, 서면진술 등과 사실조사를 토대로 양 당사자의 주장과 증거 등에 대한 심리를 하게 된다. 심리절차는 비공개를 원칙으로 한다.

5) 중재판정

심리가 종결되면 중재판정을 내리게 된다. 중재판정은 중재계약의 범위내에서 계약의 현실이행을 명하거나 정당한 배상이나 구제를 명하게 된다. 사무국은 판정의 정본을 양 당사자에게 송부하고, 판정문원본을 관할 법원에 이송보관하게 된다.

그림 15-1 중재절차

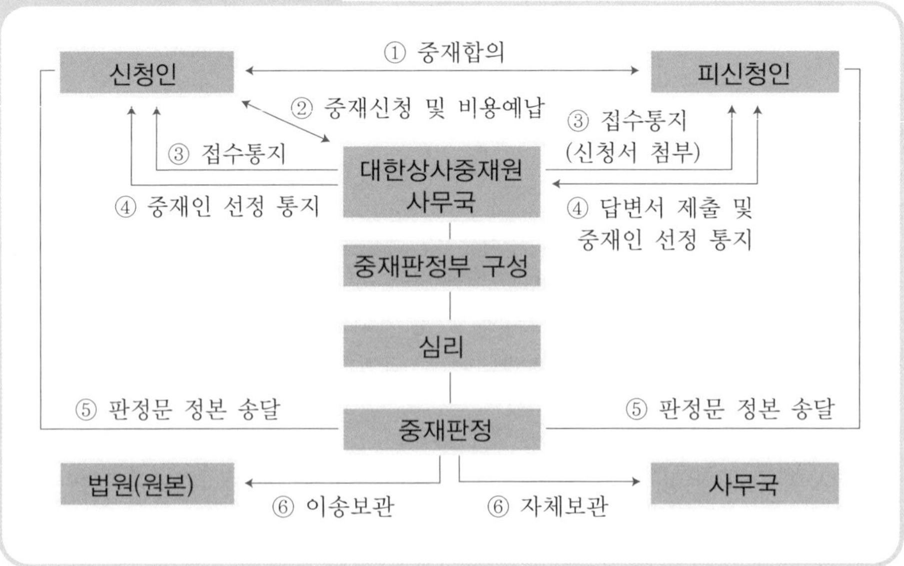

4. 중재의 장단점

(1) 장　　점

① 신속하다. 중재는 재판과 달리 단심제이며 판정기간도 짧기 때문이다.

② 경제적이다. 단심제이고 판정기간이 짧아 비용도 재판보다 적게 든다.

③ 전문성 있는 판단이 가능하다. 일반 법관보다 해당 상거래에 전문적인 지식을 가진 중재인에게 판정을 맡김으로써 더 정확하고 합리적인 판단을 할 수 있다.

④ 비밀유지가 가능하다. 소송절차는 공개주의원칙에 따라 진행되므로 비밀유지가 어렵지만, 중재절차는 비공개로 진행되므로 기업의 영업비밀이나 거래기밀이 유출되는 것을 방지할 수 있고 명성과 신용 손상을 막을 수 있다.

⑤ 국제적인 집행이 가능하다. 뉴욕협약에 의하여 중재의 경우 집행이 국제적으로 보장되기 때문에 이러한 국제적인 장치가 없는 소송에 비하여 더 실효성 있는 무역분쟁해결방법이 된다.

(2) 단　　점

① 상소할 수 없다. 단심제이므로 판정에 문제가 있더라도 불복하지 못한다.

② 소송보다 공정성이 떨어진다. 엄격한 사법제도속에 운영되는 소송절차보다 정확성과 공정성이 뒤떨어질 수 있다.

③ 양 당사자 주장의 절충적인 판단을 하는 경향이 많다. 중재판정은 옳고 그름을 정확히 판단하여 이에 따른 인과응보의 판정을 하기보다 현상태에서 무난한 해결을 우선하므로 양 당사자가 수용할 수 있는 선에서 절충적으로 해결하는 경향이 있다.

주요용어

- 클레임
- 타협
- 알선
- 조정
- 중재
- 뉴욕협약
- 소송
- 중재판정

연습문제

1. 무역클레임의 개념을 약술하시오.
2. 무역분쟁해결방법들에 관하여 논술하시오.
3. 중재제도에 대하여 논술하시오.
4. 중재제도의 장단점을 설명하시오.

참고문헌

제1부 무역학 개관

강태구 외, 「무역학개론」, 무역경영사, 2006.
강한균 외, 「무역학원론」, 두남, 1998.
고준환, 「국제거래법론」, 경진사, 1987.
곽근재 외, 「무역학개론」, 박영사, 2009.
김시경 외, 「무역학개론」 제6판, 삼영사, 2009.
김신행, 「국제경제론」, 법문사, 1993.
김영생, 이종원, 「국제무역통상개론」, 법경사, 1997.
김영철, 「신역학개론」, 무역경영사, 2009.
김완순 외, 「세계경제와 국제통상」, 무역경영사, 2000.
김인준, 「국제경제론」, 제5판, 다산출판사, 2003.
김행권, 신동수, 「무역학개론」, 법경사, 2001.
박대위, 구종순, 「무역개론」, 박영사, 2009.
박종수, 「국제통상관계론」, 두남, 1995.
박진근, 「국제경제학」, 박영사, 1988.
박희종, 전형구, 「국제통상정책론」, 두남, 2006.
서갑성 외, 「무역학원론」, 형설출판사, 2009.
서근태, 「무역학원론」, 박영사, 2002.
설영기, 「국제통상학개론」, 법경사, 1997.
신현종, 「한국무역론」, 박영사, 1997.
신황호, 「신 무역학원론」, 두남, 2009.
어윤대 외, 「국제경영」, 학현사, 2002.
옥선종, 「무역학원론」, 법문사, 1987.
위오기, 성용모, 「글로벌 경영」, 법문사, 2005.

윤기관 외, 「국제통상론」, 법문사, 1997.

이장로, 문희철, 「무역개론」, 무역경영사, 2005.

장세진, 「글로벌 경영」 제5판, 박영사, 2009.

정구현, 「국제경영학」, 법문사, 1997.

조동성, 「국제경영학」 제2판, 경문사, 1990.

조영정, 「국제통상학」, 학현사, 1999.

_____, 「무역정책」, 박영사, 2016.

추창엽, 「무역학개론」, 형설출판사, 2006.

재정경제부, 「국제투자 및 기술도입동향」, 각 연도.

지식경제부, 「산업자원백서」, 2007.

_____, 「외국인투자통계」, 각 연도.

한국무역협회, 「무역 통계」, 각 연도.

한국수출입은행, 「해외직접투자 통계」, 각 연도.

Bhagwati, J. N. and Srinivasan, T. N., *Lectures on International Trade,* Cambridge: The MIT Press, 1983.

Carbaugh, J. Robert, *International Economics, 7th Edition,* Cincinnati, Ohio: International Thomson Publishing, 2000.

Cavusgil, T. S. et. al., *International Business: Strategy, Management, and the New Reality,* New Jersey: Pearson Prentice Hall, 2008.

Daniels D. J. et. al., *International Business: Environment and Operations Strategy, Management, and the New Reality, 11th ed.,* New Jersey: Pearson Prentice Hall, 2007.

Greenaway, D., *International Trade Policy,* London: The Macmillan Press, Ltd, 1983.

Griffin, W. R. and M. W. Pustay, *International Business: A Managerial Perspective, 5th ed.,* New Jersey: Pearson Prentice Hall, 2007.

Kenwood, A. G. & Lougheed, A. L., *The Growth of the International Economy,* London: George & Unwin Ltd, 1983.

Krugman R. P. and M. Obstfeld, "*International Economics,* Theory and Policy 6th. ed.," New York: Addition–Wesley, 2003.

Pugel, A. Thomas, "*International Economics,* 12th. ed.," New York: McGraw–Hill, 2004.

Salvatore, D., "*International Economics,* 9th. ed.," New York: Macmillan Publishing

Co., 2007.
Wild J. J. et. al., *International Business: The Challenge of Globalization, 5th ed.*, New Jersey: Pearson Prentice Hall, 2008.
Williamson, J., *The Open Economy and the World Economy,* New York: Basic Books Inc., 1983.
IMF, *Balance of Payment,* 각 연도.
______, *World Economic Outlook,* 각 연도.
UN, *Yearbook of International trade Statistics,* 각 연도.
UNCTAD, *World Investment Report,* 각 연도.
WTO, *International Trade Statistics,* 각 연도.

제2부 국제경제

강호진, 「국제무역론」, 비봉출판사, 2003
고준성, "WTO/GATT체제에 있어서 개발도상국에 대한 특별대우," 「통상법률」 제9호, 1996. 6.
김관호, 「세계화와 글로벌 경제」, 박영사, 2005.
김성준, 「WTO법의 형성과 전망」, 삼성출판사, 1996.
김세원, 「무역정책」, 무역경영사, 1988.
김신행, 「국제경제론」, 법문사, 1993.
김완순 외, 「세계경제와 국제통상」, 무역경영사, 2000
______, 한복연, 「국제경제기구론」, 박영사, 1997.
김인준, 「국제경제론」, 제5판, 다산출판사, 2003.
김인철, 「경제발전론」, 박영사, 2001.
김정수, 「미국통상정책의 정치경제학」, 일신사, 1998.
남종현, 「국제무역론」, 경문사, 1999.
바그와티 저, 송용엽 역, 「보호무역주의」, 전남대학교 출판부, 1993.
박승, 「경제발전론」 제2전정판, 박영사, 2003.
박종식, 「국제경제학」, 무역경영사, 1998.
박진근, 「국제경제학」, 박영사, 1988.
박희종, 전형구, 「국제통상정책론」, 두남, 2006.

손병해, 「경제통합론」, 법문사, 1994.
신현종, 「한국무역론」, 박영사, 1997.
심승진, 「국제경제관계론」, 법문사, 1996.
에쇼 히데끼, 「경제발전론」, 진영사, 2002.
온병훈, 「국제경제학」, 법문사, 1996.
우영수, 「서비스교역에 있어서의 교역장벽」, 대외경제정책연구원, 1994.
윤기관 외, 「국제통상론」, 법문사, 1997.
이균, 「관세이론」, 법경사, 1996.
이장희 외, 「국제통상과 WTO법」, 아시아사회과학연구원, 1996.
잭슨존, 「GATT 해설」, 한국무역협회, 1988.
정문수, "WTO협정의 국내법적 효력," 「통상법률」 제6호, 법무부, 1995. 12.
조영정, 「국제통상론」, 제2판, 법문사, 2009.
_____, 「무역정책」, 박영사, 2016.
_____, "산업내무역의 이론적 배경과 측정 방법에 관한 고찰," 「경영연구」 제19권 제2호, 고대 기업경영연구소, 1985.
_____, "WTO 다자간 무역협정에서의 최혜국대우원칙," 「국제통상연구」 제3권 1호, 한국국제통상학회, 1998.
표학길, 「국제무역론」, 무역경영사, 1985.
대외경제정책연구원, 「WTO 출범과 신교역질서」, 대외경제정책연구원, 1995.
대한무역진흥공사, 「UR 최종협정문」, 대한무역진흥공사, 1995.
법무부, 「국제환경법과 무역」, 법무부, 1995.
_____, 「통상법 개론(I, II)」, 법무부, 1988.
_____, 「UR협정의 법적 고찰」 (상, 하), 법무부, 1994.
외교통상부, 「외국의 통상환경」, 2008.
_____, 「DDA협상 동향」, 2009.
지식경제부, 「산업자원백서」, 2007.
_____, 「외국인투자 통계」, 각 연도.
통상산업부, 「WTO 협정 해설」, 통상산업부, 1995.
한국무역협회, 「무역 통계」, 각 연도.
한국수출입은행, 「해외직접투자 통계」, 각 연도.
Anderson, Kym, ed., *Strengthening the Global Trading System: From GATT to WTO,* University of Adelaide: Centre for International Economic Studies, 1996.
Balassa, B., *The Theory of Economic Integration,* Homewood: Richard. D. Irwin,

1961.

Bastable, C. F., *The Commerce of Nations,* 9th ed., London: Methuen & Co. 1923.

Bhagwati, J. N. and Srinivasan, T. N., *Lectures on International Trade,* Cambridge: The MIT Press, 1983.

Bhagwati, Jagdish, "The Demands to Reduce Domestic Diversity among Trading Nations," *Fair Trade and Harmonizations: Prerequisites for Free Trade?* eds., Jagdish Bhagwati and Robert E. Hudec, Cambridge: The MIT Press, 1997.

Brander, A. and Spencer, B. J., "Export Subsidies and International Market Share Rivalry," *Journal of International Economics,* Vol. 16, 1985.

Carbaugh, J. Robert, *International Economics, 7th Edition,* Cincinnati, Ohio: International Thomson Publishing, 2000.

Caves, R. E., International Corporations: The Industrial Economics of Foreign Investment, *Economica,* vol. 38, 1971.

Croome, John, *Reshaping the World Trading System: A History of the Uruguay Round,* Geneva: WTO, 1995.

Daniel, C. E., *Greening the GATT: Trade, Environment, and the Future,* Washington, D.C.: Institute for International Economics, 1994.

Espiell, H. G., "The Most Favored Nation Clause," *Journal of World Trade Law,* Vol. 15, 1971.

Esty, C. D., *Greening the GATT: Trade, Environment, and the Future,* Washington DC: Institute for International Economics, 1994.

Fertig, Michael, *The Impact of Economic Integration on Employment–An Assessment in the Context of EU Enlargement,* IZA Discussion Paper Series, No. 919, Institutes for the Study of Labor, 2003.

Finger, J. Michael and Sam Laird, "Protection in Developed and Developing Countries–An Overview," *Journal of World Trade,* Vol. 21, 1987.

Greenaway, D., *International Trade Policy,* London: The Macmillan Press, Ltd, 1983.

______ and Tharakan, P. K. M., *Imperfect Competition and International Trade,* New Jersey: Wheatsheaf Books and Humanities Press, 1986.

Grubel, H. G. and Lloyd, P. J., *Intra–Industry Trade,* London: The Macmillan Press, Ltd. 1975.

Haberler, G., *The Theory of International Trade,* London: W. Hodge and Co., 1936.

Hagelstam, Jarl, "Mercantilism Still Influences Practical Trade Policy at the End of the Twentieth Century," *Journal of World Trade,* Vol. 25, 1991.

Hamilton, A., *Report on Manufactures,* Washington: US Congress, 1791.

Hansson, G., *Harmonization and International Trade,* London: Routledge, 1990.

Harberler, G., *The Theory of International Trade with Its Applications to the Commercial Policy,* 1936.

Hart, Machael M., "The Mercantilist' s Lament: National Treatment and Modern Trade Negotiations," *Journal of World Trade, Vol. 21,* 1987.

Heckscher, E. F., "The Effect of Foreign Trade on the Distribution of Income," *Ekonomisk Tidskrift, Vol. 21,* 1919.

Hirschman, A. O., *The Strategy of Economic Development,* New Haven: Yale University Press, 1958.

Hoekman, Bernard M. and Robert M. Stern, "An Assessment of the Tokyo Round Agreements and Arrangement," *The Multilateral Trading System,* ed., Robert M. Stern, Ann Arbor: The University of Michigan Press, 1993.

Holbein, James R. and Donald J. Musch, *North American free trade-agreements : Commentary,* New York: Oceana Publications, 1994.

Hufbauer, G. C., *Synthetic Materials and the Theory of International Trades,* London: Gerald Duckworth, 1966.

______ et. al., "The GATT Codes and the Unconditional MFN Principle," *Law and Policy in International Business,* Winter, 1980.

Jackson, John H., "A New Constitution for World Trade?: Reforming the GATT system," *The Multilateral Trading System,* ed., Robert M. Stern, Ann Arbor: The University of Michigan Press, 1993.

______, *Restructuring the GATT Trading System,* London: Pinter Publishers, 1996.

______, *The World Trading System: Law and Policy of International Economic Relations,* Cambridge: The MIT Press, 1989.

Johnson, H. G., *Money, Trade and Economic Growth,* Cambridge, Mass: Harvard University Press, 1962.

Keesing, D., "Labour Skills and Comparative Advantage," *American Economic Review,* May, 1996.

Kemp, M. C., "The Mill-Bastable Infant Industry Dogma," *Journal of Political Economy,* Vol. 68, 1960.

Kenwood, A. G. & Lougheed, A. L., *The Growth of the International Economy,* London: George & Unwin Ltd, 1983.

Kierzkowski, H., *Monopolistic Competition and International Trade,* Oxford: Oxford University Press, 1984.

Kindleberger, C. P., "International Public Goods without International Government," *American Economic Review,* Vol. 76, 1986.

Klabbers, J., "Jurisprudence in International Trade Law–Article XX of GATT," *Journal of World Trade,* Vol. 26, 1992.

Kreinin, E. M., D., "*International Economics,* A Policy Approach 8th. ed.," USA, FL Orlando: Dryden Press, 1998.

Krugman, R. P., "Scale Economics, Product Differentiation, and the Pattern of Trade." *American Economic Review,* Vol. 70, No. 5, 1980.

______, ed., *Strategic Trade Policy and the New International Economics,* Cambridge: The MIT Press, 1986.

______ and M. Obstfeld, "*International Economics,* Theory and Policy 6th. ed.," New York: Addition–Wesley, 2003.

Kunibert, Raffer, *Unequal Exchange and the Evolution of the World System,* New York: st. Martin' s Press, 1993.

Lancaster, K. J., "A Theory of Intra–Industry Trade under Perfect Monopolistic Competition." *Journal of International Economics* 10, No. 2, 1980.

Le Quesne, Caroline, *Reforming World Trade: The Social and Environmental Priorities,* Oxford: Oxfam Publications, 1996.

Leontief, W., "Domestic Production and Foreign Trade: The American Capital Position Reexamined," *Proceedings of the American Philosophical Society,* September 1953.

Linblom, Charles E., *Politics and Markets: The World' s Political–Economic Systems,* New York: Basic Books, 1977.

Linder, S. B., *An Essay on Trade and Transformation,* New York: Wiley, 1961.

Lipsey, R. G. "The Theory of Customs Union: A General Survey," *Economic Journal,* Vol. 70, No. 279, 1960.

______ and K. Lancaster, "The General Theory of the Second Best," *Review of Economic Studies,* October 1956.

List, F., *The National System of Political Economy,* 1841.

Lomborg, Bjorn ed., *Global Crisis, Global Solutions,* U.K.: Cambridge University Press, 2004.

Markusen, James R. & Venables, Anthony J., *Multinational Firms and the New Trade Theory,* National Bureau of Economic Research Working Paper, 1995.

Martin, Philip, "Migration," in *Global Crisis, Global Solutions,* ed, Bjorn Lomborg, Cambridge: Cambridge University Press, 2004.

Martin, Will and L. Alan Winters, *The Uruguay Round: Widening and Deepening the World Trading System,* Washington, D.C.: The World Bank, 1995.

McGee, Robert W., *Trade Policy for Free Societies,* Westport, Conn.: Quorum Books, 1994.

Meade, J. E., *The Theory of Customs Union,* Amsterdam: North Holland Publishing Co., 1955.

Metzler, A., "Tariffs and Terms of Trade and the Distribution of National Incomes," *Journal of Political Economy,* February 1949.

Mill, J. S., *Principles of Political Economy,* ed., W. J. Ashley, London: Longmans, Green, 1917.

Myrdal, G., *An International Economy: Problems and Prospects,* New York: Harper and Brothers, 1956.

Nurkse, R., *Equilibrium and Growth in the World Economy,* Harvard University Press, 1961.

Ohlin, B. G., *Interregional and International Trade,* Cambridge Mass: Harvard University Press, 1933.

Petersmann, Ernst-Ulrich, *The GATT/WTO Dispute Settlement System,* London: Kluwer Law International, 1997.

Posner, M., "International Trade and Technological Change," *Oxford Economic Paper,* Vol. 13, No. 3, October 1961.

Prebisch, R., *The Economic Development of Latin America and Its Principal Problems,* United Nations, Department of Economic affairs, 1950.

Pugel, A. Thomas, "*International Economics*, 12th. ed.," New York: McGraw-Hill, 2004.

Qureshi, Asif H., "The Role of GATT in the Management of Trade Blocs-An Enforcement Perspective," *Journal of World Trade*, Vol. 27, 1993.

Rama, Martin, *Globalization and Workers in Developing Countries,* World Bank

Policy Research Working Paper, World Bank, Washington, DC, 2003.

Ricardo, D., *Principles of Political Economy and Taxation,* London: J. Marry, 1817.

Roessler, Frieder, "Diverging Domestic Policies and Multilateral Trade Integration," *Fair Trade and Harmonizations: Prerequisites for Free Trade?* Vol. 2, eds., Jagdish Bhagwati and Robert E. Hudec, Cambridge: The MIT Press, 1997.

Rostow, W. W., *The World Economy: History and Prospect,* New York: The Macmillan Press, 1978.

Ruigrok, W., "Paradigm Crisis in International Trade Theory," *Journal of World Trade,* Vol. 25, 1991.

Sakong, Il, ed., *Major Issues for the Global Trade and Financial System,* Seoul: Korea International Trade Association, 1996.

Salvatore, D., "*International Economics,* 9th. ed.," New York: Macmillan Publishing Co., 2007.

Singer, H. W., "U. S. Foreign Investment in Underdeveloped Areas: The Distribution of Gains between Investing and Borrowing Countries," *American Economic Review,* Papers and Proceedings, Vol. 40, No. 2, May 1950.

Smith, A., *An Inquiry into the Nature and Causes of the Wealth of Nations,* Oxford: Glasgow edition, 1776.

Spiegel, H. W., *The Growth of Economic Thought,* Englewood Cliffs: Prentice-Hall Inc., Jersey, 1971.

Spraos, John, *Inequalising Trade?: A Study of Traditional North/South Specialization in the Context of Terms of Trade Concepts,* Oxford: Clarendon Press, 1983.

Stern, Robert M, ed., *The Multilateral Trading System: Analysis and Options for Change,* Ann Arbor: The University of Michigan Press, 1993.

Stolper, W. F. and Samuelson, P. A., "Protection and Real Wages," *Review of Economic Studies,* Vol. 9, November 1941.

Timmons, Roberts & Hite Amy, *From Modernization to Globalization,* Oxford: Blackwell Publishers Inc., 2000.

Tita, A., "A Challenge for the World Trade Organization," *Journal of World Trade,* Vol. 29, 1995.

Vernon, R., "International Investment and International Trade in the Product Cycle,"

Quarterly Journal of Economics, Vol. 80, May 1966.

Viner, J., *The Custom Union Issue,* New York: Carnegie Endowment for International Peace, 1950.

Williamson, J., *The Open Economy and the World Economy,* New York: Basic Books Inc., 1983.

Wright, M., *Rights and Obligations in North-South Relations,* New York: st. Martin' s Press, 1986.

GATT, *The General Agreement on Tariffs and Trade,* GATT, 1994.

IMF, *Balance of Payment,* 각 연도.

______, *World Economic Outlook,* 각 연도.

OECD, "Trade and Labour Standards," *COM/DEELSA/TD(96)8,* Paris: OECD, 1996.

______, *Economic Integration,* Paris: OECD, 1993.

______, *Integration of Developing Countries into the International Trading System,* Paris: OECD, 1992.

______, *Regional Integration and the Multilateral Trading System,* Paris: OECD, 1996.

______, *The Environmental Effects of Trade,* Paris: OECD, 1994.

______, *Trade and The Environment: Process and Production Methods,* Paris: OECD, 1994.

UN, *International Migration Report,* UN Department of Economic and Social Affairs, Population Division, 각 연도.

______, *Regional Trading Blocs: A Threat to the Multilateral Trading System?* UN, 1990.

______, *Yearbook of International trade Statistics,* 각 연도.

UNCTAD, *World Investment Report,* 각 연도.

WTO, *Regionalism and the World Trading System,* Geneva: WTO, 1995.

______, *Trade Policy Review,* 각 연도.

______, *International Trade Statistics,* 각 연도.

제3부 국제경영

강한균, 서민교, 「다국적 기업론」, 진영사, 1997.
김인준, 이영섭, 「국제금융론」, 율곡출판사. 2004.
민상기, 정창영, 「글로벌재무전략」, 명경사, 1998.
박은영, “부패라운드와 OECD의 뇌물방지 협정,” 「통상법률」 제23호, 1998. 10.
어윤대 외, 「국제경영」, 학현사, 2002.
_____, 임윤수, 「국제금융」, 학현사, 1997.
위오기, 성용모, 「글로벌 경영」, 법문사, 2005.
이장로, 「국제마케팅」 제5판, 무역경영사, 2008
이장호, 「국제경영전략」, 박영사, 2006.
이필상, 「국제재무관리」, 무역경영사, 1995.
장세진, 「글로벌 경영」 제5판, 박영사, 2009.
정구현, 「국제경영학」, 법문사, 1997.
조동성, 「국제경영학」 제2판, 경문사, 1990.
최생림 외, 「국제재무관리론」, 법문사, 2004.
외교통상부, 「OECD 개황」, 외교통상부, 1998.
_____, 「외국의 통상환경」, 2008.
재정경제부, 「국제투자 및 기술도입동향」, 각 연도.
지식경제부, 「산업자원백서」, 2007.
_____, 「외국인투자통계」, 각 연도.
한국무역협회, 「무역통계」, 각 연도.
한국수출입은행, 「해외직접투자 통계」, 각 연도.
Aharoni, Y., *The Foreign Investment Decision Process,* Boston, Mass, Harvard University Press, 1966.
Anderson, M. L.& Taylor, H. F., *Sociology,* 4th ed. Belmont: Thomson Wadsworth, 2007.
Buckley, Peter and Casson, Mark, *The Future of the Multinational Enterprise,* London: MacMillan, 1976.
Caves, R., International Corporations: The Industrial Economics of Foreign Investment,” *Economica,* 1971.
Cavusgil, T. S. et. al., *International Business: Strategy, Management, and the New*

Reality, New Jersey: Pearson Prentice Hall, 2008.

Coase, R. H., "The Nature of the Firm," *Economica,* Vol. 4, 1937.

Daniels D. J. et. al., *International Business: Environment and Operations Strategy, Management, and the New Reality, 11th ed.,* New Jersey: Pearson Prentice Hall, 2007.

Donaldson, Thomas & Werhane, Patricia H., *Ethical Issues in Business.* 6th ed. New Jersey, 1999.

Douglas, S. and Craig, S., *Global Marketing Strategy,* McGraw-Hill, 1995.

Dunning, J. H., "Toward and Eclectic Theory of International Production: Some Empirical Tests, *Journal of International Business Studies,* Spring/Summer, 1980.

______, *Explaining International Production,* Unwin Hyman, 1988.

Griffin, W. R. and M. W. Pustay, *International Business: A Managerial Perspective, 5th ed.,* New Jersey: Pearson Prentice Hall, 2007.

Haspeslagh P. and Jemison D., *Managing Acquisition: Creating Value through Corporate Renewal,* Free Press, 1991.

Hennart J. F. and Park, Y., " Greenfield vs. Acquisition," *Management Science,* 1993.

Hofstede, Geert, *Culture's Consequence: International Differences in Work Related Values,* Sage Publication, 1984.

Huntington, S. P., *The Crash of Civilization,* Touchstone: New York, 1996.

Hymer, S., *The International Operations of National Firms: a Study of Direct Foreign Investment,* Ph. D. Dissertation, Massachusettes: MIT Press, 1976.

______, *The International Operation of National Firms: A survey of Direct Foreign Investment,* Cambridge: MIT Press, 1960.

Jennings, Marianne M., *Business; Its Legal, Ethical and Global Environment,* Cincinnati: West Legal Studies in Business, 2000.

Johanson, J. and Vahlne, J., " The Internationalization process of the Firm," *Journal of International Business Studies,* 1977.

Kindleberger, C. P., *American Business Abroad: Six Lectures on Direct Investment,* New Heaven: Yale University Press, 1969.

Knickerbocker, F. T., *Oligopolistic Reaction and the Multinational Enterprise,* Boston, Mass: Harvard University Press, 1973.

Kojima, K., *Direct Foreign Investment: A Japanese Model of Multinational Operations,* London: Croom Helm, 1978.

Markusen, James R. and Anthony J. Venables, *Multinational Firms and the New Trade Theory,* National Bureau of Economic Research Working Paper, 1995.

Perlmutter, H., "The Tortuous Evolution of the Multinational Corporations," *Columbia Journal of World Business,* January-February 1969.

Porter, E. Michael, " The Competitive Advantages of Nations," *Harvard Business Review,* March-April, 1990.

______, *The Competitive Advantages,* Free Press, 1985.

Prahalad, C. K. and Doz, Y., "Headquarter Influences and Strategic Control," *Sloan Management Review,* 1981.

Root, F., *Entry Strategies for International Markets,* Lexington Books, 1994.

Schaffer Richard, et. al., *International Business Law and Its Environment,* St. Paul: West Publishing Co., 1990.

Stopford, J. and Wells L., *Managing the Multinational Enterprise,* New York: Basic Books, 1972.

Thompson, W. E. & Hickey V. H., *Society in Focus,* 3rd ed. New York: Longman, 1999.

Vernon, R., "International Investment and International Trade in the Product Cycle," *Quarterly Journal of Economics,* Vol. 80, May 1966.

______, *Sovereignty at Bay,* Basic Books, 1971.

Wild J. J. et. al., *International Business: The Challenge of Globalization, 5th ed.,* New Jersey: Pearson Prentice Hall, 2008.

IMF, *Balance of Payment,* 각 연도.

______, *World Economic Outlook,* 각 연도.

OECD, "Trade and Labour Standards," *COM/DEELSA/TD(96)8,* Paris: OECD, 1996.

______, *The Environmental Effects of Trade,* Paris: OECD, 1994.

UN, *Yearbook of International trade Statistics,* 각 연도.

UNCTAD, *World Investment Report,* 각 연도.

WTO, *International Trade Statistics,* 각 연도.

제 4 부 무역관리

강용찬 외, 「무역법규」, 형설출판사, 2007.
강원진, 「무역계약론」, 박영사, 2009.
강호상, 「외환론」 제2판, 법문사, 2009.
고준환, 「국제거래법론」, 경진사, 1987.
곽윤직, 「민법총칙」, 박영사, 1991.
______, 「채권총론」, 박영사, 2006.
______, 「물권법」, 박영사, 2001.
______, 「채권각론」, 박영사, 2002.
김명기, 「국제법원론」(상)(하), 박영사, 1996.
김영생, 「외환론」, 무역경영사, 1993.
김영철, 「신역학개론」, 무역경영사, 2009.
김용재 외, 「전자무역」, 두남, 2001.
김정수, 「해상보험론」, 박영사, 1986.
김주수, 「민법개론」, 삼영사, 1991,
김춘삼, 「무역관계법」, 법문사, 1997.
김행권, 신동수, 「무역학개론」, 법경사, 2001.
문희철 외, 「무역자동화와 EDI」, 무역경영사, 1998.
박대위, 「무역실무」, 법문사, 1994.
______, 구종순, 「무역개론」, 박영사, 2009.
방희석, 「국제운송론」, 박영사, 2002.
배용원, 「신용장」, 무역경영사, 2007.
서갑성 외, 「무역학원론」, 형설출판사, 2009.
서희원, 「국제사법강의」, 일조각, 1998.
손태빈, 「신무역실무」, 두남, 1997.
신동수, 「무역실무」, 법경사, 1998.
신현종, 「한국무역론」, 박영사, 1997.
양명조, 미국계약법」, 법문사, 1996.
양영환 외, 「신용장론」, 삼영사, 2002.
오원석, 「해상보험론」, 삼영사, 2000.

이기수, 「어음 수표법」, 박영사, 2006.
이무원, 「국제무역환경론」, 두남, 2008.
이상윤, 「영미법」, 박영사, 2000.
이시환, 「무역보험론」, 대왕사, 1994.
이장로, 문희철, 「무역개론」, 무역경영사, 2005.
이종화, 이성봉, "전자상거래 국제논의의 주요 이슈와 대응방안," 「대외경제정책연구」, 대외경제정책연구원, 1998.
임석민, 「국제운송론」, 삼영사, 2009.
조영정, 「국제통상법의 이해」, 제3판, 무역경영사, 2009.
______, 「표준 무역영어」 제2판, 박영사, 2014.
최기원, 「상법학신론」 (상)(하), 2006.
최준선, 「국제거래법」, 삼영사, 1997.
추창엽, 「무역실무」, 형설출판사, 1994.
사법연수원, 「미국민사법」, 2000.
법무부, 「국제물품매매계약에 관한 유엔협약해설」, 2005.
대한상사중재인협회, 「최신상사중재론」, 2001.
국가법령정보센터, 「대외무역법」, 2009.
______, 「외국환거래법」. 2009.
______, 「관세법」, 2009.
한국무역협회, 「무역실무매뉴얼」, 2005.
______, 「주요국의 산업피해 구제제도 비교연구」, 한국무역협회, 1992.
______, 「무역통계」, 각 연도.
Friedman, L. M., *American Law,* New York: W.W. Norton & Company, 1998.
Jennings, Marianne M., *Business: Its Legal, Ethical and Global Environment,* Cincinnati, Ohio: West Thomson Learning, 2000.
Metzger, M. B. et al., *Business Law and The Regulatory Environment,* 6th ed., Homewood, Illinois: Irwin, 1986.
Miller, R. L. & Jentz, Gaylord A., *Business Law Today,* Cincinnati, Ohio: West Thomson Learning, 2000.
Schaffer Richard, et. al., *International Business Law and Its Environment,* St. Paul: West Publishing Co., 1990.
Schmitthoff, Clive M., *Legal Aspect of Export Sales,* London: Stevens, 1964.
______, *The Export Trade: The Law and Practice of International Trade,* 9th ed.

London: Stevens & Sons, 1990.

ICC, *International Rules for the Interpretation of Trade Terms.* ICC Publication No. 560, 2000.

______, *The Uniform Customs and Practice for Documentary Credits, 2007 Revision,* ICC Publication No. 600. 2007.

UNCITRAL, *United Nations Convention on Contracts for the International Sale of Goods,* 1980.

사항색인

영문색인

인명색인

저자약력

고려대학교 경영대학 무역학과(학사)
고려대학교 대학원 무역학과(석사)
고려대학교 대학원 무역학과(박사)
미국 Harvard University 국제무역전문가 과정 수료

고려대학교 경영대학 및 대학원 강사
국제대학교 무역학과 교수
서경대학교 국제통상학과 교수
KOTRA 아카데미 강사
국가고시 및 자격시험 출제위원
대한상사중재원 중재인
지방행정연수원 국제관계 주임교수
미국 UCLA 객원교수
미국 U.C. Berkeley 객원교수

〈저서 및 논문〉
「국제경영」(공저), 학현사, 1996.
「국제통상학」, 학현사, 1999.
「국제통상법의 이해」, 무역경영사, 2000.
「무역영어」, 법문사, 2002.
「국제통상론」, 법문사, 2003.
「무역정책론」, 무역경영사, 2009.
「무역학개론」, 박영사, 2010.
「표준 무역영어」, 박영사, 2011.
「국인주의 이론」, 박영사, 2015.
「무역정책」, 박영사, 2016.
「미국의 내셔널리즘」, 사회사상연구원, 2018.
「일본의 내셔널리즘」, 사회사상연구원, 2019.

"수입자유화의 한국수입구조에 대한 영향분석," 「무역학회지」 외 수십여 편.

E-mail: joyzz@daum.net

제4판
무역학개론

초판발행 2010년 3월 15일
제2판발행 2011년 8월 20일
제3판발행 2015년 6월 30일
제4판발행 2019년 8월 25일

지은이 조영정
펴낸이 안종만 · 안상준

편 집 전채린
기획/마케팅 오치웅
표지디자인 박현정
제 작 우인도 · 고철민

펴낸곳 (주) 박영사
서울특별시 종로구 새문안로3길 36, 1601
등록 1959. 3. 11. 제300-1959-1호(倫)
전 화 02)733-6771
f a x 02)736-4818
e-mail pys@pybook.co.kr
homepage www.pybook.co.kr
ISBN 979-11-303-0802-9 93320

정 가 29,000원